The Review of Practical Philosophy

实践哲学评论

第7辑

主编 徐长福

·广州·

版权所有　　翻印必究

图书在版编目（CIP）数据

实践哲学评论．第7辑/徐长福主编．－－广州：中山大学出版社，2024.9.
ISBN 978-7-306-08190-2

Ⅰ．B023-53

中国国家版本馆CIP数据核字第2024TQ2116号

出 版 人：	王天琪
策划编辑：	曾育林
责任编辑：	曾育林
封面设计：	林绵华
责任校对：	黎海燕
责任技编：	靳晓虹
出版发行：	中山大学出版社
电　　话：	编辑部 020-84113349，84110776，84111997，84110779，84110283
	发行部 020-84111998，84111981，84111160
地　　址：	广州市新港西路135号
邮　　编：	510275　　　传　真：020-84036565
网　　址：	http://www.zsup.com.cn　　E-mail:zdcbs@mail.sysu.edu.cn
印 刷 者：	佛山市浩文彩色印刷有限公司
规　　格：	787 mm×1092 mm　1/16　19.25印张　365千字
版次印次：	2024年9月第1版　2024年9月第1次印刷
定　　价：	50.00元

如发现本书因印装质量影响阅读，请与出版社发行部联系调换。

编者的话

《实践哲学评论》第7辑（2024年）共设"当代社会政治哲学""经典移译""哲人心路""异质性哲学园地"和"批评与对话"五个板块。下面就板块设置、稿件来源和内容要点等略做说明和介绍。

作为实践哲学的重要组成部分，社会政治哲学成为近二三十年中文哲学界的"显学"。《实践哲学评论》历来注重推进社会政治哲学的研究和对话。本辑的第一个板块为"当代社会政治哲学"，有五篇文章，作者来自三个不同国家。该板块的前两篇文章集中讨论当代政治哲学的前沿问题。比利时学者舒和德（Helder De Schutter）介绍了语言正义（linguistic justice）的最新论争及其背景。通过澄清语言共同体中成员身份的工具主义和构成主义之分、离散性与混合性的语言概念之分，舒和德提出一种语言正义问题的分析框架，呼吁社会语言学与政治哲学在语言正义问题上展开对话。"一元"与"多元"的关系是西方政治哲学探讨的主要问题之一。针对这一问题，邓伟生从麦金太尔主张的传统构成的理性观中汲取灵感，重构了一种文化相对主义，进而论证哈贝马斯沟通理论的程序式理性观难以回应文化相对主义的挑战。

"当代社会政治哲学"板块的后三篇文章主要探讨当代社会哲学的相关主题。英国学者马修·惠廷厄姆（Matthew Whittingham）在文章中解释了规范性理解对社会性的自我的关键作用。他试图指出，自我认知与自我决定依赖于有规范性结构的社会实践。齐闯考察了希腊裔思想家卡斯托里亚迪斯（Cornelius Castoriadis）的创造本体论。他指出，卡斯托里亚迪斯的社会-历史实践观注重人在社会-历史中对自主的追求和创造性，强调具有革命性的实践概念体现为一种立体化的实践哲学。李捷主题鲜明地讨论了思想现代化的问题。他结合现代化史对意识形态机制及其效果进行考察，阐述了现代化过程中出现无思想状态的背景和逻辑。

"经典移译"板块收录匈牙利哲学家、西方马克思主义代表人物格奥尔格·卢卡奇（Georg Lukács）关于共产主义与道德的两篇经典文献。在《道德在共产主义生产中的作用》一文中，卢卡奇指出，劳动纪律的问题不仅事关无产阶级的经济生存，而且是一个道德问题。发展将通过无产阶级的志愿决断实现，无产阶级的问题因此成为一个道德的问题。"人类的史前时代"是否正在消亡，取决于无产阶级；人类的真正历史是否正在开始，也取决于无产阶级。在《共产主义政党的道德使命》中，卢卡奇指出，共产主义政党是无产阶级革命意志在组织上的表现。从旧社会向新社会过渡不仅意味着经济和机构的转变，而且同时也意味着一种道德上的转变。共产主义政党作为革命的先锋队，必须作为批评者、作为榜样、作为磐石、作为维持秩序者和改进秩序者而出现。

本辑"哲人心路"板块推出对中外两位学者的访谈，分别是陕西师范大学哲学社会科学高等研究院首席专家尤西林先生和比利时鲁汶大学荣休教授菲利普·范帕里斯（Philippe Van Parijs）先生。尤西林先生是改革开放以后国内人文科学领域的著名学者，也是改革开放前便已经思想觉醒的那一代人中的一个代表人物。尤西林先生的访谈，不仅是尤先生对个人人生历程的回顾，更是对那一代知识分子精神历程和当代中国思想史的回顾。范帕里斯先生是当代西方著名的政治哲学家，因对基本收入研究的贡献而被誉为"基本收入的教父"。范帕里斯先生在访谈中回顾了他的学术历程，谈论了基本收入理论及其主要争论，介绍了他对马克思主义、社会政治哲学的思考。作为分析马克思主义成员之一，范帕里斯先生还分享了他与科恩（G. A. Cohen）等"九月小组"成员的交往，让我们进一步了解分析马克思主义的发展和现状。尤西林先生和范帕里斯先生年龄相仿，同样充满对学术的热忱和对社会的关怀，人生历程却截然不同。读者或可在比较中思考知识分子的历史境遇。

"异质性哲学园地"是《实践哲学评论》的常设板块，旨在推进异质性哲学领域的研究与交流。在本辑中，该板块收录的两篇文章尝试运用异质性哲学方法分析具体问题。李婷婷比较柏拉图和亚里士多德关于政体变化观的思想，指出柏拉图的政体变化观是从理性出发做出的单因论演绎，而亚里士多德的政体变化观是多元的异质性分析与归纳。袁臻荣从俾斯麦时期德意志第二帝国《反社会党人非常法》的施行过程切入，阐明"中道原理"在缓解社会矛盾、防止政治极化的积极作用。

本辑"批评与对话"板块共有七篇文章。前两篇文章围绕日本哲学的相关议题展开讨论，是中国学者为日本哲学研究专著所作的书评。无论是黄雅娴对《近代日本哲学中的田边元哲学》（廖钦彬著）一书所作的书评，还是邓习议对《物象化图景与事的世界观——广松涉哲学的构境论研究》（张一兵著）的评论，都评介了中国学者在日本哲学研究领域的最新进展。以上两篇文章既各有评论和阐发，又共同构成了对日本哲学研究的批评与对话。第三至第五篇文章为聚焦《美德之心》（李义天著）所作的书评。该书尝试从心理学视角重构美德伦理学的地基，回应美德伦理学的规范性来源问题与有效性问题。张言亮、刘宇和林崧驰分别从心理学、实践哲学、心灵哲学的视角对《美德之心》进行评论，观点富有启发性，所提出的问题有助于把该书已有的探讨再往前推进。"批评与对话"板块最后两篇文章是两场研讨会纪实。前一篇记录了 2021 年《摆渡在有–无之间的哲学：第一哲学问题研究》（黄裕生著）一书出版后举行的"思想与时代"新书研讨会。会上学者各抒己见，饱含学术对话和批评。后一篇记录了 2020 年中山大学逸仙实践哲学研习会第五十四期的讨论，讨论围绕当年出版的《无限的荒谬：恩格斯发展观研究》（荣伟杰著）一书展开。以上七篇评论和讨论主题集中，各有侧重，体现了学术批评与对话的精彩纷呈。

《实践哲学评论》第 7 辑由叶甲斌负责，本辑最后编成付梓，仰赖于作者、译者和编者的共同努力，这里要对所有参与者不计功利、认真负责的专业精神致以深深的敬意和谢意。本辑的顺利出版，一如既往得益于中山大学出版社的大力支持和曾育林编辑的无限信任和耐心等待。中山大学人文社会科学出版资助专项与中山大学哲学系佳都发展基金为本辑提供了主要的经费支持；徐长福主持的教育部人文社会科学重点研究基地重大项目"全球现代化史的哲学考察——从理论与实践的关系看"（批准号：23JD720004）亦为本辑的出版提供了资助。这里对上述经费的提供机构一并致以真诚的谢意。

目 录

▶ **当代社会政治哲学**

语言正义：一个讨论的框架
………………………〔比〕舒和德（Helder De Schutter）/文
叶甲斌/译（3）

沟通理性理论能回应文化相对主义的挑战吗？
……………………………………………………… 邓伟生（27）

社会性自我与自我决定
………………〔英〕马修·惠廷厄姆（Matthew Whittingham）/文
李婷婷　曲轩/译（41）

卡斯托里亚迪斯创造本体论的社会－历史实践观
……………………………………………………… 齐闯（80）

无思想的现代化
……………………………………………………… 李捷（98）

▶ **经典移译**

道德在共产主义生产中的作用
………………〔匈〕格奥尔格·卢卡奇（Georg Lukács）/文
燕宏远/译（117）

共产主义政党的道德使命
………………〔匈〕格奥尔格·卢卡奇（Georg Lukács）/文
燕宏远/译（121）

▶ **哲人心路**

尤西林先生访谈
——尤西林先生的思想史个案记录 ………………………
……………………………… 尤西林/口述　刘宇/整理（129）

基本收入与社会政治哲学
　　——菲利普·范帕里斯先生访谈录
　　…………………………〔比〕菲利普·范帕里斯（Philippe Van Parijs）
　　　　　　　　　　　　　　　　　　　　　　　　　叶甲斌（145）

▶异质性哲学园地

政体的单因退化和多因变迁
　　——柏拉图和亚里士多德的政体变化观比较
　　………………………………………………………………… 李婷婷（165）

"中道原理"在社会治理过程中的有效性研究
　　——从《反社会党人非常法》切入
　　………………………………………………………………… 袁臻荣（178）

▶批评与对话

以否定辩证为前进的动力哲学
　　——《近代日本哲学中的田边元哲学》书评
　　………………………………………………………………… 黄雅娴（193）

广松涉哲学的构境论解读
　　………………………………………………………………… 邓习议（199）

心理学何以构成美德伦理学的基础
　　——读李义天教授新著《美德之心》
　　………………………………………………………………… 张言亮（215）

美德伦理学的内向奠基
　　——评李义天教授新作《美德之心》
　　………………………………………………………………… 刘宇（221）

现代美德伦理学对心灵哲学基础的关切
　　——对李义天教授《美德之心》的理解与商榷
　　………………………………………………………………… 林崧驰（242）

何谓第一哲学？是否需要重建第一哲学？
　　——《摆渡在有－无之间的哲学：第一哲学问题研究》对谈录
　　………………………………………………………………… 胡嘉乐/编（256）

检视恩格斯的发展观：一个形而上学考察
　　——《无限的荒谬：恩格斯发展观研究》对谈录
　　………………………………………………………………… 荣伟杰/编（278）

当代社会政治哲学

语言正义：一个讨论的框架

〔比〕舒和德（Helder De Schutter）*/文
叶甲斌**/译

【摘要】 本文概述了政治哲学中关于语言政策和语言多样性的新辩论。具体而言，它概述了这场辩论的大背景，确定了辩论的主角和辩论中的主要问题。此外，它还提出了一个解释方案以分析迄今为止在这一领域中形成的各种进路。这个方案将这些进路与不同的语言意识形态的两种冲突联系起来。语言意识形态的第一种冲突是工具主义和构成主义之间的冲突，第二种冲突是离散性和混合性之间的冲突。最后，本文解释了为什么关于语言政策的社会语言学研究应该引起政治哲学家的兴趣。同时，还解释了为什么社会语言学家应该接触政治哲学。

【关键词】 语言正义　语言政策　语言权利　语言意识形态　混合性民族主义

在过去几年里，政治哲学家对语言政策相关问题的兴趣显著增加。本文目的在于使从事更传统的语言政策领域（如社会语言学）研究的语言政策专家，了解政治哲学界关于这些问题发生了什么争论。同时，本文呼吁在这两个领域之间架起一座桥梁，以防止新的哲学争论脱离现有关于语言政策的争论，走上自己独立的道路。

直到最近，政治哲学家才对语言政策产生了兴趣。通常，他们不会直接和明确地探讨这个主题；相反，语言政策被认为是更一般的多元文化主义理

---

* 舒和德（Helder De Schutter），作者，比利时鲁汶大学（KU Leuven）哲学学院副院长、教授，主要研究领域为语言正义、多民族国家的联邦主义、民族主义。
** 叶甲斌，译者，中山大学中国公共管理研究中心、政治与公共事务管理学院、国家治理研究院研究助理教授，中山大学实践哲学研究中心成员。

论和文化承认（cultural recognition）理论的一个隐含子集。这些理论主要是20世纪90年代由哲学家发展起来的，如查尔斯·泰勒[1]、尤尔根·哈贝马斯[2]、威尔·金里卡[3]和塞拉·本哈比[4]。后来，从21世纪初开始，各种理论家已经开始将语言多样性和语言政策作为独立的议题加以研究，最终出版了一本关于语言权利和政治哲学的论文[5]和几本关于该问题的书[6]。

在这篇论文中，我将概述这个现存的新出现的争论，以及它对语言政策和语言规划的重要性。在第一部分里，通过把它置于其起源中并澄清其鲜明的规范性进路这一特点，我勾勒出这场争论的背景。在第二部分里，我将制定一个框架，用以解释各种各样迄今为止已得到明确表述的规范性语言政策进路。这个框架包括对争论中关键性问题的分类，以及一个将该领域既有理

---

[1] Charles Taylor, "The Politics of Recognition", in *Multiculturalism: Examining the Politics of Recognition*, ed. by A. Gutmann, Princeton: Princeton University Press, 1994, pp. 25 – 73.

[2] Jurgen Habermas, "Struggles for Recognition in the Democratic Constitutional State", in *Multiculturalism: Examining the Politics of Recognition*, ed. by A. Gutmann, Princeton, New Jersy: Princeton University Press, 1994, pp. 107 – 148.

[3] Will Kymlicka, *Multicultural Citizenship: A Liberal Theory of Minority Rights*, Oxford: Clarendon Press, 1995.

[4] Seyla Benhabib, *The Claims of Culture: Equality and Diversity in a Global Era*, Princeton: Princeton University Press, 2002.

[5] *Language Rights and Political Theory*, eds. by W. Kymlicka & A. Patten, Oxford: Oxford University Press, 2003; Idil Boran, "Autonomy as a remedy for language conflict: Negotiating territoriality and identity", in *Language Problems and Language Planning*, 2001, Vol. 25, No. 3, pp. 237 – 257; Helder De Schutter, "Two Principles of Equal Language Recognition", in *Critical Review of International Social and Political Philosophy*, 2017, Vol. 20, No. 1, pp. 75 – 87; Will Kymlicka, *Politics in the Vernacular: Nationalism, Multiculturalism and Citizenship*, Oxford: Oxford University Press, 2001; Denise G. Réaume, "Beyond personality: The Territorial and Personal Principles of Language Policy Reconsidered", in *Language Rights and Political Theory*, eds. by W. Kymlicka & A. Patten, Oxford: Oxford University Press, 2003, pp. 271 – 295; Alan Patten, "Political Theory and Language Policy", in *Political Theory*, 2001, Vol. 29, No. 5, pp. 691 – 715; "What Kind of Bilingualism?", in *Language Rights and Political Theory*, eds. by W. Kymlicka & A. Patten, Oxford: Oxford University Press, 2003, pp. 296 – 321; *Equal recognition. The moral foundations of minority rights*, Princeton: Princeton University Press, 2014; Anna Stilz, "Civic nationalism and language policy", in *Philosophy & Public Affairs*, 2009, Vol. 37, No. 3, pp. 257 – 292; Philippe Van Parijs, "Must Europe Be Belgian? On Democratic Citizenship in Multilingual Polities", in *The Demands of Citizenship*, eds. By C. McKinnon and I. Hamper-Monk, London and New York: Continuum, 2000, pp. 235 – 253; Philippe Van Parijs, "The Ground Floor of the World. On the Socio-Economic Consequences of Linguistic Globalisation", in *International Political Science Review*, 2000, Vol. 21, No. 2, pp. 217 – 233.

[6] Philippe Van Parijs, *Linguistic Justice for Europe and for the World*, Oxford: Oxford University Press, 2011; Alan Patten, *Equal recognition: The moral foundations of minority rights*, Princeton: Princeton University Press, 2014.

论与不同语言意识形态（language ideology）① 间的两个冲突关联起来的解释方案。语言意识形态的第一个冲突存在于对**语言共同体中的成员身份**（membership in a linguistic community）的工具性（instrumental）和构成性（constitutive）理解之间。语言意识形态的第二个冲突是一种透明的（transparent）和混合的（hybrid）**语言概念**之间的冲突，而各种语言政策的进路正是基于这对概念。在第三部分里，我将论证为何这场新的、正在出现的争论能够启发社会语言学家和语言政策的理论家；反之，为何政治哲学家应该关心社会语言学界在这些问题上的争论。

我应该补充一个方法论的注释——考虑到这项工作的性质，我在下文中将仅限于最近政治哲学论争中提出的论点，从而将其他领域中已经存在的论点和语言政策的理论抽离出来。

一、背景

这场争论有两个重要的特点对于充分理解这场争论至关重要。首先，这是关于政治正义的**规范性**的争论。从事这个领域的政治理论家开始发展出一个论题，即什么是对语言和语言多样性的**正义的**国家介入。因此，这场争论不涉及对实际语言政策的研究或对语言多样性的实证研究。它专门处理对语言的正义的政治反应。最近出现的一种提及争论的适当方式将这场争论称为**语言正义**（linguistic justice）领域，类似政治哲学中其他当代令人感兴趣的领域的名称，如**社会经济正义**（socio-economic justice）或**环境正义**（environmental justice）的争论。

作为这一规范性要旨的直接结果，对语言正义感兴趣的政治哲学家主要把语言作为他们与正义相关研究的对象。让我来解释一下。今天，规范性政治哲学家的主要专业工作包括分析和概念化**正义**。因此，**语言正义**理论家首先要弄清楚正义的规范性原则，然后，在第二个步骤中，将语言问题作为其中一个案例来研究。

对正义的这种关注解释了这场争论在语言政策研究的贡献方面有何种长处和短处。虽然这些哲学家通常在弄清楚规范原则方面做得很好，但他们冒着在毫无根据的前提下建立有效推理的风险。事实上，正如我在下一部分将解释的那样，我认为迄今为止这场争论的主要缺陷在于，它不恰当地依赖了

---

① 我将在比较狭义的意义上使用"语言意识形态"这个术语，作为一组通常隐含的充满社会或政治的含义的语言学假设。

一个非常"威斯特伐利亚式的"和对语言概念本身而言过时的经验主义理解。我把这称为**语言的清晰性**(linguistic distinctness)理解。这种**语言的清晰性**概念把世界看作一个整齐的拼凑物,其中的每个区域几乎完全是使用单语(monolingual)的人居住的单语地理区域。因此,这些哲学家中的许多人认可了一种欠考虑的语言概念,他们的理论建基于这个概念之上,而往往没有意识到重要的社会语言学研究和其他关于这些问题的研究。

然而,语言正义理论家擅长的是把原则弄清楚,在这一点上,这是语言政策研究这一更大领域的真正财富。在这场语言正义争论中,最重要的问题是:"语言的政治保护是正义的要求吗?""语言的损失也是道德的损失吗?""为什么以及在什么情况下,语言损失需要采取政治行动?""如果'平等'的规范性目标是有意义的,那么它在语言领域意味着什么?"①

由于原则在某种意义上对这些哲学家来说是第一位的,同时由于"语言"只构成一个应用领域,我们看到的是,许多政治哲学中的传统规范性立场作为规范性语言政策方法而重新出现;许多理论家现在转向语言,把他们更宏大的理论应用于这个语言学领域。因此,大量语言政策立场正在形成,从平等主义的②语言正义理论、民主主义的语言正义理论③,到民族主义的④和自由至上主义的⑤语言正义理论。

然而,尽管出现对现有规范性政治理论的明显依赖,这一语言正义的应用领域也有自身问题。这些问题不能简单与长期的主流立场联系在一起,这使得这场争论有特别的意义。在所有这些争论中,最重要的分歧围绕着这样一个问题:语言成员身份的价值——作为语言共同体一部分的价值——意味着什么?人们在回答这个问题时所持的立场将决定人们是否倾向于把语言同

---

① Alan Patten, in "Political Theory and Language Policy", in *Political Theory*, 2001, Vol. 29, No. 5, pp. 691 – 715.

② Thomas Pogge, "Accommodation Rights for Hispanics in the United States", in *Language Rights and Political Theory*, eds. by W. Kymlicka & A. Patten, Oxford: Oxford University Press, 2003, pp. 105 – 122; Alan Patten: *Equal recognition: The moral foundations of minority rights*, Princeton: Princeton University Press, 2014.

③ Laitin & Reich, "A Liberal Democratic Approach to Language Justice", in *Language Rights and Political Theory*, eds. by W. Kymlicka & A. Patten, Oxford: Oxford University Press, 2003, pp. 80 – 104.

④ Yael Tamir, *Liberal Nationalism*, Princeton: Princeton University Press, 1993; Will Kymlicka, *Politics in the Vernacular: Nationalism, Multiculturalism and Citizenship*, Oxford: Oxford University Press, 2001.

⑤ Tove Skutnabb - Kangas, *Linguistic genocide in education – or worldwide diversity and human rights?*, Mahwah & London: Lawrence Erlbaum Associates, 2000.

化视为一个严重的问题，甚至不正义的问题①，或者视为一种中立的事情②，或者或多或少视为一个有价值的目标，其依据是在许多情况下语言不平等和语言同化可能最终在非语言的（如有关机会的平等）维度③上更加平等。因此，这个问题的答案在传统的意识形态阵营内部分歧很大④。例如，我们发现一些左翼哲学家主张对语言少数群体进行语言保护⑤，而其他一些左派则明显反对。

在我们真正开始概述这一领域本身之前，第二个值得注意的事实是这场语言正义争论的特殊**起源**。如上所述，这是一个非常新近的、新兴的领域。它有两个重要的影响力来源。

首先，它的动力很大一部分来自20世纪80年代的自由主义—社群主义（liberalism-communitarianism）争论。像迈克尔·桑德尔和查尔斯·泰勒这样的社群主义者主要质疑像约翰·罗尔斯这样的标准自由主义理论哲学家的个人主义和非文化的原子主义（acultural atomism）。作为对这种自由主义原子主义的回应，他们发展了一个更具文化嵌入性的自我形象，具体而言，他们的身份不是自主构建的，而是主要来自文化和语言媒介。

有趣的是，在20世纪90年代初，人们做出了重要的尝试来弥合自由主义思想和社群主义关切之间的鸿沟，并使个人自主的自由主义前提与文化嵌入（cultural embeddedness）的理念相融合。另一个影响语言正义争论的重要人物是威尔·金里卡。简而言之，他的关键论点是（自由主义理想的）个人自主需要文化背景的选择⑥。这一论点也出现在其他自由主义的民族主

---

① Will Kymlicka, *Politics in the Vernacular: Nationalism, Multiculturalism and Citizenship*, Oxford: Oxford University Press, 2001; Tamir, *Liberal Nationalism*, Princeton: Princeton University Press, 1993; Philippe Van Parijs, *Linguistic Justice for Europe and for the World*, Oxford: Oxford University Press, 2011.

② Chandran Kukathas, *The liberal archipelago: A theory of diversity and freedom*, Oxford: Oxford University Press, 2003.

③ Brian Barry, *Culture and Equality: An Egalitarian Critique of Multiculturalism*, Cambridge: Polity Press, 2001; Thomas Pogge, "Accommodation Rights for Hispanics in the United States", in *Language Rights and Political Theory*, eds. by W. Kymlicka & A. Patten, Oxford: Oxford University Press, 2003, pp. 105 – 122; Daniel Weinstock, "The Antinomy of Language Policy", in *Language Rights and Political Theory*, eds. by W. Kymlicka & A. Patten, Oxford: Oxford University Press, 2003, pp. 250 – 270.

④ 关于文化成员身份（cultural membership）的十分相同的景象，请见 Will Kymlicka, *Contemporary Political Philosophy: an Introduction*, Oxford: Oxford University Press, 1990, pp. 1 – 5.

⑤ Will Kymlicka, *Politics in the Vernacular: Nationalism, Multiculturalism and Citizenship*, Oxford: Oxford University Press, 2001; Brian Barry, *Culture and Equality: An Egalitarian Critique of Multiculturalism*, Cambridge: Polity Press, 2001.

⑥ Will Kymlicka, *Multicultural Citizenship: A Liberal Theory of Minority Rights*, Oxford: Clarendon Press, 1995, p. 83.

义者①和自由主义的多元文化主义者②的论述中。自由民族主义者和多元文化主义者团结一致，捍卫文化成员身份（cultural membership）在道德和政治上的重要性以及他们持有这种观点的政治后果，即正义地容纳文化差异意味着给予文化少数群体以国家支持的少数群体（或群体差异的）权利。

这两种观点都受到广大理论家的质疑和强烈反对，他们希望捍卫传统的"文化无视型"（culturally blind）政治制度的自由主义观点，并拒绝"少数群体权利"的观点③。传统的自由主义容纳多样性和身份多元化采用的是中立性态度。这些哲学家认为，自由主义者不希望国家公开优待某些身份或支持某些的概念，如天主教的观点，从而使另一些概念变成从属的。因此，国家必须对这些问题保持沉默，完全不采纳或不公开支持任何此类立场。

正是这种多元文化主义和民族主义的语境构成了语言正义争论的直接背景。多元文化主义或民族主义与语言正义领域都有同样的反对者，因为多元文化主义和民族主义参与争论的理论家已开始将注意力从一般的"文化"和"民族"转移到作为民族和文化共同体重要方面的语言。

这个关于语言正义争论起源的故事有着重要影响。第一点，我们可以看到同样的模式和立场以一种新的、更集中的形式出现。其次，很关键的一点，这一特殊特征解释了在**群体身份**（group identity）问题上争论的焦点。它的两个影响力来源（社群主义－自由主义和多元文化主义－民族主义）本质上是关于群体和群体身份在政治上重要性的争论。因此，语言正义理论家从本质上将语言对于个人的价值定义为一个身份问题，并且将许多讨论聚焦于语言是否为一种特殊类型的身份，一种因为它在规范上不同于其他类型而需要特别的规范性关注的身份（如与政治、宗教或性别有关的身份）上。因此，语言正义的争论完全符合约翰·爱德华兹（John Edwards）的要求：面向社会语

---

① David Miller, *On Nationality*, Oxford: Oxford University Press, 1995; Yael Tamir, *Liberal Nationalism*, Princeton: Princeton University Press, 1993; Margaret Moore, *The ethics of nationalism*. Oxford: Oxford University Press, 2001.

② Joseph Raz, "Rights and politics", in *Indiana Law Journal*, 1995, Vol. 71, pp. 27–44; Joseph H. Carens, "Culture, citizenship, and community: A contextual exploration of justice as evenhandedness", Oxford: Oxford University Press, 2000; Amy Gutmann, *Identity in Democracy*, Princeton and Oxford: Princeton University Press, 2003.

③ Brian Barry, *Culture and Equality: An Egalitarian Critique of Multiculturalism*, Cambridge: Polity Press, 2001; Chandran Kukathas, *The liberal archipelago: A theory of diversity and freedom*, Oxford: Oxford University Press, 2003.

言学,"要记住,这里真正讨论的不是语言**本身**,而是**群体身份**问题"①。

这把我们带到了第三个相关的问题。这些争论中许多反对立场——群体权利理论家将不得不定位他们的观点——仍然是自由主义对身份的标准反应,而20世纪80年代的社群主义批评开始发展出另一种选择。其结果是,举证责任通常落在希望偏离这一标准的自由主义中立性进路的立场上。

然而,最近一些理论家认为,用这些术语来表述语言正义的争论是有误导性的。的确,社群主义思想家确实基于他们的案例来说明为什么个人的(原子式的)个体性不适合作为正义理论的基本组成部分,为什么个人自身嵌入超个人的背景中。在自由主义-社群主义的争论中,有一个定义明确的自由主义立场(通常和罗尔斯的工作相关),与之对立的学说必须为自己辩护。但是,关于语言正义的争论不再是这种情况了,原因是在语言领域中,这种"标准的自由主义"的回答可能是令人难以置信的。对语言完全不干涉意味着什么?国家如何在语言领域保持纯粹的中立?金里卡有力地论证了这一点②:

> 许多自由主义者认为,就像国家不应该承认、认可或支持任何特定的教会那样,它也不应该承认、认可或支持任何特定的文化群体或身份。然而,这个类比并不适用。一个国家很有可能没有一个既定的教会。但是,当国家决定在公立教育中或在提供国家服务中使用哪种语言时,它不得不至少部分地建立一种文化。国家能够(而且应该)在法庭上用世俗誓言取代宗教誓言,但是它不能在法庭上用静默不语来取代英语的使用。③

但是还有什么选择呢?如果自由主义的答案不能取得成功,对语言多样性来说,恰当且正义的国家反应是什么?这就是引发政治哲学中正在进行的语言正义之战的问题。

---

① John Edwards, "Language and the future: Choices and constraints", in *Language in the Twenty-First Century*, eds. by H. Tonkin and T. Reagan, Amsterdam: Benjamins, 2003, pp. 44 – 45; Jonathan Pool, "Language planning and identity planning", in *International Journal of the Sociology of Language*, 1979, Vol. 20, pp. 5 – 21.

② Will Kymlicka, *Multicultural Citizenship: A Liberal Theory of Minority Rights*, Oxford: Clarendon Press, 1995, p. 111.

③ [译按]中译文参见威尔·金里卡:《多元文化公民权:一种有关少数族群权利的自由主义理论》,杨立峰译,上海世纪出版社2009年版,第143页。译文有改动。

二、争论概况

下面我将对语言正义的争论做一个概述。我从一个分类的目录开始,按目录列出该领域中讨论的主题。然后,我将概述我认为最重要的两场语言意识形态争论,它们是目前各种各样研究进路的基础。

(一) 分类

现有的语言正义理论可分为以下三个领域。

1. **语际正义**(interlinguistic justice)关注同一国家内存在的不同语言共同体的正义的政治回应,例如,加拿大的法语、英语和大量土著语言。它涉及这样的问题:每个语言群体是否有权享有平等的语言权利,或者国家是否应该简单地集中于一种语言?如果一种语言有权享有平等的语言权利,该语言是否应在多语种国家的部分地域中保留,或者使用这种语言的人是否应该能在他所在国家的任何地方主张自己的语言权利?在当前的争论中,大多数注意力集中在语际正义上。最典型的是加拿大学者发表的大量有关语言权利之道德基础的文章 [例如,金里卡和帕滕(Patten)2003 年的文章引发了语言正义的最近争论,尽管早期也有其他学者对语言正义的分析①]。

2. **语内正义**(intralinguistic justice)关注对语言共同体中存在的基于群体的语言差异做出正义的政治回应。语言共同体由地区性、阶级性或种族方言组成,它与语言的官方通用版本并存,比如荷兰的林堡语和格罗宁根语与标准荷兰语并存。它的核心问题包括:方言应该被承认吗?与对(官方通用)语言的承认相比,这种承认应该同样广泛还是不那么广泛?我们是否应该寻求标准化一种没有标准化的语言?

3. **全球语言正义**(global linguistic justice)关注对英语在全球的传播以及对英语令人印象深刻地崛起为全球通用语做出正义的政治回应。全球语言正义理论回答了这样的问题:这种崛起是否不正义?各国应如何应对这一现象对非英语母语者造成的后果?

当然,这些是相互依存的领域,一个人在某领域的位置很大程度上决定了他在另一个领域的位置。因此,要求采取政治行动来恢复在全球语言正义领域语言流失情况的强有力的平等主义立场,很容易与"语际正义"领域

---

① Leslie Green, "Are Language Rights Fundamental?", in *Osgoode Hall Law Journal*, 1987, Vol. 25, No. 4, pp. 639 – 696.

中"平等的成功"(equal success)立场相联系。

不过，仍然有很多种组合有潜力可挖。举个例子，2011年，菲利普·范帕里斯（Philippe Van Parijs）提出了一个独创性的理论，将对语际正义来说具有高强制性的语言地域体制，以及对全球语言正义来说同样激进的将英语作为世界通用语的规范性认可结合起来。

尽管国家关注其他领域的语言问题是可以想象的，例如涉及字典或标准化的政治倡议〔"语料库规划"倡议（"corpus planning"initiatives）〕的正义，但是在这场语言正义的争论中这些问题（仍然）是缺席的。目前语言正义的争论几乎只涉及这三个领域，它们属于社会语言学家所说的**地位规划**（status planning）问题，偶尔会涉及有关教育或**习得规划**（acquisition planning）的问题①。

（二）工具主义对构成主义

任何规范的正义理论不可避免地至少把对"世界事实"的某种理解当作给定的②。在语言政策领域，情况确实如此。任何规定语言和语言多样性应以正义的方式加以调控的理论，在某种程度上必须基于我们如何理解语言和语言共同体中的成员身份。现在，我将语言正义理论的多样性与语言意识形态的两种不同冲突联系起来。在这一部分中，我会分析现有的语言正义理论如何建基于对语言成员身份性质的两种基本理解方式。在下一部分中，我将就这些理论使用的语言概念本身来讨论语言意识形态的冲突。

许多当代语言政策进路可以回溯至两种理解我们置身于语言的方式，更确切地说是一种工具性的理解和一种构成性的理解。一些早期的现代语言理论主要侧重于语言在交流思想中的作用。语言被认为是词汇的一个集合，我们可以把这些词汇作为工具命名对象或思想。这种表征性的（representational）观点受到了赫尔德和费希特等人的批评，他们用构成主义（constructivism）取代了工具主义（instrumentalism）。构成性观点认为语言构成了"我"之为"我"，"我"的语言和"我"的身份密不可分，没有语言，"我"就不会有概念或观点，而且语言让"我"能够表达或清楚表述事物，没有语言，"我"就做不到。

这种区分在当代关于语言政策的争论中仍然富有活力。先说构成主义的

---

① Robert Cooper, *Language Planning and Social Change*, Cambridge: Cambridge University Press, 1989.

② Jacob Levy, *The Multiculturalism of Fear*, Oxford: Oxford University Press, 2000, pp. 3–5.

例子。构成主义者依赖于"语言对我的身份很重要"这一观点,并基于这个观点论证语言群体因此有权获得语言权利和语言保护。这里有两种可能的方式:第一种是**客观主义**的方式,就是要论证语言对自我的构成很重要;而第二种是**主观主义**的论证,它指出,无论特定群体为何认为自己的语言很重要,如果该群体主张语言权利,那么这些权利就应该被授予。

仅仅基于客观主义理解的身份论证可能导致一种语言的家长主义(linguistic paternalism)形式,精英阶层可以指出和决定人们的身份到底在哪里——比如,是在卡斯蒂利亚而不是加泰罗尼亚。但是,仅仅依靠主观主义观点并不能说明为什么"我"的语言认同和偏好比——举例来说——"我"更偏向于用红色而不是黄色来粉刷一栋特定的政府大楼更加重要,后者可能对"我"的身份同样重要。因此,没有主观主义的客观主义是不民主的,没有客观主义的主观主义不能为其主张的正当性找到基础。

相比之下,工具主义者则捍卫这样一个观点,即语言应该主要被视为执行非语言定义的事物的工具。他们将这种观点发展为一种语言正义理论,认为政府对语言领域的干预只有在它试图实现非语言的目标时才是正当的。

在这场争论中,很少有理论家把工具主义解读为这样一种观点,即语言只是一种习俗的(conventional)工具,一种人们只用于非语言目的的工具,而不是人们身份的重要组成部分。不过,有些人确实坚持这个观点。以布莱恩·巴里(Brian Barry)尖锐批评多元文化主义的语言学基础为例。巴里写道:"可以说,语言没有其他文化特征,而是一个习俗问题。"[1] 因此,我们的语言不是我们本质的一个构成部分,这只是一个"地方习俗"(local convention)。语言属于这样一类事物,即对此我们可以说:"这就是我们在这里做事情的方式。"[2]

巴里对语言嵌入的本质的理解是如此的工具主义。对他来说,语言本质上是一种任意的(arbitrary)交流工具。因此,当语言多样性的存在阻碍了沟通的目标时,我们就面临着一个真正的问题。所以,"仍有开放未来(关于不同语言共同体的可能发展)的民主国家有充分的理由……走语言同质性政体(linguistically homogeneous polity)的道路"[3]。巴里还赞同这样的论

---

[1] Brian Barry, *Culture and Equality: An Egalitarian Critique of Multiculturalism*, Cambridge: Polity Press, 2001, p. 107.

[2] Brian Barry, *Culture and Equality: An Egalitarian Critique of Multiculturalism*, Cambridge: Polity Press, 2001, p. 107.

[3] Brian Barry, *Culture and Equality: An Egalitarian Critique of Multiculturalism*, Cambridge: Polity Press, 2001, p. 228.

点，即在学校用威尔士语授课可能减少学生学习主要外语的时间，而这些时间可能有更多的实际用途①。

但是，尽管巴里的工具主义观点在语言哲学史上有着非常丰富的谱系，今天他的观点在语言哲学和语言正义领域仍是一个例外。今天，大多数理论家都视为事实来接受的是许多人对自己的母语有深深的依附感。他们还承认，许多人从语言群体的成员身份和能够在他们自己的语言环境中交流、参与和生活而获得内在价值。②

不过，这并不意味着工具主义的案例不再是一个可行的选择，它的有些版本仍然非常流行，尽管它现在有不同的理由为自己辩护。许多语言正义理论家——比如莱维③、伯格④和维因斯托克⑤——支持一种接受人的构成性依附于语言环境的工具主义，但同时论证说，语言也具有工具性的功能，并且在制定政策时，这些功能应该优先于语言的身份功能。语言正义中大多数工具主义的观点并不是说一个人的语言归属对于他的身份来说仅仅是偶然的、外在的，而是认为在政策层面，与身份无关的目的（比如机会最大化）凌驾于身份利益之上。他们明白很多人有身份的利益（identity interest），但他

---

① Brian Barry, *Culture and Equality: An Egalitarian Critique of Multiculturalism*, Cambridge: Polity Press, 2001, pp. 106 – 107.

② 当然，现在我们可以预期人们的语言嵌入性会有所不同。（少数）人可能觉得他们的语言成员身份仅仅是传统的或外在的问题。这些人通常是多数群体的语言群体成员，他们的语言是牢固且成功的，而不是挫折的来源。他们可能声称他们的文化成员身份不是他们的构成性特征。这难道不是构成主义观点的一个问题吗？我们为什么不考虑他们关于文化成员身份的观点？为什么我们应该将我们的正义理论建基于构成性的观点之上？

在回答这些批评时，应该提及的是，我们不可避免地要做出抉择。在工具主义与构成主义对决的问题上，保持政治中立是不可能的。或者我们在他们的构成性嵌入的基础上授予少数群体群体语言权利（例如接受母语教育的权利），或者我们认为构成性的观点是错的或不合理的而不这么做。没有正义理论可以避免（至少带着）某种对特定"世界的事实"的理解。这个问题似乎就是这些事实之一。结果是我们有责任做出抉择。如果我们需要挑选一个标准案例，构成主义者论证说选择构成的一方是最公平的选择。的确，有些人对自己的语言成员身份倾向于持工具性观点，因此愿意放弃保持自己语言和文化的优点。我们完全有理由主张，他们不应该被强行要求去保持自己的语言和文化而违背自己的意愿。但是那不意味着那些重视自己语言的人的主张应该被推翻。正如金里卡所言："我们应该把接触一个人的文化当作人们可以期待的东西，无论他们更特殊的善的概念是什么。离开一个人的文化尽管是可能的，但最好被视为放弃一些他合理拥有权利的东西。" Will Kymlicka, *Multicultural Citizenship: A Liberal Theory of Minority Rights*, Oxford: Clarendon Press, 1995, p. 86.

③ Jacob Levy, *The Multiculturalism of Fear*, Oxford: Oxford University Press, 2000.

④ Thomas Pogge, "Accommodation Rights for Hispanics in the United States", in *Language Rights and Political Theory*, eds. by W. Kymlicka & A. Patten, Oxford: Oxford University Press, 2003.

⑤ Daniel Weinstock, "The Antinomy of Language Policy", in *Language Rights and Political Theory*, eds. by W. Kymlicka & A. Patten, Oxford: Oxford University Press, 2003.

们不会采取公共政策去容纳它。他们得出的规范性结论是：我们应该规范语言，以便（只）实现与身份无关的目标。

一旦工具主义被这样理解，那么工具主义者与构成主义者的区别就不再是语言的身份价值方面的分歧，而是从语言中得出的规范性结论方面的分歧。与工具主义观点相反，构成主义者认为，除了实现人们的交流或与机会相关的利益，我们应该给予他们使用自己语言的内在利益以重要的规范性地位①。他们论证说，一个公正的语言政策理论将容纳语言群体并给予语言少数群体以语言权利。对此的辩护是纠正性的：语言权利纠正了这种不正义，它产生于少数群体被迫生活在多数群体的语言中，而多数群体只是碰巧拥有语言权力这一特权而已。

这就产生了以下表格（表1），即可以从 B 中推论出 C 和 D，尽管 A 的支持者通常只会推论出规范性结论 C。

表1　构成性和工具性的语言意识形态和语言政策

语言成员身份的观点与结论	工具性的语言意识形态	构成性的语言意识形态
语言成员身份的基本观点（语言本体论）	（A）语言对于我是谁来说是外在的（语言是个人的工具或习俗）	（B）语言对于我是谁来说是内在的（语言体现主体）
规范性结论（语言政策）	（C）规定语言，以便只实现与身份无关的目标： 1. 沟通：民主审议（democratic deliberation） 2. 效率 3. 机会平等 4. 流动性（或减少流动性） 5. 凝聚力和团结 进一步细分： 1. 以结果为导向：语言保持、语言同质化 2. 程序性的	（D）组织语言，以便考虑到语言的身份利益。 进一步细分： 1. 以结果为导向：语言保持 2. 程序性的

---

① D. Réaume, "Beyond personality: The Territorial and Personal Principles of Language Policy Reconsidered", in *Language Rights and Political Theory*, eds. by W. Kymlicka & A. Patten, Oxford: Oxford University Press, 2003, p. 283; F. Grin, "On the costs of cultural diversity", in *Cultural Diversity versus Economic Solidarity: Proceedings of the Seventh Francqui Colloquium*, ed. by P. Van Parijs, Brussels: De Boeck, 2004, pp. 197–200.

在详细解释这个表格之前，我需要提示两点。首先，**工具性语言意识形态**和**构成性语言意识形态**之间的区别并不等同于工具性进路和内在性进路的区别①。穆斯琴加（Musschenga）和劳姆（Réaume）认为语言和文化具有内在价值，声称语言本身具有道德价值，独立于言说者给予它们的价值。这种内在性观点与工具性观点截然相反。工具性观点只认为个人是权利的持有者。穆斯琴加和劳姆批评了这种工具性观点，因为它仅能证明对语言的有限保护——只有当语言对个人有价值时它才能保护语言。相反，他们捍卫**群体权利**（group rights）或**集体权利**（collective rights）。

然而，绝大多数现存的语言正义的政治哲学都明确反对内在性观点。大多数理论家认为只有个人才是权利的拥有者。结果是，语言和文化的重要性只在于它们为个人所欲求。事实上，这里讨论的工具性语言意识形态和构成性语言意识形态对语言成员身份的价值，对个人拥有一种语言意味着什么均提出了不同的解释，从而已经假定了语言为了使用者的利益而存在。不过，通常情况下内在性观点的支持者会支持构成主义者的立场，通过主张个人在其语言中拥有的内在利益来解决那个表面的困难，即语言保护可能与个人利益相对立。

另外，我们应该注意到，在这对概念的背景下存在着区别。这种观点认为语言偏好与个人偏好之间并不平等。继德沃金和金里卡②以及塔米尔③之后，我们可以说，文化和语言不仅为我们提供了选项，而且还为我们提供了借以辨别有价值选项的观点（spectacles）。语言也可以被视为一种媒介，通过这种媒介，我们拥有的个人喜好可以被视为有意义的。因此，从某种意义上说，语言偏好优先于我们根据语言偏好而产生的个人偏好。现在，在本体论层面上的工具性或构成性讨论中存在争论的不是语言是否是一种观点或媒介，即使工具性观点假定了肯定观点。这里的关键是特定语言的重要性，是我们应该给人们什么样的观点。

于是构成性的观点认为，原则上有一种不被同化的权利，即人们应该获

---

① Will Kymlicka, *Multicultural Citizenship: A Liberal Theory of Minority Rights*, Oxford: Clarendon Press, 1995; A. Musschenga, "Intrinsic Value as a Reason for the Preservation of Minority Cultures", in *Ethical Theory and Moral Practice*, 1998, Vol. 1, pp. 201–225; D. Réaume, "Official-Language Rights: Intrinsic Value and the Protection of Difference", in *Citizenship in Diverse Societies*, eds. by W. Kymlicka & W. Norman, Oxford: Oxford University Press, 2000, pp. 245–272.

② Will Kymlicka, *Multicultural Citizenship: A Liberal Theory of Minority Rights*, Oxford: Clarendon Press, 1995, p. 873; Will Kymlicka, *Politics in the Vernacular: Nationalism, Multiculturalism and Citizenship*, Oxford: Oxford University Press, 2001, p. 210.

③ Yael Tamir, *Liberal Nationalism*, Princeton: Princeton University Press, 1993.

得自己的语言媒介,因为实际上媒介被认为是有其情境的,不是中立的。工具性观点认为,政策优待的特定语言,是那种最大程度实现偏爱的非语言结果的语言。

根据工具性语言政策理论,语言政策要最大化的具体目标因作者而异。正如我们此前看到的,巴里强调机会均等,这也是托马斯·伯格的主要关切点[1]。其他作者强调没有暴力的重要性[2],或强调需要一种共同的语言,为了充分的民主审议程序(约翰·斯图尔特·密尔是这一愿景的主要倡导者之一,这一想法在很大程度上得到了其他人的认同[3])。

我在这里所描述的争论中,这两种立场并不对称:工具主义者的描述仅仅考虑了对语言规划提供与身份无关的证成,而构成性观点除了关注语言规划的身份之外,还关注与语言的身份功能无关的东西。请注意,对于构成主义者来说有一个重要的难处,而工具主义者通过拒绝实现身份利益则不必面对。由于构成性观点也承认除了工具利益之外,身份关注还是语言规划的基础,因此必须做出艰难的权衡与决定。语言获得国家支持的语言群体越小,与身份无关的坐标轴所涉成本就越高。许多构成主义者认为,在理想情况下,沟通的工具性目标、效率、机会平等、流动性和凝聚力是在自己的语言和在自己的语言群体中实现的。但是,这一理想原则肯定会遇到许多反例。如巴里提及的关于花时间学习威尔士语的例子。但是,如果我们把注意力从发达的西方工业化国家转移到那些少数的原住民"濒临消失的语言"(moribund languages)的区域时,可以看到语言身份和(非语言形式的)机会平等之间更严重的冲突。这些民族必须做出抉择,如果想保持他们自己的母语和安排(比如说)他们的教育使用母语而不是用西班牙语、斯瓦希里语或法语等分布更广泛的语言 [2001 年,阿布拉姆·德斯万(Abram de Swaan)

---

[1] Thomas Pogge, "Accommodation Rights for Hispanics in the United States", in *Language Rights and Political Theory*, eds. by W. Kymlicka & A. Patten, Oxford: Oxford University Press, 2003.

[2] Jacob Levy, *The Multiculturalism of Fear*, Oxford: Oxford University Press, 2000. 工具性程序的进路的一个例子由雅各布·莱维(Jacob Levy)提供,在他的《恐惧的多元文化主义》(*The Multiculturalism of Fear*)中,他认为最重要的是我们应该以避免暴力、残忍和羞辱的方式设计我们的文化和语言政策。阿兰·帕滕(Alan Patten, 2003)辩护了一种构成性程序的进路,它通过给予它们平等的承认(基于资源的"人均"分配),平等地对待所有语言。

[3] Brian Barry, *Culture and Equality: An Egalitarian Critique of Multiculturalism*, Cambridge: Polity Press, 2001; Philippe Van Parijs, *Linguistic Justice for Europe and for the World*, Oxford: Oxford University Press, 2011; Daniel Weinstock, "The Antinomy of Language Policy", in *Language Rights and Political Theory*, eds. by W. Kymlicka & A. Patten, Oxford: Oxford University Press, 2003, pp. 250 – 270.

称其为"超级中心"（supercentral）语言］，从而放弃重要的工具性益处①。正是从这些例子中，巴里、伯格和维因斯托克②这些认为工具性的关切比语言保护更重要的工具主义者，获得了规范性动力。③

请注意，这两种理论可以通过区别结果导向的进路和程序性进路进一步细分④。结果导向的进路旨在明确事态的完全实现，如共同语言的分布［语言同质化（language homogenization）］，或在某一确定地域内所有语言的同等成功率或存活率［语言保持（language maintenance）］。与此相反，程序性进路寻求确保所有语言群体拥有平等的资源，而非确保某个确定事态的实现。⑤ 它将注重公平的程序，给予所有群体以平等的承认，无论结果将会如何。⑥

尽管语言保持政策通常被认为是构成性意识形态的、以结果为导向的子集，但我认为，有必要看到，它也可以在工具性基础上得到辩护。例如，范帕里斯给语言保持提供的理由之一便是：语言多样性是人们流动的唯一严重

---

① Luisa Maffi, "The 'business' of language endangerment: Saving languages or helping people keep them alive?", in *Language in the Twenty-First Century*, eds. by H. Tonkin and T. Reagan, Amsterdam: Benjamins, 2003, pp. 67 – 86.

② Brian Barry, *Culture and Equality: An Egalitarian Critique of Multiculturalism*, Cambridge: Polity Press, 2001; Thomas Pogge, "Accommodation Rights for Hispanics in the United States", in *Language Rights and Political Theory*, eds. by W. Kymlicka & A. Patten, Oxford: Oxford University Press, 2003; Daniel Weinstock, "The Antinomy of Language Policy", in *Language Rights and Political Theory*, eds. by W. Kymlicka & A. Patten, Oxford: Oxford University Press, 2003, pp. 250 – 270.

③ 语言政策必须避免任何工具性的关切，这不是我在这里界定的构成性观点的一部分。大多数构成主义者会认同语言在实现非语言无关的目标（alinguistic goals）时扮演重要角色这一点，例如机会平等和流动性。

④ Alan Patten, "Political Theory and Language Policy", in *Political Theory*, 2001, Vol. 29, No. 5, pp. 691 – 715; Alan Patten, *Equal recognition: The moral foundations of minority rights*, Princeton: Princeton University Press, 2014; Patten and Kymlicka, *Language Rights and Political Theory*, eds. by W. Kymlicka & A. Patten, Oxford: Oxford University Press, 2003, pp. 48 – 51.

⑤ 工具性程序的进路的一个例子由雅各布·莱维（Jacob Levy）提供，在他的《恐惧的多元文化主义》（*The Multiculturalism of Fear*）中，他认为最重要的是我们应该以避免暴力、残忍和羞辱的方式设计我们的文化和语言政策。阿兰·帕滕（Alan Patten, "What Kind of Bilingualism?", in *Language Rights and Political Theory*, eds. by W. Kymlicka & A. Patten, Oxford: Oxford University Press, 2003, pp. 296 – 321.）辩护了一种构成性程序的进路，它通过给予平等的承认（基于资源的"人均"分配），平等地对待所有语言。

⑥ 以同样的方式承认所有群体仍可能带来非常不平等的结果，这是为何有学者，如范帕里斯会论证平等的承认仍会有利于多数群体语言，由此与单语的政策没有什么太大的不同。

阻碍，从而成为受欢迎的人口稳定器①。像斯蒂芬·梅，德尼斯·劳姆或斯库特纳布－坎亚斯②这样的理论家则从构成性更加鲜明的观点捍卫语言保持。

（三）离散性对混合性

在这一部分，我会分析语言正义理论依赖的经验性语言概念的两种不同解释之中的第二个语言意识形态冲突。我将揭示，尽管存在有关语言成员身份的意识形态之多样性，许多语言正义理论，无论是工具性一方还是构成性一方，似乎都把语言的离散性（discreteness）概念作为一个不容置喙的、标准的起点。

我认为离散性概念包括三个统一的假设。第一，它把语言理解为仅仅是单语者所说的。因此，单语主义（monolingualism）被视为是正常的（normal）情况。第二，语言被认为有透明的语言、地域的界线，这产生了我们语言世界的马赛克图景，在那里，各种各样的语言可以被清晰的线条标出来。第三，假定一个语言共同体的成员在身份问题上是不可分割的——个人的语言身份变化被认为是非常小的。这就是**群体欲求**（group's desire）拥有自己的地域并保持自己语言环境的理由。

现在，我将展示，这种离散性观点如何成为该领域最杰出的两个理论之前提，这两个理论由范帕里斯和金里卡提出。在他最近的几份出版物中，范帕里斯主要基于工具性的理由捍卫语言规划的地域理论。"为了保护脆弱的语言，在高流动性的情况下，最多只有一种有效策略，即坚定地运用语言地

---

① Philippe Van Parijs, "Must Europe Be Belgian? On Democratic Citizenship in Multilingual Polities", in *The Demands of Citizenship*, eds. By C. McKinnon and I. Hamper-Monk, London and New York: Continuum, 2000, p. 240.

② Stephen May, "Misconceiving Minority Language Rights: Implications for Liberal Political Theory", in *Language Rights and Political Theory*, eds. by W. Kymlicka & A. Patten, Oxford: Oxford University Press, 2003, pp. 123 – 152; Denise G. Réaume, "Official-Language Rights: Intrinsic Value and the Protection of Difference", in *Citizenship in Diverse Societies*, eds. by W. Kymlicka & W. Norman, Oxford: Oxford University Press, 2000, pp. 245 – 272; Denise G. Réaume, "Beyond personality: The Territorial and Personal Principles of Language Policy Reconsidered", in *Language Rights and Political Theory*, eds. by W. Kymlicka & A. Patten, Oxford: Oxford University Press, 2003, pp. 271 – 295; Tove Skutnabb-Kangas, *Linguistic genocide in education-or worldwide diversity and human rights?*, Mahwah & London: Lawrence Erlbaum Associates, 2000.

域原则——谁的区域,谁的语言(Cuius regio, eius lingua)"①。这一原则使特定地域的语言成为该地域在公共行政、政治生活、司法程序和公共资助的义务教育中唯一允许使用的语言。当人们在那片土地上定居时,我们应该"请他们谦卑地学习当地语言"②。

金里卡的规范性政策建议虽然更少地基于工具性方面的考虑,但与范帕里斯的政策建议大致相似。金里卡从假设人们生活在民族文化中开始,这种文化可以理解为提供了一种使我们生活的选择和选项对我们有意义的视角。这些视角值得保护,既因为它们通过为我们提供有意义选择的背景使得个人选择成为可能,也因为这些观点支持它们成员的身份。金里卡认为,民族文化在地域上是集中的且或多或少是宪法上完整的共同体,同时共享了不同的语言和历史③。

金里卡的主要规范性结论是:正义意味着给予每个民族群体以自治权,以使其成员能够保持他们自己的语言和文化。这些民族群体因此获得了语言、地域和政治的自主。例如,金里卡在这方面倡导的战略之一是划定和重新划定多民族国家内部边界,使政治和地域边界符合文化和语言的边界④。

然而,金里卡对语言和文化权利的规范性辩护似乎建立在语言和文化不切实际的同质性概念上,这个概念与语言的离散性概念密切相关。金里卡似乎认为我们生活在一个透明的马赛克式的文化和语言世界里,在那里清楚而稳定的边界划分出单语的文化。如果这个起点是正确的,那么规范性的单语的民族-国家(nation-state)理论或许不是不恰当的。换句话说,只要单语和单一文化对我们的语言和文化现实的假设是真的,援引单语的民族-国家

---

① Philippe Van Parijs, "The Ground Floor of the World. On the Socio-Economic Consequences of Linguistic Globalisation", in *International Political Science Review*, 2000, Vol. 21, No. 2, p. 219; Philippe Van Parijs, *Linguistic Justice for Europe and for the World*, Oxford: Oxford University Press, 2011.

② Philippe Van Parijs, "The Ground Floor of the World. On the Socio-Economic Consequences of Linguistic Globalisation", in *International Political Science Review*, 2000, Vol. 21, No. 2, p. 219. 尽管如此,在我阐述的工具主义与构成主义的争论中,范帕里斯算是一个构成主义者,因为虽然他主要表现了对工具主义的关切和支持在非身份相关的语言功能基础上的语言政策(例如他的观点:为了沟通效率的原因,英语应该提升为欧洲唯一的通用语),但是他最终在身份的基础上捍卫语言地域性原则(Philippe Van Parijs, "Tackling the Anglophones' free ride: Fair linguistic cooperation with a global lingua franca", in *AILA Review*, 2007, Vol. 20, No. 1, pp. 72 – 86.)。

③ Will Kymlicka, *Multicultural Citizenship: A Liberal Theory of Minority Rights*, Oxford: Clarendon Press, 1995, pp. 49 – 68; Will Kymlicka, *Politics in the Vernacular: Nationalism, Multiculturalism and Citizenship*, Oxford: Oxford University Press, 2001, p. 25.

④ Will Kymlicka, *Politics in the Vernacular: Nationalism, Multiculturalism and Citizenship*, Oxford: Oxford University Press, 2001, p. 210.

逻辑（一种语言，一个民族，一个国家）可能是适当的。对于范帕里斯的提议也可以说同样的话，"某一特定地域的语言作为该地域内唯一可接受的语言"的指导方针依赖于这个假设，即实际上该地域存在着一种语言并且该语言和地域的边界相符合。

然而，这种趋同是一个例外。我们所居住的文化世界充满了多元文化主义、多语主义和语言模糊。它总是拥有模糊的边界、灰色地带、少数群体里的少数群体、双语和多语现象等等。因此，将规范性理论建立在对语言和文化的单一语言经验理解上，将导致无法为这些语言混合的情况提供空间。反过来，这将导致我们的语言在现实中不恰当地减少，并将每一种混合的情况硬塞进单语的框架。那些不太适合这个框架的东西（如文化重叠、双语主义、文化传播、双语现象、少数群体中的少数群体……）于是被视为是无关紧要的、模糊的细节来对待，这些细节也会被单一文化和单语的解决办法（自治权利、地域或单语政治）所消除。

这必然导致**没有能力**恰当处理两个或两个以上的民族语言（ethnolinguistic）或民族群体的不同语言群体要求同一片土地的情况，正如原住民对目前当局手中领土的主张①所表明的那样，同时在耶路撒冷、塞浦路斯以及相对不那么严重的布鲁塞尔等地的冲突的核心问题也说明了这一点。或者考虑两个或更多语言群体混合生活在一起以至于不可能为单语群体划定一致边界的情况，如布鲁塞尔以及说威尔士语、俄语（在波罗的海国家）、加泰罗尼亚语或巴斯克语的地区。

因此，同时在混合环境中保持离散性观点会导致某种**不正义**，因为它往往忽略了语言多元主义和语言混合的情况。任何发现自己处于这种混合文化情况的人，比如双重文化的双语者（bicultural bilinguals），他们不认为自己主要扎根于一个或另一个群体中，这种不正义发生在他们每个人身上。然而，还不清楚为什么挑选单语者作为标准情况？为什么期望每个人在语言上趋同于单语身份感的共同偏好更可取呢？因此，语言的这一基本概念不仅是"错误的"，而且还会导致一种"不正义"的形式——它倾向于使某种语言偏好比其他语言偏好更不具正当性。更具世界主义语言态度的人或许只是不希望只有自己其中一种语言归属感获得认同的双语者，他们会因此被视为一种具有不正当偏好的"搭便车者"。

在我看来，不是选择一群人和一种语言身份作为核心群体、标准情况，而是任何对语言自主的关注都将允许且正当化语言多元论（linguistic plural-

---

① Chandran Kukathas, "Cultural toleration", in *Ethnicity and group rights*, 1997, Vol. 39, pp. 69–104.

ism）的情况——现在被理解为关于个体在语言上如何嵌入以及他们如何体验自己语言身份的多样性。一种正义的语言规划理论将因此试着避免将自身建立在某种形式的语言身份之上，以便给语言多样性提供足够空间，同时充分尊重语言混合的情况。① 见表2。

表2 透明与混合的语言意识形态和语言政策

语言的基本概念及结论	离散性（语言意识形态）	混合性（语言意识形态）
语言的基本概念	离散性（我们的语言世界的特点是单语主义、明显的界限、共同的语言身份）	混合性（我们的语言世界充满双语与多语、模糊的界限、语言多元主义的情况）
规范性结论（语言政策）	单语的语言规划（地域性、自治权利）	以尊重混合语言身份的方式管理语言（双语的权利、共享的公共空间……）

三、互相启示

这项工作有什么可借鉴的吗？我相信有，它们可归结为一种跨学科的呼吁，以调和规范性的理想与语言规划的实践和理论②。

在最近关于语言正义的争论中肯定存在一些维度，这些维度可能有利于更传统领域的语言政策研究（如社会语言学和政治科学）。到目前为止，最突出的一点是这些传统的语言政策领域确实存在运用着许多规范性理想，然而这些规范性思想往往只得到含糊的表述，在很大程度上仍未加以言明。关注这些假设背后的规范性理想，可能有助于为该领域提供更强有力的规范基

---

① 尽管任何正义理论必须把关于世界的某些事实视为给定的（given），但人们认为的"给定的"仍然重要。如果这是真的，几乎不可能在纯粹的语言学基础上划分语言（Jacques Derrida, *Le monolinguisme de l'autre*, Paris: Galilée, 1996, pp. 23 – 24.），那么，正义的解决办法将不会仅仅局限于仅仅协调现存的语言事务。反思什么是正义的解决办法，需要对现存语言政策建议的语言预设的意识形态基础进行批判性检查。

② John Edwards, "Language and the future: Choices and constraints", in *Language in the Twenty-First Century*, eds. by H. Tonkin and T. Reagan, Amsterdam: Benjamins, 2003, pp. 44 – 45; F. Grin, "On the costs of cultural diversity", in *Cultural Diversity versus Economic Solidarity: Proceedings of the Seventh Francqui Colloquium*, ed. by P. Van Parijs, Brussels: De Boeck, 2004, pp. 197 – 200.

础，这也可能带来更多的正当性。在此背景下，语言正义的争论可以提出四个进一步的教训。

第一，他们的"转向哲学"（turning to philosophy）可能会促使语言规划者重新考虑本文解释的、一些常常太容易被丢弃的工具主义主张的价值。例如，把以生存为目标当成无可置疑的出发点可能冒着无视事实的风险，这个事实是生存性政策在实现过程中可能最终将人们封闭在不断损耗平等的语言环境中，从而不仅继续而且实际上重申了现有非语言的不平等（non-linguistic inequalities）。如果语言规划者为诸如"语言非政府组织"——它们支持和启动发展中国家的语言生存倡议——提供规范性背景，那么至少他们开始明确规范性原则，并开发工具以确定在特定环境中拯救某种特定语言的正义和可欲性。

第二，在语言正义争论中反复出现并且可以强调语言政策情况的一个有趣的点是，标准的自由主义对多样性问题的反应——采用中立的不干涉的方式——对**语言**多样性是不可行的。如上所述，在制定有关教育或简单的法庭实践的政策时，国家不可避免地必须做出**语言**方面的决定——完全与语言无关的国家政策根本不存在。因此，正确的对立不是语言自由与语言规范之间的对立，而是不同形式的语言规范之间的对立。换句话说，语言政策领域里没有零选择（zero-option）。我们不能不干预，自由/规制（freedom/regulation）的范式将被工具性/构成性的区分所取代。

第三，语言规划者可能加强其学科的道德基础，考虑到固有的群体权利（或"集体权利"）和"工具性的"群体差异权利（group-differentiated rights）——自金里卡成功引入该词汇以来，它就成为语言正义词汇的一部分①——之间的区别。如上所述，大多数现有语言正义理论提出语言权利的基础时，不是用"固有群体权利"的语言而是用群体差异的"少数群体权利"的语言，后者认为只有个人才是权利的最终拥有者。这样的群体没有权利，只有个人才有。但在语言多样性的情况下，平等对待个人可能涉及语言群体成员身份的差别对待。因此，从某种意义上说，语言少数群体的权利是衍生的个人权利。

认识到这一点有助于澄清少数群体权利实践与个人利益相冲突的情况的不可欲性。当这种冲突出现时，大多数语言正义理论家论证说，我们应该优先考虑个人利益——因为少数群体的权利可以从如下理由中得到辩护，这些

---

① Will Kymlicka, *Multicultural Citizenship: A Liberal Theory of Minority Rights*, Oxford: Clarendon Press, 1995, pp. 34 – 48.

理由诉诸个人从他们的语言身份中享有的利益,放弃这些理由而为可能损害个人利益的群体或少数群体的权利做辩护是不正义的。但是,与此同时,这种见解可能有助于加强**不平等**的差别对待的主张,语言少数群体常常作此呼吁,他们担心通过给予所有人平等的承认,以平等对待所有人,可能最终优待了支配性语言。他们论证说,语言脆弱的语言群体应该被给予超过平等份额的可用资源,以弥补他们所面临的非选择性的(unchosen)语言劣势。

还有一些重要的原因,说明语言正义理论家应该转向现有的社会语言学研究以及其他关于这些问题的研究,以免冒着"重新发明轮子"的风险,甚至更糟糕的是,对已有的发明依然视而不见。在我看来,这种的危险显然存在于许多语言正义理论丝毫不经反思的假设中,我称之为"语言的概念"(concept of language),它形塑了语言正义理论的经验性输入。语言正义理论家由于持有在经验上的错误以及因此在规范上不恰当的**离散性**语言概念——这种语言概念同时诉诸了单语地区和单语个体的观念——不仅忽视了已有的研究,而且以毫无根据的单语的民族-国家理论(monolingual nation-state theories)而告终。

参考文献

[1] BARRY B. Culture and Equality:An Egalitarian Critique of Multiculturalism [M]. Cambridge:Polity Press,2001.

[2] BENHABIB S. The Claims of Culture:Equality and Diversity in a Global Era [M]. Princeton:Princeton University Press,2002.

[3] BLAKE M. Language Death and Liberal Politics [M] // KYMLICKA W, PATTEN A. Language Rights and Political Theory. Oxford:University Press, 2003:210-229.

[4] BORAN I. Autonomy as a Remedy for Language Conflict:Negotiating Territoriality and Identity [J]. Language Problems and Language Planning, 2001, 25 (3):237-257.

[5] COOPER R L. Language Planning and Social Change [M]. Cambridge:Cambridge University Press,1989.

[6] DERRIDA J. Le Monolinguisme De L'autre [M]. Paris:Galilée, 1996.

[7] DE SCHUTTER H. Two Principles of Equal Language Recognition [J]. Critical Review of International Social and Political Philosophy, 2017, 20 (1):75-87.

[8] DE SCHUTTER H. Intralinguistic Justice [M] // PELED Y, WEINSTOCK D. Language Ethics. McGill University Press, 2020.

[9] EDWARDS J. Language and the Future: Choices and Constraints [M] // TONKIN H, REAGAN T. Language in the Twenty-First Century. Amsterdam: Benjamins, 2003: 35-46.

[10] GREEN L. Are Language Rights Fundamental [J]. Osgoode Hall Law Journal, 1987, 25 (4): 639-696.

[11] GRIN F. Diversity as Paradigm, Analytical Device, and Policy Goal [M] // KYMLICKA W, PATTEN A. Language Rights and Political Theory. Oxford: University Press, 2003: 169-188.

[12] GRIN F. On the costs of Cultural Diversity [M] // VAN PARIJS P. Cultural Diversity versus Economic Solidarity: Proceedings of the Seventh Francqui Colloquium. Brussels: De Boeck, 2004: 189-202.

[13] GUTMANN A. Identity in Democracy [M]. Princeton: Princeton University Press, 2003.

[14] HABERMAS J. Struggles for Recognition in the Democratic Constitutional State [M] // GUTMANN A. Multiculturalism: Examining the Politics of Recognition. Princeton: Princeton University Press, 1994: 107-148.

[15] KYMLICKA W. Contemporary Political Philosophy: An Introduction [M]. Oxford: Oxford University Press, 1990.

[16] KYMLICKA W. Multicultural Citizenship: A Liberal Theory of Minority Rights [M]. Oxford: Clarendon Press, 1995.

[17] KYMLICKA W. Politics in the Vernacular: Nationalism, Multiculturalism and Citizenship [M]. Oxford: Oxford University Press, 2001.

[18] KYMLICKA W, PATTEN A. Language Rights and Political Theory [M]. Oxford: University Press, 2003.

[19] LEITH D. A Social History of English [M]. London: Routledge, 1997.

[20] LAITIN D, REICH R. A Liberal Democratic Approach to Language Justice [M] // KYMLICKA W, PATTEN A. Language Rights and Political Theory. Oxford: University Press, 2003: 80-104.

[21] LEVY J. The Multiculturalism of Fear [M]. Oxford: University Press, 2000.

[22] MAFFI L. The "business" of Language Endangerment: Saving Languages or Helping People Keep Them Alive [M] // TONKIN H, REAGAN T.

Language in the Twenty - First Century. Amsterdam: Benjamins, 2003: 67-86.

[23] MAY S. Misconceiving Minority Language Rights: Implications for Liberal Political Theory [M] // KYMLICKA W, PATTEN A. Language Rights and Political Theory. Oxford: University Press, 2003: 123-152.

[24] MILLER D. On Nationality [M]. Oxford: Oxford University Press, 1995.

[25] MUSSCHENGA A W. Intrinsic Value as a Reason for the Preservation of Minority Cultures [J]. Ethical Theory & Moral Practice, 1998, 1: 201-225.

[26] PATTEN A. Political Theory and Language Policy [J]. Political Theory, 2001, 29: 691-715.

[27] PATTEN A. What Kind of Bilingualism [M] // KYMLICKA W, PATTEN A. Language Rights and Political Theory. Oxford: University Press, 2003: 296-321.

[28] PATTEN A. Equal Recognition: The Moral Foundations of Minority Rights [M]. Princeton: Princeton University Press, 2014.

[29] POGGE T W. Accommodation Rights for Hispanics in the United States [M] // KYMLICKA W, PATTEN A. Language Rights and Political Theory. Oxford: University Press, 2003: 105-122.

[30] POOL J. Language Planning and Identity Planning [J]. International Journal of the Sociology of Language, 1979, (20): 5-21.

[31] RAWLS J. Political Liberalism [M]. New York: Columbia University Press, 1996.

[32] RAWLS J. The Law of Peoples [M]. Cambridge: Harvard University Press, 1999.

[33] RÉAUME D G. Official-Language Rights: Intrinsic Value and the Protection of Difference [M] // KYMLICKA W, NORMAN W. Citizenship in Diverse Societies. Oxford: University Press, 2000: 245-272.

[34] RÉAUME D G. Beyond Personality: The Territorial and Personal Principles of Language Policy Reconsidered [M] // KYMLICKA W, PATTEN A. Language Rights and Political Theory. Oxford: University Press, 2003: 271-295.

[35] SKUTNABB-KANGAS T. Linguistic Genocide in Education - or Worldwide Diversity and Human Rights [M]. London: Lawrence Erlbaum Associates, 2000.

[36] STILZ A. Civic Nationalism and Language Policy [J]. Philosophy & public affairs, 2009, 37 (3): 257 - 292.

[37] DE SWAAN A. Words of the World: The Global Language System [M]. Cambridge: Polity Press, 2001.

[38] TAMIR Y. Liberal Nationalism [M]. Princeton: Princeton University Press, 1993.

[39] TAYLOR C. The Politics of Recognition [M] // Gutmann A. Multiculturalism: Examining the Politics of Recognition. Princeton: Princeton University Press, 1994: 25 - 73.

[40] TONKIN H. Language Planning [M] // Ball M J. Clinical Socilinguistics. Malden: Blackwell, 2005: 120 - 132.

[41] VAN PARIJS P. Must Europe Be Belgian? On Democratic Citizenship in Multilingual Polities [M] // MCKINNON C, HAMPSHER - MONK I. The Demands of Citizenship. London: Continuum, 2000: 235 - 253.

[42] VAN PARIJS P. The Ground Floor of the World: On the Socio-Economic Consequences of Linguistic Globalisation [J]. International Political Science Review, 2000: 21 (2): 217 - 233.

[43] VAN PARIJS P. Linguistic Justice for Europe and for the World [M]. Oxford: Oxford University Press, 2011.

[44] WEINSTOCK D. The Antinomy of Language Policy [M] // KYMLICKA W, PATTEN A. Language Rights and Political Theory. Oxford: University Press, 2003: 250 - 270.

项目说明：本译文为教育部人文社会科学重点研究基地重大项目"全球现代化史的哲学考察——从理论与实践的关系看"（批准号：23JD720004）的阶段性成果。

沟通理性理论能回应文化相对主义的挑战吗？

邓伟生[*]

【摘要】 一个文化传统中的人认为是理性的信念或行动，对身处其他文化传统的人是否同样有效？是否有一个普遍的理性观，依据它可以判断任何信念或行动是否合乎理性？哈贝马斯的沟通理性理论，倡导一种普遍的理性观，对以上问题做出了正面回答。在这篇文章中，我们希望借用麦金太尔的传统构成的理性观，重构一种文化相对主义，挑战哈贝马斯的沟通理性理论。本文尝试论证，由于哈贝马斯的沟通理性理论只是一种程序式的理性观，因而它无法回应文化相对主义的挑战。如果要反驳文化相对主义，则需要一套更具实质性的理性观。

【关键词】 理性理论 文化相对主义 哈贝马斯 麦金太尔

一、前言

无论是从人类学的研究，还是从报纸的报道，我们都能知道，不同文化或民族的人的信念与道德规范差异极大，有些甚至是互相冲突的。例如，我们会认为一夫多妻不单是违犯法律的行动，而且是不道德的行动，因为这对配偶不忠。但是，有些民族或国家，无论在法律上，还是在道德上，至今仍然采取或容许一夫多妻制。而有些民族则盛行一妻多夫制。究竟是他们对，还是我们对呢？如果说我们对，标准又何在呢？对这些问题的追问，最终会涉及理性的讨论，因为我们认为什么是对的，最终奠基于我们认为什么是理性的。但是什么是理性？什么样的信念才是理性的？怎样的行动才是理性的？判别一个行动是否是理性的标准究竟是怎样订立的？一个文化传统中认为是理性的信念或行动，对身处其他文化传统的人是否同样有效？是否有一

---

[*] 邓伟生，清华大学"文素基地"兼任教师，中山大学实践哲学研究中心成员。

个普遍的理性观,依据它可以判断任何信念或行动是否合乎理性?

诸如此类的问题困扰着当今不少哲学家,甚至有些哲学家认为,哲学的工作,就是建立一套理性的理论,或者为理性辩护,以回应怀疑主义或相对主义的挑战。在这些理性理论中,尤尔根·哈贝马斯(Jurgen Habermas)的沟通理性理论(Theory of Communicative Rationality)①是很有代表性的一个,也是系统性最强的一个。在这篇文章,我们希望借用阿拉斯代尔·麦金太尔(Alasdair MacIntyre)的传统构成的理性观(Tradition-constituted Rationality)②,重构一种文化相对主义,看看它能否反驳哈贝马斯的沟通理性观,或者看看哈贝马斯的沟通理性观能否回应它的挑战。本文尝试论证,由于哈贝马斯的沟通理性理论只是一种程序式的理性观,因而它无法回应文化相对主义的挑战。如果要反驳文化相对主义,则需要一套更具实质性的理论观。

二、传统构成的理性观与文化相对主义

麦金太尔认为,一个传统的出现,纯粹是历史的偶然,是给予(Given)。构成一个传统的核心,是该传统的理性概念,而它又是由传统所构成和构成传统的探究(tradition-constituted and tradition-constitutive enquiry)发展出来的。由于某个传统总是特殊的,它的核心部分必然与其他的传统不同,否则就不能构成一个独立的传统了。因此,由传统所构成和构成传统的探究,必是从某个特殊的传统出发。例如,我们可以从儒家的传统出发来研究道德,也可以从基督教的传统出发,我们的出发点不同,碰到的问题及得到的结果就会不同。③如果我们承认人不能脱离所有的传统进行探究,而理性又是由探究发展而成,则可以说没有独立于某传统的理性,而只有不同传统的众多理性(rationalities rather than rationality)④。但是,我们一般会认为传统是反理性的,那么怎样才能说理性是由传统所构成的呢?麦金太尔通过一个传统的发展来论证传统本身具有理性。他认为一个传统的初步发展可分

---

① Jurgen Habermas, *The Theory of Communicative Action*, Vol. 1 & Vol. 2, trans. Thomas McCarthy, Cambridge: Polity Press, 1984 & 1987.

② Alasdair MacIntyre, *Whose Justice? Which Rationality?*, Notre Dame, Indiana: University of Notre Dame Press, 1988.

③ 石元康:《传统,理性,与相对主义》,载《从中国文化到现代性:典范转移?》,上海三联书店 2000 年版,第 12 页。

④ MacIntyre, *Whose Justice? Which Rationality?*, Notre Dame, Indiana: University of Notre Dame Press, 1988, p. 9.

为三个阶段。

第一阶段,确立起一套信念、文本和权威。对于这套信念、文本和权威,传统中人在这阶段不仅不会怀疑它们的权威性,还会以它们来指导行动和对世界的看法。当发生任何冲突和问题时,也依靠它们来解决。因此,这套信念、文本和权威,构成了这个传统的核心部分。

第二阶段,经过一段时间的发展,已确立的那套信念、文本和权威的各种缺陷(inadequacies)、不一致之处被指认出来。传统中人会挑战或质疑自身传统的核心部分,以弥补这些缺陷和克服不一致的地方。但在这个阶段,他们还没有找到系统的解决办法。

第三阶段,当经过不断的努力后,这些缺陷和不一致的地方最终得到系统的解决,而随着问题的解决,这个传统就会得到一系列的修正、重构和重新评价。这种修正、重构的获得,可能来自吸收另一个传统的资源,或重新发掘自身传统中已有但被忽略了的资源。经过修正、重构和重新评价的传统,就能超越本身的限制而变得更强盛。①

麦金太尔强调,传统在第三阶段虽然经过修正、重构和重新评价,但这个传统与之前的传统仍是同一个传统,因为构成传统的核心部分并没有被动摇,因此它们之间具有连续性。无疑,构成传统核心的信念、文本和权威在第三阶段后会被重新诠释,但传统中人会认为这种新诠释更加符合信念、文本和权威的原意,而从前的诠释是一种误解。②

麦金太尔论述传统发展初期的三个阶段,是为了论证传统本身具有理性。在第一阶段,传统在已建立的信念系统下,心灵与世界相符合(correspondence),世界向心灵呈现。在第二阶段,由于传统信念系统有缺陷和不一致之处,因而心灵对世界的理解也出现不一致,甚至无法理解世界,此时世界对于心灵,不再是呈现的,而是遮蔽的,心灵与世界因此不再相符。当传统中人克服了传统核心部分的缺陷和不一致的地方,便进入第三阶段。在这阶段,传统中人清楚传统核心部分的缺陷和不一致的地方在哪里,并对之做出修正和重构,使信念系统变得更具解释力,而且内在的一致性更强,因此,他们会认为自己对世界的理解更恰当,心灵与世界也更相符。在这三个阶段中,传统不断在发展,并且在进步,它的进步在于能不断地解决遇到的

---

① MacIntyre, *Whose Justice? Which Rationality?*, Notre Dame, Indiana: University of Notre Dame Press, 1988, p. 355.

② MacIntyre, *Whose Justice? Which Rationality?*, Notre Dame, Indiana: University of Notre Dame Press, 1988, p. 356.

问题，和修正传统的不完善之处，使信念系统变得更具解释力，心灵与世界更加相符。传统的理性就在于对世界的理解之进步。①

但是，由于什么是理性的信念和规范，只能内在于一个传统被证成，这就表示，没有独立于某个传统的理性，而只有不同传统的众多理性。当我们遇到两个敌对的传统时，由于我们没有一个独立于所有传统的理性标准，而又不能使用其中一个传统的标准来判定另一个传统，因此，无法合理地判定它们之间的优劣，这样，就导致了相对主义。② 这种形式的相对主义，我们称之为文化相对主义。

这里，我们要补充说明一点，就是文化相对主义要成立，并不需要否认在不同的文化传统之间对于"理性"的想法完全没有任何共同的地方。例如，不同文化传统可能都会认可"理性"的其中一个必要条件是信念之间要一致。但由于一致性只是一个形式的条件，不同的文化传统对它的理解可能不同，例如有些传统可能将它理解为"逻辑上不矛盾"，而另外的传统则将它理解为"逻辑上不矛盾，并且互相支持"。并且，什么信念之间是一致的，要具体地由传统的整个信念系统来决定，例如在现代科学的传统下，我们会认为相信巫术与相信地球环绕太阳而转是不一致的，但某些部族相信鬼神的存在，可能会认为相信巫术与相信地球环绕太阳而转没有不一致的地方。更何况即使理解相同，由于敌对的文化传统各自都可能是内在一致的，因而单靠这个薄弱的共同基础，不足以判断不同文化传统的优劣。所以，即使不同的文化传统对于理性的想法有某些共同的地方，也不表示文化相对主义不成立。

从以上说明，我们可以这样理解文化相对主义的论旨：由于理性是受传统制约的，不同的文化传统有各自的理性标准，而我们又缺乏一个独立于所有传统的理性标准，因此，当有两个敌对的文化传统出现时，无法合理地判定它们之间的优劣。

---

① 石元康：《传统，理性，与相对主义》，载《从中国文化到现代性：典范转移?》，生活·读书·新知三联书店 2000 年版，第 11 页。
② 麦金太尔认为传统构成的理性理论不会导致相对主义，他引介了知识论危机（epistemological crisis）这个概念，并以此反驳我们没法评价两个敌对传统间的优劣之论点。（MacIntyre, *Whose Justice? Which Rationality?*, Notre Dame, Indiana: University of Notre Dane Press, 1988, pp. 361-367.）但我们赞同石元康教授的想法，认为麦金太尔的论据并不成立，并不能驳倒相对主义。请参考《传统，理性，与相对主义》这篇文章。

三、哈贝马斯的沟通理性理论

哈贝马斯认为不同文化之间,无论是信念还是道德规范,它们的合理性都能够比较,我们也能够依据理性判断哪个文化较优胜。① 可见,他持有一种普遍主义式的理性观。由于文化相对主义者奠基于一种理性相对主义之上,而后者与普遍主义式的理性观相抵触,因此哈贝马斯也是反对文化相对主义的。而哈贝马斯值得我们敬佩之处,是他不只是批评文化相对主义不成立,而是尝试正面地建立一套具有普遍性的理性理论,那就是他的沟通理性理论。

沟通理性理论,就像其他理性理论,也是规范性的理论。依据沟通理性理论,我们区分出可以合理辩护与不可以合理辩护的宣称(claim),而这些宣称不只包括我们的信念,还可以包括伦理规范或内心表达。哈贝马斯认为,无论是信念、伦理规范或内心表达都要透过语言进行,因而如果能够找出语言的基本使用是什么,并且找出这些基本使用所要遵守的规则,那么便可以建立一个广泛的理性理论。这就是他的"普遍语用学"(universal pragmatic)或"形式语用学"(formal pragmatic)所要做的工作。

要从行动达至的目的,哈贝马斯将行动分为两种,一种是以成功为目的(oriented to success)之行动,另一种则是以达成理解为目的(oriented to reaching understanding)之行动。以成功为目的之行动,哈贝马斯称之为战略性的行动(strategic action),在这种行动中,行动者考虑的唯一因素就是如何采取最有效的手段达到自己的目的。以达成理解为目的之行动,他则称之为沟通行动(communicative action)。② 参与沟通行动的人,是言说和行动的主体(speaking and acting subject),他们通过言说来达致理解(understanding)。我们"理解"别人的话,可以有两个意思:其一,是了解别人的语意,但不一定赞成别人的话;其二,是不仅了解别人的语意,还赞成别人的话。哈贝马斯所说的达致理解,指的是后者,即参与沟通的人通过言说来达致同意(agreement)。③ 基于这个理由,我在下文的论述中,达致"理

---

① 例如他在《沟通行动理论》(第一卷)一书的第一章第二小节,就论证现代的世界观如何较古代的世界观更为合理。See Jürgen Habermas, *The Theory of Communicative Action*, Vol.1, trans. Thomas McCarthy, Cambridge: Polity Press, 1984, pp. 43-74。

② 见上书第 285 页及第 329 页的图表。

③ Jürgen Habermas, *The Theory of Communicative Action*, Vol.1, trans. Thomas McCarthy, Cambridge: Polity Press, 1984, p. 307.

解"表示的就是参与沟通的人达致"同意"。

哈贝马斯在语言哲学论争的各种立场中,赞同由奥斯汀(John Austin)创立的言说行动理论(speech act theory)之进路并加以改进和发展。① 据哈贝马斯的理论,语言沟通的基本单位不是语句(sentence),而是说话(utterance),即将语句应用于个别情境以达致理解的行动。说话基本上是指向互相理解的,而以达致理解为目的的行动就是沟通行动,因而语言使用的基本模式(original mode of use of language)是沟通性的,而语言工具性的使用,即以语言达至战略目的,则是寄生在沟通性语言之上的。②

根据哈贝马斯的理论,说话是一种言说行动(speech act)。所谓言说行动,就是以言语来做一件事的行动。例如我们通过说话向别人请求、许下承诺、下达命令、提出建议等,这些都是言说行动。我们通过说话做这些事的时候,不单说出了一个命题,与此同时还在命题之外加上了言说行动。因此,一个完整的言说行动包括两项要素:其一是命题要素(propositional component),其二是语力要素(illocutionary component)。③ 前者表示说话者说话时要传达的内容,即对事态的陈述,而后者则表示说话者希望通过说话想要做的事。一个命题可以与不同的言说行动结合起来,从而使得命题的意义出现变化。例如,"把书放回原位"这个命题,配合以下不同的言说行动,意义就变得很不同:

1. 我"请求"你"把书放回原位";
2. 我"劝告"你"把书放回原位";
3. 我"命令"你"把书放回原位"。

设想以上三句话出现在图书馆中,并且如果言说行动是恰当的,则以上三句话,就反映了说话者与听者的三种关系:第一句话反映的可能是后辈与长辈或朋辈的关系,第二句话反映的则可能是职员与使用者的关系,第三句话反映的则可能是上司与下属的关系。当然,每句话反映的确切关系,要以说话时的具体环境而定。

哈贝马斯指出,在任何以彼此理解为最终目的的沟通行动中,说话者的每一个言说行动,都不可避免地会诉诸下列四种有效性宣称(validity claims):

---

① Jürgen Habermas, *The Theory of Communicative Action*, Vol. 1, trans. Thomas McCarthy, Cambridge: Polity Press, 1984, pp. 276 – 277.
② Jürgen Habermas, *The Theory of Communicative Action*, Vol. 1, trans. Thomas McCarthy, Cambridge: Polity Press, 1984, p. 288.
③ Jürgen Habermas, "What is Universal Pragmatics?" in *Communication and the Evolution of Society*, trans. Thomas McCarthy, Boston: Beacon Press, 1979, p. 36.

1. 他所说的话是可以被理解的（comprehensible）；
2. 他所说的话是真的（true）；
3. 他的意向（intention）是真诚的（truthful）；
4. 他在那个场合讲出那样的话是合乎规范的，因此，在这种情况下这样讲话的方式以及内容是正当的（right），并且是恰当的（appropriate）。①

依据哈贝马斯的理论，任何以理解为目的的沟通行动，都必然提出这四种有效性宣称，即使不是明显地提出，也是隐蔽地提出。这也就是说，沟通行动之所以可能，乃是建立在这四个预设之上。沟通行动的目的是达致彼此理解，因此可理解性的预设这个要求的必要性是很显然的，真诚性也同样不可少。沟通行动的目的是传递信念，因此，说话者也必须预设他传递的信念为真。最后，两个人在沟通时，他们的行动必须符合一些规范。例如，其中一人如果想请求对方做事，他必须用恰当的言说行动才能达到目的。透过这个恰当的言说行动，他与听者之间才能建立起一种他想要的人际关系。如果他用了别的言说行动，他就达不到目的。因此，在沟通行动中，进行沟通者也必须提出他的行动的正当的或恰当的有效性宣称。②

由于在沟通行动中，每个言说行动都提出了有效性宣称，因此，听者便可从三个方面来质疑说话者的某个宣称的有效性：首先，听者可能怀疑说话者的话的真实性，向说话者质询，与之争论说话者所断言的命题之真实性（truth）；其次，听者可能对于命题的真实性没有异议，但怀疑说话者的言说行动不符合该场合的规范，即正当性（rightness）；最后，听者也可怀疑说话者所表达的意向之真诚性（truthfulness）。③基于每一个言说行动，说话者都明显地或隐蔽地提出了三个有效性宣称，而这三个有效性宣称，哈贝马斯认为对应于三个世界：真实性宣称陈述的是有关外在世界的信念，因而对应于外在的客观世界（objective world）；正当性宣称陈述的是社会上人际关系的规范，因而对应于社会世界（social world）；真诚性宣称陈述的则是说

---

① Jürgen Habermas, "What is Universal Pragmatics?" in *Communication and the Evolution of Society*, trans. Thomas McCarthy, Boston: Beacon Press, 1979, pp. 2-3. 但哈贝马斯在后来的论述中，很多时候却只言言说行动必然会诉诸后三个有效性宣称，没有提第一个关于可理解性的有效性宣称，可能是因为他认为这太明显了，不用多提。我们这里列四个，是因为这样较完整。至于下文，我们就依从他后期的论述。

② 石元康：《洛尔斯》，东大图书公司1989年版，第193页。

③ Jürgen Habermas, *The Theory of Communicative Action*, Vol. 1, trans. Thomas McCarthy, Cambridge: Polity Press, 1984, p. 307.

话者的意向,因而对应于主体世界(subjective world)。① 如果听者与说话者能成功地达致相互理解,即在真实性、正当性及真诚性的有效性宣称达致共识,则这一行动叫作沟通的理性的(communicatively rational)行动。要达至共识的必要条件,是听者与说话者皆有做出及证成有效性宣称的能力(competence in making and vindicating validity claims)。具有这种能力的人,就具有沟通理性。

为何在沟通行动中达致理解这一行动就是理性的行动呢?这要引入一个区分,就是互动(interaction)和交谈(discourse)之间的区分。所谓互动,指的是我们日常生活中,透过日常语言,彼此之间交换经验及看法,以彼此理解为目的的行动。例如,在日常生活中,如果沟通行动顺利进行,双方都不会质疑或挑战彼此提出的有效性宣称。甲认为国会应该弹劾总统,如果乙也同意,乙就不会对甲这个规范性主张提出质疑。沟通行动可以继续下去。接着他们也许会考虑怎样弹劾的问题。这样的沟通行动称为互动。但是,如果乙不同意甲的宣称而质疑时,他们就必须进行高一个层次的谈话。甲可能援引宪法条文来支持他的宣称。这时,乙可能认为甲的理据充分,因而被甲说服。但是,他也可能不同意甲的说法。如果乙对甲的说法不同意,是因为不同意宪法条文,甲可以再深入一层,提出理据证明宪法条文是合理和公正的。如果乙仍旧不同意,则他们之间的沟通就不能再继续下去,因为使沟通成为可能的有效性宣称不再存在。双方在面对这种沟通破裂的情况时,都有两项选择:其一,他们可以放弃沟通而诉诸战略性的(strategic)行动,在这种行动中,行动者考虑的唯一因素,就是如何采取最有效的手段达到自己的目的;其二,他们也可以暂时搁置讨论某个命题的有效性宣称,而讨论他们应该采取什么标准来决定一个宣称的有效性。若采取后一种方式,他们就进入了交谈(discourse)的领域。②

进入交谈的领域后,由于有效性标准出了问题,有效性标准对交谈者的束缚不再存在。在交谈中,彼此为了达到非强制性的共识,所服从的是理性,只有理由较为充分的论证才能得到大家的认可。为什么交谈的结果一定是合乎理性的呢?因为交谈是在"理想的说话境况"(ideal speech situa-

---

① Jürgen Habermas, *The Theory of Communicative Action*, Vol. 1, trans. Thomas McCarthy, Cambridge: Polity Press, 1984, p. 100.

② Thomas McCarthy, *The Critical Theory of Jurgen Habermas*, Cambridge, Mass.: MIT Press, 1978, pp. 290-291。另见石元康《洛尔斯》,东大图书公司1989年版,第194—195页。

tion)① 中进行的。在理想的说话境况中：

1. 每个参与者都有相同的机会去选择及采取他所想要的言说行动；
2. 每个参与者都是自律及平等的，没有任何参与者被理性以外的力量所影响；
3. 每个参与者都可以自由地质问可疑的宣称，评断任何一个说明，讨论它们的理据；
4. 每个参与者之所以同意某个标准，纯粹是因为支持这个标准的理据较支持其他标准的理据充分，因而这种同意是非强制性的同意。②

哈贝马斯认为，交谈是一种沟通行动，主要目的是达致沟通者之间的彼此理解。在沟通行动中，别人可能对我们的宣称提出质疑，这时，我们若要重新确立（redeem）自己的宣称的有效性，就要提供理据支持，而这就是一种论证的活动。在这种行动中，唯一被允许的促成理解的力量就是论证的力量，即进行沟通的各方为支持自己的有效性宣称而提出的理据的力量，而进行沟通的各方所服从的也只是论证的力量。由于这种行动所诉诸的是理据，并且纯粹由理据的强弱来决定某个宣称是否有效，因此，它是一种理性的行动。经由交谈得到确立的有效性宣称是理性的，因为宣称的有效性得到每个有理性的参与者的确认（recognized）。

哈贝马斯认为，沟通理性在论证性言说（argumentative speech）展现得最清楚，所以沟通理性的概念要透过论证理论才能得到充分阐述。③根据他的论证理论，论证的形式分为五种，分别是理论性交谈（theoretical discourse）、实践性交谈（practical discourse）、审美性的批评（aesthetic criticism）、治疗性的批判（therapeutic critique）和阐释性交谈（explicative）。与此对应的是五种有争议的宣称，分别是命题之真假及目的性行动的效果、行动规范的正当性、价值标准的适当性、表达的真诚性和符号建构的可理解性或完整性（well-formedness）。④

哈贝马斯认为，有关价值的宣称，即对于审美批评上的宣称没有普遍

---

① Jürgen Habermas, *The Theory of Communicative Action*, Vol. 1, trans. Thomas McCarthy, Cambridge: Polity Press, 1984, p. 42.
② Thomas McCarthy, *The Critical Theory of Jurgen Habermas*, Cambridge, Mass: MIT Press, 1978, pp. 306–308.
③ Jürgen Habermas, *The Theory of Communicative Action*, Vol. 1, trans. Thomas McCarthy, Cambridge: Polity Press, 1984, p. 18.
④ Jürgen Habermas, *The Theory of Communicative Action*, Vol. 1, trans. Thomas McCarthy, Cambridge: Polity Press, 1984, p. 23.

性，因为价值宣称只是对一群具有共同旨趣的人而言才有效。虽然价值宣称能够得到交互主体性的确认（intersubjective recognition），但这并不能使它得到同一个文化中所有人的同意，更不用说其他文化中的人了。因而对于审美批评上的宣称，论证的作用只是使参与者"开悟"（open the eyes），懂得欣赏那些有价值的东西。① 至于治疗性的批判的论证，是有关真诚性的宣称，当这些宣称出现问题时，并不能通过论证来重新确立（redeemed through argument）宣称的有效性。一个言说的行动者，最多能以其言行的前后一致表示他的言说是真诚的。因而，表达的真诚性不能被论证，只能被显示（The sincerity of expressions cannot be ground but only shown）。其次，治疗性的批判也不能满足交谈的一些预设，例如，说话双方处于平等的地位。② 哈贝马斯把"交谈"（discourse）一词保留给那些具有普遍有效性的宣称。他认为只有通过理论性、实践性和阐释性的论证形式证成的宣称，也就是说只有那些有关命题之真假及目的性行动的效果、行动规范的正当性和符号建构的可理解性或完整性的宣称，才有普遍有效性。因为有关这些宣称的辩论，都预设了一个理想的说话境况，并且受到规范的制约，满足了交谈的条件。③

四、文化相对主义的回应与批评

哈贝马斯从言说行动中重建出一套沟通理性的理论。由于使用语言的现象普遍存在于人类生活之中，如果他的理论成立，那他便证成了一种独立于不同文化传统的理性观。根据这种理性观，我们便可以评价不同文化传统间的优劣。但是依据沟通理性理论真的能评价不同文化传统间的优劣，而回应文化相对主义的挑战吗？笔者认为不能，因为文化相对主义可以提出以下几个反驳。

第一，一个宣称，若是沟通双方经过论辩都接受的，便是有效的，并且如果这个宣称是有关真实性或正确性的，其有效性更是普遍的。保证这点的最终基础，是因为在交谈中，大家预设有一个理想言说情境。但是，理想言说情境的预设，并非所有参与论辩的人都会接受。因为理想言说情境中的规

---

① Jürgen Habermas, *The Theory of Communicative Action*, Vol. 1, trans. Thomas McCarthy, Cambridge: Polity Press, 1984, p. 42.
② Jürgen Habermas, *The Theory of Communicative Action*, Vol. 1, trans. Thomas McCarthy, Cambridge: Polity Press, 1984, p. 41.
③ Jürgen Habermas, *The Theory of Communicative Action*, Vol. 1, trans. Thomas McCarthy, Cambridge: Polity Press, 1984, pp. 19–22.

定,如每个参与者都是自律及平等的,明显的是某种普遍主义道德观的想法,只有那些本来就接受了普遍主义道德观的人才会接受这个预设。正如塞拉·哈比(Seyla Benhabib)所说的,理想言说情境的规定,反映了平均主义式交互性(egalitarian reciprocity)的想法,只有现代西方的道德社会才会视为当然,因为现代西方人完全否定了源自神学论或存有论的人类不平等的想法。① 如果这个批评成立,则理想言说情境并不是所有文化传统的人都有理由会预设的。一旦如此,则沟通理性的普遍性就很值很怀疑了。哈贝马斯面对这种批评,后期已不用理想言说情境这个概念。②虽然他不用这个概念,但他仍然持有这个概念背后的想法。我认为无论是放弃还是保留理想言说情境这个想法,都无法回应文化相对主义。因为,如果放弃了,则通过沟通理性而得到的理解,就不能保证在讨论中不涉及霸权的问题;可是一旦如此,则文化相对主义就会说,沟通理性并不能保证判断敌对文化传统优劣的标准的合理性,因此未能驳倒文化相对主义。如果保留,沟通理性理论就预设了一套属于某种文化传统的价值观,另一种文化传统的人不一定同意,则哈贝马斯仍然无法驳倒文化相对主义。

第二,文化相对主义者可以接受哈贝马斯从言说行动推衍出来的沟通理性观,但这并不会使得文化相对主义变成不成立的。因为沟通理性观只是一个达致理解的形式程序或条件③,就是说,当不同文化的人对某个宣称持有相反的观点时,这种理性观并不能告诉我们谁对谁错,而只是告诉我们,让不同文化的人就着那个宣称的有效性进行讨论,谁的理据强,谁的宣称就是有效的。可见,它其实没有实质性的内容。但这并不足以解决不同文化传统间在信念上的冲突。首先,在某个文化传统之内,人们用沟通理性进行讨论可能是有效的,因为他们共享同一种文化,无论是知识上还是道德规范上,都分享很多实质性的信念,因此他们可以根据这些共同基础达成共识。但不同的文化传统之间的信念,如果它们在核心部分是互相冲突的,则它们就没有共同的基础,那即使它们之间可能进行对话,当相互间对有效性宣称观点发生冲突时,也还是没法解决。因而文化相对主义还是可以成立的。其次,进行理性的讨论并不能保证论辩的双方一定能达致共识,因为会出现如拉莫尔(Charles Larmore)所说的合理的分歧现象。所谓合理的分歧,指的是理

---

① Seyla Benhabib, *Situating the Self*, London: Routledge, 1992, p.32.
② Maeve Cooke, *Language and Reason*, Cambridge, Mass: MIT Press, 1994, p.31.
③ Charles Taylor, "Language and Society," in *Communicative Action*, eds. Alen Honneth and Hams Joas, Cambridge, Mass.: MIT Press, 1991, pp.97–118. 另见艾四林《哈贝马斯》,湖南教育出版社1999年版,第99页。

性的人无论如何努力，运用他的理性以诚信来思考和对话，最后也无法达成共识，并且有可能谈得越多，分歧越大。① 因此，不同的文化传统即使能进行讨论，也不表示它们之间的争论能用理性解决，文化相对主义还是能够成立。文化相对主义者可以承认有某些理性的形式条件是不同文化共享的，但否定不同文化间存在普遍有效的实质理性，而仍然能够保持他的论旨。正如不同文化传统都会承认信念的一致是理性的形式条件，但有了这个条件并不能驳倒文化相对主义。

第三，根据哈贝马斯自己的想法，生活世界的概念是沟通理性的一个互补概念。生活世界作为我们知识的文化储备所（cultural stock of knowledge）②，供给我们讨论问题时的参照系，例如什么信念可以构成理据支持一个结论，什么信念就某个结论来说是不相干的，诸如此类的信念都由生活世界提供。③ 但是，正如哈贝马斯也承认的，生活世界的形成是由历史传承和演化而来，各个文化传统的知识信念系统都不一样，因而生活世界也不一样。如果两者是冲突的文化传统，则生活世界也就是冲突的。由于在论辩中，不同文化传统的人只能诉诸本身传统的信念来证成其信念，则我们有理由相信，一方认可的已证成的信念，也就是说这一方的宣称具有有效性，另一方可以不同意，甚至反对。例如，现代西方社会中的人会认为一个人有权反对别人查探他独自在家中的行动，他的日记和书信、他与异性的密话、他的信用卡资料等等，并且唯有他有自己的隐私权，才能保持他为人的尊严。但另一个社会（例如古代中国）却可能没有这些规范，如父母兄弟可以查看一个人的日记和书信，过问一个人与异性的密话，并且认为这样做没有犯不尊重他人的道德错误。因此，很多西方人认为是侵犯隐私的错误行动，对中国人而言，并没有错误可言，甚至是对的行动。而两个传统之所以会出现这种分歧，可能是源自双方对道德范围（scope of morality）的想法的不同，例如中国人认为道德的范围包括人私下的行动，而现代西方社会则认为道德的范围只限于人与人之间的责任。而这两种对道德范围的想法，究竟谁对谁错，最终可能要追溯到价值的论争，可是沟通理性并不能够为不同文化传统间的价值论争提供判断标准，告诉我们敌对文化传统的价值宣称中哪个是有

---

① Charles Larmore, *The Morals of Modernity*, New York: Cambridge University Press, 1996, p. 122.
② Jürgen Habermas, *The Theory of Communicative Action*, Vol. 2, trans. Thomas McCarthy, Cambridge: Polity Press, 1987, p. 125.
③ Jürgen Habermas, *The Theory of Communicative Action*, Vol. 2, trans. Thomas McCarthy, Cambridge: Polity Press, 1987, pp. 122 – 123.

效的，因此，文化相对主义就是成立的。

第四，哈贝马斯的沟通理性理论奠基于沟通行动之上。但是，正如泰勒（Charles Taylor）指出的，一个人为什么要选取沟通行动而不是战略性行动呢？特别是当战略性行动能为他带来很多利益，而沟通行动则要求他牺牲个人利益之时。① 这是哈贝马斯整个沟通理论最根本的问题。因为如果一个人没有理由选取沟通行动，则说不上沟通理性。但要回答这个问题，似乎无法不涉及对于人性或人生理想的观念。例如，我们可能尝试这样说服那个人，就是指出人的本性是追求自由的，自由也是构成幸福人生的必要条件，而我们只能通过沟通行动才能获得自由，而战略性行动则只会导致宰制和不自由。尽管这样能够说服那个人，但这无疑是把我们选取沟通行动的原因奠基于某种人生理想之上，而这相对于不同文化传统会有很大差异，甚至互相冲突，也没有独立于所有文化传统、对所有文化传统都有效的标准可以判断哪种人生理想更合理。由于沟通理性最终奠基于人生理想之概念，而不同文化之间的人生理想可以是互相冲突的，则沟通理性仍然未能回应文化相对主义。

总结而言，由于哈贝马斯的沟通理性理论只是一种程序式的理性观，加上它必须奠基于某种只对个别文化传统有效的人生理想之上，因而使它无法回应文化相对主义的挑战。这个结论，或许可以支持我们如下的想法：回应文化相对主义的挑战，只靠程序式的理性观是不足够的，最低限度要加以一些得到普遍认可的事实或规范作为基础才行。而这反过来提示我们，如果要反驳文化相对主义，必需诉诸更具实质性的理性观。当然，要建立一套实质性的理性观是很困难的事，但这至少是值得探究的方向。

参考文献

［1］ BENHABIB S. Situating the Self［M］. London：Routledge，1992.

［2］ COOKE M. Language and Reason［M］. Cambridge，Mass.：MIT Press，1994.

［3］ HABERMAS J. Communication and the Evolution of Society［M］. Boston：Beacon Press，1979

［4］ HABERMAS J. The Theory of Communicative Action：Vol. 1 & Vol. 2［M］. Cambridge：Polity Press，1984 &1987.

---

① Charles Taylor，"Language and Society" in *Communicative Action*，eds. Alen Honneth and Hams Joas，Cambidge，Mas：MIT Press，1997，pp. 97–118.

[5] LARMORE C. The Morals of Modernity [M]. New York: Cambridge University Press, 1996.

[6] MACINTYRE A. Whose Justice? Which Rationality? [M]. Notre Dame, Ind.: University of Notre Dame Press, 1988.

[7] MCCARTHY T. The Critical Theory of Jurgen Habermas [M]. Cambridge, Mass.: M. I. T. Press, 1978.

[8] TAYLOR C. Language and Society [M] // HONNETH A, JOAS H. Communicative Action. Cambridge, Mass.: MIT Press, 1991: 97–118.

[9] 艾四林. 哈贝马斯 [M]. 长沙：湖南教育出版社, 1999.

[10] 石元康. 洛尔斯 [M]. 台北：东大图书公司, 1989.

[11] 石元康. 传统, 理性, 与相对主义 [M] //石元康. 从中国文化到现代性：典范转移?. 北京：生活·读书·新知三联书店, 2000: 3–28.

社会性自我与自我决定

〔英〕马修·惠廷厄姆（Matthew Whittingham）*/文
李婷婷** 曲轩***/译

【摘要】个人部分地由他或她对自己形成的自我描述所构成，这些描述受制于具有社会基础的客观标准，同时也允许主体就选择认可哪些描述而言发挥一定程度的创造性。我们有可能批判性地发展出那些我们作为参与者身处其中的社会结构，它们能够为我们的自我描述开辟新的可能性。由此，个人世界和社会世界的发展可以基于二者之间的批判性互动得到理解，在这种互动中二者仍然包含着冲突和紧张，而这也只有通过二者的共同发展才能得到化解。此外很重要的一点是，人的认同所具有的某些基本特征，取决于社会实践向我们展开的意义世界。这些认识及其推论都可以同个人自由发展的能力结合起来看。

【关键词】自我 认同 社会实践 自我描述 批判性诘问

一、引论

本文旨在解释"自我在本质上是社会性的"这一观点，特别是这一观点对我们理解大多数人类行为——同时做出的探索之举和自我创造，或简言之即自我决定（self-determination）——意味着什么。

我想勾勒的关于自我的社会性理解始于某种关于规范性本质的认识，以及关于对概念的把握（conceptual mastery）和对理性的相关认识。这种对规

---

* 马修·惠廷厄姆（Matthew Whittingham），作者，哲学博士，毕业于英国肯特大学（University of Kent）哲学系。
** 李婷婷，译者，中山大学马克思主义学院助理教授，中山大学实践哲学研究中心成员。
*** 曲轩，译者，中共广东省委党校（广东行政学院）哲学教研部副教授，中山大学实践哲学研究中心成员。

范性的理解认为，只有社会实践才能为诸如规则以及遵循规则的能力这类存在奠定基础。对概念的把握和人类的理性作为遵循规则的例证，也属于社会实践，我们无法想象它们存在于某种合宜的人类共有的互动之外。基于这一认识背景，问题就变成，为了人的认同性（human identity）而厘清上述推论。我尤其要探讨的是，对于自我认知和自我决定以及批判性的自我诘问和社会性诘问（social-enquiry）过程来说，上述关于规范性的背景认识意味着什么。

提出这一批评性诘问，不仅因为它几乎是坚持我将予以论证的推论所不可避免的，而且因为它对处理关于社会性自我的常见批评很重要。这一常见的批评断言，很难理解一个人如何能够依靠理性原则来批判社会实践，因为正是这种社会实践为理性原则奠定了基础并使之成为可能。通常的论证倾向于认为：为了批判社会实践，需要有一个独立于社会实践的标准。作为回应，我将基于我所勾勒的这幅图景表明辩证的或内在的批判于此道理何在。

我将首先解释和论证我对规范性的理解（以及我是如何理解对概念的把握和理性的），它支撑起了我对社会性自我的认识。继而我将证明，这些规范性考量需要这样一种观念，即我们是由自我描述（the self-descriptions）所构成的，而这种自我描述是通过有着规范性结构的社会实践得到的。接下来，我要以这一核心思想来阐明自我认知和自我决定的社会性观念，即它们从根本上而言都是社会活动，因而是由社会所造就的。最后，我将提出一些关于如何在个人的这一社会性图景中理解批判性的自我诘问和社会性诘问。

二、规范性

我将通过思考一种关于理性的常见误解展开关于遵循规则的论证。温奇（Winch）很好地解释了这种关于理性的错误看法："根据这种误解，人类行为的合理性是从无到有的：它们源于知性官能，依据自身的规则运行，并在原则上完全独立于对其有所应用的具体活动形式。"① 在《沉思录》中，当笛卡尔基于理性原则同"我思"一样可以清楚明白地被感知，并以任何原因在导向结果时都必然伴有与结果相当的现实性为例，开始介绍理性原则时，我们就看到了上述错误理解的明显竞争者。② 或许以形式逻辑中的同一

---

① Peter Winch, *The Idea of a Social Science*, London: Routledge, 2003, p. 54.
② René Descartes, *Meditations on First Philosophy*, ed. John Cottinghamp, Cambrige: Cambridge University Press, 1996, p. 28.

律或非矛盾律为例更能减少争议。它们通常不像象棋规则或交通法规（code）那样被视为内含于人类具体实践的经验法则（rules of thumb）或特性，而是被认为包含一种不可抗性（inexorability），在一般的意义上为人类对世界可能做出理性思考的范围进行了划界。因此，理性原则优先于且独立于人类的实践而存在，并且在人类社会实践的形成中发挥了某种作用。与此看法相反，我认为，人类只能通过参与社会实践来形成理性原则。我将引用吉尔伯特·赖尔（Gilbert Ryle）的术语，将这一反对观点的支持者们称为"知识论者"（intellectualists）。①

对于"推理的规则既可以独立于实践而存在又能指导实践"这一见解，刘易斯·卡罗尔（Lewis Carroll）的《乌龟对阿基里斯说了什么》②一文精彩而鲜明地呈现了其中显而易见的悖论。文中在讨论演绎推理时，乌龟向阿基里斯提出了三个命题，第三个命题因前两个命题的存在而有效。这些命题是：

（A）等同于同一事物的事物彼此相同。
（B）此三角关系的两端是等同于同一事物的。
（Z）此三角关系的两端彼此相同。

然而，乌龟认可 A 和 B 却否认 Z，并要求阿基里斯证明为何应当认可 Z。阿基里斯很自然地答复道，假如 A 和 B 是正确的，那么 Z 必然也是正确的。这就引入了一条新的规则 C——或即理性原则——来表明乌龟必须认可 Z。而乌龟却坚持只认可 A、B 和 C，但不接受 Z。阿基里斯在回应中努力引入更进一步的规则 D，即另一个假设：假如 A、B 和 D 是正确的，那么 Z 必然也是正确的。由此可见，阿基里斯已经向乌龟妥协了很多，而且这些让步是不可避免的。不论有多少规则（原则、公式、命题）被引入，乌龟就是拒绝在行为中接受这些规则的引导，拒绝作此推论。我们不能为了让理性指引我们而无限地生成明确的规则，显然总得停止这种让步。我认为，除非使实践成为理性的基础，否则我们就无法停止让步。③

---

① 关于赖尔对这一术语的运用与"赖尔的妥协"，见 Gilbert Ryle, *The Concept of Mind*, London: Penguin Books, 2000, pp. 28-32.
② Lewis Carroll, "What the Tortoise Said to Achilles," in *Mind* 4, No. 14 (1895): 278.
③ 断章取义地理解我所说的"实践"（practice）可能会造成误解。例如，有些人可能以为它只是指个人采取行动的需要。然而，我所指的"实践"是一种共享的社会活动，或正如维特根斯坦所称之为的一种共享的生活方式。

然而，读者或许会想到一个简单的回应：为何知识论者不能通过指出乌龟只是没有恰当地理解思维规则来中止上述妥协呢？诚然，人们有时可能会被指明一条规则，却不能对此做出恰当的回应，这是因为他们没有恰当地理解被指明的规则。朱莉娅·坦尼（Julia Tanney）捕捉到了这种回应的本质，她写道：

> "在讲授游戏时所用到的、在游戏过程中问询的（consulted）或由旁观者读出来的，都仅仅是对规则的表达"——真正的规则只是这些表达所指向的东西。"一旦被某个实践的参与者所掌握、领会或觉察到，就毫无理性选择可言，而只是按规则行事罢了"——对规则的理解足以决定一个人是否能掌握规则，并由此解释了一个掌握了规则的人如何以规则的指令行事。①

因此，我们或许认为乌龟就像尚未学习数学或数学符号的孩子一样，显然无法理解人们为何要在"2+2="之后写下"4"。我们或许也会认为，数学和逻辑推理的各式符号、象棋规则、足球规则等，只是对真正的规则本身的表达。基于这种看法，孩子对算术规则的掌握，或者乌龟对推理规则的掌握，就被理解为如同对这些"规则本身"所进行的心智层面的问询（the mental consultat）一样，从而使他们能够理解各式各样的规则的表达。

然而，就对规则的遵循与思想中"真正的规则"或"规则本身"具有认知性关联而言，相较于仅仅对规则进行书面或口头的呈现，尝试理解对规则的遵循仍然是对先于且外在于实践的规则的一种问询，因此也存在上述妥协的问题。这里的问题就是一种赖尔式的妥协，赖尔将其精辟地表述如下：

> 针对知识论经典的致命反驳如下。对命题的考察本身是一种操作，它的执行或多或少是明智的或愚钝的。但是就任何被明智地执行了的操作而言，先验的理论操作必须首先被执行且被明智地执行，任何人打破这一循环，在逻辑上都是不可能的。②

因此，问题是：任何有待分析的规则都需要明智地而非不明智地、恰当地而非不当地予以问询。我们也必须小心，不要以为这里的问题只是对上述

---

① Lewis Carroll, "What the Tortoise Said to Achilles," in *Mind* 4, No. 14 (1895): 90.

② Gilbert Ryle, *The Concept of Mind*, London: Penguin Books, 2000, p. 31.

问题的简单重复，即认为乌龟只是像孩子一样没能掌握"规则本身"或"真正的规则"而已。这里的问题是，在我们可能问询的规则中，无一可以告诉我们该如何遵循它。因此，如果掌握规则的行为被认为像做心智性问询或是对未被表达和公式化的"规则本身"进行认知性理解一样，那么在规则及其应用之间就仍然存在一个鸿沟。①

> （规则）无法适用于自身；它必须得到运用，这就可能涉及有难度的和经过调整的判断。这是亚里士多德的观点，是他理解作为实践智慧的美德的基础。人类的处境千变万化。决定一个规范在某一既定情形下意味着什么，可能需要富有高度洞察力的理解。仅仅能够制定规则是不够的。与其说真正有实践智慧的人有制定规则的能力，不如说他们知道如何伺机行事。在公式与制定公式之间存在一个关键的"实践智慧的鸿沟"（phronetic gap），这一点在给予呈现出来的规则优先性时同样被忽略了。②

不论是对规则的呈现，还是对没有得到制定和表达的"规则本身"的认知性理解而言，只要我们认为遵循规则必然涉及一种类似问询规则的行为，我们就已形成了泰勒所说的规则及其应用之间的实践智慧的鸿沟。对于问询的要求直接决定了问询的正确与否的问题。任何以对规则更丰富、更具体的更高阶问询（higher-order consultation-rules）来弥合（plug）这一鸿沟的企图，都只会导致实践智慧的鸿沟越来越大。克服这一鸿沟的方式是把遵循规则视为实践，而非关于某物的问询。

在通过阐明我关于遵循规则作为一种社会实践的观点来尝试直接回应上述问题之前，我想首先探讨一些类似的论点，大意是说，对概念的把握作为遵循规则的一种形式，是不能被理解为一种私人的心智活动（mental act）的。由于我们刚刚考察过对理性的一种误解，现在我们将考察一种关于对概念的把握的误解。这一误解认为，至少存在一些（或是基本的）概念的内容是在经验中被赋予的，语词被期待像标签一样粘贴到这些内容上，以便人们可以与他人进行交流。在奥古斯丁的下述引文中，维特根斯坦找到了这种

---

① 赖尔把他的妥协论证应用于这类案例中。见 Gilbert Ryle, "Why are the Calculuses of Logic and Arithmetic Applicable to Reality?" in *Collected Essays 1929 – 1968*, Oxford: Routledge, 2009，第三部分。

② Charles Taylor, "To Follow a Rule", *in Philosophical Arguments*, Cambridge, MA: Harvard University Press, p. 177.

误解的范例。

> 当他们（我的长辈）称呼某个对象时，他们同时转向它。我注意到这点并且领会到这个对象就是用他们想要指向它时所发出的声音来称呼的。这可从他们的动作看出来，而这些动作可以说构成了一切民族的自然的语言：它通过面部的表情和眼神儿，以及身体其他部位的动作和声调等显示出我们的心灵在有所欲求、有所执着，或有所躲避时所具有的诸多感受。这样，我便逐渐学习理解了我一再听到的那些出现于诸多不同句子中的特定位置上的语词究竟是指称什么事物的；当我的嘴习惯于说出些符号时，我就用它们来表达我自己的愿望。①

这里，青年奥古斯丁被视为先于任何针对某种语言练习的启蒙（initiation into a linguistic practice）之前，就已生活在一个既定的"逻辑空间"中。这是一个包含对象（objects）、动作（actions）、特性（properties）、细节（particulars）、情感、意图等的、在观念上有序的经验领域，其中还有蕴含在（例如）能够理解指向这一动作（pointing）的、与生俱来的能力之中的"一切民族的自然的语言"。为了习得这种语言，奥古斯丁需要做的只是搞清楚哪些语词附着在哪些概念上，因为这些概念本身已经在经验中被给定了。我们可能会认为，把语词附着在这些既定的概念内容上的过程是一种特殊的实指定义（ostensive definition），即对我们正在标示的对象的一种内在指向或聚焦。

让我们思考一个潜存于通过公开的实指定义将语词应用于事物中的难题。接着我将表明，这些难题适用于任何内在的实指定义，或所谓既定的概念内容的辨识过程。

例如，正如彼得·温奇（Peter Winch）所说："当我乘坐飞机飞过珠穆朗玛峰（Mt. Everest）时，有人通过把'珠穆朗玛峰'指给我看的方式教会了我这个词的含义。也即通过这种方式定义它，我现在知道了'珠穆朗玛峰'的意思。"这乍看似乎合理，实际上却隐含着哲学困惑。于是，温奇需要进一步回答一些问题："过去的那些行为与现在赋予我语词表达含义的'珠穆朗玛峰'这一表达之间有何关联？通常一个定义是如何与所定义的表

---

① Ludwig Wittgenstein, *Philosophical Investigations*, trans. G. E. M. Anscombe, Malden, MA: Blackwell Publishing, 2001, p. 2. ［维特根斯坦：《哲学研究》，李步楼译，陈维杭校，商务印书馆1996年版，第3页。］

达式的后续使用关联起来的？'遵循'定义指的是什么？"① 有人想说，指向的这一行为（the act of pointing）指明了"珠穆朗玛峰"的含义，在这之后正确地使用该词，就是按照指向这一行为所呈现的那个意思来使用它。但是这么做掩盖了哲学上的困惑，理所当然地认为我们作为一个语言共同体的成员已成事实。当然，**对于我们来说**，这种指向的行为通常没有问题，在哲学意义上也是平淡无奇的。然而，哲学探讨的问题就在于明确**以相同的方式**使用一个语词究竟意味着什么，以及这应当如何在定义中——也即在指向行为中——被阐明。

温奇通过强调这一点（即孤立地看，在飞机上做指向这一手势可能包含多种理解），使得这个哲学问题更显突出。如果在我学习英语的过程中，我的老师指着珠穆朗玛峰说出"山"（mountain），那么这个手势将无异于前面温奇被教授珠穆朗玛峰的名称时所使用的手势。既然在这两种情形下使用了相同的手势，那么这是否意味着在两种情形下**"以相同的方式"**进行了相同意义的操作呢？显然不是。把珠穆朗玛峰以"山"相称，会误解作为教学对象的"山"这个词。因而，仅凭指向这一手势似乎无法确定什么才算是**"以相同的方式进行"**，并且，仅凭实指定义把指称与事物简单地关联起来的做法在表面上的（prima facie）合理性也受到挑战。仅凭指向某物就判定**"以相同的方式进行"**，这在哲学上是令人费解的。不过，虽然单凭指向的手势不能建立"相同"的标准，但我们仍然可以实指性地（ostensively）定义事物。

那么，除了指向的行为以外，实指性地定义事物的能力关键在于什么？在前面的列举中，我们可以想象语境发生了转变。当称呼珠穆朗玛峰时，（听者作为）主体或许已经知道什么是山，他只是在进行一次喜马拉雅山脉的航空旅行，并且意识到山的名称已被指出给他。学习英语的主体或许意识到他正在学习地理特征。主体意识到的这些语境差异，将有助于具体说明所指的确切内容。例如，一个人意识到正在被教授一个名称，就可以具体说明什么是"以相同的方式进行"。温奇通过语境具体阐明了他的观点："只有基于既定的**规则**，我们才能把具体的含义附加于'相同'（the same）一词。从'山'的使用规则来看，一个人在一种情形下用它指珠穆朗玛峰，在另一种情形下指勃朗峰，这是在以同样的方式使用该词；而人们不会认为，称勃朗峰为'珠穆朗玛峰'与称珠穆朗玛峰为'珠穆朗玛峰'是在以相同的

---

① Peter Winch, *The Idea of a Social Science*, London: Routledge, 2003, p. 26.

方式使用该词。"① 因此，仅凭指向的手势无法告知我们什么才算是"相同"，因为在能够恰当地理解一个指向的手势之前，我们需要把握某种关于在既定情境中怎样才算"以相同的方式进行"的规则。正如温奇所说，尝试通过把"遵循规则"称为"以相同的方式进行"来赋予规则的概念以意义，这是行不通的，因为什么是"以相同的方式进行"中的"相同"才是问题的关键所在。对此，温奇引用维特根斯坦的话说道："'规则'一词的使用和'相同'一词的使用是相互交织的。"② 可见，我们又回到了前面关于规范性的问题域中，应该再次提醒自己，我们很难理解规则如何在某种意义上既独立于其所指导的实践存在，同时又指导着实践，对于概念而言也是如此，因为"把握概念"与"把握规则"紧密相连。

看到实指定义存在的问题只是以内在的实指定义（inner ostensive definition）的概念来重复自身，这是很小却很关键的一步。内在的实指定义包含如下思想，即一个概念的含义或是我们对概念含义的把握，涉及可以通过某种私人心智活动来实现的概念——例如，"此时此地，我要使用这个词作为我面前这座山的称谓"。如果赋予意义和理解属于某种心智活动，那么这种心智活动必然决定了未来对这一概念的应用。在此期望的是，视为"相同的"规则或准则——即在实指定义中为我们带来问题的那些东西——可以被理解为类似于私人心智状态。但是，心智状态正如指向的手势一样易于引发模棱两可的理解，而规范性问题——如何理解规则的基础或者是什么构成了对规则的理解——将再次进入我们的考察视野。

维特根斯坦是带着上述"模棱两可"的问题来思考立方体的例子的。他问道，当我们理解一个语词时，我们瞬间捕捉到的画面是否能被理解为对特殊用途的适用。即，当一个立方体的图像出现在我们脑海时，我们把它理解为它是与立方体有关的（pertainning to），我们会继续把这一理解应用于立方体而不是球体。于是，这就可能迫使对这一图像未来的应用成为：真正的立方体由此符合我们头脑中的图像，而真正的球体则不会，并且立方体的图像由此构成了我们对概念以及对如何以相同方式继续使用这一概念的理解。然而，正如麦金（McGinn）所写到的：

> 维特根斯坦特意选此为例，于是，当我们细加审视这一特殊情形

---

① Peter Winch, *The Idea of a Social Science*, London: Routledge, 2003, p.28.
② Ludwig Wittgenstein, *Philosophical Investigations*, trans. G. E. Anscombe, Makden: Blackwell Publishing. 2001, p.73.

时，就很容易发现，画面本身以某种方式强加给我们某种具体应用，这作为第一感觉是相当空洞的。因为当我对此进行反思时，我发现很容易想象另一种投射画面的方式，例如与三棱镜相适的方式。①

这里的争议在于，图像**本身**决定了应用的正确与否。当我们理解"立方体"的含义时，我们不能认为这种理解只存在于某一心智图像中，因为只要有一点想象力，就可以有"适用于"立方体图像的不同应用。这同理于实指定义。我们对指向的手势可能有不同的理解，对心智图像也同样如此。所得结论也同样类似：正如指向的手势因为无法确定应用的场景而不能确定它的概念的含义，心智图像也一样。二者的基础性问题都是规范性问题，正如这部分开篇所提出的：规则的基础是什么？什么才算是对规则的正确理解？不论是对成文规则的思考、对指向手势的观察，还是私人心智活动，都无法单独确定什么才算是正确的进路，也无法构成我们对规则的理解。在此，我认为要把对规则的遵循作为一种社会实践，这意味着我们对概念的理解同时也事关于对相适的社会实践的把握。

我将尝试通过探讨温奇提供的具体案例来回答这两个问题：何为规则，以及对规则的理解关键在于什么。他以如下方式开始了相关讨论：

> 区分人们在行事过程中有没有真的运用规则的差异在哪里呢？这里的难题在于：只要我们打算使问题足够复杂，一个人可能采取的任何系列行动就都可以纳入某种公式或其他公式的应用范围之内。然而，一个人的行为可能被解释为对既定公式的应用，这本身并不能保证他实际上是在应用该公式。这其中的差别是什么？②

温奇举的例子是：

一个人向受过数学公式训练的听众提供一个数列。这个人首先在黑板上写下"1，3，5，7"，然后请听众接续这个数列。他们续以"9，11，13，15"，却被要求更正；这个数列实际上是"1，3，5，7，1，3，5，7，9，11，13，15，9，11，13，15"。听众再次被要求接续这一数列，却再次遭到纠正，数列也以符合某一公式的方式得到接续，但是没有听众知道这一公式

---

① Marie McGinn, *Wittgenstein and the Philosophical Investigations*, Oxford: Routledge, 1987, p. 84.

② Peter Winch, *The Idea of a Social Science*, London: Routledge, 2003, p. 29.

是什么。这种接续和随后予以修正的过程持续了一段时间。温奇认为,我们最终会否认这个人遵循的是**数学规则**。反之,我们可能认为他所遵循的总是背离听众意见的规则。

温奇认为,这"表明人们不仅要考虑到那些行为受到质疑的人作为规则遵循者的行为,还必须考虑到**其他人**对他所做行为**的反应**"①。当然,这会让人想起前文的一句话,即遵循规则不能简单地被视为必须以相同的方式行事,因为这理所当然地认定了何为"相同"。这个例子似乎提供了一个突破性解决方案,解决了什么是规则、什么是"相同"这些哲学难题。解决的路径是认识到,被视为"相同"的东西与他人的共同反应有着重要关联;在这种情形下,因数学而结成的团体的共同反应为遵循数学规则设定了标准。试想,只要我们允许数列提供者继续以"相同的方式"进行,那"相同"的意思即不允许出现**数学错误**。反言之,如果他因为突然同意听众的意见而犯了错误,这就不是一个数学错误,而这种不是犯数学错误的情形可以解释为什么他没有遵循某个数学公式。正如温奇所言:"对遵循规则的概念理解在逻辑上与**犯错误**的概念理解是分不开的。"② 以前面关于立方体示意图及其应用于立方体或三棱镜的可能性为例,使一种应用方式正确而另一种应用方式错误的原因是,人们倾向于以这种方式而不是另一种方式应用该图像。某种用法强烈地向我们做出暗示,是因为我们被训练以这种方式做出反应,而其他人也都倾向于以相同的方式做出反应。正如维特根斯坦所说:"我们这里有正常情况,也有反常情况。"③ 因此,应该说,我们对公式或图像的应用以共同的回应或反应方式为基础,而这些共同的反应方式以"对错误的概念理解"(the notion of a mistake)为基础,这种"对错误的概念理解"又对关于规则的概念理解至关重要。

为了阐明何为对规则的理解,我将回到前面关于立方体的简图及其可能的应用的讨论,并对其进行拓展。试想:立方体的简图不是心智图像,而是构成工地上正在使用的更大设计蓝图的一部分。建筑师们经过培训,知道怎样结合某些建筑材料使用这类设计蓝图,以及应以何种方式将其组合形成建筑物。这种训练比我在此所能涵盖的甚或是能够理解的范围更广。

现在,立方体简图的具体含义不是来自图像本身,而是来自这一事实,

---

① Peter Winch, *The Idea of a Social Science*, London: Routledge, 2003, p. 30.
② Peter Winch, *The Idea of a Social Science*, London: Routledge, 2003, p. 32.
③ Peter Wittgenstein, *Philosophical Investigations*, trans. G. E. M. Anscombe, Malden: Blackwell Publishing, 2001, p. 48.

即建筑师团队已经接受过训练,由此能够以这样或那样的方式回应这一图像。立方体简图不包含其自身的应用规则,相反,其应用规则来自建筑师接受训练后形成的回应图像的共同方式。规则源于所谓的"规范性实践"①,我们以共同的方式用它们来应对我们被训练去应对的各种情况。通过这种方式,意义"不只是存在于头脑中"②,而是植根于我们的社会实践。就"规则"植根于我们规范性社会实践而言,我们对规则的理解就在于我们有能力基于所受训练做出恰当的反应,从而以与其他人相同的方式运用这些规则。我们对概念的理解是一种参与共同的社会实践并对其做出恰当反应的能力。

三、有意义的行为和描述下的行为

现在我要论证的是,我们的认同在一种很重要的意义上无法独立于我们的自我理解(self-interpretations),这种自我理解是通过我们现有的基于社会的描述而获得的。尽管我们使用的具体语言显然以某种方式塑造了存在于世界上的对象及其特征,但是这些对象也在非常重要的意义上独立于任何个人的描述。③ 然而,以我们自身的认同来看,情况就不同了。在此,我们用以谈论自我的语言是"内在于或构成了所研究的'对象'的"④。这才使得泰勒能够谈论我们给予自我的描述,而不仅仅是错误的认同:"因此,这里的错误并不仅仅在于错误的描述,正如我把一辆机动车描述为汽车,而实际上

---

① 我从茱莉亚・坦尼(Julia Tanney)的著作中借用了该词。
② 我从普特南的《"意义"的意义》(The Meaning of "Meaning")一文中借用了该词,当然这么做不意味着我对他的哲学有任何承诺(commitment)。
③ 细究这一区别可能要比我在此所呈现的困难得多。鉴于我已花费大量时间论证了我们的社会实践形塑了我们对概念的把握,以及我们对对象的认识,据此可以推论,相较于我们的认同而言,对象对语言的依赖性不会那么大。这里的区别可能是对象与我们自身之间在概念适用性上的严格程度不一样。正如我将会指出的,与我们的认同相关的概念不确定性允许我们以权威的和创造性的方式来描述我们自身,这也形塑了我们的行为方式,成为一个构成性要素。对象的独立性较弱,因为应用的规则要严格得多,而其应用中的任何不确定性都不能为任何个人选择应用哪些概念赋予权威。当科学研究面对这样的不确定性时,有权威的通常不是单独某个人。即使一个人确定决定以某种方式应用概念,也尚不清楚这是否会像一个自我反省的个体对适用于自我的概念做出选择时那样,以同样的方式产生影响。除此之外,这里明显还有一些实在论问题在背后起着作用,我认为这些问题超出了本文的探讨范围。
④ Ludwig Wittgenstein, *Philosophical Investigations*, trans. G. E. M. Anscombe, Malden: Blackwell Publishing, 2001, p.34.

它是一辆卡车那样。我们认为错误的认同……歪曲了相关事实。"① 在第四、第五部分中，我想详细探讨我们用以描述自我的语言与我们的认同之间的内在关系。

为了给探讨这种内在关系奠定基础，我想在这部分首先提出，要使一个人的行为（behavior）算作一种行动（action），就必须对某些对其合法适用的描述持开放态度——我称之为"描述下的行动"。需要合理地归因于个人的部分是对那些与所描述的行动有关的概念的把握。我遵循彼得·温奇的说法，把这种行为称为"有意义的行为"②。有意义的行为应该有别于仅仅是被动的或习惯性的行为。③ 让我们以写日记为例。写日记显然是一项规范性活动，因而我们应该知道，要使某一个人的行为可以算作是"写日记"，就必须有基于写日记所包含的规则之上的实践，同时个人也必须明白这就是他正在做的事情，他必须对其中的规则有所把握和遵循。另一个人可能表现出类似于写日记的动作，但是如果他没有领悟到自己在做什么，那么其行为就不可能是写日记。

温奇在说到有意义的行为时抓住了这一特点，用马克斯·韦伯的术语来说，可以赋予有意义的行为主观意义。尽管他告诫我们，不要把"主观意义"解读为"内省体验"，或类似于心理上给予个人的东西。所谓"主观意义"只是意味着，被我们归为有意义的行为的能动者自身必须能够把握这些概念，即他们正在做的事情所包含的意义。从前文的论点应该可以清楚看到，把握概念最终不是建基于我们具有的某种"内在体验"之上，而是与一个人在社会时空中的表现如何及其能否与实践中的其他成员继续保持适当的关系有关。

温奇对这一理解中的微妙之处做了重要补充。他认为，虽然为了使主观意义具有可归因性，行动主体必须有能力把握相关概念，但是行动主体不必意识到他们正在做什么。试想一下，有些人可能不完全知道他们为什么会这样做，但是这种意识的缺乏并不妨碍他们的行为是有意义的。

---

① Charles Taylor, "What is Human Agency?", in *Human Agency and Language: Philosophical Papers*, vol. 1. Cambridge: Cambridge University Press, 1985, p. 22.

② Peter Winch, *The Idea of a Social Science*, London: Routledge, 2003, chapter 2.

③ 这里需要加以定性（qualifying）。正如温奇所论述的那样，我们可以用两种不同的方式来理解"习惯"。从某种意义上说，习惯可能是盲目的，因为它不包含任何行动的原则或规则。在另一种意义上，我们可能不假思索但不是盲目地形成一种习惯。例如，我们可能为了某个特定的目标或目的，直接养成一种习惯。在前一种情况下，习惯不属于有意义的行为范畴，但后一种情况确实是有意义的。

即使是弗洛伊德式的解释，如果它们是可接受的，也必须基于同时为行动者和旁观者所熟知的概念来看。如果 N 自己不理解"提拔到别人头上"的含义，那么认为 N 没有去信给 X（例如，在偿还人情债的意义上）表达了 N 对 X "提拔到他头上"的无意识的不满，则是毫无意义的。①

要想在这种情形下能够说明个人采取行动的理由，并且还能使人们认识到这一理解是正确的，我们就必须把包含他们自己最终把握概念的动机归因于他们。如果他们没有把握到我们对其行动的叙述中所涉及的概念，那么这就没能有效解释他们的行动。但是在这其中，他们把握到的正确描述其行为所包含的概念，不是他们在行动时所内省意识到的。事实上，他们不需要为了使行动被视为是这一行动，而始终意识到采取行动的原因。这点对于我所不断推进的论证来说很重要。

因而显然，一个行动之所以有意义，在于它具有主观意义，这与遵循规则的实践密切相关，而与"内在体验"没什么关联。显然，行动者不必为了能对这一行为进行合理的归因，才有意识地对其行为所体现的规则有所了解。

> 具有某种意义的行动是象征性的（symbolic）：它与某些其他行动一起进行，即它承诺行动者在未来以一种方式而不是另一种方式行事。在我们论及直接具有社会意义的行动（如经济交易或履行诺言）时，这种"许诺"（being committed）的概念显然是最恰当的。但是它也适用于更"私密"的有意义的行为……如果 N 在一本书中间夹了一张纸条，只有在他考虑用纸条来确定下一次从哪里重新开始阅读时，才能说他是在"使用书签"。这不意味着他将来一定要真的这样做（尽管这是个典型的例子）；问题是，如果他不这样做，就要有一些特殊的解释，例如他忘记了，或改变了主意，或者厌倦了这本书。②

正如温奇指出的，如果一个人以某种方式行事，"许诺"的想法只不过是其在遵循规则时"以相同的方式进行"的另一种情况。③ 如果我的行为是

---

① Peter Winch, *The Idea of a Social Science*, London: Routledge, 2003, p. 48.
② Peter Winch, *The Idea of a Social Science*, London: Routledge, 2003, p. 50.
③ Peter Winch, *The Idea of a Social Science*, London: Routledge, 2003, p. 50.

"使用书签",那么它就必须体现正确的规则或原则,这不是瞬间可以实现的,而是必须体现在一个持续的行动模式中。① 此外,为使我的行动被视为"使用书签"而必须体现的一些规则或原则,就构成了我对相关概念的把握。如果我经常在书里放一些纸,却不知道书为何物,那就不能说是在"使用书签"了。要强调的最重要的一点是,一项活动体现的原则完全取决于个人表现出的更广泛的行为模式、活动前后所做的事情以及发生这一切的社会背景。由此清晰可见,有意义的行为就是社会行为。

我将开始讨论有意义的行为,以便介绍"描述下的行动"这一概念,以及我们对自我的描述与我们的认同之间的内在联系。现在,显而易见的是,我们不一定需要一种语言——比如,书面和口头的英语或法语——来遵循规则,也即行动显然不必然被描述为一种行动。但是,不应太过草率地以此驳斥"描述下的行动"。要使行为算作一种行动,它必须是遵守规则的产物,这意味着行动必须体现某种原则,因而有可能被描述出来。提供一种描述只是力图用口头语言或书面语言表达清楚原则或规则,即行动之所以为行动而必须体现的原则或规则。现在,我们的有意义的行为、象征性的活动就这样通过我们的象征语言具有了话语性(discursive),并且我们的语言在我们的象征性活动中起着关键作用,这也许是意料之中的,甚或是不可避免的。也就是说,我们在谈论我们所采取的行动时,我们的言说方式也在执行这些行动中发挥了至关重要的作用。很难想象不包含某种话语性元素的象征性活动——记住,它本质上是社会活动,而且应该永远记住,这种话语性元素一般都是具有象征意义的活动的一部分。

我希望把上述关于"有意义的行动"和"描述下的行动"的讨论中所展开的概念,延伸到认同的更广泛的特征上。② 短语"描述下的行动"③ 是

---

① 虽然我使用了"规则或原则"这一表述,但是我可能还会使用更笨拙的表达即"正确的、隐含的、基于社会的规范标准"。我不想使读者以为,在使用"规则和原则"时,我又回到了规则作为一个明确表述的概念上。当我谈到一个人必须体现正确的规则或原则从而被认为是在使用书签,或感到羞愧时,这包含一个非常广泛而永远无法完全阐明的承诺。

② 稍后我将讨论的伊恩·哈克(Ian Hacking)也有类似的判断:"人类行动理论中的一个常见主题是:意向性行动即'在描述之下'做某事。由于人类是被创造和被塑造的,因而描述的视阈会发生变化,我所能做出的行动也会发生变化,也就是说,人类的视阈会影响到可能的意向性行动的视阈。然而,意向性行动并没有达到标准。还有更多可能的方式来看待自我,还有更多的角色可以扮演。我不认为多重人格的人是故意选择了他们的错乱,或是被他们的治疗师训练而成。然而,如果当前不存在这种生存方式,那么几乎没有人会这样做。" See Ian Hacking, "The Looping Effect of Human Kinds," in *Causal Cognition: A Multi-Disciplinary Debate*, eds. Dan Sperber and David Premack, New York, NY: Oxford University Press, 1995, p. 368.

③ G. E. M. Anscombe, *Intention*, 2nd ed., Cambridge, MA: Harvard University Press, 2000.

一个由安斯康姆（G. E. M. Anscombe）引入的术语，在狭义上与行动以及与此相关的意向这一概念紧密相连。如前所述，某些行为要算作一种行动，就必须接受正确的描述。我想把这些重要的观点保留在考虑范围之内。然而，我在这里的兴趣不仅在于对行动的描述，还在于对感情、欲望、动机等的描述。出于这个原因，我最好在此用"描述下的认同"来囊括。我认为，温奇的"意义"概念不允许描述动物的恐惧，因为动物不能理解它的感受所涉及的概念。相较于此，我认为，当一个人在感到害怕时把握到一些相关的概念，就会被认为是有意义的恐惧。这样，我们就可以开始把一个人的行动、感受、评价等说成是有意义的。现在，我们对自我形成的描述就有可能在我们的整个认同中发挥着类似于它们在行动中所发挥的作用。①

我这么说是什么意思？这里我想指出的差别在于，对于那些把握到概念的人而言，意识到自己是"害怕的"使行为变得有意义了，而动物则不然。例如可以说：他现在可以在更广泛的有意义的实践中占有一席之地——他现在可以与勇气之类的概念联系起来，他可以在被认为是合理或不合理的恐惧、通常的恐惧或无对象（objectless）的恐惧、本能的恐惧或幼稚的恐惧等方面，获得更好的概念基础。这种有意识的概念把握的另一个非常重要的结果是一种状态被错误归因的可能性，并可能导致缺乏自我理解。动物无法像人类那样误解它们的恐惧，倘若如此，那只是因为它们不能像人类那样理解它们的恐惧。依此来看，在恐惧中逃跑作为有意义的行动，与它作为应激反应是有区别的。这一点对于我的论证而言非常重要，因为我希望我们在行动中所体现的感受属于有意义的行动范围，这些行动是由我们对自我的描述所形塑的。这样一来，把我的恐惧描述为孩子气的恐惧可能会改变我的动机，也会改变我未来的行动，从而改变这种感觉本身的意义。在形成这种描述时，曾经堪比于真的恐惧人身伤害的感觉，现在可能会变得不值一提，或者成为羞愧的理由等。这是一个有意义的自我探索和发展的过程，也是一个缺乏概念把握的动物所无法参与的过程。这就是我在接下来的两部分中想要遵循的思路。

四、个人知识（Personal knowledge）：权威与客观性

在这一部分，我想开始谈谈人类的自我探索活动；我们力图通过反思来

---

① 所说的这一切会让人认为，要使行动被视为如此，行动主体必须掌握与该行动有关的概念。但是，一个人要感受某些事物，却不必掌握相关概念。然而，一个人要有意义地感受事物，又必须掌握这些概念。

认识真正的自己，以克服自欺、妄想、缺乏清醒的自我意识或其他形式的混沌，并且利用这些认知形成未来合宜的计划，把我们的努力投向对自我的重塑，实现我们认为应该成为或想要成为的自我。因此，这一部分（以及下一部分）的内容将探讨个人自由的问题，或即可以探索和推进我们自己的认同（our own identities）的能力，简言之即自我决定。然而，应该明确的是，无论这种探索和推进我们认同的自由以何种形式呈现，它都必须在某种程度上是一种以社会实践为基础的自由，这种社会实践使我们受制于规则的活动成为可能。基于上一部分提出的观点，同时结合坦尼的论点来看，可以说，这一过程是权威、客观性、发现（discovery）和创造（invention）的混合体。权威和创造的概念使自由的概念具有意义，而客观性和发现的概念则使人有理由认为这种自由受制于社会实践并由社会实践所构成。

我将首先探讨权威和客观性的概念。在探讨权威时，我关切的是这一事实，即我们关于自己所作出的那些论断往往比其他人作出的更有分量，而且我们无须通过诉诸证据或展开论证来证成我们的论断。当试图理解某人的感受、信念或打算时，询问谁能比问我们想要理解的那个人更合适呢？在谈到客观性时，我关心的是，人们可以对自己做出的各种自我宣示（self-avowals）存在明确的规范性界限。显然，一些人关于他们的感情、信念或意图所讲述的故事有时是站不住脚的，我们会表示质疑并认为他们是困顿的、在撒谎的等。这里似乎存在一种张力——我们如何能在承认人们对自己的心智状态具有某种形式的权威，即不需要证据证成的同时，又将其交由客观标准来评判，并认为他们的状态是困顿的、妄想的、自欺欺人的，等等？这种张力需要予以考察。[1]

有人可能会尝试基于笛卡尔的模型，或者更广泛地说是基于坦尼称为"关于心灵和心智的实体论观点"[2]，来解释我在此所关心的权威。这种观点认为，个人的心智状态是基于反省获得的、对私人有效的东西，是"关于个人所处状态的确定的事实——它在某种程度上被所属者意识到"[3]。我倾

---

[1] 坦尼也提出了这一张力的问题，但同时将其视为她的解释需要搞清楚的一个问题。我认为这一问题给笛卡尔模型带来了更大的问题和困扰，坦尼认为她的解释的一个优点在于可以避免问题的出现。见 Julia Tanney, "Some Constructivist Thoughts about Self-Knowledge," in *Rules, Reason, and Self-Knowledge*, Cambridge, MA: Harvard University Press, 2013, p. 290.

[2] Julia Tanney, "Self-Knowledge, Normativity, and Construction," in *Rules, Reason, and Self-Knowledge*, Cambridge, MA: Harvard University Press, 2013, p. 300.

[3] Julia Tanney, "Self-Knowledge, Normativity, and Construction," in *Rules, Reason, and Self-Knowledge*, Cambridge, MA: Harvard University Press, 2013, p. 300.

向于认为，类似这样的理论的提出，部分是基于有关心智状态的第一人称宣示具有权威这一明确事实，以及基于当我们在一瞬间领会到自己的感受或决定我们打算做什么时，所倾向于拥有的现象层面的经验。虽然很容易就把这两个事实视为至少是强烈地暗示了笛卡尔的模型，但是前面关于规范性以及对概念的把握的论证，对即时性的心智状态的概念提出了挑战。这种意识在任何情况下都有赖于以某些社会实践（或对它们的把握）为中介。此外，笛卡尔的模型似乎很容易与这里所讨论的另一个明确的事实（自我归因［sefl-ascription］的客观标准）产生紧张关系。何以判断一个人是否恰当地认识到其所谓的私人能够确定的心智内容？这里的评判标准是什么？一个人显然不是通过窥视他人私密空间的心智内容，并设法对其所处境况获取更清晰的印象，来弱化他人自我归因的有效性。因而我认为，当一个人在内省、反思或深思熟虑的基础上更清晰地认识自我时，不应该被认为是对自我包含确定心智内容的内在诸多成像（photo album）的一种筛选。事实上，如果明确了旁观者不需要为了理解他人而对他人的"内在世界"进行窥视，那么为何我们对于内省性个人又期许应该如此呢？显而易见，弃置笛卡尔的模型并将其替换为关于自我认识的一种社会性理解，将避免这种表面上的紧张。

解决这种紧张关系的关键在于理解个人被赋予的关于自我心智状态的权威，并将其视为是依赖那些客观的或规范性标准的，而这些标准是我们对事物进行概念性把握的基础。这样，自我宣示就有了来源，并且可以发现它们的限度就蕴含在这些客观标准中，二者都不是相互对立的。我认为，正是这一洞见促使坦尼论述如下：

> 我们常常直接进行自我归因而没有诉诸证据的这一事实，是可以基于如下观点进行完善的，即思想内容可以把自我归因当作一种想象力或创造性技能的一部分，它的标准可以通过观察当归因需要反思或证明时我们做了什么来获得。①

因此，自我宣示通常是自带权威的。在多数情况下，我说"我打算明天去伦敦"就是对我意图的明确表达。当我这么说的时候，我不需要在告诉我的朋友这个信息之前进行任何内省、反思或深思熟虑，我的朋友也无须

---

① Julia Tanney, "Self-Knowledge, Normativity, and Construction," in *Rules*, *Reason*, *and Self-Knowledge*, Cambridge, MA: Harvard University Press, 2013, p. 280.

要求我为这一说法提供任何证据或理由。然而,有时由于我意识到自己的困顿或者缺乏洞察力,或是因为有人指出我的自我宣示的矛盾之处,我确实需要反思或深思熟虑,需要对我的行为、想法和感受做出某种解释,并向自己或他人证成我为什么要做出这样的解释。正是这后一种情况为我们提供了我们所需的洞见。在这种情况下,我们做出坦尼所称的"置于语境中的解释"(context-placing explanations),也就是通过恰当地描述情境使我们能够理解的那些解释。①

坦尼首先以一个无可非议的例子表明了她所说的置于语境中的解释是什么意思。一个学生在化学课上早退,当他走出教室时,老师似乎在黑板上写着"猫"(cat),这让他感到困惑。这种困惑一直持续到当天晚些的时候,一名留在课堂上的学生说,当那名学生离开时,老师只是开始写"催化剂"(catalyst)。② 这一解释之所以算是成功的,是因为它把具体的活动带入一个使其可以被理解的语境中。这个解释汇集了语境的各种表征(features),包括老师在化学课上在做什么,以及"催化剂"这样的与化学课相关的概念等,并将它们置于学生认为合适的规则和原则之下。请注意,有些解释之所以没有说服力,在于这类错误解释所呈现的境况不可能令人信服地体现所涉及的规则和原则。如果那个同学认为老师为了提高他们的拼写能力而连续重复地写下"猫",就会令人很费解。这样一种解释或许只有与"教师发疯了"的断言相结合才能奏效,而这又需要基于之前发生的事情或者范围更广的情境中的其他表征,才能带来些许说服力。尽管这进一步的要求本身附带着某些温奇所谓的概念承诺(conceptual commitments)③。如果第二天老师安然无恙地回来了,我们的朋友就会被称为"恶作剧者"。正如坦尼所言:"这一回应在解释'行为表现'(performance)方面是成功的……这只是对

---

① Julia Tanney, "Reasons as Non-Causal, Context-Placing Explanations," in *Rules*, *Reason*, *and Self-Knowledge*, Cambridge, MA: Harvard University Press, 2013.

② Julia Tanney, "Self-Knowledge, Normativity, and Construction," in *Rules*, *Reason*, *and Self-Knowledge*, Cambridge, MA: Harvard University Press, 2013, p.156.

③ 在吉尔伯特·赖尔的著作中,可以找到与"承诺"(commitments)这一概念并行的"隐含线索"(implication threads)一词。他的观点再次表明,把某些概念归于某种情境,包含着我们对这一概念的各种逻辑后果的承诺,在这种情况下,这些逻辑后果被理解为建立于在其不断变化的环境中正确使用的社会规范的基础上。见 Gilbert Ryle, "Abstractions," in *Collected Essays* 1929 – 1968, Oxford: Routledge, 2009, pp.456 – 457; Gilbert Ryle, "Philosophical Arguments," in *Collected Essays* 1929-1968, Oxford: Routledge, 2009.

于在这一语境下的描述比脱离这一语境的描述更容易理解而言的。"①

当我们对自己感到困惑时,我们同样正在进行置于语境中的解释。当我们进行反思或深思时,我们经常会对我们的感受或记忆中的事物进行反省,仔细审视过去和现在、或近或远的情境的各种特征,并试图形成对相应情境予以呈现的解释,以体现有意义的规则或原则,并将这一切置于一种我们通过对概念的把握可以理解的语境中。此即尝试用我们的符号语言(symbolic language)阐明活动所体现的规则和原则,以便了解所处情境,并且使我们能够适当地开始响应(proceed)或采取行动。想想下述泰勒用以表达类似观点的例子。

> 设想一下,假如我们对某人非常着迷,对他有一种爱慕、迷恋之情和被吸引的感觉——但是很难用准确的语言表达,因为我们面对的是一种尚未稳定下来的情绪。也许在他的影响下,我们继而会对某些品质、事业或成就,即对他所表现出来的品质、他所拥护的事业和他所取得的成就给予很高的评价。我们的感情现在就表现为钦佩。我们可以用这个词来形容它。②

这个例子始于一种早期令人困惑的情感,需要置于语境中解释。于是泰勒指出,走向自我的明晰化需要两个阶段。在第一阶段,我们在这个人的影响下以积极的态度认识了某些品质、成就或事业,这很可能包括习得新的生活方式,或在我们的词汇中产生一些新的概念甚至一些全新的用语。习得这些之后,我们又以一种新的眼光来看这个人,我们注意到这些用语适用于他。通过这种方式,我们获得了一种对情境的新的洞察,这使我们能够把我们对他的感觉解释为钦佩;新的发现为这种解释提供了依据,使情境可以被理解。钦佩是特别恰当的用语,因为这个人使我们看到了我们觉得应该向往的新的价值观和生活中新的美好。有趣的是,泰勒认为,"要否认语言基本的构成性作用,就必须为这种观念的变化设想一个非概念性的类比"③——这正是笛卡尔模型所无法做到的。我在前面也提到过,判断我们是否准确认

---

① Julia Tanney, "Reasons as Non-Causal, Context-Placing Explanations", in *Rules, Reason, and Self-Knowledge*, Cambridge, MA: Harvard University Press, 2013, p. 160.
② Charles Taylor, "Self-Interpreting Animals," in *Human Agency and Language: Philosophical Papers*, Vol. 1, Cambridge: Cambridge University Press, 1985, p. 70.
③ Charles Taylor, "Self-Interpreting Animals," in *Human Agency and Language: Philosophical Papers*, Vol. 1, Cambridge: Cambridge University Press, 1985, p. 70.

识了一个人确定的内在状态的正确性标准是什么。我反倒认为,正是我们把现象层面的经验和我们所处情境的表征置于语境性解释之下的能力,为我们打开了通向必要的(具有社会性的)正确性标准的大门。

请注意,我允许现象层面的经验发挥作用,只是基于置于语境中的解释是需要它们的,或者就它们可能向我们提出一种潜在的解释而言的,但是它们并不是笛卡尔模型所期望的决定性或确定性的心灵内容。在讨论现象层面的细节时,坦尼引用了维特根斯坦的话:"这些细节并非无关紧要,因为我同样记得与此无关的其他情形。"① 她似乎据此承认,虽然"任何意识都不能决定某一(内容)概念是否适用,但这并不是说任何意识都不可能**暗示**或**预见**这种概念的适用性;正如维特根斯坦所认为的那样,这些细节并非无关紧要"②。

置于语境中的解释的形成,指的是通过对情境的呈现来体现某些规则或原则。就此而言,被置于某一语境中的或可归于某种描述之下的问题蕴含着概念的使用。因此,基于前文所述,正是我们为进行社会实践以及运用心理、伦理和其他概念而接受的训练构成了这一活动的基础。正如前文所引的坦尼的话,这些规范在置于语境的解释中的性质和作用,是我们理解那些权威的自述的关键所在。尽管这些规范性标准在考量那些我们必须形成置于语境的解释的案例时才变得显著,但是它们也适用于那些包含权威的自我宣示的情况,而且,我们在这些标准方面接受的培训使权威的自我宣示成为可能。这一点被如下事实所证明,即当自我宣示失败时,我们求助于的正是被违背的那些标准,因此这些标准最终成为权威的自我宣示的基础。这一论断使我们与笛卡尔的模型及其附带的自我反思和自我探索的概念相去甚远。在此,我们不是在感知任何确定的内在状态,而只是力图使情境的特征——包括暗示性的现象学、行为模式、关于相关人的已知事实等——与一种在规范层面上可信的叙述相适。③

对这些标准的违背使我们能够质疑他人的自我归因,主体在自我归因时应该对这些标准做出可理解的说明。但是现在,关于我们承认第一

---

① Ludwig Wittgenstein, *Philosophical Investigations*, trans. G. E. M. Anscombe, Malden: Blackwell Publishing, 2001, pp. 138, 635–636.

② Julia Tanney, "Some Constructivist Thoughts about Self-Knowledge", in *Rules, Reason, and Self-Knowledge*, Cambridge, MA: Harvard University Press, 2013, p. 284.

③ Julia Tanney, "Self-Knowledge, Normativity, and Construction," in *Rules, Reason, and Self-Knowledge*, Cambridge, MA: Harvard University Press, 2013, p. 307.

人称的归因具有权威这一做法的解释，将有赖于为什么它们在总体上坚持了这些标准（并且依据这些标准来看是不可行的）的解释。①

因此，坦尼把我们承认自我宣示是权威的这一做法解释为，认可个人有能力卓有成效地参与我们的心理实践的问题。既然笛卡尔的模式是站不住脚的，我们就必须为规范性的社会标准留予一定的空间，同时，鉴于我们需要应对的张力，坦尼所提议的这一解释似乎也是一个很好的解释。

对前文提到的张力的化解是通过理解自我宣示涉及的那些标准的有效性而达成的，无须任何诸如证据或证明之类的东西发挥作用。客观标准总是存在的，是否明确需要这些标准则取决于具体情形。我们赋予个人权威，是因为我们承认个人是包含心理归因的实践主体。我们不是给予个人进入既定的确定状态一种先天固有的进路，而只是承认个人通过逐步的文化适应（acculturation）可以获得一项成就，一种觉察自我和他人的心智活动的能力。如果这些标准在社会实践中尚不存在，我们也无法通过接受训练理解这些标准，那就不可能产生这种文化适应。在自我归因的能力失效或没有达到目的的情况下，我们就会质疑或撤销这种权威，正如一个人已经获得的任何技能都可能发生的情况那样。关于权威和客观性的论述到此为止。

五、个人知识：发现与创造

一旦我们接受自我宣示的权威性，就为我们权威的自我宣示开辟了创造的（inventive）和建构自我（self-constituting）的空间。

> 我们的自我归因实践倾向于创造性的（creative）一端，就此而言，在实践中可被接受的行为限度内，是允许个体参与者有更多的创造性或选择的。在这种较弱的意义上，一个人虽然在大量解释的约束下（substantial explanatory）实践，但是在公开宣示自己的思想时，可以说这一行为部分地构成了她的思想。②

---

① Julia Tanney, "Some Constructivist Thoughts about Self-Knowledge", in *Rules, Reason, and Self-Knowledge*, Cambridge, MA: Harvard University Press, 2013, p. 287.

② Julia Tanney, "Some Constructivist Thoughts about Self-Knowledge", in *Rules, Reason, and Self-Knowledge*, Cambridge, MA: Harvard University Press, 2013, p. 297.

因此，在自我归因的行为中，权威与不确定性的相互作用为创造性（creative or inventive）元素留下了空间。现在，我想探讨发现与创造的相互作用。

坦尼出色地举例说明了这一点。① 她从冈察洛夫的《奥勃罗莫夫》②（Goncharov's Oblomov）中引用了几个场景。在第一幕中，奥勃罗莫夫向奥尔加（Olga）表达了爱意，但奥尔加却变得慌张起来。看到她那么慌张，奥勃罗莫夫试图收回他的表白，并说明这是个误会——他不是真的爱她。但是，这让奥尔加非常恼火，她从丁香树上折下一根树枝，咬下一片叶子，把它扔在地上，快速地离开那里回了家。很显然，她非常沮丧。重要的是，这一幕还让我们有可能了解奥尔加的想法——或者她自己对这其中所展露的状况的解释——她从不认为自己爱上了奥勃罗莫夫。相反，她对自己说，奥勃罗莫夫把告白收回是一件好事，她不需要再生气了，他们的关系现在可以恢复如初了。

这一幕很好地说明了权威性和客观性是何以可能相互脱节的，以至于要求结合语境加以解释，并且必须去**发现**一个人的感受如何，而不是认为以其所显明的方式可以解释这一切。在这个场景中，奥尔加明显缺乏一定程度的自我意识。随着故事的展开，奥勃罗莫夫首先意识到，或者说解释了奥尔加的这种奇怪行为。通过理解她爱上了他这一事实，奥勃罗莫夫能够很好地解释当时发生的状况，而且把它置于这种情境所合理体现的规则和原理之下。只有通过奥勃罗莫夫和奥尔加后来的互动——他拿着她之前扔掉的那个丁香树枝走近她，暗示她这根树枝与她以前的苦恼有关——奥尔加自身才会意识到**他**在想什么，转而意识到或发现**她**自己爱上了他。她自己先前的解释没能理解她最初的怒火、她对他收回告白时的恼怒，以及她对丁香树枝做出的奇怪动作。只有向她指出这些，并通过她片刻的思考或反省，她才能充分地描述自己的情感。

请注意，正是在我们对概念的有效运用中存在客观性标准，才有了这种发现的可能。不过，在奥尔加发现时，或者她开始对她的行为形成特定的解释时，涉及的不仅仅是通常意义上的发现。通过形成这种解释并真正地认可它，这种解释才在她的感受中起到构成性作用，它塑造了她的认同。这种方式与我们仅仅描述桌子、椅子和其他在我们周围可能发现的普通物体不同。

---

① Julia Tanney, "Self-Knowledge, Normativity, and Construction," in *Rules, Reason, and Self-Knowledge*. Cambridge, MA: Harvard University Press, 2013.

② Ivan Goncharov, *Oblomov*, trans. David Magarshack, London: Penguin Books, 1954.

奥尔加从一个（可以说）处于恋爱中的人变成了一个对自己的爱恋有自觉意识的人，更精确地说，变成了按照自己对恋爱中的女人应该如何行事的理解去做的人……这种观点不仅是说她对奥勃罗莫夫的爱使她转变成为一个"女人"，甚至也不仅是指她**意识到**确实是这样，还在于她的意识和她对这种意识的认可（endorsement）在一定程度上影响了爱或者对爱本身的具体表现。①

与其说奥尔加的认可②促使她转变成为一个"女人"，不如说是它影响了爱的具体表现，在此对这一点的强调最好被理解为是在提醒我们注意这一事实，即这是一种构成性关系而不是因果关系；并且，这是把之前早期的或者混乱的一种感觉表达为清晰明了的感觉。③ 要准确理解把认可性描述（endorsed description）视为建构性的意味着什么，需要回到我前文涉及有意义的行为或象征性活动，及其在符号语言中的明确表述那部分论证。在温奇关于习语的理解中，奥尔加掌握规则的行为是一种有意义的活动，因为这一行为包含主观的理解——奥尔加对这些概念的把握涉及她正在做什么，并且因此可能获得她的自我意识。换句话说，奥尔加最初的行为是象征性活动，因为它们体现了规则或原则；虽然她和奥勃罗莫夫最初缺乏对相关规则或原则的意识，但他们确实把握到了相关概念，并由此使具体状况所体现的规则或原则可以被清楚阐明，就像奥勃罗莫夫最初和奥尔加后来所阐明的一样。通过明确她的行为所体现的规则或原则，奥尔加开始意识到她自己，这就涉及以描述或符号语言完成对具体状况的阐述。其中，符号语言本身就是一种有意义的活动或象征性活动的形式，也因此，描述本身带有一定的规范性承诺。可见，这里的认可需要依据以"爱"的概念为基础的规范性标准作出

---

① Julia Tanney, "Self-Knowledge, Normativity, and Construction", in *Rules, Reason, and Self-Knowledge*. Cambridge, MA: Harvard University Press, 2013, p. 310.

② 对认可（endorsement）的定性很重要。正如我将要论证的，我们形成的解释与我们思想的具体表现、感觉与认同（identity）之间的建构关系依赖于这样的事实，即我们的行为作为一种象征性活动，是随着认可变化的（事实上有理由认为，认可即意味着在行为上的变化），并且因此体现了新的规则或原则，即新的描述。如果奥尔加没有真正地认可她自己的解释，那么她的象征性活动就不会以她被视为"恋爱中的女人"所必要的方式发生转变。

③ "因此可以说，我们的自我解释在一定程度上对我们的经验具有建构意义。因为改变对动机的描述与这一动机的变化是分不开的。但是坚持这种关联性不是为了提出一个因果假设……相反，如果没有某些自我描述，对于我们尴尬处境的某些体验方式也就是不可能的。"See Charles Taylor, "What is Human Agency", in *Human Agency and Language: Philosophical Papers*, Vol.1, Cambridge: Cambridge University Press, 1985, p. 37.

行为承诺。事实上，我们甚至可以说，认可一种新的自我描述**就是**改变一个人的行为。不论是内隐的还是外显的，它们都是以社会规范为基础的，因此它们之间的相互作用与这种承诺的概念紧密相连。我们在我们的隐性活动的基础上形成关于自己的显性表述，这反过来又不得不塑着这种隐性活动。奥尔加更清晰的情感表达包含着对相关规则的清晰表达、对这些规则的承诺乃至行为上的改变。鉴于一个人的行为因为这种对情感的意识而发生了改变，这个人现在就可能接受新的描述。想想奥尔加后来是如何才够得上"明显处于恋爱中"的人或"处于恋爱中的女人"这样的标准，而不再是"在恋爱中却不自知"或"糊里糊涂坠入爱河"的人；再想想这两种爱恋的**感觉**是多么不同，尽管它们对奥尔加来说是同一种爱恋——对奥勃罗莫夫的爱。①

> 对她的行为的这种解释（她爱上了奥勃罗莫夫）、奥尔加对这一解释的认可以及这一解释在不断推进的叙事中的作用，形成或阐明了一种模式或可能性，这种模式或可能性又反过来（如其所是地回顾一下便可得知）证明了奥尔加作为一个恋爱中的女人的最初描述。②

就我们对情感的意识能够转变或塑造这些情感而言，我们应该强调如下事实，即我们的情感不是仅对私人有效的确定的心智状态。坚持这一观点促

---

① 坦尼通过类比格式塔的鸭兔图，以一种不那么技术化的方式抓住了这一点："想想鸭兔图的设计，虽然在鸭头和兔头之间的设计很模糊，但毕竟可以说既不是牛头也不是猪头。现在，想象一下加上更多的细节（身体），它就变成一只鸭子而不是兔子。类似的是，奥尔加反思之前的行为模式在某些方面是不确定的（尽管可以排除对她行为的一些解释），就如同鸭兔图的设计是模糊的一样（尽管可以排除对设计的一些描述）。在她反思和认可一种模式之后（在我们的类比中，她认识到了鸭子的模式），她表现得与这种认识相一致。她对它（作为一只鸭子）的认可和她随后的行为允许这种模式以这样一种方式推进（即，它长出了喙、蹼足、羽毛等），这种方式便使其他的解释不再可行。"见 Julia Tanney, "Self-Knowledge, Normativity, and Construction, in *Rules, Reason, and Self-Knowledge*, Cambridge, MA: Harvard University Press, 2013, p.311.

② 坦尼通过类比格式塔的鸭兔图，以一种不那么技术化的方式抓住了这一点："想想鸭兔图的设计，虽然在鸭头和兔头之间的设计很模糊，但毕竟可以说既不是牛头也不是猪头。现在，想象一下加上更多的细节（身体），它就变成一只鸭子而不是兔子。类似的是，奥尔加反思之前的行为模式在某些方面是不确定的（尽管可以排除对她行为的一些解释），就如同鸭兔图的设计是模糊的一样（尽管可以排除对设计的一些描述）。在她反思和认可一种模式之后（在我们的类比中，她认识到了鸭子的模式），她表现得与这种认识相一致。她对它（作为一只鸭子）的认可和她随后的行为允许这种模式以这样一种方式推进（即，它长出了喙、蹼足、羽毛等），这种方式便使其他的解释不再可行。"见 Julia Tanney, "Self-Knowledge, Normativity, and Construction, in *Rules, Reason, and Self-Knowledge*, Cambridge, MA: Harvard University Press, 2013, p.310.

使我们认为，我们对自己的情感所形成的描述是正确的还是错误的，取决于我们是否准确地指出了那个状态。描述绝不会改变那种状态，而只能记述它。但是，我们的心智状态不是以这种方式给予我们的，它们在构成上取决于我们所参与的规范性实践。感受爱就包括一种体现社会结构的规则或原则，正是社会结构为我们情感的确定性提供了可能。我们的自我意识如果能够影响我们体现的规则和原则，那么它也就能够影响我们的感受方式。对于如何以及为何开始有自我意识就必然会涉及一个人自身的改变，可能包括一个人的感受、想法、信仰、意图等的改变，并把这种可能性建基于我们参与的社会实践中，在此有一种技术哲学的解释。

当我们注意到我们形成的自我描述有时是不确定的，创造性的一面就会在这里找到它的出路。如果有多种描述的可能，那么我们就有余地选择我们对自己的解释，并且这种解释正如前文论证的那样，部分地构成了我们是谁。我认为，对于我们提供给自己的置于语境中的解释的不确定性，有两种相关的理解方式。

第一种方式似乎也是坦尼所关注的，它依赖于所有解释都具有的这种容易识别的特点：有时候我们只是没有足够的信息在可选择的解释之间做出决定。坦尼认为，没有可选择的解释"可能是因为归因宣示随后应承担的承诺已经基本兑现，或是因为其中包含的这类承诺相对较少"。[①] 一些解释包含的承诺是简单的和少量的，另一些解释则包含了非常复杂多样的承诺。如果我看到我的朋友打包了行李，还有一张车票，上面写着他的名字和明天的日期，那么除了"我的朋友打算明天去旅行"（及其承诺和含义）所包含的概念，很少可能有其他可替代的置于语境中的解释。要使任何其他解释变得合理，就要有特别异常的特征突显出来。但是诸如"爱"这样的概念，其含义或承诺则是复杂多样的，因此其适用性就更加存疑或不确定了。

第二种方式坦尼似乎没有考虑到，这种方式呈现的不确定性依赖于我在前面讨论过的维特根斯坦的遵循规则悖论。我们被训导遵守一些规则，这意味着我们知道在没有得到明确指导的情况下如何继续做下去。在没有被教过如何数到每一个特定的数的情况下，我学会了数数；尽管一个年轻学生仅仅被教过如何数到800，但是他可能可以数到6000甚至更多。而且，尽管有一些数额没有被人数到过，但这不意味着懂得数数的人原则上不能做到这样。可见，对规则的掌握具有一个鲜明的特征，即，这种掌握常使我们能明

---

① Julia Tanney, "Self-Knowledge, Normativity, and Construction", in *Rules, Reason, and Self-Knowledge*, Cambridge, MA: Harvard University Press, 2013, p.319.

白如何在新奇的或之前从未见过的情况下运用规则,并且其中还有正误之分。这同样适用于与我们作为人的生活相关的概念,比如"爱"或"羞愧"。在被训导使用概念时,我们不需要被直接教授这一概念的适用性所涉及的所有标准、所有承诺或含义。事实上,这种想法本身就是荒谬的,这不会阻止正误有别的运用,也不会妨碍我们能够弄清楚如何在新奇的或未预料到的情况下运用"爱"的概念。

我们当然有严谨得多、明确得多的规则,使我们不太可能遇到这种新奇的或困难的境况,但是很明显,也有许多规则没有被刻画得如此严谨或明确。温奇通过区分语法规则和文体规则(rules of literary style)说明了这一点;虽然在文体规则中有很大的解释空间和一定的弹性(malleability),但它们仍然适用于所有这些**规则**。① 大范围的文体规则培训不会避免新奇状况的时常出现。重要的是要看到,在这种情况下,我们不是在破坏旧规则,而是在寻找把旧规则应用于新情况的方法。下面这段温奇讨论文化的历史发展的引文可能有所帮助。

> 但是对于任何固定的行为模式而言,具有破坏性的是不稳定的环境状况。在应对环境变化时,唯一能够获得有意义的发展的生活方式,就是那种本身即可对其所规定的行为进行重要性评估的生活方式。习惯当然也会随着环境的变化而变化。但是人类历史不仅仅是对变化的习惯的记录,它还记述着人们如何力图使被其视为重要的行为模式在他们不得不面对的新情况中得到延续。②

我前面关于规范性的论证已经表明,不存在完全明确或严谨的规则体系。在社会实践中总要有一个隐含的背景,才能使那些更明确和更严谨的规则具有意义,这个隐含的背景也意味着,规则的应用在新的或新奇的环境中落地时,这种社会和实践背景总要给人发挥的空间。温奇举了成文法和判例法的例子,前者涉及更严谨、更明确的规则,后者不可避免地在应用中具有更大的弹性。想一下,尽管新的案例通常会是非常不同的,但我们仍然能够找到我们在先前案例中所遵循的原则,从而理解那个原则中什么才是重要的,并将其应用于新的案例。如果看不到这种可能性,就会使判例法变得毫

---

① Peter Winch, *The Idea of a Social Science*, London: Routledge, 2003, p. 53.
② Peter Winch, *The Idea of a Social Science*, London: Routledge, 2003, p. 64.

无意义。① 正是在这类情形下，我们运用的概念不是那么明确或严格，因而对某种弹性运用持更加开放的态度，而且在关于自己形成的置于语境的解释中，不确定性找到了更多存在的空间。我会把"爱"视为这样的一种概念，而把"羞愧"视为另一种。但是应该注意到，我们在新奇环境下的应用可能总是在以后被证明是被误导了。

在关于自我发现和自我创造的上述解释中还有最后一个细微区别需要补充。坦尼转述了小说中后来的一幕，那时，奥尔加和奥勃罗莫夫的婚姻已经走到尽头，奥尔加又开始对她的朋友斯托尔茨（Stolz）产生一种不确定的情感。这使奥尔加陷入一个两难境地——即坦尼所说的——她的"实践认同"。这部分是因为奥尔加对"女人只能爱一次"的概念性理解，切断了她形成一种置于情境中的解释的可能性，这种解释认为她与斯托尔茨的互动无论如何都是浪漫的。奥尔加被迫将这种感情理解为"姐妹般的爱"。斯托尔茨需要一些令人信服的证据才能证明奥尔加从没有爱过奥勃罗莫夫。他通过诉诸奥勃罗莫夫写给奥尔加的信来证明，在信中，奥勃罗莫夫解释道她的感情是错付的，他还特别指出，是她的想象使她把她对理想中的男人的真挚爱情，错误地导向了奥勃罗莫夫。② 只有认可这种解释，奥尔加才能在接下来把她对斯托尔茨的情感解释为"浪漫的爱"。这种置于情境中的解释之所以能站得住脚，并且对奥尔加的情感具有构成性影响，是因为它不仅仅解释了她目前的处境，而且解释了为什么她之前的解释——她爱奥勃罗莫夫——是错误的。我们在这里看到了泰勒所说的"过渡性论证"（transitional argument）的推理形式。我将在接下来的部分中讨论这一概念，但其基本的观点是，Y解释比X解释更有助于理解，因为它能解释清楚新的信息，也能解释为什么旧的解释是错误的。③

现在我希望能对前面各节做一个清晰的小结。对我们使用的概念起奠基性作用的规范性实践意味着，自我归因中包含着客观标准。不过，只要我们是心理归因实践的主体，且没有令人受挫的外在条件从中作梗，我们自己的

---

① Peter Winch, *The Idea of a Social Science*, London: Routledge, 2003, p. 61.

② 遗憾的是在这个故事中，奥尔加的自我实现在这两种情况下都有赖于支持特定自我描述的男性的影响。当然，事态不是必然如此。虽然通常是由于他人帮助我们认识自己，才能实现我们的自我发展，但我们大多数人还是能够独立地进行自我探索。

③ 阿拉斯代尔·麦金泰尔（Alistair MacIntyre）讨论了对过去事件重新进行的叙事性描述（包括过去的解释）的本质，这类似于（实际上影响了）泰勒对过渡性论证概念的探讨方式。此外，麦金泰尔把这些观念应用到了个人的和科学的发展中。见 Alasdair MacIntyre, "Epistemological Crises, Dramatic Narrative, and the Philosophy of Science," in *The Tasks of Philosophy: Selected Essays*, Vol. 1, Cambridge: Cambridge University Press, 2006.

自我宣示就是权威性的；当我们对自己的解释违背了这些标准，或者承认在某种程度上对我们自身感到困惑时，我们就必须通过深思熟虑和反省的过程找到一个能够解释我们自身的置于语境中的解释。与我们对自己完全直接的呈现相比，这开启了我们发现自我的可能。当一个切实可行的置于语境的解释含有不确定性时，我们可以凭借权威对其做出选择，这一选择部分地构成了我们是谁。它只具有部分的构成性，因为那些基于我们的社会实践无时不在的客观标准，既限制了我们所能做出的选择，也有可能在未来扰乱我们所选择的概念，迫使我们重新审视自己。我们形成的那些新的概念，很容易被用来解释为什么在之前的概念中我们对自己有误解，事实上，这可以成为我们接受新的自我概念的一个条件。由此我们就能公允地看待这一点，即我们的认同是有待探索、发现和创造的，它包含着权威、创造、客观性和发现的混合体，在某种程度上完全依赖于社会实践。

坦尼的观点类似于我在前文所述的如下论断：作为应激性反应的恐惧和有意义的恐惧是不同的，后者是由于主体参与到有意义的行动中而产生的，在这种行动中，主体能够意识到恐惧就是恐惧。她认为：

> 动物的行为模式可以用意向性心理术语予以呈现和合理化。不过，尽管动物们可以按照一些合理的规范行动……但它们缺乏元能力去理解规范的要求。这将涉及一种能力，即可以认识到一种行为模式的持续方式坚守着某些认同而不是其他认同。并且这种能够识别行为模式并因其得到认可而能照其行动的能力，会为行为模式带来非自我反思性存在所无法想象的复杂性。①

现在应该很清楚的是，做一个自我反思的存在就意味着要遵循规则，以及试图对我们所遵循的这些规则形成明确的阐述。所有这些反过来都有赖于我们是社会实践中的一员，能够适应新的变化。

六、变化的结构、变化的可能性

在引言部分我提到了具有批判性的自我诘问和社会性诘问。在前两部分，我已对个人批判性地发展自我的能力做了说明。然而，个人实现自我发

---

① Julia Tanney, "Self-Knowledge, Normativity, and Construction", in *Rules, Reason, and Self-Knowledge*, Cambridge, MA: Harvard University Press, 2013, p. 320.

展的自由只是部分地在于阐明社会实践以及明确一个人在其中的位置,因为我们的自由还包括这样一种能力,即塑造社会实践并为我们的自我探索和个人发展开辟新的可能。对结构(可以理解为奠定我们与世界的概念性关联的社会实践)的语言表达意味着,我们的自由活动就包括阐明这一结构并找到我们在其中的位置,但是通过批判性地参与其中,我们也可能改变我们的自我描述的可能性空间。通过过渡性论证的概念,可以理解结构的这种发展乃至我们自身可能性空间的拓展。

查尔斯·泰勒在他的论文《解释和实践理性》中概括了过渡性论证的概念,他旨在说明不同道德(ethical)立场之间的理性辩护。他首先指出人们对外在标准的普遍需求,这种标准可以用来表明道德立场的正误。泰勒假定"("标准"一词)所针对的是这样一系列考虑,即对于两个界定明确的互斥性立场 X 和 Y,(a) 坚定支持 X 和 Y 的人必须承认它们;(b) 它们足以表明 Y 是正确的,X 是错误的,或反之亦然"[①]。这里说的是,相互竞争的道德图景之间的任何争议,最终必须通过外在的标准来解决,即证明一方是正确的,一方是错误的。展开说即,为了避免互相竞争的道德图景之间的非理性主义,我们必须假设存在一些外在于实践的批判性标准,同时这些标准必须是这样的:当我们详细指出它们的时候,我们的反对者是不得不接受的,并且这些标准也要足以说明反对者的立场是错误的,而我们的立场是正确的。没有这种独立于特定道德立场的有效标准,我们将不能进行理性的辩论。在这种存疑的观点下,道德立场 X 和 Y 都坚持自己认为重要的不同标准,各执己见且说不出什么理由。[②] 令人担忧的是,这同样适用于本文所述的自我的社会观。如果没有外在于社会实践的标准来理性地评估这些标准,某种道德怀疑论或非理性主义就会抬头——相对于其他人的实践,我们如何辩护我们的实践?类似地,我们何以认为我们自己的结构的发展变化是合理的,从而使这种社会实践的发展称得上是对当前实践的改进?

为了避免这种怀疑论和非理性主义,泰勒论述了他所称之为的实践理性的**个人偏好**模式(*ad hominem* mode)。理性的**个人偏好**模式与外在标准的要求形成鲜明对比,因为前者要我们诉诸我们已在自身发现的立场。泰勒是这样说的:

---

① Charles Taylor, "Explanation and Practical Reason," in *Philosophical Arguments*, Cambridge, MA: Harvard University Press, 1997, p. 41.

② Alasdair MacIntyre, "Moral Relativism, Truth and Justification," in *The Tasks of Philosophy: Selected Essays*, Vol. 1, Cambridge: Cambridge University Press, 2006.

在（个人偏好）模式中——起初至少粗略可见——是以此为基础开始实际的论证的，即对手至少与我共有一些对我具有引导意义的关于好坏、对错的基本态度。谬误源于混乱不清或不愿面对他所无法断然拒绝的东西，理性的目的就在于揭示这种谬误。通过理性改变一个人的道德观，往往同时提高了他自我认识的清晰度和自我理解程度。①

这种论证模式与认为一个人的所有批判性标准都以社会实践为基础是相容的。在**个人偏好**模式中，任何与个人展开的批判性讨论都会关联到他们已经持有的标准，并且表明他们对这些标准在某种程度上已经存在曲解。通过批判性讨论提供的另一种选择将会完善他们对自我的理解，或者完善他们自己对这些标准的真正含义的理解。

为此，泰勒试图提出他所说的过渡性论证的三种形式。他认为过渡性论证即"从一个立场到另一个立场的过渡（passage）表明了一种理解上的进步。换句话说，我们可以给出一个令人信服的叙述，即把从第一个到第二个的过渡视为一种知识的进步，或对所讨论的现象从理解欠佳走向能更好地理解的一步。由此在其中建立了一种非对称的关系：从第二个到第一个就无法建构起同样合理的过渡。"②

第一种形式关注的是过渡性论证的比较性特征，并以科学发展史为例。我们可以设想一下两种立场之间的比较性判断，首先依赖的是对每一种立场的绝对判断。正如泰勒所例证的那样："一场足球比赛比较性地判定 X 队赢了，是建立在两个绝对的评分之上的：X 队得了 3 分，Y 队得了 2 分"③。就科学理论而言，这可能涉及对每个理论关于现实存在所论述的科学事实进行评估。哪种理论可以解释清楚更多的科学事实，就会评估为相对更优越的。

只是这幅图景被负载理论（theory-laden）的事实本质所扰乱：何为事实已经被我们借以理解世界的理论框架决定了。不同的理论包含着对被采纳的科学事实的不同概念理解（conceptualisations）。我们不能以一种比较性的评估方式对每一个理论做出绝对判断，因为每种理论所认定的事实是不同的，所以每种解释事实的理论能力原则上是不可比较的。但是，如果我们注

---

① Charles Taylor, "Explanation and Practical Reason", in *Philosophical Arguments*, Cambridge, MA: Harvard University Press, 1997, p. 36.
② Charles Taylor, "Explanation and Practical Reason", in *Philosophical Arguments*, Cambridge, MA: Harvard University Press, 1997, p. 42.
③ Charles Taylor, "Explanation and Practical Reason", in *Philosophical Arguments*, Cambridge, MA: Harvard University Press, 1997, p. 43.

意到如下这点，那么这些理论仍然具有可比性，即"从 Y 的视角看，不仅处于争论中的现象，而且 X 的历史和它特殊的异常、困难、权宜之计和故障模式都可以被清楚阐明。在采纳 Y 的过程中，我们不仅能够更好地理解世界，还能更好地理解已经部分地由 X 所展开的、我们试图对世界进行解释的历史。"一个明显的例子是从始终依赖一个推动者的亚里士多德的运动理论，到依赖惯性运动的伽利略的运动理论这一进展。亚里士多德的理论越来越难以解释比如抛出的物体的持续运动——是什么扮演着推动者的角色？伽利略的理论通过消除这种需要解释的持续运动避免了这个问题。亚里士多德理论的问题可以用伽利略的理论来解释，但是反之则不然。

泰勒第二种形式的过渡性论证并不依赖必然要应对异常现象的先有立场。事实上，他认为这甚至不依赖于试图解释相同现象的两种理论。相反，过渡在这里被视为一种收获（gain），因为"早期科学所无法解释的，正是后来的科学**以自己的方式**收获的成功所在"。再次以从亚里士多德到伽利略的理论范式转换为例。亚里士多德的范式是以掌握更广泛的宇宙秩序来构思解释的，"其结构可以用善或应该做什么的概念进行目的论式的理解"①。这种解释的概念使亚里士多德理论的支持者能够提供反对伽利略的对应论证。泰勒的论文《合理性》有涵盖这样的论证，其中，伽利略的反对者从动物头部有七扇"窗"——眼耳口鼻——这一事实推论只存在七颗行星。②

这种解释范式现在对我们来说是如此奇怪，以至于并未给"经验论"领域抑或我们今天可能认为的科学的主要作用留下多少余地。理解的内容关系到实践的成就或者是否能够在特定的技术领域中找到自己的出路，但是与帮助我们在事物的目的论秩序中看到更宽广意义的理解形式相比，它是微不足道的。泰勒认为，"经验论"的意外兴起可以解释为什么向伽利略范式的过渡是合乎理性的：

> 这样一套真理的存在以及随之而来的在操作上的惊人成功，代表了一种对前现代科学的重大挑战……越过某一点，你就不再能对操作和控制作为评判科学成功的相关标准视而不见。伽利略之前的科学由于不能解释或吸收伽利略之后的科学的实际成就而衰落，后者则不存在对应于

---

① Charles Taylor, "Explanation and Practical Reason", in *Philosophical Arguments*, Cambridge, MA: Harvard University Press, 1997, p. 44.

② Charles Taylor, "Rationality," in *Philosophy and the Human Science, Philosophical Papers*, Vol. 2, Cambridge: Cambridge University Press, 1985, p. 141.

此的问题。①

然而，如果不是亚里士多德的理论至少为"经验论"发挥作用留下一些空间，那么人们可能会认为，不管伽利略范式的操作成效有多大，这种成效严格说来都不可能被认为是成功的。如果成功的标准完全不同，如果亚里士多德的科学仅仅以发现一种向善的秩序来理解成功，而伽利略的科学仅仅以操作成效理解成功，那么，我们将看到一个真正不可通约性例子。事实上，就技术知识对我们的社会存在的内嵌程度而言，甚至在今天都还不是大家一致认可的成功，因为有许多人认为，技术的崛起不可避免地把我们自己与真正善的东西割裂开来。实用科学的技术成效只有在亚里士多德的范式中存在某种概念认为对成功的理解包含实用的知识时，才有可能被认为是成功的。② 泰勒把某种形式的理解与实用的知识之间的这种联系描述为两种理论之间的隐含常量，或者用海德格尔的术语来说即一种前理解，因为它是一种先于任何范式表达的理解形式。正是后续范式（successor paradigm）的到来，促使我们识别出这种隐含的前理解，或如亚里士多德学派所理解的"经验论"，并使我们让它前所未有地在解释的概念中占有一席之地。这种隐含的常量就像一直在那里的特洛伊木马一样，没有人能清楚说明，也很少被人注意到，却助推伽利略的世界观走向成功。

我现在要讨论泰勒提供的过渡性论证的第三种形式。虽然过渡性论证的第一种和第二种形式摆脱了形成比较性判断基础的绝对判断的任何概念，反而把重点转移到比较性判断，因此不再需要存在于相互冲突的系统之外并被其所接纳的标准，但是，这些形式在某种意义上仍然依赖于标准。主张在理解上取得过渡性收获（transitional gain）的立场，仍然必须诉诸一些内在于失去的立场的东西，不管是它的反常因素还是一种隐含的理解。泰勒的第三种形式试图更进一步远离标准的概念，转向一种更纯粹的过渡性收获："从X到Y的过渡被证明是一种收获，并非因为它是理解关键性考量的唯一方

---

① Charles Taylor, "Explanation and Practical Reason", in *Philosophical Arguments*, Cambridge, MA: Harvard University Press, 1997, p. 47.

② 尽管隐含的常量让位给理解与实践成功之间的联系，我们仍然可以想到进一步反驳"经验论"显获成功的论据。我记得海德格尔在《技术的追问》一文中提供了这种反对技术的论证，按照狭义的实操性科学的标准，很难不把这种操作的成效视为是成功的，但是只要它使我们脱离了对事物的有意义秩序的更广泛研究，就可以否认这种成功。见 Martin Heidegger, "The Question Concerning Technology," in *Basic Writings*, ed. David Farrell Krell, trans. William Lovitt, Oxford: Routledge, 1993.

式;相反,它直接被证明是一种收获,因为有理由把它描述成,为减少错误转变而进行的一种调节。"① 第三种形式旨在通过把这种过渡解释为自我辩护——因为它本身就是一种公认的减少错误的转变——而摒弃所有标准。

泰勒试图通过一个简单的例子证明这一点。他让我们想象自己走进一个报告大厅,似乎看到了一只带有黄色波尔卡圆点的粉红色大象。我们会觉得奇怪,所以摇了摇头,揉揉眼睛,定睛凝神又看了一眼,结果还是发现它确实是一只带有黄色波尔卡圆点的粉红色大象。

> 我相信第二次的感知更值得信赖,不是因为它以某种可能性衡量标准看比第一种得分高。相反,如果我第一次看到的类似于"可能是也可能不是一只粉红色大象",而第二次看到的"绝对是只带有黄色波尔卡圆点的粉红色大象",那么毫无疑问必须给第一次看更大的优先概率(antecedent probability)。毕竟这两种相反的情况实际上都极有可能发生。但我其实是相信我的第二种感知,因为我经历了一种改善性过渡(ameliorating transition)。②

泰勒认为许多事情都可以算作"改善性过渡",包括消除困惑、凸显矛盾、注意到一些被忽略但明显相关的考虑因素等等。值得指出的是,消除错误仅仅**是**过渡性的收获,它对过渡性转变本身之外的东西没有吸引力。同样地,"我们不是因为 Y 的优越表现而得出 Y 比 X 是更胜一等的收获的结论,而是因为我们已经知道 Y 的收获胜过 X,才会对 Y 的优越性充满信心"。③

泰勒举例说明了这种过渡,因为它的实现可以是自述式的或在自我理解的领域里完成。④ 我们可以想象,一些人不能确定他们对另一个人的感情,在很大程度上是因为他们也对那些人怀恨在心。他们自言自语道:"如果我如此怨恨他们,那怎么能是爱呢?这两件事是不能兼容的。"但是,通过与朋友交谈,或参加一场主题为"用爱的力量克服障碍"的教堂布道等类似的活动,这些人开始认为他们以前的恋爱观是幼稚的和简单的。在克服这种困惑后,他们就非常确信"自己处于恋爱中"。我们甚至可以想象,试图让他们相信自己对爱的概念是错误的,包含了过渡性论证的第二种形式中的一

---

① Martin Heidegger, "The Question Concerning Technology," in *Basic Writings*, ed. David Farrell Krell, trans. William Lovitt, Oxford: Routledge, 1993, p. 51.
② Martin Heidegger, "The Question Concerning Technology," p. 52.
③ Martin Heidegger, "The Question Concerning Technology," p. 51.
④ Martin Heidegger, "The Question Concerning Technology," p. 52.

些内容。比如，他们的朋友可能指出其他的例子说明他们爱上了某人，只是他们不知道（因为他们那时从未阐明过他们的奇怪行为）他们也明显表现出对某人的怨恨。他们的朋友会提醒注意这种怨恨的行为表现，并对他们说这是怨恨。他们接着就会指出这种无意识的怨恨绝不会妨碍爱。

我们通过这种过渡性论证所阐发的社会结构可能是实践结构，也可能是理论的结构。可以将奥尔加与斯托尔茨的情形视为实践或道德发展的一个可能的例子。奥尔加在她的实践认同中面临着不一致的可能性，因为她曾经将自己理解为一个爱上奥勃罗莫夫的女人，一个对斯托尔茨有不确定的情感的人，以及一个认可"一个女人只能爱一次"的道德主张的人。奥尔加发现一种新的自我描述，可以帮助自己理解这些不同的想法，并且凭借一种发展成熟的实践认同继续前行。也就是说，她接下来知道怎么继续了。但是如果没有这样一种描述呢？如果她对奥勃罗莫夫的爱太过明显以至于无法视而不见，而她对斯托尔茨的感情永远是混沌的该怎么办？这样的状况可能造成很大的心理伤害和不确定性，而且奥尔加可能也不知道接下来如何做。不过，如果这里涉及的评价结构通过某种形式的过渡性论证能够得到合理阐发，使得"一个女人只能爱一次"的原则被摒弃，那么，奥尔加将会有可能认识到她爱的是奥勃罗莫夫和斯托尔茨两个人。我们甚至可能看到，促使这一评价结构得到阐发的，反而是它给人们的实践认同带来很大问题这一事实。正如奥尔加的例子所表明的，它可能给那些无法轻易理解自己感受的女性带来极大的挫败感。她们可能仍然对其混沌的感情深感痛苦，抑或反之，接受两段爱情，同时，痛苦地面对她们未能实现自己作为女人的身份认同的可能性。如果这种不安是普遍的，则可以想象它已经开始给当前的道德结构造成了压力。

伊恩·哈金很好地举例说明了，我们理论结构的发展如何通过他"人的类别"（human kind）概念为自我描述开辟出新的可能性。通过"人的类别"哈金试图指出，什么样的人是"我们对其希望拥有系统的、整体的和准确的知识，有可用于表述关于人的一般真理的阐述方式，以及关于人、人的行为或情感的规律足够有力的概括"①。他想到许多种人，包括"醉汉"

---

① "当我说到人的类别，我指的是（i）与我们中的一些人相关的种类，（ii）主要对人、他们的行动和行为进行分类的种类，以及（iii）在人文与社会科学中被研究的种类，即我们所了解的那些种类。我补充一点（iv）人的种类是非常重要的。"只有当种种人的行为、行动和倾向被突显并形成对某种人的看法时，我才想要将其共涵盖在内。Ian Hacking, *The Looping Effect of Human Kinds*, in *Causal Cognition: A Multi-Disciplinary Debate*, ed. Dan Sperber and David Premack, New York: Oxford University Press 1995, p. 354.

"虐童行为受害者""多重人格障碍患者""同性恋"等等。哈金认为，这些不同类别产生于我们与世界更具体和更密切的交往中，使其由此成为科学研究的对象。这种研究也会反过来塑造人的类别：怎样才算是那样一种人，对其可以有怎样的期待，或者世界在（道德、实践、法律等）方方面面应该怎样对待那种人。他举了"自杀"的例子。自杀最开始被认为是一种坏的行为，因此被作为一个类别绘制成表，进行记录或研究。久而久之，这种研究引导我们以一种新的方式看待自杀："大量有关自杀的知识改变了人们对自杀行为的认知，因此也改变了人们对自杀行为的道德评价——'试图自杀是一种呼救行为'。你对一个试图自杀的朋友的态度与你的曾祖父母曾经对待自杀的态度不同。"① "自杀"的角色在我们的自我描述之中已经改变了。由此，关于某一类别的科学进展会影响我们对自己和他人所开放的可用描述，会改变潜在的叙述范围或者我们能够阐发的认同范围。②

哈金自己指出，引入人的类别可以真正改变一个人的经历自述和自我意识："人的类别拥有（可以呈现为）一种比为未来行动开辟可能性更令人惊奇的力量。它使我们能够重新描述我们的过去，能让人们对过去有种**新的**体验。有非常多的成年人开始认为他们在童年时受过虐待。"③ 重要的是，这不仅是因为这些人重拾被遗忘的记忆，而且因为他们获得了自我理解的新形式，以及对旧模式的新描述、对构成个人与他们的家庭或者个人与更广阔的社会之间的新型关系的认可。

就如同我们在奥尔加的例子中看到的一样，自我描述中的问题可能会激发我们道德结构的发展，个人在自我描述中面对的问题很可能部分地形成了阐发人的类别动机。④ 尽管我在这里无法详加考量，但哈金相关的自我归因

---

① Ian Hacking, *The Looping Effect of Human Kinds*, in *Causal Cognition: A Multi-Disciplinary Debate*, ed. Dan Sperber and David Premack, New York: Oxford University Press 1995, p. 355.

② 有趣的是，哈金"循环的人的类别"中的"循环"包含这样的观点，即某一类成员开始把自己视为这样一类人，他们的行为就会相应地改变，既然这些同类的行为已经改变了，那么类也就改变了。由此可见，关于某一种类的科学研究和以这种方式理解自身的这类成员之间是相互影响的。这与我前面关于对描述的认可及其后续对行为的影响，包括对未来描述的适用性的讨论是一致的。See Ian Hacking, *The Looping Effect of Human Kinds*, in *Causal Cognition: A Multi-Disciplinary Debate*, ed. Dan Sperber and David Premack, New York: Oxford University Press 1995, p. 369.

③ Ian Hacking, *The Looping Effect of Human Kinds*, in *Causal Cognition: A Multi-Disciplinary Debate*, ed. Dan Sperber and David Premack, New York: Oxford University Press 1995, p. 368.

④ 由于社会没有为特定的认同充分实现自我提供必要的结构，因而造成了"受损的人格"，丹尼尔·贝尔（Daniel Bell）就此概念提供了一些有用的素材。见 Daniel Bell, "A Discussion about the Value of Language-Based Communities, the Gay Community, and the Family," in *Communitarianism and its Critics*, Oxford: Oxford University Press, 1993.

论点值得一提。通常某一类成员是被认识的对象，某一类研究者是认知的主体。但是，成员有时候会取得那一类别所拥有的权限，并宣称自己对于那类别所具有的本质也拥有权威，并在这一过程中塑造着自身。哈金举了"同性恋"作为例子："我们这里有一个很好的例子，这么一群受制于对其有效的自我描述所限的人，如何把获得一种类别所拥有的权限构成为更有能力实现自我所做努力的一部分。"① 根据奥尔加的例子，我们可以认为，道德结构的改变与女性是否把握住了自己的那种自我归因方式有关。②

个人与社会发展之间的相互作用在这里已经说得很清楚了，由此可见，个人在努力实现自我时，很可能伴有重大冲突的发生。如果个人的发展被社会世界的现行模式所挫败，并且似乎没有办法把这个社会世界发展至可以适应我们自己的发展时，结果就会出现某种形式的异化，我们无法自主地实现自我。这些都是非常真实的、充分展现出人类特有弱点的体验。我在这里概述的自我的社会性描述所提供的这种哲学理解，所针对的正是这种体验包含着什么，以及我们应该如何开始理解化解这种异化体验并在社会世界中实现自我的这一过程。

参考文献

[1] ANSCOMBE G E M. Intention [M]. 2nd ed. Cambridge, Mass.: Harvard University Press, 2000.

---

① Ian Hacking, *The Looping Effect of Human Kinds*, in *Causal Cognition: A Multi-Disciplinary Debate*, ed. Dan Sperber and David Premack, New York: Oxford University Press 1995, p. 380.

② 我认为读者可以阅读萨特的《禁闭》(*Huis Clos*) 来体会这一基本观点：我们不可避免地依赖于他者的承认，并且当我们获得的承认不能确认我们的认同，或者无助于我们以一种统一的方式在世界中实现自我时，我们就会有一种痛苦的体验。尽管萨特的剧本没有强调我在这里试图强调的社会维度，而是更强调这些冲突在个人层面上的表现，但我不认为这两个层面事实上能够轻易分开。突显社会维度的文学典范可以在范特（Fante's）的《问尘情缘》(*Ask the Dust*) 中找到。这个故事讲述了大萧条时期住在洛杉矶的一个意大利裔美国人的艰难生活，并以多种方式探讨了那个时期意大利裔美国人身份认同所内含的紧张关系。这个故事的一个重要背景是那个时期的种族主义，这在很大程度上为主角何以努力成功实现自我提供了社会维度。比如，主人公既认同美国的价值观又认同意大利的价值观，结果成为一个怀有美国梦、却又时刻受制于美国种族歧视的人物形象。他接受了一些针对他自己及其意大利背景的区别对待，而这与他在家庭生活中发现的意大利的自豪感相冲突。结果便使他对美国和对他自己的爱与恨交织在一起，难以维系，反复无常，混杂着傲慢和自我厌恶的情绪。通过成功实现他所渴望的美国生活，他克服了身份认同包含的紧张。但是，他这种成功的自我实现与卡米拉·洛佩兹（Camilla Lopez）形成了鲜明对照，她同样面临着种族主义的紧张局面，却无法以同样的方式在世间实现自我，最终消失在了沙漠中。见 Jean-Paul Sartre, "Huis Clos," in *Huis Clos and Other Plays*, London: Penguin Books, 1982; John Fante, "Ask the Dust," in *The Bandini Quartet*, Edinburgh: Canongate Books, 2004.

[2] DANIEL B. A Discussion about the Value of Language-Based Communities, the Gay Community, and the Family [M] // DANIEL B. Communitarianism and its Critics. Oxford: Oxford University Press, 1993.

[3] CARROL L. What the Tortoise Said to Achilles [J]. Mind, 1895, 4 (14): 278 - 280.

[4] DESCARTE R. Meditations on First Philosophy [M]. 2nd ed. Cambridge: Cambridge University Press, 1996.

[5] FANTE J. Ask the Dust [M] // FANTE J. The Bandini Quartet. Edinburgh: Canongate Books, 2004.

[6] FRANKFURT H. Freedom of the Will and the Concept of a Person [J]. Journal of Philosophy, 1971, 68 (1): 5 - 20.

[7] GONCHAROV I. Oblomov [M]. London: Penguin Books, 1954.

[8] HACKING I. The Looping Effect of Human Kinds [M] // SPERBER D, PREMACK D. Causal Cognition: A Multi-Disciplinary Debate. New York: Oxford University Press, 1995.

[9] HEGEL G W F. Philosophy of Mind [M]. Oxford: Oxford University Press, 1971.

[10] HEIDEGGER M. The Question Concerning Technology [M]. 2nd ed. Oxford: Routledge, 1993.

[11] KUHN T S. Second Thoughts on Paradigms [M] // KUHN T S. The Essential Tension. Chicago: The University of Chicago Press, 1977.

[12] KUHN T S. The Structure of Scientific Revolutions [M]. 2nd ed. Chicago: The University of Chicago Press, 1962.

[13] MACLNTYRE A. Epistemological Crises, Dramatic Narrative, and the Philosophy of Science [M] // MACLNTYRE A. The Tasks of Philosophy: Selected Essays: Volume 1. Cambridge: Cambridge University Press, 2006.

[14] MACLNTYRE A. Moral Relativism, Truth and Justification [M] // MACLNTYRE A. The Tasks of Philosophy: Selected Essays: Volume 1. Cambridge: Cambridge University Press, 2006.

[15] MACLNTYRE A. The Virtues, the Unity of a Human Life and the Concept of a Tradition [M] // MACLNTYRE A. After Virtue. 2nd ed. London: Duckworth, 1985.

[16] MCGINN M. Wittgenstein and the Philosophical Investigations [M]. Oxford: Routledge, 1997.

[17] POLANYI M. The Logic of Tacit Inference [J]. Philosophy, 1996, 41(155): 1-18.

[18] RYLE G. Abstractions [M] // RYLE G. Collected Essays 1929-1968. 2nd ed. Oxford: Routledge, 2009.

[19] RYLE G. The Concept of Mind [M]. London: Penguin Books, 2000.

[20] RYLE G. Philosophical Arguments [M] // RYLE G. Collected Essays 1929-1968. 2nd ed. Oxford: Routledge, 2009.

[21] SARTRE J P. Huis Clos [M] // SARTRE J P. Huis Clos and Other Plays. London: Penguin Books, 1982.

[22] SAYERS S. Reality and Reason [M]. Oxford: Basil Blackwell, 1985.

[23] TANNEY J. Reasons as Non-Causal, Context-Placing Explanations [M] // TANNEY J. Rules, Reason, and Self-Knowledge. Cambridge, Mass.: Harvard University Press, 2013.

[24] TANNEY J. Self-Knowledge, Normativity, and Construction [M] // TANNEY J. Rules, Reason, and Self-Knowledge. Cambridge, Mass.: Harvard University Press, 2013.

[25] TANNEY J. Some Constructivist Thoughts about Self-Knowledge [M] // TANNEY J. Rules, Reason, and Self-Knowledge. Cambridge, Mass.: Harvard University Press, 2013.

[26] TAYLOR C. Explanation and Practical Reason [M] // TAYLOR C. Philosophical Arguments. Cambridge, Mass.: Harvard University Press, 1997.

[27] TAYLOR C. Overcoming Epistemology [M] // TAYLOR C. Philosophical Arguments. Cambridge, Mass.: Harvard University Press, 1997.

[28] TAYLOR C. Rationality [M] // TAYLOR C. Philosophical Papers: Vol. 2. Cambridge: Cambridge University Press, 1985.

[29] TAYLOR C. Self-Interpreting Animals [M] // TAYLOR C. Philosophical Papers: Vol. 1. Cambridge: Cambridge University Press, 1985.

[30] TAYLOR C. To Follow a Rule [M] // TAYLOR C. Philosophical Arguments. Cambridge, Mass.: Harvard University Press, 1997.

[31] TAYLOR C. What is Human Agency? [M] // TAYLOR C. Philosophical Papers: Vol. 1. Cambridge: Cambridge University Press, 1985.

[32] WINCH P. The Idea of a Social Science [M]. 2nd ed. London: Routledge, 2003.

[33] WITTGENSTEIN L. Philosophical Investigations [M]. 3rd ed. Mal-

den, MA: Blackwell Publishing, 2001.

项目说明：本译文为国家社会科学基金青年项目"新世纪以来英美马克思主义政治哲学基本问题研究"［20CZX009］、中山大学人文社会科学青年教师桐山基金项目"现代性风险视域下阿伦特实践智慧研究"的阶段性成果。

卡斯托里亚迪斯创造本体论的
社会-历史实践观

齐闯[*]

【摘要】 卡斯托里亚迪斯基于创造的本体论维度重新体察存在,进而从这种"解释世界"的理论视角过渡到社会-历史领域内人的实践诉求上,这一过程恰恰体现了他"改变世界"的真实意图。人在社会-历史中对自主的追求,突显了卡斯托里亚迪斯思想内部高度的政治性和人学性,也直接反映了实践在他那里重新焕发出的革命性。这种从无到有的创造构成了社会集体对已有建制不断扬弃的本源,更是令他们勇于在迷宫中凿掘出口的动力。根据对这种创造本体论的理解及其在社会-历史领域内所发挥的效用,我们将以此为主线,并结合建制、熔岩、自主以及他主等概念,梳理卡斯托里亚迪斯创造本体论的社会-历史实践观。

【关键词】 创造　存在　社会-历史　实践　建制

科内利乌斯·卡斯托里亚迪斯（Cornelius Castoriadis, 1922—1997）曾被阿克塞尔·霍耐特（Axel Honneth）称为"最后的西方马克思主义者"[①],这位希腊裔法国左翼思想家一生都保有强烈的革命激情。他从马克思主义本身的激进实践向度出发,进而抗拒其中的理论教条并谋求自主的解放规划,最终转向了对马克思主义本身的批判。毋宁说,卡斯托里亚迪斯的思想脉络并不是单纯从理论到理论的平面化哲学思考,而是以实践初衷开启了对理论的解构与建构的大门,最后又希望通过这扇门回到"改变世界"的现实图景中,这正是一种立体化的实践哲学。他从早年亲身经历和参与的共产主义

---

[*] 齐闯,中国人民大学哲学院博士后。
[①] Axel Honneth, "Die Kreativität des Sozialen: Zum Tode von Cornelius Castoriadis," in *Frankfurter Rundeschau*, December 30, 1997.

革命行动中走向理论,就是希望通过理论激发出人的创造意识。这种理论中介在存在的一般层面表现为非确定性与非还原性,在社会-历史的维度上则以人的创造发挥着实践效用。

一、从存在的"生成"到人的创造

卡斯托里亚迪斯从存在的"生成"角度解释着创造,但最终的落脚点却体现在人的自为的能动性上。正如他指出:"哲学的目标在于如下的问题:我应该或者我们应该如何思考存在以及关于存在的知识,也要思考'我''我们'以及关于政体和正义的问题,等等。"① 由此观之,卡斯托里亚迪斯并不是要单纯局限在有关"解释世界"的存在问题上,而是要在"我""我们"以及与人相关的"建制"层面为"改变世界"铺设道路,即从存在的创造走向人的创造。

(一) 存在、创造与时间

卡斯托里亚迪斯的创造概念与他对存在的认识不可分割。他首先认为,存在并不具有规定性和体系性,这直接体现在确定性与非确定性在时间维度的对立上。在他看来,那种永恒的存在总是依照着相同的确定性,而永恒的"生成"(becoming)作为一种本源,或者绝对且纯粹生成性的本源性理念,从不会依照相同的确定性。换言之,永恒的生成就意味着绝对的非确定性。如果从时间的角度来说,那么对以往确定性的肯定直接就是对时间的否定,即"时间就成了非时间性的图景和形象"。不论是柏拉图意义上的空间(一种无形的形式),还是康德所说的时间与空间的纯粹直观的先验形式(一种不包含任何事物的形式),这种当下的暂时性与即将出现的他异性(otherness)的分离都是不可能达成的②。时间恰恰是在"他者"出现的变化与创造之中才会呈现,即"时间乃是其他形象的出现"③。卡斯托里亚迪斯意欲的"他者"或者"他异性",就是要强调"生成"所具有的不断变化的意义,这样的自我变动体现出一种"to be"的形式,由此表明"尚未"(not

---

① Cornelius Castoriadis, *Philosophy, Politics, Autonomy*, New York: Oxford University Press, 1991, p. 25.
② Cornelius Castoriadis, *The Imaginary Institution of Society*, Cambridge, MA: MIT Press, 1987, pp. 188-190.
③ Cornelius Castoriadis, *The Imaginary Institution of Society*, Cambridge, MA: MIT Press, 1987, p. 193.

yet)的非确定性。在他看来,以思考空间的方式来思考时间,或者将时间进行空间化,都是需要加以批判的既往思考方式。"如果我们不把自己从一般思考存在的方式——把存在作为一种确定性的既往思考方式——中解放出来,那么,我们也就无法思考时间。"① 卡斯托里亚迪斯把传统本体论那种谋求确定性、整体性以及连续性的诉求,统归于"同一整体主义逻辑"(identitarian-ensemblist logic)名下,通俗来说则为"既往思想"(inherited thought)。布莱恩·辛格(Brian Singer)基于卡斯托里亚迪斯的视角对此解释道:"既往思想的问题在于社会如何能够被看作一个确定的整体,可它的内部构造及存在模式却都是在持续不断地流动着的,问题进而变成了怎样理解变化中的稳定性,即在时间的乱序中把握社会凝聚性的可能……对卡斯托里亚迪斯来说,历史是非连续性的;它将以永恒的变化形式、他异性形式以及逃离出确定性的形式而出现。"② 可见,与既往思想的确定性相对,卡斯托里亚迪斯在根本上把非确定性作为他的理论的出发点。

卡斯托里亚迪斯之所以看重存在意义上的非确定性与他异性,就在于它们直接指向那种无法被还原且能够从无到有的创造。"说形象 B 不同于形象 A,首先意味着 B 不能含蓄地或明显地'基于' A 的基础以及间接地或直接地'借用' A 的基础而获得推导、产生或者建构。也就是说,当我已经全面总结出了 A 所需要的或者最终导向的一切前提、旨趣和结果,并且明确指出了 A 所涉及的一切律令以及表明了决定 A 的现实所是和如其所是时,那么,我绝不能以这些基础而建构、推导或者生产出 B……毋宁说,B 的存在并不源于 A 的存在,作为存在(既是现实的存在,也是自身成为他者的存在,这是两种不可分割的存在),它源自无并且现于无中,它找不到起源却又直接出现了,那便是创造。"③ 在这种形象 A 与 B 之间的非还原性以及非决定性意义上,我们便从存在的角度窥探到了创造的本意。由此,卡斯托里亚迪斯直接表明:存在即时间,而时间要么是无,要么是创造④。传统本体论以一种超范畴的确定性把存在寓于实体、主体以及概念当中,而卡斯托

---

① Cornelius Castoriadis, *The Imaginary Institution of Society*, Cambridge, MA: MIT Press, 1987, p. 191.

② Brian Singer, "The Later Castoriadis: Institution Under Interrogation," in *Canadian Journal of Political and Social Theory* 4, No. 1 (1980): pp. 75 – 101.

③ Cornelius Castoriadis, *The Imaginary Institution of Society*, Cambridge, MA: MIT Press, 1987, p. 195.

④ Cornelius Castoriadis, *World in Fragments*, Stanford, CA: Stanford University Press, 1997, p. 3.

里亚迪斯坚决秉持非确定性来批判这种既往思想,恰恰就是要"开辟"自己的激进创造理念。

存在的混沌或无根状态虽然构成了一种绝对的"自在"形式,但正是确证了这种非确定性的创造本源令存在上升到了"自为"的维度。也就是说,这种从无到有的创造赋予了存在以新的表征——尽管它是混沌的,却是一种被意识到了的混沌,并且这种混沌总是在时间中并借助于时间呈现出新的面貌。杰夫·克鲁格(Jeff Klooger)在他撰写的英语世界第一部关于卡斯托里亚迪斯的专著《卡斯托里亚迪斯:心灵、社会与自主》中恰当地总结道:"卡斯托里亚迪斯在论证方法上所取得的成就之一,就是将认识论与本体论的哲学问题域结合起来。主体如何认知的问题并不能完全脱离于存在如何所是的问题。非确定性和创造性是相互贯通的,就创造而言,它既包括完全的确定性的空场,也包括新的确定性的可能,总之,它暗含着一种非确定性,而传统逻辑本体论却反对这种非确定性与'存在'的定义相一致。"① 由此,卡斯托里亚迪斯把存在的自在性、非确定性与人的创造性、自为性进行了统一。

(二) 人的本质:从无到有的创造

卡斯托里亚迪斯一再强调创造的从无到有的特征,这当然不是神学意义上的神谕,而是强调一种形式上的非还原性。作为一名希腊裔的哲学家,他把创造的本质寓于理念当中,"即使得木材成为桌子、青铜成为雕塑以及黏土成为花瓶的形式"。但这样的理念与柏拉图的理念是有区别的。柏拉图的理念是一种先验的外在于人的实体;而卡斯托里亚迪斯的理念指的则是内在于人的想象性创造,这种全新的形式完全有别于模仿。"如果我们将既存的理念形塑于一块青铜上,那么这在本质上仅仅是重复已经存在的事物而已。"② 因此,马茨·罗森格伦(Mats Rosengren)直接把"这种'不能彻底的还原性'"看作"卡斯托里亚迪斯从无到有创造概念的内核"③。卡斯托里亚迪斯赋予理念的意义完全是反神学的,他不像本雅明那样要把弥赛亚式的神学救赎接合到革命目标中,而是在根本上把信仰性的神学转化为创造性

---

① Jeff Klooger, *Castoriadis*: *Psyche*, *Society*, *Autonomy*, Leiden: Koninklijke Brill NV, 2009, p. 318.
② Cornelius Castoriadis, *The Imaginary Institution of Society*, Cambridge, MA: MIT Press, 1987, p. 197.
③ Mats Rosengren, *Cave Art*: *Perception and Knowledge*, Basingstoke: Palgrave Macmillan, 2012, p. 109.

的人学。换言之,他把黑格尔外在于人的绝对精神内化于人了。基于这一点,苏兹·亚当斯(Suzi Adams)在《卡斯托里亚迪斯的本体论:存在与创造》一书中认为:"卡斯托里亚迪斯对有关创造的存在的哲学阐释,秉持了一种新奇的激进视角,并表明了人类创造的本体论的重要性,进而将其寓于从无到有的绝对创造之中。尽管从无到有的创造富含浓厚的神学传统,但卡斯托里亚迪斯的本体论却反对一切神学思想形式。在他看来,从无到有的创造意味着标榜出人的特殊性,而非神谕创造的特殊性。的确,这种'神谕'的创造概念与他的规划是全然对立的,因为这样的创造表明的是从外在于人类的基础中所生发出的'创造'。"① 从马克思主义角度来说,这种创造未尝不可理解为一种特殊的劳动形式,其既体现出了马克思主义唯物史观的渊源,也是对人的本质的再阐发。卡斯托里亚迪斯所言的创造是对人本身的确证和肯定,人既是创造得以发生的原因、手段,也是创造的最终目的,即创造出符合人的自主发展的建制:"我所使用的'创造'一词,在全面且强烈的意义上意味着提出一种新的理念、新的本质以及新的形式,新的规约、新的标准以及新的律法……这不仅仅是'司法性'的律法,更是感知和构建社会以及'物理'世界并在这当中活动的义务方式。"② 这样的"义务方式"当然不是桎梏于人的意识形态,而是"通过人并且为了人而对人的本质的真正占有"的创造的结果。

"从无到有"主要体现在形式上的创造,但这种新形式的发生则必须不断借助于既存事物。"创造意味着这样一种能力,即能够从给定物(given)出发而促成非给定物(not given)的出现——这不是通过联结或者其他方式而推导出来的……想象是呈现出新形式的能力。当然,这种新的形式一定要用到既存的要素,但这一形式却是全新的。"③ 换句话说,激进想象的创造总是有条件的,但却从来不是因果性的或者还原性的。正如周凡教授指出,从无到有的创造并不是毫无根基可言,它以确定性为必要条件,是在和确定性的必要条件相联系的过程中展开的,但它自身不能被简化为预先确定性原因的必然结果,它的从无到有性表现在这种创造没有充分条件,我们无法找

---

① Suzi Adams, *Castoriadis's Ontology: Being and Creation*, New York: Fordham University Press, 2011, p. 2.

② Cornelius Castoriadis, *Philosophy, Politics, Autonomy*, New York: Oxford University Press, p. 84.

③ Cornelius Castoriadis, *The Rising Tide of Insignificancy*, translated from the French and edited anonymously as a public service, 2003, p. 187.

出这些创造发生的充分理由。① 这种形式与内容的对照恰好印证了人的创造特征,基于此,雅尼斯·斯戴沃卡基斯(Yannis Stavrakakis)认为卡斯托里亚迪斯将神学上的创造概念扭转为主观主义的形式,借此进一步发展了这种创造性的浪漫主义哲学传统②。由神秘性到主观性,就是在把神学的看似无限却又有限的创造转化为人学的看似有限却又无限的创造,因为神学的创造是上帝作为不可思之物所达成的一劳永逸——"上帝说要有光,于是便有了光";而人的创造尽管会受到相应条件的限制,却是一种无限递进的过程,即人会把这种"光"不断进行分类、改造甚至转化。

无疑,卡斯托里亚迪斯要为创造正名,从而激发人们走上"为创造而斗争"的激进道路。既然如何创造根源于从无到有的不可还原性,那么唯一需要确证的就是这种创造的能力。卡斯托里亚迪斯提出的自主社会规划,就是通过人并且为了人而充分激发出创造的能力,这同样是"对人的本质的真正占有"。他在《人类学、哲学与政治学》一文中指出:"在过去四十年里被一遍又一遍不断重复的陈词滥调就是,不存在人的本质,或者说人并没有本质。这种消极评价是显然有失公允的。人的本质恰恰是这样一种'能力',即在现实活动的、积极确证的以及非预先决定的意义上,令社会与个人存在的他者形式具备实现的'可能性',每当我们瞥见社会建制中、语言中以及劳动成果中的那种他异性时,就更能充分认识到这一点。这恰好印证了人的本质的存在,人的本质可以用如下特定的关键性质进行界定,那就是创造。借助于这一方式的陶冶以及在受到其陶冶之后,人创造并且自我创造了他自己。这种创造——尽管显得老生常谈,但却发挥着决定性的作用,我们依旧需要不停地解开它所标示出的结果——在任何意义上都不会终结。"③ 由此可见,卡斯托里亚迪斯把创造作为人的本质,并力求激发出这种被隐藏或阻滞了的本质,这种建构路径不仅是对马克思的复归和回溯,也在诉说着自己的激进诉求,即"我们的角色就是破除阻碍人们发挥创造效力的意识形态幻象"④,而这一诉求在根本上则体现在社会-历史领域当中。

---

① 周凡:《卡斯托里亚迪斯的后马克思主义本体论》,《学术交流》2017年第9期。
② Yannis Stavrakakis, *The Lacanian Left*: *Psychoanalysis*, *Theory*, *Politics*, Edinburgh: Edinburgh University Press, 2007, pp. 42-48.
③ Cornelius Castoriadis, *The Rising Tide of Insignificancy*, translated from the French and edited anonymously as a public service, 2003, p. 185.
④ Cornelius Castoriadis, *Philosophy*, *Politics*, *Autonomy*, New York: Oxford University Press, p. 205.

二、走向一种社会-历史理论

卡斯托里亚迪斯语境中的人的创造完全是针对现实的,不过与其说它是唯物性的,不如说它是社会性的,因为卡斯托里亚迪斯更强调从社会的不断焕发生机的角度来为创造活动,即为革命的发生提供解药。因此,他把这种创造更多地寓于"社会-历史"层面当中,这使我们直接转向了他的"社会-历史"理论。

(一)社会-历史的一体性与反身性

卡斯托里亚迪斯希望以社会-历史的形式克服在社会与历史间进行的荒谬区分。历史无非是社会本身在时间中的流动,它并不能作为外在于社会的某种维度,而恰恰是社会的自我呈现。卡斯托里亚迪斯把这两种不同维度的多样性进行统一,即把由社会表露出的"共时性"与由历史表露出的"历时性"统一起来①。此般纵横统合在时间上的凝结表明,社会本身就是历史性的,而历史也必然指的是人类社会的历史。卡斯托里亚迪斯认为,社会-历史既不是主体间关系网的无限加成,当然也不是它们的简单产物。社会-历史乃是"匿名集体的大全",也是非个体性的人类要素,这一要素充斥在每一种既定的社会构型当中,而那一构型又会转而吞噬掉它。这种始终"充斥"而又不断"吞噬"的过程,就是社会-历史不断变化创造的过程。"一方面,这是一种既定的结构,即'物质化了的'建制以及劳动,无论这些劳动是否为物质性的;另一方面,它也将表现出正在进行着建构、建制以及物质化的维度。简言之,此乃正在建制的社会与已建制的社会之间、正在生成的历史与已生成的历史间的团结(union)与紧张(tension)的关系。"②"团结"与"紧张"直接表现出了社会-历史存在的暂时性之维以及共时性与历时性的交融,换句话说,已建制的特征背后就是历史正在建制中的特征。亦如辛格认为:"概言之,历史乃是'正在建制中的社会向已建制社会的不断喷涌'。"③

---

① Cornelius Castoriadis, *The Imaginary Institution of Society*, Cambridge, MA: MIT Press, 1987, p. 385.
② Cornelius Castoriadis, *The Imaginary Institution of Society*, Cambridge, MA: MIT Press, 1987, p. 108.
③ Brian Singer, "The Later Castoriadis: Institution Under Interrogation," in *Canadian Journal of Political and Social Theory* 4, No. 1 (1980): pp. 75-101.

那么，这种社会中的建制当做何解释呢？在卡斯托里亚迪斯看来，社会－历史指涉着诸多"形象"以及这些形象之间的关系，也包括它本身与这些形象间的关系，而这种形象就是建制。他认为，将社会凝结为一体的东西即它的建制，这是社会内部一切特殊建制的总复合，他把此称作"社会作为一个整体的建制"。这里的"建制"一词有着最宽泛和最根本的意义，"规约、价值、语言、工具以及处理事物和改造事物的程序和方法"，等等。① 毋宁说，建制是与社会整体及社会内部各个方面都息息相关的产物，而社会－历史的暂时性也正体现在人对建制的创立、改造以及扬弃的过程中。这样的社会－历史因为创造而表现为暂时性，又因为自主表现出反身性。具体说来，暂时性会被社会建制观察到并固定和凝结在其中，进而将自身反转为对暂时性的否定和拒绝，也就是力求把暂时性伪装成永久性。建制以稳定的形象而存在，由此使自身得以可见。但由于人的自主致使建制必须处于不断的建制当中，社会－历史就会在自我变动过程中以反身性面对自身，这是其存在的另一维度。这种反身性的存在维度既表现为对自身的反思，也是与存在的断裂并指涉着他异性。卡斯托里亚迪斯表明："社会－历史乃激进之想象，也就是不断在创生着他异性，这种他异性既具有指向作用，同时也指向着自身……它赋予自身以一种形象，同时又令自身映射出第二种维度（'反身性'）。"② 这种反身性像自我意识一样，通过把自身看作对象而最终返归为自我同一的过程，它囊括了对自我的反思和质疑，也反映着自主和创造的能力。"在卡斯托里亚迪斯看来，社会－历史概念最重要的贡献就在于其自动反身性（auto-reflexive）的'本体论形式'。换句话说，他坚持认为社会－历史的存在模式允许其对自身，即对'它的存在的规则'进行质询。"③ 这种反身性的存在维度在根本上为建制的创造提供了可能，而这一过程体现的正是自主的意义。因此，"卡斯托里亚迪斯把自主看作革命活动的唯一具有救赎性的意义，它包含着对建制中的社会与已建制社会间的关系的重构——更精确地说，就是一种自我反身与自我质询的转向"④。

---

① Cornelius Castoriadis, *World in Fragments*, Stanford, CA: Stanford University Press, 1997, p. 6.
② Cornelius Castoriadis, *The Imaginary Institution of Society*, Cambridge, MA: MIT Press, 1987, p. 204.
③ Suzi Adams, *Cornelius Castoriadis: Key Concepts*, London: Bloomsbury Academic, 2014, p. 95.
④ Suzi Adams, *Cornelius Castoriadis: Key Concepts*, London: Bloomsbury Academic, 2014, p. 103.

(二) 从"熔岩"的偶然到政治性的必然

卡斯托里亚迪斯以地质学的比喻把社会-历史的存在模式看作"熔岩"（magma）。熔岩并不代表绝对的混沌，而是表明非整体主义的多样性。"熔岩就是我们从那当中可以提炼（或者在那当中建构）不定数量的整体主义的组织形式，但它却从不能被这些组织形式的（有限或无限的）整体主义的合成物（观念性地）重组。"① 也就是说，非确定性才具有本体意义，从非确定性中我们可以"提炼"或者"建构"相应的组织形式，却不能用这些组织形式反过来颠覆和"重组"非确定性，进而获得我们期望的"整体主义"。换言之，"只要我们允许那种熔岩维度的在场，就不可能将存在认作形成了一种整体性的大全"②。基于此，安德鲁·埃德加（Andrew Edgar）和彼得·塞奇威克（Peter Sedgwick）进一步表明，"社会想象意指说的熔岩不仅包含这些已经呈现出的建制，也包含着一种剩余"③。可见，这样的"剩余"就是超出了整体主义范围之外的创造的潜在可能。杰夫·克鲁格概括道，创造意味着完全排除了一种决定论的范式，"为了将创造置于理解社会的核心，也就绝不能以交替性或因果性的固定原则去解释一个社会的形式或发展"④。然而，卡斯托里亚迪斯并不是要令我们驻足于与过去的非还原性决裂当中，即让我们的思维停留在已建制之物上，他的目的恰恰是要求我们以创造的方式展望未来，将一切看作正在建制之物。"这里并不是强调这种否定性，而是接下来发生的肯定性维度：社会-历史终将创造出全新本体论意义上的秩序形式。"⑤ 在卡斯托里亚迪斯的观念里，这种秩序直接指向了民主形式。基于这一思路，克雷格·布朗（Craig Browne）在《创造性的民主与民主的创造性之间》中认为，卡斯托里亚迪斯理论最重要的维度之一，"就是尝试着将民主与社会创造性的相关概念进行彼此连接。在他看来，民主乃是个人和集体自主规划的社会-历史创造，它极具代表性地表达

---

① Cornelius Castoriadis, *The Imaginary Institution of Society*, Cambridge, MA: MIT Press, 1987, p. 343.
② Cornelius Castoriadis, *World in Fragments*, Stanford, CA: Stanford University Press, 1997, p. 58.
③ Andrew Edgar and Peter Sedgwick, *Cultural Theory: The Key Thinkers*, London: Routledge, 2002, p. 35.
④ Jeff Klooger, *Castoriadis: Psyche, Society, Autonomy*, Leiden: Koninklijke Brill NV, 2009, p. 17.
⑤ Cornelius Castoriadis, *World in Fragments*, Stanford, CA: Stanford University Press, 1997, p. 13.

了社会想象的激进创造力量所生成的能够扬弃它们存在状态的形式"①。

然而笔者认为,民主尽管可以通过创造而实现,但却经历了从偶然到必然的过程。克里斯托弗·普雷马特(Christophe Premat)表明:"通过回望雅典,卡斯托里亚迪斯提醒我们的是,民主只不过是一种历史意义上的偶然性,而非人类必然发掘出的自然意义上的必然性。"② 其实普雷马特只说对了一半,他应当继续补充道,"但人类却可以在社会-历史的意义上令民主成为必然"。从存在的偶然具体化到社会的必然,其中的政治性由此将被一览无余,因为这恰恰蕴含了属人的创造的主观维度。从更大层面来说,历史截止到目前所显示出的偶然只是人类创造的结果之一,但正是由于这个原因,我们也可以基于创造而达到未来的必然,即我们完全能够创造出符合人的普遍意志的建制。出于这种政治性的考量,西蒙·克里奇利(Simon Critchley)与威廉·施罗德(William R. Schroeder)在他们主编的《大陆哲学指南》中,直接把卡斯托里亚迪斯的思想编入了"大陆政治哲学"部分,并位于卢卡奇、葛兰西以及阿伦特等人的哲学思想之后。同时,他们还准确地将卡斯托里亚迪斯喻为"深渊"③ 的存在总结为从哲学角度的拷问走向政治维度的创造:"哲学拷问着存在的深渊,并在对已建制之物的无限质询中竭力与这一从中生出建制的深渊建立新的关系,即建立一种自由且透明的关系……它的重要性尤其显示为一种政治特征,因为前面所论述的一切都表明,这一深渊或者存在的无根性并不表现为一种诅咒,而是一种有关人的创造力的不断诉求。"④ 同样,克里斯托·麦默斯(Christos Memos)在《卡斯托里亚迪斯与批判理论》一书中也认为卡斯托里亚迪斯的"学术成果都是高度政治性的,而他的批判理论也从未与政治以及社会现实相脱节"⑤。这种政治性突显出的正是社会-历史的实践维度,亦如卡斯托里亚迪斯认为,"政治既不是一种绝对知识的具体化,也不是技术,更非没有人可以把握到的盲目意志。它属于另一领域,即践行(doing)的领域,而这种特殊的践

---

① Vrasidas Karalis, *Cornelius Castoriadis and Radical Democracy*, Leiden: Koninklijke Brill NV, 2014, p. 196.

② Christophe Premat, "Castoriadis and the Modern Political Imaginary—Oligarchy, Representation, Democracy," *in Critical Horizons* 7, No. 1 (2006): 251-275.

③ Cornelius Castoriadis, *World in Fragments*, Stanford, CA: Stanford University Press, 1997, p. 3.

④ Simon Critchley and William R. Schroeder, *A Companion to Continental Philosophy*, Oxford: John Wiley and Sons, 1999, p. 502.

⑤ Christos Memos, *Castoriadis and Critical Theory: Crisis, Critique and Radical Alternatives*, Basingstoke: Palgrave Macmillan, 2014, p. 140.

行模式则被称作实践……我们把实践看作这样一种践行方式,其中,他者意欲成为自主的存在,被看作他们本身自主发展的根本执行者"①。由此,我们将从这种自主角度出发,最终面向卡斯托里亚迪斯的社会-历史实践观。

三、迷宫中的凿掘:由实践通往自主

如果在马克思的意义上是劳动的异化体现出物对人的统治,那么在卡斯托里亚迪斯的意义上就是自主的异化体现出外在理念或者意识形态对人的统治。若要扬弃这种异化,便须回归自主当中,而这种自主的现实表征正是创造性的实践,其再次体现出了卡斯托里亚迪斯的理论诉求,即"破除阻碍人们发挥创造效力的意识形态幻象"。哈贝马斯认为,"实践在本质上就是创造,同时将生成'激进的他者'。更重要的是,解放的实践尤其体现在创造上,卡斯托里亚迪斯则热衷于为创造祛除一切理论上的误解"②。所以,从创造所具有的本体的他异性出发,卡斯托里亚迪斯将创造视作人在社会-历史中实现自主的根本路径,这也构成了重拾马克思主义解放热望的激进意识,进而映射出了卡斯托里亚迪斯革命性的实践观。

(一)重现实践的革命性

卡斯托里亚迪斯对实践的解读既传承于马克思,又在马克思的基础上有所创造。原因在于,这两者都首先赋予了实践以革命意义。马克思在《德意志意识形态》中表明,对实践的唯物主义者而言,"全部问题都在于使现存世界革命化,实际地反对和改变事物的现状"③。这种把目光指向现实并力求对其进行积极改造的实践观不仅代表了马克思本人的革命立场,也深刻影响了卡斯托里亚迪斯的认知态度,正如他认为,"实践的对象总是新的,这不能被简单还原为对之前已建立的合理秩序的物化追溯;换言之,它的对象乃是现实本身,而非稳定的、有限的以及僵死的模块"④。也就是说,现实始终具有一种动态维度,即之前所提到的非确定性。或者说马克思发现了

---

① Cornelius Castoriadis, *The Imaginary Institution of Society*, Cambridge, MA: MIT Press, 1987, p.75.
② Jürgen Habermas, *The Philosophical Discourse of Modernity*, Cambridge, MA: MIT Press, 1987, pp.327-328.
③ 《马克思恩格斯全集》第3卷,人民出版社1956年版,第48页。
④ Cornelius Castoriadis, *The Imaginary Institution of Society*, Cambridge, MA: MIT Press, 1987, p.77.

实践的无限潜能，却未将这一潜能充分阐发。而卡斯托里亚迪斯则把实践与创造结合起来，他没有重塑或者还原一个原始的马克思，而是选择激进地与马克思主义决裂。"从革命的马克思主义出发，我们如今已经走到了关键的一步上，那就是在做马克思主义者还是做革命者之间进行抉择，即要么忠于一种此前早已不再进行反思与行动的教条，要么忠于一种社会激进转变的规划。"① 对此，哈贝马斯也总结道，"为了使社会实践的概念重新具有革命的爆发性和规范内容，（卡斯托里亚迪斯）不再从表现主义的角度来预设行动，而是从诗意性-造物主（poetically-demiurgically）的角度来设想行动，即把行动看作一种绝对新颖且独一无二的无源创造模式。因此，任何模式都将开启一种无与伦比的意义视野。"②

从实践的革命性而言，卡斯托里亚迪斯认为实践与技术有三方面的区分。第一，实践并不能被划定为目的或手段。原因在于，目的是与技术相关的，即作为一种能够完成且确定的目的或者为了目的的目的，它是在经过周密计算后而意欲达成的必然或者可能结果。"然而在实践中，他者的自主却并不是目的；退一步来说，它仅仅是开端，却绝不是目的。自主没有完成时，它并不能以一种状态或者任何特殊特征获得界定。"③ 实践不能被还原为计算性的操作，因为这会搁置实践本质性的自主要素。第二，实践是一种有意识的、透明的活动，但它却不同于把前在知识（prior knowledge）进行应用的技术。实践的确以知识为基础，可这样的知识总是碎片化和暂时性的。碎片化是因为不可能存在关于人和历史的穷竭了的理论，暂时性是因为实践本身会反过来不断提供新的知识。实践与理论间的关系要比谋求合理化的技术接合得更紧密。就技术而言，理论不过是永不会触碰到意义的无生命的编码；而"对于现实的澄清与改造共同孕育在实践当中，每一方对另一方都具有制约作用，这种双重演进形式恰好是实践的最好证明"④。在实践中，主体不仅获得经验，经验也在创造着主体，这里无疑体现了马克思对费尔巴哈批判的痕迹。第三，实践的规划（project）与技术的计划（plan）不

---

① Cornelius Castoriadis, *The Imaginary Institution of Society*, Cambridge, MA: MIT Press, 1987, p. 14.

② Jürgen Habermas, *The Philosophical Discourse of Modernity*, Cambridge, MA: MIT Press, 1987, p. 318.

③ Cornelius Castoriadis, *The Imaginary Institution of Society*, Cambridge, MA: MIT Press, 1987, p. 75.

④ Cornelius Castoriadis, *The Imaginary Institution of Society*, Cambridge, MA: MIT Press, 1987, p. 76.

同。规划属于实践的要素,它与现实紧密相关,是改造现实的意图并由这种改造的意义引领,它不会被固定在清晰且明确的理念当中。计划对应的是活动中的技术性元素,是业已确定下来的目标并基于既有知识的把握。换言之,规划是由实践本身的要求演化出来的根本,而计划是确定目标后才制定出来的表象。

卡斯托里亚迪斯把原本宽泛意义上的实践被挤压为技术性的活动,看作马克思固有的历史客观主义的本源。他则要把对马克思实践哲学中被压抑了的要素统筹到"社会活动的创造维度之中"[①]。或许正是他对革命性实践的坚守和发展,才令霍耐特认为他是"最后的西方马克思主义者"。在霍耐特看来,卡斯托里亚迪斯一直试图通过断然摒弃马克思理论中的教条内核,来拯救它的实践政治性的外观。"马克思主义从一开始就深深吸引着他的东西,就是能够转变社会的创造性实践的理念。历史应被解释为通过群众的行动而生成了社会生活崭新形式的持续不断的过程……在这种理论中,社会活动的最具可解读性的形式被寓于这样一种实践,其中社会群体鉴于其富有想象的创造性谋划出了新的社会世界,它旨在扩大自主,并力求将之转变为现实。"[②] 这种力求把自主转变为现实的实践旨趣突显了卡斯托里亚迪斯对马克思实践理论的发展,他打碎了旧的历史理论框架,并试图把自己的理论理解为创造性实践的内在构造。

(二) 在迷宫中凿掘出自主

历史由创造性的实践所推动,创造的过程既是自主的体现,也是对自主实现的不断铺垫和积累,毋宁说,创造本身即自主。"我们所谓的革命政治是这样一种实践,它能够把一切社会成员的自主培养为该社会的组织形式和奋斗方向,并以此作为它的目标,同时又意识到这将预设出对社会所进行的激进改造,这种改造只有通过诸个体的自主行动才可能。"[③] 卡斯托里亚迪斯将这种自主规划区别于乌托邦,亦如他强调,"我所谓的革命规划,即个人与集体的自主(这两者是不可分割的),其并非乌托邦,而是可以实现的社会-历史规划;并没有什么能够证明那是不可能的。它的实现直接依靠个

---

① 阿克塞尔·霍耐特:《用本体论拯救革命——论科内利乌斯·卡斯托里亚迪斯的社会理论》,张双利译,《马克思主义与现实》2009年第3期。

② Axel Honneth, Edgar Morin, Joel Whitebook, "Cornelius Castoriadis, 1922-1997," in *Radical Philosophy* 90 (1998): 2-8.

③ Cornelius Castoriadis, *The Imaginary Institution of Society*, Cambridge, MA: MIT Press, 1987, p. 77.

体与人民的清醒活动,即依靠着他们的理解、意志以及想象……一切公民都具有平等且有效的现实可能性去参与立法、行政以及司法过程当中,最终也就是参与社会的建制当中去。这一状态预设了对当今建制的激进转变"①。自主意味着社会诸个体是实际的主权者,他们按照他们想要的生活方式而建立起律法,投身政治的根本形式就好像参与经济生活一样。这种由个人与集体统一出的自主所凝结成的社会,在卡斯托里亚迪斯那里体现为三方面的认识:首先,社会乃是其自身形式、意义以及律法的本源;其次,基于社会层面而创造出的律法及规范并不是一劳永逸被给予的,而应当在集体和公共的意义上进行怀疑、质询以及转变;最后,除了像道德那样的普遍界限外,在人类活动领域并没有预先设定界限,因此社会的集体必须为自身设定界限,这是自我限定的需要。

卡斯托里亚迪斯认为,从精神分析角度来说,由"大他者"那里生发出的他主对自主的控制,实际上就是人的异化。大他者话语的本质特征,表现在它与想象的关系上,基于这种话语的统治,主体在现实中不得不使他或她成为其所不是或并不必然是的东西,这使整个世界经历了一场错误表达。"他主——或者说这一术语所具有的更普遍的意义,即异化——所表现出的最根本的东西,在个体层面上就是对自主想象的支配,而自主想象对主体来说恰恰设定出了对真实与欲望的界定功能。"② 乔安·米歇尔(Johann Michel)认为,这种他主的统治正在于个体将外部的因果性看作自我发展的前提。他表明,"社会-历史的他主恰恰源于诸个体并未意识到社会永恒的自我建制这一事实,反而将其归结于超越了这种持续自我创造的原因、外力以及规律上"③。尽管自主在卡斯托里亚迪斯看来尤其可以从精神分析中"成为一个主体"而获得意义,但这样的主体却是对他主有清晰认识并对自主有明确诉求和自我定力的主体,这就最终把我们引领到卡斯托里亚迪斯的实践旨趣或者说方法论路径上,即在迷宫中探索和凿掘我们的自主出路,而这个"迷宫"正是柏拉图的"洞穴"的鲜明对照。

卡斯托里亚迪斯曾诗意性地表明,"思考不是要逃出洞穴,不是借用事物本身的清晰轮廓去代替影子的不确定性,也不是用太阳的真实光亮去代替

---

① Cornelius Castoriadis, *A Society Adrift*, translated from the French and edited anonymously as a public service, 2010, pp. 5-6.

② Cornelius Castoriadis, *The Imaginary Institution of Society*, Cambridge, MA: MIT Press, 1987, p. 103.

③ Johann Michel, *Ricoeur and the post-structuralists: Bourdieu, Derrida, Deleuze, Foucault, Castoriadis*, London: Rowman & Littlefield International, 2015, p. 134.

火焰所闪烁出的灼热。思考就是要勇于走进迷宫之中……因为那些回廊的存在恰恰是由于我们从未厌倦对它们进行深度凿掘……当神话建构了那个迷宫，即戴达罗斯（Daedalus）作为一个人而设计的作品，这一神话定是诉说了某种重要的东西"①。由此可以分析出：

首先，我们并无必要尝试着逃出人类的洞穴，而应致力于更好地了解它，因为在这一藏匿处之外并没有启蒙等在那里，启蒙恰恰是洞穴内的人对自身的启蒙，而不是洞穴外的某物对人的启蒙。与其对洞外保有期望，不如寻求洞中的精神。其次，思想从主体角度来说是自发自觉的，在内容上又是激进无限的，因为我们从不会对此"厌倦"。再次，这样的迷宫一定是属于人的，尽管它在古希腊神话中出现，但却正是从作为人的戴达罗斯那里设计出来的。因此，神话诉说的"重要的东西"就是人的根本性和自主性。最后，我们在探索和质问中进行凿掘，这本身就是在创造。换言之，我们对既成建制进行不断地拷问，进而成为迷宫的凿掘者，这不是要逃出洞穴，而是要以洞穴为开端从而创造出迷宫。正如图拉·尼古拉科普洛斯（Toula Nicolacopoulos）与乔治·瓦西拉科普洛斯（George Vassilacopoulos）指出的，"对卡斯托里亚迪斯而言，真正的哲学思考并不是觊觎着逃出洞穴之外而教化我们的无知，或者作为某种真理与知识的文明传播者而折回洞内；它是要改变这一处所，即凿掘出一个迷宫，并且是在没有任何逃离愿望的情况下进行持续的凿掘。这便是期求自主或期求变得自主的思想标志。"②

卡斯托里亚迪斯的这一思考方式完全与柏拉图的洞穴比喻相对，因为他将后者阐发为西方智识传统中所一直强调的他主观念的佐证。也就是说，洞穴与迷宫的对比场景表明了两方面间的根本差异，即由封闭的意义所界定出的他主社会与作为激进想象建制实践结果的开放性自主社会之间的根本差异。尽管柏拉图建立起的思想传统意识到了社会性存在，即被建制社会的历史本质，但这一路径的核心却是觊觎着逃出洞穴之外，或者倾向于将社会想象意指的本源归结于某种其他世界的且处在社会之外的本体上。与此相对，卡斯托里亚迪斯将自主的思考完全专注于创造、建制的活动以及对其产物的质询中，而当这种质询关联到特定的时间与空间上时，就必然指向社会－历史。基于此，迷宫也就具有了双重的历史维度：一方面是历史性的社会存在，另一方面则是对建制的质询。迷宫中的凿掘与创造是同一个过程，其原

---

① Cornelius Castoriadis, *Crossroads in the Labyrinth*, Cambridge, MA: MIT Press, 1984, pp. ix – x.
② Toula Nicolacopoulos and George Vassilacopoulos, "Cave Dwellers or Labyrinth Diggers? Castoriadis and Plato on Philosophy and Politics," in *Critical Horizons* 18, No. 2 (2017): 119 – 135.

始动力源于人的自主和创造的能力,因此,"如果人类的救赎有一种终极表达,那么它肯定不是扬弃在洞穴中生活的行动,而是反复激发匿名大众的内在自省,使之成为建制性的力量以及新理念的永恒创造者,因而也就是自我创造的终极质问者……因为正是通过质问人所创造的东西,人才会记得他作为创造者自身以及他所创造的东西"①。

总体说来,与马克思从唯物史观角度把实践集中于人的生产劳动不同的是,卡斯托里亚迪斯从社会-历史的角度将实践寓于人的创造当中,这种创造不仅是物质性的,也关系到对社会所有层面的建制的确立与扬弃。他把这种创造看作人的本质,并把人对"自主"的错误认知让渡,即把"他主"对社会的统治看作人的异化。这样的马克思主义研究路径重新以人的创造为主线,在卡斯托里亚迪斯那里再次焕发了生命活力。梅洛-庞蒂在《可见的与不可见的》中强调:"存在就是要求我们用创造对之进行体验的东西。"② 这一论述不仅表明创造对存在所具有的决定性意义,也构成了卡斯托里亚迪斯在政治学以及哲学方面的思想本源。因此,克里奇利与施罗德认为,创造构成了卡斯托里亚迪斯对现代思想贡献的"公分母"③。进一步来说,创造基于存在的解释学视角进入社会-历史中的实践层面,这是从抽象到具体、从"自在"到"自为"的认识过程。我们从存在过渡到人,再由人转向社会-历史,通过这种递进方式既厘清了卡斯托里亚迪斯对创造所赋予的本体论意义,也充分认识到了创造对人的自主的实现所具有的实践旨趣。

综上所述,从存在的一般视域过渡到创造的人学视域,将更有助于我们顺势梳理出卡斯托里亚迪斯创造本体论的社会-历史实践观。

参考文献

[1] CASTORIADIS C. The Imaginary Institution of Society [M]. Cambridge, Mass.: MIT Press, 1987.

[2] CASTORIADIS C. World in Fragments [M]. Stanford, CA: Stanford University Press, 1997.

---

① Toula Nicolacopoulos and George Vassilacopoulos, "Cave Dwellers or Labyrinth Diggers? Castoriadis and Plato on Philosophy and Politics," in *Critical Horizons* 18, No. 2 (2017): 119-135.

② Maurice Merleau-Ponty, *The Visible and the Invisible*. Chicago: Northwestern University Press, 1968, p. 197.

③ Simon Critchley and William R. Schroeder, *A Companion to Continental Philosophy*, Oxford: John Wiley and Sons, 1999, p. 492.

[3] CASTORIADIS C. Crossroads in the Labyrinth [M]. Cambridge, Mass.: MIT Press, 1984.

[4] CASTORIADIS C. Philosophy, Politics, Autonomy [M]. New York: Oxford University Press, 1991.

[5] CASTORIADIS C. A Society Adrift [M]. Translated from the French and Edited Anonymously as a Public Service, October 2010.

[6] CASTORIADIS C. The Rising Tide of Insignificancy [M]. [S. l.] [s. n.] 2003.

[7] ADAMS S. Castoriadis's Ontology: Being and Creation [M]. New York: Fordham University Press, 2011;

[8] ADAMS S. Cornelius Castoriadis: Key Concepts [M]. London: Bloomsbury Academic, 2014.

[9] KLOOGER J. Castoriadis: Psyche, Society, Autonomy [M]. Leiden: Koninklijke Brill NV, 2009.

[10] MEMOS C. Castoriadis and Critical Theory: Crisis, Critique and Radical Alternatives [M]. Basingstoke: Palgrave Macmillan, 2014.

[11] KARALIS V. Cornelius Castoriadis and Radical Democracy [M]. Leiden: Koninklijke Brill NV, 2014.

[12] HABERMAS J. The Philosophical Discourse of Modernity [M]. Cambridge, Mass.: MIT Press, 1987.

[13] MICHEL J. Ricoeur and the Post-structuralists: Bourdieu, Derrida, Deleuze, Foucault, Castoriadis [M]. London: Rowman & Littlefield International, 2015.

[14] ROSENGREN M. Cave Art: Perception and Knowledge [M]. Basingstoke: Palgrave Macmillan, 2012.

[15] STAVRAKAKIS Y. The Lacanian Left: Psychoanalysis, Theory, Politics [M]. Edinburgh: Edinburgh University Press, 2007.

[16] MERLEAU-PONTY M. The Visible and the Invisible [M]. Chicago: Northwestern University Press, 1968.

[17] CRITCHLEY S, SCHROEDER W R. A Companion to Continental Philosophy [M]. Oxford: John Wiley and Sons, 1999.

[18] EDGAR A, SEDGWICK P. Cultural Theory: The Key Thinkers [M]. London: Routledge, 2002.

[19] HONNETH A, MORIN E, WHITEBOOK J. Cornelius Castoriadis,

1922 – 1997 [J]. Radical Philosophy, 1998 (90): 2 – 8.

[20] SINGER B. The Later Castoriadis: Institution Under Interrogation [J]. Canadian Journal of Political and Social Theory, 1980, 4 (1): 75 – 101.

[21] PREMAT C. Castoriadis and the Modern Political Imaginary—Oligarchy, Representation, Democracy [J]. Critical Horizons, 2006, 7 (1): 251 – 275.

[22] NICOLACOPOULOS T, VASSILACOPOULOS G. Cave Dwellers or Labyrinth Diggers? Castoriadis and Plato on Philosophy and Politics [J]. Critical Horizons, 2017, 18 (2): 119 – 135.

[23] 霍耐特. 用本体论拯救革命——论科内利乌斯·卡斯托里亚迪斯的社会理论 [J]. 张双利, 译. 马克思主义与现实, 2009 (03): 125 – 132.

[24] 周凡, 帅秋萍. 卡斯托里亚迪斯的后马克思主义本体论 [J]. 学术交流, 2017 (09): 76 – 82.

无思想的现代化

李捷[*]

【摘要】 思想是通过意识装置（Appareils Idéologiques d'Etat）而被生产的。意识装置由不同层级的零件和文本构成。在这里，作为意识装置骨架的是知识空间结构，以规训知识的生产与传播，从而形成了专门的知识机关。单有知识结构的空间划分，而无个体主观意志的有效投入，意识装置便不能够有效运作。主观意志的有效投入建立在认同的基础之上。这就要求在一定社会空间中的个体对该空间的运作范式产生本我层面的反思性认识，而非外在被动的直接反映。可是，资本主义造成的社会空间的程式化，阻碍着这种认识的形成，因而也就瓦解了认同的存在基础。在这种情况下，缺乏主观意志有效投入的意识装置虽然仍然可以机械运作，但丧失了对"社会"的意识化作用，这样现代性便陷入一种物化状况。

【关键词】 现代化　意识形态机器　认同　社会空间　政治-国家

　　社会存在决定社会意识，社会意识反作用于社会存在，社会生活在这种中介性的辩证关系中发展变化，这是唯物史观的一条基本原理。在此，虽然对于历史演进而言，作为被中介者的社会存在及其内在矛盾是根本动力，而作为中介者的社会意识只能起到直接性的、次要的作用，但这并不能否定，社会意识的中介是可有可无的东西。由于历史发展总是人的有意识活动的产物，总要借助某种自我认知性的、集体性的思维镜像的参照和指导，因此由个人意识或集团意识凝结而成的集体意识，姑且称为客观精神，其对于社会历史发展具体面貌的塑造，仍然起到了不可替代的重要作用。

　　客观精神不会自发形成，它需要意识形态作为凝结剂，把个人意识统摄和构造成为一定形态的集体意识。没有意识形态的有效作用，个人的思想便会在任意状态中成为互相外在的、孤立的单元，无法摆脱主观精神的形态，

---

[*] 李捷，深圳大学马克思主义学院助理教授。

最终使社会共同体的精神生活陷于原子化的无政府状态，成为一定社会生活形态分崩离析的先兆和动力。因此，面对革故鼎新的现代化进程及其带来的社会危机，我们有必要对意识形态进行一番考察。

一、什么是意识形态

对于意识形态，不同的学派有许多不同的定义。在这里，我们并不准备再添加一种新的定义，而是将考察意识形态一般来讲具有的某些特征。

在人们的一般理解中，反映和维护特定社会集团的利益，是意识形态产生和发生作用的宗旨所在。为了达成这些目的，一定的精神产品被作为意识形态生产出来，以控制受众行为，实现某种思想权力。以精神产品控制主体的行为，意味着将特定社会集团的意志贯穿于受众的头脑当中，进而使他们按照这些社会集团的意图行事。在这里，我们仿佛看到了一种意志的同一性，意识形态的作用因而似乎就是将意识形态包含的内容在受众当中加以复制。但一般来讲，意识形态追求的意志的贯穿，建立于差异性的基础之上。也就是说，意识形态作用前后两端的意志，往往包含着不同的内容。例如，消费主义意识形态，其前端是资本家的意志——"我要尽量攫取利润"，但其最终试图在受众当中塑造的意志则是"我应当消费"。不过，这种差异性同时又会造成一种因果联系，使意识形态作用的后端意志的实现成为实现前端意志的条件。

这种建立于差异性之上的因果联系，是一种转换关系。也就是说，意识形态的作用在于，将特定主体的某种意志转换为适应于受众及其存在状态的另一种意志。在这种转换当中，意志的内容虽然发生了变化，却非但不妨碍反而促进了前端意志的实现。那么这种转换是如何造成的呢？在这里，我们不能想象一种全知全能型的意识形态生产者，经他之手创造的意识形态，能够如同行为规范一般，全面地罗列不同受众在不同情况下应当如何行动的意志内容。意识形态的作用总是抽象的、一般的，而不可能是具体的、全面的。它的作用主要在于造成受众对某种一般原则的认同，进而使受众自己发挥能动性，因地制宜地创造出适应具体条件的后端意志。

建立在认同基础上的转换，意味着一般情况下，源初的意识形态产品不能直接造成认同。毕竟，不同社会成员所身处的社会空间和具备的认知能力是不一样的，往往产生于知识权力结构高位的源初意识形态产品，对于许多处于其他位置的受众来讲，源初意识形态产品的主张和叙述可能是疏离而费解的。这就要求对源初意识形态产品的形式和内容加以改造，从而衍生出更为切近因而能够造成认同的次级意识形态产品。对于前者，我们姑且称为"元意识形态"，后者则称为"次级意识形态"。意识形态产品需要以文本作为承载者，因而也就相应地形成了元文本和次级文本。由此，我们就能够将意识形态的作用过程化为如下模型：

前端意志（主观精神）—元意识形态—元文本—次级意识形态—次级文本—认同的塑造—后端意志（客观精神）。

我们以卢梭的思想在18世纪的流传为例。卢梭的作品虽然较为通俗易懂，但当时文化水平不高、劳作时间漫长的一般公众，并没有足够的能力和闲暇对其进行钻研。在这种情况下，出现了一些二、三流的作家甚至民间歌手，他们缺乏独立创制理论的能力，却能够一方面理解卢梭的思想主旨，另一方面将之通俗扼要地表达出来。正是通过他们创作的文学作品、歌曲、历书乃至《教理问答》，卢梭的思想被广泛地传播于公众之中，最终成为推动法国大革命的积极思想要素。[①] 在这里，卢梭的思想构成元意识形态，他的著作构成元文本，而那些解释者对卢梭思想的理解为次级意识形态，他们的作品则是次级文本。

对此需要注意：

1. 如果受众和元意识形态创造者之间的权力关系是扁平的，则次级意识形态和次级文本这一环节可能被略去，但这种情况对于意识形态的作用来讲，不是普遍的而是特殊的。

2. 这种线性关系模型是一种缩略，其横纵两个方向都未必只包含一个层级。在横向方面，例如作为元文本的哲学著作可以改造为文学作品，这便是一种次级文本了，然而文学作品又可以进一步地改造为电影、广告、海报，等等。而在纵向方面，元意识形态和元文本未必只包含一种作品，它可以是面对同一层级受众的不同题材的作品。如果元文本是单一作品的意识形态机器，纵向的多层级性则可以表现于次级意识形态和次级文本当中。例如，《圣经》是一种元文本，不同地区的本堂神父面对不同的乡民，会有不同的解说，而聆听这种解说的听众，在各自回家后，向家中未能参加布道的其他成员传递解说内容时，又会形成各具特色的文本和意识形态。

3. 区分元文本和次级文本的标准不在于作者，而在于受众与元意识形态生产者之间在知识权力结构中的关系。所以这样确定标准，有两方面的原因：第一，意识形态机器是且仅是在知识权力结构的框架内设计和运作的；

---

① 索布尔：《法国大革命史论选》，王养冲编，华东师范大学出版社1984年版，第193—194页。

第二，意识形态的受众，即意识形态机器的作用对象，其基本单位不是孤立的个人，而是作为社会身份总和的个人，因此受众与生产者之间的关系是在一定社会权力结构所规定的知识权力结构中构成的。

由此可见，意识形态的存在形态，并不像我们一般所想象的那样，是某种观念或某个文本，而是由不同层级的观念和文本构成的一套可类比于国家机器的意识形态机器（apparat）。这种类比性表现在三个方面：第一，如同国家机器一样，意识形态机器的运作也是整体性的，需要依靠各个层级环节的相互配合。第二，国家机器的存在和运作并非绝对严丝合缝，而是存在着不同层级和环节之间的权力制衡和矛盾；而意识形态机器的存在和运作，也包含着建立于主体性差异基础上的能指－所指、表述－理解等矛盾。最后，它像国家机器不断地生产和再生产权力关系，进而维持一定的政治秩序那样，通过自身的运作，不断生产和再生产由后端意志总和而成的客观精神，从而形成某种思想秩序。

总之，没有意识形态机器的运作，就没有意识形态的作用，因而也就不会使一种思想观念具有意识形态性。只有进入了意识形态机器，才形成了意识形态。所以，某种思想可以先被创造出来，而后再被设置为意识形态。可以说，意识形态机器正是意识形态的本质结构。它在构造上的精良程度和运作方面的有效性，决定着意识形态作用的效果，影响着社会共同体的精神状况。

二、知识权力结构

意识形态机器不是譬如麻袋之于袋中土豆那样，脱离意识形态参与者个体而存在的东西，不仅它的各个环节都需要人为的操作，而且这台机器整体的存在和运作，也是诸参与者有意识的个人活动的共同结果。参与者个体及其活动不是孤立的，而是处于一定的知识权力结构当中。因此，意识形态机器的构成和运作，受到知识权力及其结构的规定和贯穿。

知识权力是控制知识生产和分配，将特定层级的认识规定在特定人群范围内的权力。像其他一切权力一样，知识权力是受到规定的任意性[①]的规范，即在被规定的范围内，可以任凭权力者将自己的意志加诸他人，进而支

[①] 任意性不是"任性"，因为权力意志既受到外在权力结构的规定也受到内在实践性知识的规定，因而不是偶然的、无规定性的"任性"。任意性也不一定是主体性，因为权力意志本身未必是反思性的、能动的。

配相应的物质资料，从事某种活动。对任意性加以规定的，是作为社会关系凝结的权力结构。它在直接性上是任意性相互作用的暂时平衡，就根本性而言则是对客观现实的人为反映。人为的反映总有主观性，不能完全严丝合缝于客观现实，再加之客观现实本身也在不断变化，因而权力结构总是处于不稳定状态，即任意性总能利用结构的缝隙和漏洞打破现成的平衡。

知识权力及其结构不是独立的存在，而是镶嵌在社会总体的权力结构当中，是以物质生产为基础的社会权力及其结构在知识领域的延伸。换言之，知识权力结构的主要作用在于，使知识的生产与传播受到社会权力集团的指导和操纵。而知识的生产与传播，作为一种创造精神有用性的劳动，需要一定的知识能力加诸一定的知识生产资料之上。所以，知识权力就在于通过建立专门的知识机关，尽量集中、垄断地支配这些资料和能力，从而使一定社会成员对一定认知对象形成怎样的知识，得到分级、规划和配置。知识机关是意识形态机器的物质表现。通过建立和控制知识机关，社会集团将自己在物质生产领域的支配权力延伸到知识领域。

不同的知识机关分布于知识的生产、审查和传播等不同的职能领域，因此还需要衔接为完整的结构，形成一个环环相扣、有效运作的体系。这需要社会集团运用其在知识领域之外的权力（如国家机器）加以主导。此外，在这种结构性的关联当中，作为结构要素同时又是权力者的各个机关，必然产生任意性的相互作用，甚至对立。这便又需要社会集团利用其外在权力加以干预和调节。所以，社会集团外在权力的延伸，是伴随知识机关始终的。

延伸不是复制，它虽然扩大了社会集团的支配范围，使社会集团具有知识权力，但即便通过任命代理人直接管制，也会不可避免地反过来限制社会集团的总体支配效果。换言之，权力的延伸就是权力的分散，这会使作为子系统的知识机关具有相对独立的任意性和权力，从而对社会集团的总体权力形成一定的反作用。当然，在正常状态下，这种反作用在社会集团和知识机关之间是次要的，不足以颠覆前者对后者的支配。

除了社会集团，知识机关还与另一类权力主体构成一定的权力关系。通过专责机关的建立，知识生产起初开放、混杂的社会关系被提纯为半封闭式的。由此，社会共同体的知识空间被分割为专业性的机关和非专业性的"社会"这两个领域。作为分割标准的专业性，不仅用于机关人员的资格审查，而且也是机关与"社会"相互间权力关系的合理性基础——非专业性的"社会"通过特定的生产、审查和传播秩序接受机关的专业指导，前者是后者的被动受众。这就形成了另一种不用于知识机关－社会集团的权力关系。[①] 当然，这种权力关系不是绝对单向的，"社会"仍然保有作为受众的权力，对专业性机关的某些职能环节（如传播）有着适配性的要求。换言之，如果相应的知识产品对于受众来讲，疏离于生活经验、迥异于文化品位、超乎认知能力，则后者具有拒绝前者支配的任意性和权力。[②] 这种反向的权力既是知识空间分割的自然结果，也是建立意识形态机器之必要性的客观基础之一。

总之，社会集团－知识机关－"社会"的关系构成知识权力结构的主干。社会集团试图以此支配知识产品的生产和传播，分割社会共同体的知识空间，从而将自己的权力贯穿意识形态领域。这种权力结构既是意识形态机器赖以成形的骨架——因为意识形态机器的层级是知识空间分割的精神表现，也是使意识形态机器具有必要性的原因——正因为知识权力将不同社会成员分隔于不同层级的知识空间中，才有必要通过环环相扣的机器，缩小由于这种分隔而带来的知识和理解的鸿沟。

结构不是固定的形式，而是矛盾关系的暂时统一体；结构的统治秩序也不是诸构成要素绝对服从的利维坦，而是它们相互作用的动态平衡。此外，结构也不是自给自足的，而是依赖于在结构之外的，或缓和或急剧但一定不断变化的客观基础的支持。因此，结构没有绝对的稳定性，必然充满着矛盾的空隙和不停歇的变动。

因此，我们不能把知识权力结构对于意识形态机器及其运作的作用，理解为单向的机械必然性。知识权力结构虽然规定了某种事先的条件，却不能如同完满的造物主对自己的造物那样，严丝合缝地将社会集团的任意性绝对化为意识形态机器摹写般的运作。换言之，知识权力及其结构对意识形态机器及其运作结果的规定和贯穿，并不像人们所想象的那样，是绝对的、本质的、随心所欲的、无主体性的，可以如同不动的动者那样，通过主权者意念的灵机一动，一劳永逸地造成意识形态机器的有效运作。恰恰相反，知识权力结构支撑着的意识形态机器的运作，离不开主体性的主观意志的参与。可以说，知识权力结构仅仅提供了一种相对的可能性空间，如果没有合适的主观意志恰如其分地投入，这种可能性就不会转换为理想的现实性。

---

① 这两种权力关系有一定交集，因为社会集团的大部分成员，往往属于"社会"的一部分。
② 社会集团可以通过其他权力迫使受众接受知识产品的灌输、教化，甚至按照知识产品的描述进行实践，但这显然就不是知识权力在发生作用了。

三、认同

主观意志的投入问题也就是认同问题。只有当认同建立起来后,主观意志才能有效投入。具体到意识形态机器来说,也就是机关对社会集团的认同,意识形态生产者和传播者对机关、元意识形态和受众的认同,以及意识形态生产者和传播者相互之间的认同。只有当这些认同建立起来后,各相关要素形成有意识的统一性,意识形态机器才能在主观意志的推动下有效运转。

认同是一种本我层面的反思性关系。本我是欲望之我。在这里,欲望是一种生动的比喻,用以表示在内在世界和外在世界之间实践性的相对统一中,本我的根本内在性。当然,这种统一不是琐碎的、偶然的统一,而是长期稳定的。它贯穿于人们的日常生活之中,但又不必然表现为日常生活全体。这种统一,在内在世界凝结为一种朝向某种外在对象的实践意志,即本我。它作为基点,维系着内在世界的相对稳定性——一切功能性的、实用性的、琐碎的意识活动,都建立在这种基础之上,并贯穿于个体的实践活动中。它可以是原始的自然本能,也可以是后天认知的凝结;可以是单一的,也可以是多层多元甚至矛盾的;可以是静态稳定的,也可以因实践活动而遭到外在世界延伸的影响,从而发生重构和变换,但独独不能空场。一旦空场,人的内在世界就坍塌了,就在主观上失去了存在的实感,在客观上不能与外部世界建立实践性的统一关系,最终内外均陷入虚无,丧失了自身的存在。由于本我的这种重要性,因此对于自身与外在者的统一性认识必须沉降于本我层面,才能够成为真正内在的认同。否则,就仅是一种单纯超我的、外在于主体的、与主观意志缺乏有机联系的戒律。

认同作为一种本我的反思性关系,是对于直接反应的反思。主体对于客观环境有一种不可摆脱的直接反应。这种反应是社会存在决定社会意识的最为直接、原始和基础的形式。在这里,社会存在的逻辑直接转换为主观意志。例如,人们一方面在理论上批判资本主义,甚至批判资本主义的地位本身,但另一方面为了日常生计仍然会按照资本的逻辑行事。并且后者往往是有意识的、自觉的行为。无论自觉性有多大,这种直接反应都仍然保持为一种条件反射型的社会意识。它虽然近乎平面镜像式的粗陋,但在相应社会存在瓦解之前,必然作为一种最为广泛的意识现象而普遍存在于本我层面,人们可以厌恶却难以摆脱它。对这样一种直接反应的确证或否定,便是建构起认同的反思性意识。① 换言之，认同作为本我层面的东西，是对于无思想的条件反射型意识的反思。例如，一个工人在资本逻辑的推动下，为了生存而不得不有意识地找工作、工作，这种无反思状态并非对资本逻辑的认同。而当他进一步接受成功学的叙事，将"只要足够努力，'打工仔'也能变'李嘉诚'"作为自己的人生信念，这才出现了对资本逻辑的认同。如果说直接反应是对直接显现者的同义反复，那么反思则是无法以直接显现来不证自明而必须诉诸中介的想象性认知，是有风险的、概率式的认知。因而反思是对直观的否定，是对直接显现者的超越。它否定了直接显现者的确定性，携带着尚待发生者的不确定性，但这并不影响它的正确性。固执于直接的显像，局限于狭隘的绝对确定性，反而可能陷于错误。

在这里，显示出直接反应与反思的差别。这种差别首先是一种空间性的差别，直接反应在空间上拘泥于此，因而是一种没有此地性的东西。换言之，因为空间即此地，此地即空间，所以此地反而丧失了被此地之外的空间规定为此地的性质。反思则因其想象性而打破了此地的藩篱，而具有了此地性。空间是时间之母：空间的差异造成时间的变化，空间的同一塑造了停滞的时间。因此两者的空间差异发展为时间之别。这似乎在说一种外因决定论，但实际上抽离于外在的自足空间是不可能有内在矛盾的。所谓内在矛盾，绝不是某一物内在的孤立因素，而是该物与外在者矛盾关系的内在凝结。

直接反应在空间中的无外性，造成了时间上的当下性，即对变化的否定。故此，活在当下、甘当外在环境的人格化，是直接反应的实践特征。这种实践特征意味着，直接反应者不会有意识地参与把握和调整此地空间的内在矛盾，以使之维持与外在空间的统一。与此相反，空间的想象性给予反思的时间结构以过去和未来，进而能够造成一种积极主动的实践意志。正是这种实践上的差别，使我们将认同归于反思而非直接反应。

超越直接显现者的反思源于差异性。而我们的日常生活中，从来不缺乏个别、琐碎的差异性。不过，这种差异性无非是从一种直接显现者转换到另一种直接显现者，因而并不能构成对于直接显现的超越，正如多量的具体并

---

① 在这里，我们不妨比较一下"坐井观天"和"夜郎自大"。虽然二者都认为，世界便是如此。但对于"坐井观天"来讲，世界便是如此，是因为世界就是所看到的那么大，因此建立于直接显现的局限之中，是一种不证自明的直观。在这里，世界 = 如此，"世界便是如此"实际上是一个同义反复的命题。但在"夜郎自大"这里，世界本身并不局限于直接显现的夜郎国的范围，它表示对于非直接显现者的间接的、想象性的认知，包含着对直接显现范围的超越。因此，"坐井观天"是直接反应（A = A），"夜郎自大"是反思（A = B）。

不构成抽象。在这里，我们所需要的差异性，当然也是一种直接显现者的差异，因为事情从来都是从现象到本质。但是这种差异是联系着的差异，从而打破了直接显现性①。其次，这种联系应当是一种本我意义上的联系。个别的、琐碎的差异性正因为不具有上述两方面的特征，而会迅速地被限制、同化和消解于当下直接显现者更为宏大的同一性之中。所以诉诸这种差异性的所谓日常生活的反抗，效果总是不尽如人意的。

综上，认同的形成有两个条件：其一，有关自身与外在世界的、存在于本我层面的统一性认识；其二，源于差异性基础上的，对这种本我的反思。那么，现实生活当中的哪种因素阻碍着这些条件的形成，进而有碍认同的构成呢？

答案是社会空间的程式化。

四、政治－国家

社会空间是个体一定社会关系的综合体，根基于一定的社会历史条件。每一个体的社会存在，不可能仅限于某一社会空间中。因此社会空间虽然相对封闭，却绝不可能孤立独存。它像一切具体空间一样，既相对稳定又与外在空间相互延伸。社会空间的相对稳定意味着它具有相对稳定的运行范式。个体通过这种运行范式而存在于空间内，并与空间中的其他个体建立特定的联系。如果不遵守相应运行范式，个体便无法在一定社会空间中立足。因此，运行范式对于个体来讲，最初是一种直接反映。当这一社会空间对于个体内外世界的统一具有根本内在性时，它的运行范式便能够贯穿本我层面。

在这里，我们需要解释一下运行范式。运行范式也就是行为规范，前者是就社会空间而言，后者则是对于个体的说法。这种行为规范虽然常常不是明文规定的，但（即便是潜规则）对于个体而言也是直接显现的，即便无"言传"也有"身教"。运行范式作为一种范式，通过有意识或无意识的习得转化为个人言行的习惯性机制，将个体规训为社会空间中的"正常"者，以维持空间稳定的再生产。由于运行范式所根植于的社会历史条件可能存在矛盾，所以某些社会空间的运行范式是自相矛盾的，明规则与潜规则相互抵触，但二者均发生不仅限于表演性交往的作用。于是，一些不"正常"的个体，并未被排斥出社会空间之外，反而继续存在。

---

① 即一者并不因其不再是直接显现的东西而被封存、遗忘或悬搁，而是继续以再现者的方式存在于当下直接显现者之中或背后。

运行范式的存在并不是程式化。只有当运行范式在本质上不受诸个体意志的贯穿，成为他们在社会空间中的纯粹超我时，才是程式化。这意味着，个体的意志最多不过是仅供参考的意见，并不被视为一种具有首创精神的能动力量来参与构成和调整运行范式；个体需处于悬搁本我的状态，才能够遵循运行范式，从而仅为超我的人格化。在这种本我不被承认因而不予以投入的物化状态中，个人由于异在于运行范式同时又通过这种运行范式与社会空间中的他者打交道，因而产生了原子化的主观感受。

程式化以及作为其客观和主观症候的物化和原子化，表明社会空间处于去政治化的权力结构当中。这种说法似乎有悖常理，因为按一般理解，物化和原子化（因而程式化）是一种现代性的生活状态，而现代性的一个特征就是形式上的政治解放、主权在民；恰恰是缺乏政治解放的前现代社会，人们生活于温情的、富有人情味的社会关系中，因而没有物化。可是，在前现代社会中，物化实际上更为普遍和深入地存在着。例如在奴隶制社会中，奴隶作为"两脚牲畜"的生活地位，就是一种近乎彻底的物化。而在封建宗法社会中，农奴、佃农、仆役对于地主贵族，臣子对于君主，晚辈对于长辈，处于半所有物的人身依附关系中，被等级性的宗教和伦理规矩束缚，显然处于严重的无主体性的物化状态中。因此将程式化、物化和原子化溯源于去政治化，并非罔顾社会历史经验的奇谈怪论。

在这里，我们需要援引《路易·波拿巴的雾月十八日》（以下简称《雾月十八日》），对"政治"这个概念进行说明，以便揭示去政治化的具体内涵。在《雾月十八日》中，马克思描述了政治国家的两方面，一者是市民社会各阶级争夺权力的政治场域，一者是由"五十万以上的官吏"组成、"管制、控制、指挥、监视和监护着市民社会"[①]的国家机器。这种区分类乎近代哲学家们对立法权和行政权的划分，揭示了作为权力共同体的政治国家的客观特征——所谓政治国家实际上由多元且差异性大的政治和一元且同一性的国家这两部分组成，即政治-国家。

作为与国家有差异的政治，是对市民社会的组织化的升华，它内在的多元性和差异性正是市民社会内部矛盾的有意识的反映。同时政治领域差异性的对立、斗争和制衡及其结果，又造就着国家的主权基础。因而政治构成了市民社会和国家之间的中介。

具体来讲，在以生产关系为核心的市民社会领域，权力及权力斗争处于私人性的、无思想的原始形态，即便存在客观上的共同利益，最多不过表现

---

① 《马克思恩格斯选集》第1卷，人民出版社1995年版，第624页。

为多量的个体意志一时的、条件反射式的无机集合。办公室政治、群体性事件、卢德运动便是如此，它们是市民社会内在矛盾的市民社会式的，因而是最为原始粗陋的表现，但是这种原始状态并不能满足权力自身的要求。因为权力就是权力意志，而权力意志作为一种源于社会存在的实践冲动，本身不是抽象的、无具体内容的，而是受到具体实践性认知的制约和指挥[①]，是后者的凝结。因此，权力的存在不是第一性的，而是服务于某种实践。另外，权力源于私人，但并不存在于单纯私人性的真空中，而是存在于与他者权力的相互作用之中，故此必然通过具体的权力结构予以协调、制约和让渡。所以，权力必须扬弃原始粗陋的私人状态，发展为组织状态，形成结构性的政党、社会团体，等等，才能够发挥相应的实践作用。

组织化从根本上来讲是一个精神问题而非"纯粹的技术问题"[②]，即建构实践性的认知共同体的问题。因此，所谓组织化就是通过共同的实践性认知的内在贯穿，建立一种稳定的、具体的、严密的权力行使和限制结构。实践性认知对诸个体的贯穿越为深刻和广泛，组织就越为严密，就越有力量。由此，作为个体任意性的权力就摆脱了狭隘的私人范畴，通过结构性的累积层叠，凝结为群众性的集体意识。这种集体意识间的对立统一，即建立于实践性知识基础上的群众性的、组织化的权力之间的斗争，就是政治。哪一种权力在政治当中取得优势甚至垄断地位，哪一种权力就成为国家的主权基础，就将自己的意志充盈于国家机器当中，利用国家机器反过来对市民社会进行统治和同化。

国家机器（行政权）在对市民社会进行统治和同化的同时，对于政治领域则可以采取不同的处置方式，既可以是同化也可以是垄断。同化，也就是将政治领域的多元吸纳于自己的权力基础，使它们在服从甚至接受主权基础确定的共同底线的同时，成为改良行政权的外部要素。政治垄断则是通过政治暴力取消政治领域的多元性，使自己的主权基础表现为政治生活当中唯一有组织的力量。在此，我们不讨论在何种主客观条件下，行政权的主权基础会做出同化或者垄断的决定，而仅就本文相关的主题，聚焦于政治垄断。

政治的根本就在于多元性和差异性，舍此便不能够有效地发挥对市民社会和国家机器的中介作用。因此，政治垄断实际上也就意味着政治的灭亡，

---

① 这里说的实践性认知，不是指对于实践的理论性反思，而是对于实践的筹划，即"怎么办"。

② 卢卡奇：《历史与阶级意识》，商务印书馆2004年版，第392页。

意味着建立起去政治化和去组织化的权力结构。① 这种权力结构表现为普遍的政治暴力，但这仅仅是表象。因为暴力是工具性的抽象容器，有待具体权力意志的填充和驾驭，才能够有具体所指地发生作用。所以，重要的是在行政权的驾驭下，普遍的政治暴力所指的方向，即遏制实践性认知共同体的形成。也就是说通过禁止实践性认知进入言语层面，使其大部分保留为私人意识和私下密语，小部分进入语言层面，以机械复制的形式将个体外在地规范为某种徒有其表的实践性认知共同体。这样一来，运行范式就成为完全无言语的语言，社会空间便由此而程式化。

社会空间的程式化不仅内在地使个体不能与运行范式达成本我层面的统一性，而且也会进一步影响个体与外在社会空间的关系，进而作用于社会空间的相互延伸。因为一定社会空间中的个体是通过这个空间的运行范式而与外在社会空间打交道的。也就是说，对于个体来讲，外在空间及其运行范式只是作为自身所处社会空间的运行范式的差异者而存在的。既然自身所处社会空间的运行规范对自己来说，不过是一种外在于本我的抽象超我，是一种与本我、与存在相异的琐碎和日常，那么很显然，外在空间及其运行范式，也无非是一种琐碎和日常的差异。这样便瓦解了产生认同的基础。

五、无思想的现代化

在去政治化的权力结构当中，社会空间的程式化阻碍了认同的形成。没有认同的存在，主观意志的投入对于意识形态机器就归于乌有。意识形态机器因而变成仅具知识权力结构的、形式化的单纯体制，丧失了主观意志的能动性和首创精神。同时，个体在机器中也退化为无机的零件。这种退化使得

---

① 政治垄断虽然常常是国家机器主动而为，但对国家机器的影响却可以是消极的。因为国家机器有着双重基础，其一是主权基础，其二是权力基础。主权基础决定国家意志的具体内容，指导着国家机器的运作方向，其集中程度则影响着国家机器的运作效率。权力基础也就是权力的让渡，即市民社会的个体将自身的权力与国家机器以某种方式联结和统一起来，国家机器以此深入和根基于市民社会。这两方面存在着某种矛盾——主权基础的集中虽然能够提高国家机器运作的效率，但同时却削弱了政治领域的多元性和差异性。当这种多元性和差异性降低到一定程度时，就会影响政治领域自身的有效性，进而弱化市民社会的组织程度，降低市民社会权力个体与国家机器之间联系的有机性，这就瓦解了国家机器的权力基础。所以，国家机器的基础其实是存在着矛盾的，并伴随着这种矛盾的变化而变化。当主权基础集中到政治垄断的地步时，国家机器就丧失了深入市民社会的能力，失去了市民社会的支撑，只能通过外在的、严厉的统治来监视和管控市民社会。但这无异于饮鸩止渴，因为在这种貌似强大的表象之下，隐藏着的是权力的失明和治理的失败。一旦面临客观性的社会危机，就会顷刻瓦解。

个体的工作无论付出多大的精神努力，也无法摆脱意志上的被动性，即能且仅能不假思索地遵循意识形态机器现有的运行范式，与机器本身相互外在。这就造成了两方面的结果：其一，意识形态机器无法通过个人认知的中介能动地、灵活地与作为外在空间的"社会"相互渗透；其二，意识形态机器各部门之间也丧失了相互渗透的能力，沦为相互隔绝的闭塞空间。这样一来，知识权力结构的划分固化为空间的隔绝，身处各个空间中的个体如井底之蛙，毫无认知、参与和引入外在空间的意识，更不用说进行变革了。

机器的体制化、个体的零件化和空间的隔绝化，当然不会停止意识形态机器的运作，但却足以使之越来越类似于真正的机器，单纯进行机械的运作。如果说对于物质产品的生产来讲，机械运作多少还是足够的；那么就精神产品而言，机械运作则足以造成毁灭性的破坏。因为这意味着，意识形态机器再也无法作为一个活生生的有机体能动地、深入人心地对"社会"发生作用。意识形态产品越来越丧失社会性，越来越沦为小圈子的自娱自乐，从而失掉意识形态性。简言之，意识形态机器的失能造成了意识形态的失效。

意识形态的失效未必限于一定社会共同体中占据统治地位的主流意识形态，而是常常也影响反对派的意识形态。之所以如此，是因为各社会集团的意识形态机器不可能完全隔绝于统治集团的意识形态机器，反而在一定程度上寄生于后者。换言之，在一个社会共同体中，不同社会集团的意识形态机器不可能孤立地、凭空地产生和存在，而是必然相互交织、盘根错节，从而常常分享着类似的习气和缺点。所以，意识形态的失效在严重时，是就整个社会共同体的所有社会集团而言的。

这种遍及全社会的意识形态失效造成了意识形态空场，使得整个社会共同体的精神生活普遍地缺乏客观性。群众性的精神状况不是客观性的集体意识，而是主观性的群体意识。由于缺乏本我的认同，这种群体意识停留于直接反映的思维层面，其个体样本表现为条件反射式的意识状况，从而在人格上表现为利己主义，在生活上表现为实用主义，在政治上表现为官僚主义。个体的意识普遍地局限于对于当下此地的切近状况的被动反映，无意于对此的超越性反思。于是，群众的意识表现得如同流水一般，随着客观环境经常、琐碎且偶然的变动而不断地变化着，缺乏有意识的确定立场。

不过，这种变化多端并非绝对的，而是同时还保持着两方面的稳定性，并由此形成一种奇怪的社会意识景观：一方面，主权者的统治地位发射出某种主流"意识形态"，但它仅能利用机械复制来维持表面的、外在的政治正确地位，无法入脑入心，因此本质上是政治暴力的语言变种，而非贯穿言语的意识形态；另一方面，人们的群体意识又贯穿着某种共同的、由经济基础直接反映而来的前意识范式，从而构成一种隐秘的、真正的、现实作用着的主流"意识形态"，但它由于自身的前意识性，因而也不是处于有意识层面的意识形态。在这种景观中，社会意识是沉睡着的，是缺乏能动性和反思性的，是虚无的。① 人们的社会生活及其构成的社会发展进程因而陷入一种没有知识的无思想状态。

这种无思想状态，对于现代化进程来讲，并不鲜见。因为大多数现代化进程采取的都是资本主义形态，因而现代化的突飞猛进往往意味着资本主义的内在逻辑——即所谓的"资本逻辑"——的大规模贯彻。资本逻辑与物化之间的关系是众所周知而无须赘述的。所以，在看不见的手的猛烈推动下的资本主义现代化的高速发展，无思想状态成为一种普遍的社会状况。不过，资本主义并不是在社会历史条件的真空中产生和发展的。因此，资本逻辑及其创造的无思想状态，会受到一定社会历史条件的作用。② 当具体的社会历史条件造成一种政治化和组织化较强的市民社会时，资本逻辑就会受到一定程度的制约，从而使社会的现代化进程呈现出某种程度的有思想性。

不过，如果这种社会历史条件造成的是去政治化、去组织化的政治垄断，那便能够与资本逻辑相配合，使整个社会意识陷入几乎完全的无思想状态。实际上，资本逻辑不受制约的彻底贯彻，往往以政治垄断为条件。也就是说，在资本主义生产关系基础之上，政治垄断型的国家机器不但不会像许多人幻想的那样去制约，反而必定会推动资本逻辑在社会各领域的贯彻。这不仅因为消灭唯一能够抵御和瓦解资本逻辑的力量——市民社会的政治化和组织化——是政治垄断建立起来的必要前提，而且由于政治垄断型国家机器的主权基础，不是超脱于而是内嵌于经济基础之中的，主权者不顺应资本逻辑而在生产关系中占据主导地位，就不可能获得主权地位。更何况，国家机器的主权基础乃至组成人员，不可能免于意识形态空场，因此在主观上必然停留于对资本逻辑的直接反映，这便完全丧失了上层建筑反过来制约经济基础所需的主观能动性。

无思想的现代化，短期内由于资本逻辑的原始扩张，常常造成某种物质生活的奇迹。但是这种奇迹并不能自动地成为由无思想性进化为有思想性的

---

① 所以虚无主义的社会思潮是意识形态空场的直接结果，因而根植于政治垄断，即市民社会个体的普遍的去政治化状态和权力普遍的私人化。

② 这种作用就整个宏大的历史进程来讲，当然是次要的；可是对于历史进程当中的具体个体和具体国家来说，却是不可忽视的。

物质基础，反而可能因为生产力的发展带来的物质上的暂时满足，而进一步巩固无思想状态。可是，由于现代化进程的危机性存在，这种状态是危险且不可持续的。

我们知道，在前现代社会，人们对于现代化进程的想象是相当完满的，并为着这种完满性而竭力追求现代化。这种想象存在着部分的合理性，因为毫无疑问，现代化社会无论在物质上还是精神上，相较于前现代社会都是进步而文明的。不过，这并不能掩盖问题的另一个方面，即现代化进程由于自身的内在矛盾，而必然带有落后和野蛮的因素。在这些因素当中，危机性的存在是最为核心与重要的。也就是说，由于以资本主义为基础，现代化进程必然不断经历繁荣—萧条—危机的循环。因此，生产相对过剩带来的经济危机对于现代化进程来讲必然是时常遇见的东西，而且这种危机的严重程度往往与危机前的繁荣程度呈正比。也就是说，奇迹越大，危机就越深刻。当然，危机不是不可克服的。只不过，克服的具体形式受制于社会意识的发展程度，即受制于现代化进程的思想状态。

具体来讲，危机的克服无非有革命、改良和战争这三种途径。革命是直接通过消灭资本主义生产关系来消灭生产的相对过剩；改良则是通过二次分配手段，暂时或长期地提高工人在产品分配中的占比，从而扩大其购买力，缓和和消解生产的相对过剩；战争则是通过破坏生产力和库存商品来消除生产的相对过剩。这三条直接看来仅具有经济性质的途径，直接受制于一定社会意识状况，不是主权者能够任意选择和控制的。其中，革命和改良均以市民社会的政治化和组织化为条件，因而需要以社会意识有一定程度的思想性为前提。因为，它们都意味着剥夺国家机器主权基础的既得权力。如果没有来自市民社会的权力基础的支持，国家机器及其主权者是不可能有相应的能力来完成这种剥夺行为的。战争则与此相反，不需要触动既得权力，只需直接反映式的感性煽动，因此适应着社会意识的无思想状态。通过这种方式，社会发展规律果真如同自然规律那样发生作用，即通过条件反射式的直接反映，自然而然地发生作用。作为社会成员的市民社会诸个体，如同神经系统受到物理刺激一样，完全被动地发生反应，被社会规律裹挟着，迷迷糊糊地走向破坏性的结果，不会联合起来造成某种能动的反制。这样，现代化进程最终便以其现代化的破坏力来为自己付出代价。因此，无思想的现代化的危险性和不可持续性就在于，它对自身的危机性存在缺乏反思性的认知，无法对这种客观状况采取能动的反映，因而通向自我毁灭的战争。

德国的现代化历程就是这样一种教训。它虽然目睹了具有思辨性、批判性和反思性的哲学运动，却并未浸润其中，反而以"帝国"的复古形态，沿着普鲁士道路无思想地前行。主导它的官僚机器,奉行专制主义和军国主义,并无能亦无意理解哲学运动的本质和结果。后者对它来讲,即便如同黑格尔主义那样成为所谓国家哲学,也不过是一种圈养起来以充门面,并不影响社会整体运行的文化镜像。虽然早在19世纪初,许多德意志人便企盼普鲁士继承宗教改革的传统,以有思想的方式实现德意志的现代化,但结果是,我们再难找到像马丁·路德那样,以思想引领现代化变革的人物。由于这种无思想的盲目性,充斥普鲁士官僚保守主义和实用主义风格,缺乏公众理想主义色彩的德意志现代化进程,虽然在短期内造成了生产力的发达和国家机器的强大,被时人视为能够取代日益衰落的大英帝国的候选国之一,甚至产生了沾沾自喜于日耳曼特殊性的民族主义幻想,但最终还是走上法西斯主义歧途,经过两次世界大战的失败,付出了灭国绝祀的惨重代价。此后,物质上的德意志国家虽然得以重建,但作为一个具有世界历史性潜质和文化特殊性的德意志国家却消失不见了。更不要说法西斯主义给人类社会造成的物质和浩劫了。①

所以权力固然像福柯声称的那样可以规定知识,但反过来,它也受到知识的规定,一旦因为自己对于知识活动的任性干涉而造成思想的空场,那便不免于走向自我灭亡。

参考文献

[1] 索布尔. 法国大革命史论选 [M]. 上海:华东师范大学出版社, 1984.

[2] 卢卡奇. 历史与阶级意识 [M]. 杜章智,任立,燕宏远,译. 北京:商务印书馆, 2004.

[3] 阿尔都塞. 论再生产 [M]. 吴子枫,译. 西安:西北大学出版社, 2019.

项目说明:本文为国家社科基金青年项目"青年马克思的语言哲学研究(1840—1844)"(19CZX002)及深圳市"鹏城孔雀计划"高端人才科研启动项目"马克思主义语言哲学视域下的意识形态研究"的阶段性成果。

---

① 在这样的浩劫面前,雅各宾恐怖统治所造成的损失简直就是不值一提的。这也以实际的经验向我们展示了有思想的现代化与无思想的现代化之间的优劣区别。在如今的世界上,我们仍然可以谈论一种具有思想史意义的法国文化和法国思想,可德国的文化和思想呢?跟他们的先辈的思想史地位相比,简直只能歪着头说道:"我是虫豸。"

经典移译

道德在共产主义生产中的作用

〔匈〕格奥尔格·卢卡奇（Georg Lukács）* /文
燕宏远** /译

共产主义的最终目标是建设新社会，在此社会中，道德的自由将在对所有行为的调节中占据法律强制性质的地位。对于这样一种社会来说，正如每一位马克思主义者都知道的那样，阶级划分的结局是一个绝对必要的前提。因为如我们也想到人的本性一般是否允许一种将来在某一种道德基础上的社会（在这种社会中，我认为，这种问题是被错误地提出来的）一样，道德的强力即使在一种坚决肯定回答的情况下也不会很长久地成为现实，如同在社会中有某些阶级一样。即在社会中只有一种调节是可能的：两种相互矛盾的或者某一种即使只是偏离的调节也许将仅仅意味着一种完全的无政府状态。但是，如果某一种社会划分为更多的阶级，另一种表达就是：如果建设社会的人的诸集团的各种利益不是相同的，那不可避免的就是，人的行动的这种调节就与一定权威标准的部分（甚至可能不是多数群体）的利益相矛盾。但是，人们并不能使运动成为反对他们利益的一种志愿的行动，而是只能被强迫如此——不管这种强迫是有形的还是精神的。因此，像某些不同的阶级一样，延续很长时间不可避免的是，社会行动的调节功能要通过法律而不是通过道德来厉行。

但是，法律的这种功能并没有由于以下情况而被用尽，即法律以压迫者的利益来强迫被压迫阶级从事某一种行动。诸统治阶级的各种阶级利益本身也必定面对统治阶级来起作用。法律必然性的这种第二个根源，即个人的利益和阶级利益的对立诚然不仅仅是社会阶级划分的一种仅有的后果。真实的是，这种对立从没有像在资本主义中那样尖锐。但是，资本主义社会的现存在条件——生产的无政府状态、生产的持续不断革命化、出于利润原因的生

---

* 格奥尔格·卢卡奇（Georg Lukács）（1885—1971），作者，西方马克思主义哲学家。
** 燕宏远，译者，湖南师范大学公共管理学院教授。

产，等等——从一开始就排除了如下的可能性：个人利益和阶级利益在一个阶级之内是和谐联系在一起的。因此，如果资本家们与别的一些阶级相对立（不是与被压迫者就是与别的压迫者，例如农业封建阶级，或者别国的资本家们），那么，不言而喻，个人利益和阶级利益就始终相符合。因此，如果阶级表态支持压迫的普遍可能性，如果压迫的实现成为具体的，如果提出的问题是谁应该成为压迫者和他应该剥削谁以及他应该剥削多少，那么把个人利益与阶级利益联系在一起总是非常不可能的。在资本主义社会所存在的诸阶级中，只能有一种阶级的团结，那就是表面的团结，而不是内心的团结。所以，道德在这个阶级之内绝不可能代替法律的强力。

　　无产阶级的阶级地位在资本主义社会中和在它胜利之后简直是相反的。个别无产者应该可以理解的利益，就其抽象的可能性来说，只有在实际本身通过阶级利益的胜利才能取得效果。被资产阶级最伟大思想家宣传为一种不可能达到的社会理想中的那种团结，作为现实，在阶级意识中，即在无产阶级的阶级利益中，就活生生地存在着。无产阶级的世界历史使命恰恰表现在，实现它的阶级利益就能实现人类的社会拯救。

　　但是，这种拯救不仅仅会是一个纯自动、合乎自然规律过程的成就。就无产阶级专政的阶级控制的本质而言，理念战胜个别人的个人主义意志的胜利确切地说是明确的；无产阶级也只想要直接统治一个阶级，这是可能的。这种阶级统治的坚定不移的贯彻执行确实正在消灭阶级差别，它产生着无阶级社会。因为，如果无产阶级的阶级统治真正想产生良好效果，它就只有在经济上和社会上通过以下办法来消灭阶级差别：这种阶级统治最终将迫使所有人都进入无产阶级的那种民主，这种民主在这个阶级范围内仅仅是无产阶级专政的一种内心觉醒形式。坚定不移地贯彻执行无产阶级专政只能以无产阶级民主在自身中吸取专政并使之变得多余而结束。在阶级消失以后，将不会再对任何人使用专政。

　　因此国家就不再存在运用法律强制的主要原因——当恩格斯说到"国家的消亡"时，他想到的就是那种原因的消除。但是问题是：这种发展在无产阶级内是如何进行的？这里就出现了道德的社会有效功能的难题。这样一个问题虽然在所有社会的意识形态中起着影响很大的作用，但是在本质上绝不会对形成社会现实本身做出贡献。它也不可能因为阶级道德及其作用在一个阶级内形成的社会前提——即个人利益和阶级利益的同一方向——就仅仅现存于无产阶级之中。对于无产阶级来说，团结一致，即个人利益隶属于集体利益，与正确理解的个人利益恰好相合。因此在这里就有了社会的可能性，即所有属于无产阶级的个人都没有损害其个人利益地从属于其阶级的利益。这样的志愿在资产阶级中曾经是不可能的。在那里，某一种调整只能通过法律的强迫予以推行。资产阶级只能知道道德——如果它真能调整行动——是从阶级划分和某一个阶级存在中引出来的一个原则。但是，这样的道德确实使人猜想出人类文化的这样一种高度，这种高度仅仅能够在一种晚得多的时代里成为一种普遍的、对整个社会都是真实的因素。

基于单纯自利利益的行动和纯粹道德之间的鸿沟正在通过阶级道德来消除。阶级道德将把人类引入一个心灵的新时代，如恩格斯所说的，引入"自由的王国"。但是，这种发展——我重复说这一点——不可能是盲目的社会力量的自动规律的结果，而只能是工人阶级的自由决定的一种结果。因自无产阶级胜利以来，在工人阶级内部只有当个别人不能够或者不准备符合他的利益地采取行动时强迫才是有需要的。如果强迫——即有形的和精神的暴力组织，在资本主义社会，即使只在统治阶级内部有效用，那么这种强迫也是必要的，因为构成一个阶级的个别人通过无限制地要求他们个人的利益（渴望利润）已导致资本主义社会的解体。与此相反，每一个个别无产者对待他的个人利益，如果他能够正确权衡此事，都将会使社会强大。人们必须正确地理解这种利益，即人们必须站在能够把爱好、感情活动和暂时情绪从属于其利益的那种高度。

个人利益和阶级利益汇合的那一点，就是生产的提升，即工作效率及随此提高的劳动纪律。没有这些，无产阶级就不能持续存在；没有这些，无产阶级的阶级统治就会消失；没有这些，甚至连个别人（除了对于无法预知的后果来说这样实现的所有无产者阶级变动可能具有的东西外）作为个人也起不了作用。因为明显的是，无产阶级强力最令人压抑的现象，即商品缺乏和高物价（它们的直接后果都被每一个无产者亲身感觉得到），直接导致劳动纪律松懈和劳动效率降低的后果。想要对此设法作出补救并借此提高个人的水平，人们就必须消灭这些现象的诸种原因。

这种帮助来自两方面。一方面，只要组成无产阶级的诸个人认识到，只有当他们自愿着手加强劳动纪律并以此提高劳动效率时，他们才能够帮助自己；另一方面，如果他们不能够这样做，他们就得自己创造出能够去实现这种必然性的这样一些机构。在后一种情况下，他们自己创造出一种法律制度，通过这种制度，无产阶级迫使它内部的单个的人，即无产者按照他们的阶级利益去行动——无产阶级也把专政运用于自己本身。如果对诸阶级利益没有正确的认识和达到自愿调整，那么这种责备就无产阶级维护生活利益而言就是必要的。但是，人们绝不可隐瞒，这种办法对未来隐藏着巨大的危险，也就是说，如果无产阶级本身创造出一种劳动纪律，如果无产阶级国家的劳动制度按照一种道德的基础建立起来,那么随着阶级划分的消除,法律的外部强制就自动停止下来,也就是说,国家就会消亡;然后,阶级划分的这种消除就自动产生出真正人类—历史的开端,犹如马克思所预言和希望的那样。与此相反,如果无产阶级走上另外一条道路,那它自己就必须创造出一种不会自动被历史发展所废除的法律制度。所以,发展似乎将倾向于曾经危害最终目标的现象和实现的方向。因为无产阶级被迫按照这种方式创立的那种法律制度必定被推翻——而且谁知道,经过这样一条弯路,从必然王国进入自由王国的那种过渡将引起哪些震荡和痛苦呢?

所以,劳动纪律的问题不仅仅是无产阶级的一个经济生存问题,也是一个道德问题。马克思和恩格斯从无产阶级夺取政权自由的时代就开始了的论断多么切合实际,由此就变得显而易见了。发展已经不再通过社会盲目力量的诸规律来引导,而是通过无产阶级的志愿决断来实现。社会的发展采取什么样的方向,取决于自我意识,取决于精神的和道德的内容,取决于无产阶级的判断力和牺牲精神。

因此,无产阶级的问题就成为一个道德的问题。"人类的史前时代",经济的暴力优先于大多数人的利益,机构和强制性规则优先于道德,现在是否正在消亡,皆取决于无产阶级。人类的真正历史——即道德的威力高出于某些机构和经济——是否正在开始,取决于无产阶级。虽然只有社会的发展创造了这种可能性,但是现在,无产阶级自身以及随之导致的人类的命运实际上都握在无产阶级手中。因此,无产阶级已经有了成熟到把对社会的统治和引导拿到它自己手中的尺度。直至这种时间点为止,社会发展的诸规律已经指引了无产阶级,现在它自己有了引导的使命。它的决断对于社会的发展将是指导性的。现在每一个个人都必须意识到这种责任就在无产阶级身上。每一个个人必须认识到,人类真正幸福的和自由的时代什么时候开始取决于无产阶级,取决于无产阶级每日的工作效率。到目前为止,无产阶级在非常困难的条件下仍然忠于它的世界历史使命,让它在它终于能够通过它的行为实现这一使命的时刻里背弃这一使命,这是不可能的。

共产主义政党的道德使命[*]

〔匈〕格奥尔格·卢卡奇（Georg Lukács）/文
燕宏远/译

一

像列宁的每一篇论文一样，这本小册子——列宁的《伟大的创举》[①]——是所有共产主义者最关心的读物。它重新表明他有这个特殊的才能：把握无产阶级发展中一种新现象的决定性的新事物，把握这种新现象在一种真实存在方式中的本质核心并使之成为可以理解的。列宁以前的著作（首先是《论国家》）曾经更多用于论战，更多尝试探究无产阶级斗争组织，而这本小册子则奉献给现在正冒出的新的社会萌芽。尽管资本主义生产形式连同其被农奴制度以赤裸裸暴力形式的经济强制（饥饿）所支配的劳动纪律掩盖了，一些人的自由合作仍将在新的社会——即使涉及生产力也是如此——中远远胜过资本主义。社会民主党对世界革命持失败主义观点的人正好在这一方面是极端不相信的。他们的根据是，劳动纪律在松懈，生产效率在下降，一言以蔽之，是正在解体的资本主义经济制度必然的伴随现象这些事实。而且他们用一种不耐烦和不宽容的态度（它们在强度上只能用忍耐和宽容与资本主义相比较），来指点参考如下一点：这些事实在苏维埃俄国并没有立刻就改变了。原材料缺乏、内部的斗争、组织上的困难，在他们的眼里作为辩白仅仅适用于资本主义的国家；按照他们的观点，一种无产阶级的社会制度必须在它产生出来的时刻就意味着所有关系在内部和外部都发生转变，所有的状况都得到改善。真正的革命者们，首先是列宁面对这种乌托邦

---

[*] 本文原载 1919 年匈牙利 *Szociális Termelés* 杂志，英文题目："The Role of Morality in Communist Production"。

[①] 见《列宁选集》第 4 卷，人民出版社 1995 年版，第 1—23 页。

主义的小资产阶级性，赞扬了它的不抱幻想的态度。他们知道，从在世界大战中崩溃的经济中，尤其是从在资本主义条件下灵魂上堕落和颓废、被教育成自私自利的人们那里不能期待什么东西。但是，对于真正的革命者来说，不抱幻想绝不意味着灰心丧气和绝望，而是对无产阶级世界历史使命的一种由于认识而得到巩固的信念，一种由于信仰实现的缓慢和常常面对比"不利"还严重的情况而决不会动摇的信念，这种信念承担这一切，而且绝没有由于所有这些干扰和阻碍而失去对自己目标和接近目标的萌芽的关注。

共产主义星期六，动员工人去从事俄国共产党承担的工作已常常被不同的观点所看到。在这方面，重点始终被以可理解的方式放在了它的实际出现的和可能的经济的结果上。然而，这种结果虽然可能也是很重要的，但共产主义星期六，它产生的可能性和方式还意味着某种别的东西，这种东西远远超出它的直接经济结果之外。列宁说："'共产主义星期六义务劳动'之所以具有巨大的历史意义，是因为它向我们表明了工人自觉、志愿提高劳动生产率，过渡到新的劳动纪律，创造社会主义经济条件和生活条件的首创精神。"[①]

非俄国的共产主义政党经常被责备，它们在自己的行为和要求中太盲目模仿俄国的做法和要求。在我看来，在许多（完全不是非本质的）方面，情况恰恰相反——欧洲共产主义诸政党不能够或者不想探究俄国运动的真正力量源泉，而且即使它们从中意识到几点，它们也不具有使这些学说活跃起来的力量。

共产主义星期六，作为从资本主义经济制度劳动纪律到社会主义经济制度劳动纪律过渡的第一个萌芽，作为从"必然王国进入自由王国的飞跃"的开端，绝不是苏维埃政府的机构行为，而是共产主义政党的道德行为。而且正是俄国共产党这个现实的、重大的和具有决定性意义的方面，至少正在赢得兄弟党的赞赏。从它那里几乎从未吸取如此必要的教训，这个榜样从来都没有如此好地被加以模仿。

二

我们大家都知道并一再强调：共产主义政党是无产阶级革命意志在组织上的表现。因此，它绝不是去规定，从一开始就包括全部无产阶级；作为革命的自觉的引导者，作为革命理念的体现，它应该更多地联合对革命最有觉

---

① 列宁：《伟大的创举》，载《列宁选集》第4卷，人民出版社1995年版，第13页。

悟的先锋者，即那些真正有革命-阶级觉悟的工人们。革命本身必然正在由于经济诸力量合乎自然规律的支配作用爆发出来。共产主义政党的任务和使命就是，给——至少大部分不依赖它而产生出来的——革命运动提出方向和目标，并自觉地把由于资本主义经济制度崩溃而强烈燃烧起来的感情爆发引导到唯一能通行的拯救道路上，引导到无产阶级专政的道路上。

　　因此，旧的诸政党曾经是妥协性的聚集，各种不同的群体因此很快就使自己官僚化了，并很快就产生出一个脱离群众的党官僚高低级别制（parteioffizieren und-unteroffizieren）的贵族统治，而新的共产主义诸政党则意味着是阶级斗争、革命的纯洁表现，超越于资产阶级社会之上。然而，从旧社会向新社会的过渡并不意味着只有经济和机构上的转变，同时也意味着一种道德上的转变。人们并没有误解：没有什么东西比仅仅由于人们内心的某种转变就能思考社会的某一种变化的那些人的小资产阶级的空想主义更远离我们了。（这种观点的小资产阶级性最终并不在于，它的代表者——自觉或不自觉地把社会的变化因此推向无时间性的预见不到的远方。）我们更强调的是，从旧社会向新社会的过渡是一个客观-经济力量和规律性的一种必然结果。但是，这种过渡——在所有客观必然性方面——正是人类从被束缚和物化进入自由和转变。而且因此，自由就不仅仅会是一种成果发展的一种结果，而且必定成为发展的这样一种因素，在这里，自由正在成为推动力量之一，它作为推动力量的意义必定不断增强，直至这样的瞬间到来，在此时刻，"人类的史前史"停止了，而它的真正历史才会开始。按照我们的看法，这个阶段的开端好像与革命意识的产生、与共产主义政党的创立恰好相合。又因为每一个共产主义政党——它并不在于是资产阶级社会的反对派，而是体现为对资产阶级社会的行动的否定——不仅仅表现为与诸旧的社会民主党的对立，而更表现为对它们予以消灭、让它们消失的开端。工人运动的最深沉的悲剧就是，它——在意识形态上——从来都未能完全挣脱资本主义的土壤。旧的社会民主党甚至都没有严肃尝试过这种分离：它按其本质仍旧是纯资产阶级的政党，妥协、争取选票、廉价的煽动、阴谋、追名逐利和官僚习气完全是资产阶级政党所具有的特征。所以，同资产阶级政党的联合不仅仅是社会民主党客观-政治必然性的一些结果，而且也是它的内部建设、真正本质的一些结果。所以，更好理解的是，就工人运动的真正革命的，然而并没有明确意识的思潮而言，谈论过这样一种倾向，这种倾向不仅仅反对旧政党的小资产阶级的、贪污腐败的和反革命的本质，而且反对一般政党的本质。工团主义产生和有吸引力的原因之一无疑就在于：在伦理上拒绝旧政党。

俄国共产党从未屈服于这其中存在的危险。面对旧政党和工团主义、官僚组织和政党的毁灭，它设定了一个明确的 tertium datur①（第三种可能性）。这第三种可能性现在是这样一个点，我们正在一步一步地在俄国革命中觉察到这一点的结果，必须去认识到这一点的诸原因，并在我们的运动中作为运动力量去接纳。直至现在我们仍是太胆小和太懒惰了。

三

俄国共产党的这种政权产生的因素为：第一，它的内部组织；第二，它以怎样的方式理解自己的任务和历史使命；第三，（作为前两者的结果）它影响自己成员的方式。共产党——与旧的社会民主党和大多数俄国以外的共产党相对立——是一个团结的和开放的政党。它不仅不追求作为成员的任何一个人（这种追求是贪污腐败和妥协的首要原因之一），而且不使任何一个想成为其成员的人就能成为其成员。作为对成员的过滤器，所谓的同情者的阶层（"共产党人的朋友"）——从其队伍中向某一个俄国共产党员提出符合道德要求的那些人——才被接纳进入党。但是，党绝不是仅仅特别注意于其成员数量的增加，更特别注意于留在自己队伍中的那些人的质量。所以，党利用提供给它革命努力的每一个机会去清党。列宁说："在我们看来，共产党人的战争动员有助于以下一点：胆小鬼和坏蛋与党背道而驰。党员数量的这样一种减少意味着它的力量和声望的一种巨大提高。我们应该利用'共产主义星期六'的创举继续清党。"所以，这种清党的依据是"关于真正共产主义成就的要求的某种不断提高"②。

俄国共产党的这种内部结构指向我考察的第二个方面，即党在革命中的使命。共产主义政党，作为革命的先锋队，应该始终在发展中至少先于群众迅速早走一步。如果跟随的群众在思想上还不能够摆脱资本主义腐败的土壤，像在共产主义政党之中在某一时间里已经意识到革命的必然性一样，当大部分群众至多感觉到模糊、不满意他们的处境时，那么自由王国的意识在共产主义政党中就应该已经是生气勃勃的，并对群众的行为产生决定性的影响。共产主义政党的作用自然首先就是在整个范围内使建立苏维埃政府成为现实的事情。也就是说，如果无产阶级在机构上建立了自己的政权，所有的

---

① Tertium datur，第三种既定者。
② 列宁：《伟大的创举》和《关于清党》，载《列宁选集》第 4 卷，人民出版社 1995 年版，第 22、560—562 页。

事情就取决于活跃在这些群众中的精神是否真的是共产主义精神,即现在就在产生着的是新人类的精神还是旧社会的一种新翻版。坚守净化、纯洁、努力向上原则的只能是共产主义政党。由于政府的形式的转换不可能同时引起人们的某种内心变化,所以资本主义社会的所有坏现象(官僚习气、贪污腐败等)必定侵入苏维埃机构;存在着的巨大危险就是,在这种危险产生之前,它就堕落或停滞。在这里,共产主义政党必须作为批评者,作为榜样,作为磐石,作为维持秩序者和改进者出现——而且它是唯一能够做到这一点的政党。①

因此,共产主义政党在成为无产阶级革命的教育者以后,它还必须成为人类自由和自律的教育者。但是,只有当它在自己的成员身上已经开始施行它的教育工作的时候,它才能完成自己的使命。不过,如果我们想把上面提到的发展的两个阶段生硬地相互分离开来,那似乎是一种完全非马克思主义、非辩证的思维方式。相反,它正在不断相互转化,而且在任何时候都没有人能够去规定,这一个阶段何时开始而另一个阶段何时终止。所以,自由王国的人类理想在共产主义政党中必须从它产生的时刻起就作为它行为的自觉原则,作为它的生活的推动者起作用。组织形式,通过启蒙和宣传达到自觉的状态,在这方面是决定性的基本手段。但这完全不是唯一的手段,很多很多手段——甚至是最终起决定性作用的手段——都必须由作为人的共产党员本身去执行。

共产主义政党必须是自由王国的第一个体现:在其中首先应该充满友爱、真正团结、准备牺牲和能够牺牲的精神。如果它不能实现这一点,或者它甚至不严肃做出努力,为此献出生命,那么共产主义政党就只是更多地通过自己的纲领区别于别的政党,甚至存在这样的危险:它在纲领上与机会主义者和动摇分子的区分开来的不可逾越的鸿沟将逐渐消失,而且它不久将形成"工人政党"的"极左翼"。然后,危险就越来越近——由于空洞承认第三国际,这种危险被有中央的诸政党大大地增加着,即共产党人与别人的质的区分正在变为一种仅仅是量的区分,且甚至与别人逐渐趋于一致。一个共产主义政党在组织上和心灵上越少实现它的理想,它就越少有能力一方面有力地对抗这种普遍的妥协情绪,另一方面教育无意识但真正革命的分子(工团主义者、无政府主义者)成为真正共产党人。

妥协和崩溃来自一个根源:共产党人本身缺少的内心的转变。共产党人

---

① 弗拉第米尔·左林:《共产主义政党与苏维埃机构》,载《共产主义》第 1 年代第 8—9 册,1920 年,第 283 页。

(而且同他们一起和通过他们才有了共产主义政党)越多地使自己清洗掉资本主义-社会民主党生活的所有废物,清洗掉官僚习气、阴谋诡计、追名逐利,等等,他们的伙伴关系和政党归属就越多地成为一种真正的伙伴关系和心灵归属,他们就越多地能够完成他们的使命:聚集革命力量,使动摇者坚定起来,激发无意识者的自觉性——最终摆脱和消灭骗子和机会主义者。我们正面临着充满漫长和艰难斗争的革命时代,这个时代提供着无数的机会来进行这种自我教育。俄国同志们向我们展示,他们在组织上和人性上都是人们只能希望自己成为的富有教育意义的典范。现在轮到我们也在这点上继俄国为榜样之后开始成熟起来的时候了。

(发表于1920年《共产主义》杂志)

哲人心路

尤西林先生访谈

——尤西林先生的思想史个案记录

尤西林*/口述　刘宇**/整理

编者按：尤西林先生是改革开放以后国内人文科学领域的著名学者，在多个学术领域均有深厚的造诣和独特的贡献。同时，尤西林先生属于改革开放前历经思想的困惑到觉醒的那一代知识分子。他的学术研究中渗透着那一代人典型的文化理想主义精神——以精神活动即思想为中介，把科学研究融入生命的历史运动之中，去追求永恒的真和至高的善。这次访谈希望将尤西林先生作为一个代表性的思想史个案，来展现他所代表的那一代知识分子的特殊历史际遇和精神世界。

2021年12月25日，西北大学哲学学院刘宇教授代表中山大学实践哲学研究中心对尤西林先生进行了访谈，后以尤西林先生自述的形式进行整理，现刊发于此，以飨读者。

---

* 尤西林，陕西师范大学文科资深教授。
** 刘宇，西北大学哲学学院教授，中山大学实践哲学研究中心成员。

一、一个特殊精神群体的代表者

我个人并不是一个特殊的人物,这一点无论如何是不可以高估的。

我是一个有一定代表性的学者,或者用过去的术语来说是"老三届"。这个概念是 1966 年,从初中 1968 级(初一)到高中的 1966 级(高三),一共是六级,"老三届"实际上是六届。另外"老五届"是指 1966 年在大学里一年级到五年级的学生。这两个社会阶层或年龄阶层构成了从 1966 年到改革开放乃至今天很重要的对象——如果从知识社会学的角度来看。

我之所以愿意接受这个采访,是我特别希望要说明一点,我自己的经历和我在这个经历中有幸接触到的与我同行的一批"老三届"同龄人,我从他们那里获得了超出一般意义的启发或激励,由于这个群体的存在,使我能够自觉到一个超越了我个人的精神群体。

这批"老三届",其中有一些曾经有着非常崇高的言行,但后来有的陆陆续续在思想进程中落伍了,甚至消失了,朱学勤在《读书》杂志发过一篇文章,称之为"思想史上失踪的一代",说的就是这些人。

这样的一个群体,在我的叙述中会不断地转向他们。我说到他们的人格或者事迹,都是这个精神群体的一些代表性事例。因而,它不纯粹是我个人的经历,而是我亲身目睹或者共同活动的人。因此,我跟他们有一种切身的关联。这种关联不是一般的历史学或思想史,我甚至把它升格为精神史的关联。所谓精神史,对应着精神科学(德文 Geisteswissenschaften)与理念的人亦即知识分子。我的那本知识分子的书[①],就是基于这种精神经验的学理表达。我因此说过,我不是因为上大学而成为知识分子的,我是从那个动荡时代与插队开始,成为一个孟子所说的"无恒产而有恒心"的关怀意义的知识分子的。

二、作为知识社会学背景的个人出身与经历

我需要以知识社会学的方式叙述我的成长经历,以使各位从社会存在深度理解我这类学者的学术思想的时代与个体的起源。这也就是伽达默尔《真理与方法》第 2 版序言所说的理解人文学术的原则:必须将学术与阐释者的历史关联。

---

① 尤西林:《阐释并守护世界意义的人》,陕西人民出版社 2006 年版。

我1947年出生在成都当时的中央黄埔军校。这一出身使我在成长过程中间，特别是在20世纪60年代，切肤之痛地感受到了"血统论"的歧视迫害。

在我出生三个月的时候，母亲和父亲就离婚了，我随母亲姓。母亲是一位医生，出生于知识分子世家。我的外公是日本东京帝国大学的博士，他北平大学毕业的时候，20年代陕北和内蒙古发生了大鼠疫，他作为一个大学生多方奔走组织扑灭了这场鼠疫。2020年，由于疫情的背景，人们开始纪念他，在陕北榆林给他造了一尊塑像，一米六的花岗岩底座，青铜塑像，省市领导都来讲话，医务人员在他的塑像面前宣誓。

这样的知识分子家庭出身与我成长的革命优位的社会环境有着深层的矛盾。我小的时候，母亲上班，没有办法照顾我，就被送到保育院、保育小学还有寄宿制的初中、高中。这些都是西安市当时最好的学校，也是革命传统的干部子女学校。早期寄宿制学校有着革命民粹与斯巴达兼清教的混合特性，它成为纯正革命意识形态而深远影响着我后来的人生选择（甚至在80年代成为大学教师后我还穿补丁裤子，那就是保小风习）。我两个礼拜回一次家。母亲和另一位医生合住一个单间，我星期六晚上回来的时候，那个医生离开，给我留一张床。我母亲边给我洗脚边哼唱《满江红》，还有《国际歌》。60年代末开始她被下放到陕北，后来因为得了很重的病，才千方百计调回来。

孤儿寡母的处境与传统知识分子出身造就了母亲很强的自尊心，这种自尊是知识分子人格意识，也是她在那个困难乃至凶险处境中最后的自我保护。这也是我的教育直接的精神脐带。我喜欢文学与绘画，每半个月回来，在那个单间宿舍的桌子上就搁着精美的世界名画选本与中外文学作品。我受到了在我的处境中所能获得的很好的教育和培养，它包含传统文化，也包含共产主义文化。

仅仅是基于对残酷的社会迫害现实的自发反抗，并不能获得解放。恰恰是马克思关于阶级的生产资料与生活资料占有分析，使我们将对方看作新的剥削阶级，而对这些特权阶级依据历史经济地位所编造的地富反坏"人还在、心不死"之反马克思主义，第一次有了清楚的认识。只有经过马克思主义的洗礼，才进一步明白这种反马克思主义的伪阶级斗争理论真实的阶级斗争含义。"血统论"由此被彻底颠覆。我们最早经历这一转变的觉醒者，成为运动的异端。传统的正统与异端在这一双重运动时期表现出深刻的复杂性。

我们信奉的毛泽东是革命的代表，是反对特权阶层的领袖。所以毛泽东对陈正人蹲点报告批示那段话,"压迫工人阶级和农民阶级的官僚主义者阶级,是一群新的吸工人农民血汗的剥削阶级",恰恰和我们对"血统论"的反抗是完全一致的。正因为这样,我的回忆录中把毛泽东看作我们的战友而不是流行的崇拜对象①。

纯真的意向性从现象学看,是否是决定性的?意向相关物的具体对象一直在变化,但这一意向一直未变,真诚的意向成为包括领袖在内的具体现实的关联物的衡判标。后来王元化先生给我的信中引用唐君毅的话:一切真诚者终将相遇。中庸的本体论规定是:诚者,天之道也。诚之者,人之道也。纯真者一旦觉悟,一如《牛虻》亚瑟获知真相后打碎神像,这一真诚意向同样成为反戈一击的本体力量。

三、朋友芦苇抄写《小逻辑》

我的一位朋友芦苇,他是电影《霸王别姬》的编剧,也是很多电影的导演。他是第一批插队招工出来的,招到五七零二厂空军的保密工厂。让他开进口车床,他不愿意。他希望做什么?他希望给他分配的是扫马路或者在收发室。当时我们第一批招工出来的很多人都有这种想法。为什么?因为我们很羡慕那些凌晨半夜扫马路然后一个白天有自由时间的那些清洁工人。有时间干什么?看书。

在那个封闭阅读的时代,我们各个部落惊人一致地有一点,就是都在偷书。赵振开(诗人北岛)② 到西安来,我们这个群体和他见面的时候,自报家门,全部是问你看过什么书。惊人的一致——包括索尔仁尼琴获得诺贝尔文学奖的中篇小说《伊凡·杰尼索维奇的一天》。我们互相问看过吗,问最感动你的是哪一段,我们都不约而同地说,是书末的那个老人。当犯人们都讨好地让打饭者给多打一勺时,那个老人拿着一块旧毛巾作为餐巾放在桌子上,有尊严地进食。我们都提到了英国人编的《修正主义史》。这本书里我们第一次听到了"异化"这个概念,知道了卢卡奇、布洛赫。那个时候我们已经插队了,白天拼命地干活,我们把劳动看作马克思所说的可以使人得到锤炼、使人成为钢铁的活动。我们神往车尔尼雪夫斯基《怎么办》中的拉赫美托夫那样的民粹主义苦行者,背柴累到吐血。每天晚上在油灯下我们读各种各样的书,讨论摩尔根的《遗传学》与《资本论》,也包括这些偷来

---

① 钱理群告诉我,他在著作中两次引用我的这篇回忆。
② 我1977年恢复高考上了大学以后,他给我们寄《今天》的油印本。

的书。从《修正主义史》中知道了马克思在《1844年经济学哲学手稿》（何思敬、贺麟译本）的命题：人和动物的区别是自由，是自由的劳动，是对象化的劳动，是对象化的存在物，而不是斯密所说的雇佣劳动者。我们都有一种升华的感觉。我们第一次感到马克思所说的人的本质就是我们现在的存在。

回到西安，我们用户口本到陕西省图书馆去借书，把马克思这本书偷出来了，然后用复写纸把它誊写成几份，寄给我们精神同道的知青小组。当时偷书最多的就是芦苇。1969年1月芦苇被拘留。他在长安县一个同学家的地窖里，用拉野战榴弹炮的那种大卡车，拉了近六吨的书。

这里有很多书，比如说有美学①。当初看到苏联科学院编的《马克思列宁主义美学原理》上下两册，我心里想，什么叫"美学"？是不是"美国学"？我们最初的启蒙就是这些。我们读了卡夫卡、维特根斯坦。还读了最近大陆学界开始注意的女评论家和思想家苏珊·桑塔格。桑塔格的《反对解释》是我们曾经讨论的一个文本。芦苇抄的《反对解释》的那个文本现在就在我的书柜里，我还珍惜地保存着。与今天的阅读相比，这种阅读初阶而粗浅，但阅读者却不仅有着追求真理的赤诚，而且最大限度地融入了自己的生活行动。这一地下偷书阅读运动，需要专题评估。

我们在插队的时候就成立理论小组，只要听说哪个知青小组是有思想的就去寻找。我曾经在终南山的深山老林里，冰天雪地三天去寻找一个有思想的部落，就像《诗经》所说的"空谷足音"（《诗经·小雅·白驹》）。我们如饥似渴地希望能遇到真正的思想者。我在插队前看到杨小凯的《中国向何处去》以后，设法搞到了他的文本。我一直在关注着他与《新四中》赤潮（后来与张祥龙认识后始知是他的哥哥），他们是当时最清晰揭露新阶级存在的思想家。

芦苇坚决要求离职，没有获得批准就放弃了他的工作。当时很多插队的人都渴望获得一个工作，芦苇是个罕见的例子。他为了什么？为了精神，为了自由。芦苇没有收入，就在我们这些朋友处混吃混喝混住宿。那时候我们刚刚插队出来，六个人住在一个套间。芦苇来了以后，晚上他把我的一床被子铺在地上，就睡在那上面。凌晨我起来上洗手间，看到一把木质的靠背椅上空悬着一个灯泡，灯还亮着，芦苇在那里聚精会神抄写东西。我上前看了一下，他在抄写黑格尔的《小逻辑》。

我永远记得芦苇那个深夜专注沉思的形象。这可能是黑格尔传播史上罕

---

① 我后来是教育部马工程美学教材的首席专家。

见的事件：一个无业的中国青年，既无收入也无居所，甚至不知道吃了上顿还有没有下顿，但是在那个全民狂热的年代，比生存更重要的事情却是追求真理。

我后来读到了伽达默尔《真理与方法》第二版的"序言"，他根据海德格尔而对"理解"的概括是："理解不属于主体的行为方式，而是此在本身的存在方式。……它标志着此在的根本运动性，这种运动性构成此在的有限性和历史性，因而也包括此在的全部世界经验。"①

这已经揭示出学术的发源地，以及真学者的底蕴。我们今天会看到这两个方面的分裂。如果没有成为这种思想和学术精神滋养的身体力行者，那些最后被生活所压倒、磨平的我的同辈，他们就成为卢卡奇所说的"永远的沉默者"。如果没有这样的精神阅历，只有外在的形式化知识，他们也是片面的。他们会被要求回答伽达默尔的视域融合前提：你是否有充实的精神经验理解那些历史的精神经验所升华的真理表达？这是一个由存在论决定的解释学。

四、愿终身插队的陆耕和戈卫

我有幸在这两个方面都获得了不同程度的联系。这种精神经历，我指的就是跟包括芦苇还有其他的人的共同精神经历。我再跟你们介绍一位，叫陆耕，他的父亲陆裕朴，曾经是第四军医大学的副校长，留美的著名医学专家。陆耕1968年6月插队。1968年初我们获得了陈伯达的儿子陈晓农在内蒙古插队的一批人的哲学读书笔记，他们愿意在内蒙古与最贫困的牧民打成一片，调查最真实的中国国情以改造中国。看了他们的读书笔记，我们受到了共鸣和感动。因此，我们派出了我们的小组代表，就到1964年插过队的陕西眉县去调查情况，才知道他们生活极为悲惨。当时运动还没结束，墙上刷着大标语：地富反坏右插，"插队"的"插"，是地富反坏右的一员。因为他们大多出身不好，在1964年不能去参加高考，被注销了城市户口，到农村去当插队知青。这反倒激起了我们巨大的热情。我们这批人选了宝鸡坪头西山地区的深山老林。我所插队的地方架子车都不能拉，全都是背背篓，有狗熊出没。我们在那里白天拼命工作劳动，晚上激烈地讨论，研究中国的社会以及相应的理论。后来我们进入招工阶段，就扩大我们的研究。

陆耕出生在这样一个优越的家庭，1968年6月，他在长安的白道峪落

---

① 伽达默尔：《真理与方法》上卷，商务印书馆2004年版，第6页。

户了。白道峪每年由于干旱很多人逃荒要饭,他就组织了一批青年要修水库。农民说,修水库吃什么?他和他的朋友就拉着板车到第四军医大学挨门挨户地找教授们,把他们不吃的杂粮一麻袋一麻袋地拉回来,作为突击队的粮食,然后修起了这个水库。

陆耕使我第一次知道了安徒生童话中《光荣的荆棘路》这篇文章。尽管在此之前,《海的女儿》和《卖火柴的小女孩》都是我自幼获得精神滋养的来源,但我并没有读过安徒生的这一篇文章。陆耕是用复写纸誊写寄给我们的。这个文章说的是地球上有一条环状的铺满荆棘的路,只有那些幸运的人走上这条荆棘路,苏格拉底走上来了,布鲁诺走上来了,伽利略走上来了。这个童话就是一种为了真理而牺牲自己、使自己的人格获得最高提升的典范的童话寓言。他把我们的插队和这样的童话联系在一起来理解。

我们大部分人都是家境优越的知识分子子弟。但是我们自愿放弃招工,愿意和那些贫苦农民在一起。我记得一对兄弟俩,一位和我一样放弃招工,另一位就出去了。他们的父母把我接到家里吃了一顿饭,说你们都家境很好,新中国成立前有些家境好的人去学唱戏,做票友,但这是被人看不起的。如果你们真的愿意和这些贫苦的人在一起,愿意为他们去努力地工作和劳动,那是很值得尊敬的。但是如果你们只是些票友,最好现在就停止。我还记得这段话。我们下去了以后,把自己的粮票、钱,甚至身上的衣服,都给了农民。我们村里的农民,他们只有一身衣服,粗布的棉衣,在春天的时候把棉花掏出来,洗净以后就是夹衣。我们跟他们在一起,不愿意只做票友。

我的一位同学,叫戈卫,现在还在插队,就在宝鸡坪头码头大队。他的父母都是优秀的医学教授。但是,他愿意在那里和农民一起改变他们的生活处境,我的研究生两年前还曾去拜访过他。

后来,我在三次放弃招工以后,由于其他的原因我们决定集体出去。我们这个小组走了。戈卫是另一个小组,他留下了。大概1994年还是1997年的时候,梁晓声和徐友渔他们联合共青团中央青少年制作中心和中央电视台,要拍"老三届"这一代人,他们推举我做召集人。后来拍成了,是赵忠祥配的音,很多人看了以后很感动,这个里边就有戈卫和陆耕。他们两个人都做了采访录像。台湾的两位我敬重的老人来探望我,就说他们看过而且跟我要这个录像。我很惊讶。我说这里谈的是共产主义背景下的理想主义,你们作为台湾的背景怎么能够有共鸣?他们说,这里面有真正的理想主义,这令我想起元化先生给我的书信所引用的唐君毅先生的话"一切真诚者终将相遇"。

陆耕后来去参军。当兵回来以后又来找我们,他说我们能不能再找一个三个小队的农村,典型地代表我们中国的农村状况,我们在那里一起插队,把这个队作为改造中国的一个样板试验。看如何使农村改变经济上的贫困、文化上的愚昧,成为一个先进的、文明的农村和社会群落。他很激动地来跟我商量,就开始要正式展开到哪个县、哪个生产大队去寻找。但是那个时候我们已经获得了关于林彪"九·一三"事件的一些情况。我们决定要到产业工人中去,所以我们愿意招工出来。但是我们这几个人不能分开,我们是一个小组。我们就到了一个小厂,厂里说你们不愿意分开,那就做最苦的活,烧反射炉。反射炉是一个很大的炉子,里边烧的都是七十八斤重的粉墨冶金的烧制品。我们的男生和女生一起抱这些东西出炉。

五、理论小组"身无分文而心忧天下"

在工厂工作期间,我们的理论小组还是没有停止,假期的时候,我们就聚在一起。我们有许多经历相似的人,在一起讨论中国的社会矛盾是什么,中国今后应该走向哪个方向,我们的理论根据是什么。

其中有一位有一天集中地汇报他几年来的研究成果,那就是:中国的社会矛盾不是资产阶级和无产阶级的矛盾,主要矛盾不是阶级斗争,而是生产资料的公有制与劳动力私人占有制之间的矛盾。他给我们论证,激动到呕吐。可能青年人会觉得可笑,要知道这就和芦苇没有吃没有住还要读黑格尔《小逻辑》一样,这一代对真理就是这样怀着与自己的生命合而为一的态度。甚至在一些理论辩论场合,还会发生拳脚相向。我们那个时候还没有脱出,其实现在还没有完全脱出那种悍厉之气。与青年一代的文明习惯相比,我们需要自省的东西很多。

我在我的一本书——《阐释并守护世界意义的人:人文知识分子的起源及其使命》[①] 里,用了很大一段脚注,就引了《光荣的荆棘路》。我谈到,知识分子的起源是巫师,人类学证实了这一点。第一批知识分子的概念,即俄文 интеллигенция,在文化人类学的起源就是巫师。巫师一个非常重要的性质就是,当他们年老体衰的时候必须被杀死,这就是《金枝》里所记载的内米湖畔的杀巫。因为,如果他们精力不够,不能够承担人类的与神、与超越界的交往,就必须自我牺牲。我在这本书里谈到,自我牺牲作为人文哲学的文化人类学起源,乃是杀巫。他们不是为了自己,而是为了部族,为了

---

① 这是我影响最大的一本书,但不是我的学术代表作。

人类，这也就是《光荣的荆棘路》所揭示的真理。

陆耕没有上大学，最后做了红旗手表厂的厂长，是由工人们自下而上地推选上去的。就和他当年拉着板车去收粗粮，去组织突击队修水库一样，就是这样的气质和素质。正因为这样，后来"文革"结束，在改革开放中，我看到了各行各业优秀的人中都有我们这个队伍里出来的，尽管我并不认识他们，但从他们的经历中看到了我们那一代人共同的经历和特征。我所说的这些特征——理想主义和毁家纾难，以及把自己的经历和学术紧密联系在一起的思想史特征，都是非常一致的。

我这么说，就和今天很多人在说几千万悲惨的插队知青，然后纪念他们被社会的不公待遇是不是矛盾的呢？不是。我绝没有美化插队的意思。我正在做的一个工作，正是要深度研究这段历史。我只是想说，思想史不会忽略这个时段，但插队的历史意义不是社会学的统计所能够代表的。《1966：我们那一代的回忆》里面我那篇文章最末，谈到了1980年我和李泽厚第一次见面的谈话。我说，你在《中国近代思想史论》中写了中国五代知识分子，从戊戌变法那一代一直写到了红卫兵这一代，你说这几代里最没有出息的就是你们这一代，就是十七年成长起来的老大学生。而最有创造性的是20年代，当时中国最优秀的一代知识分子，那是三民主义和共产主义的信仰者，他们立志改造清末民初那样的社会。他们开始了20世纪的中国变革史，他们是最有原创性的一代。然后你谈到了红卫兵一代，说这一代是在邪恶与崇高交织的背景下成长起来的一代。但是他们是唯一能够和20年代知识分子可以对话的一代。我说，你不是这一代，竟然有这样的见识，难得。李泽厚说，你不是第一个这么说的。

通过这个，我只是想说，历史之复杂、思想史之复杂，我们绝不可以把它简化、平面化和漫画化。在邪恶与崇高交织中成长起来，非常准确。我们是幸运者。我指的不是我现在的社会身份，而是这种精神经历的定位，以及我后来的道路。而实际上，我们这些人中，我们更多的同伴、插队队友最后在中国社会的思想史和社会变革史中确实是失落了。看到这些，就更加意识到我自己所肩负的责任，我所说的话和我将来要写的东西，实际上在一定意义上就是代表他们说话，从而打破卢卡奇所说的"他们是沉默的人类"这一判断。因为我所获得的这种思想经历，是和他们不可分割的共同经历，我们的思想理论活动也是结合在一起的。

六、以思想引领学术

现在我要说到一个比较重要的线索，那就是，在这样一个成长背景之后，我进入了大学，后来进入学术界，我的精神存在及其背后更深广的精神背景在推动我。正因为这样，我进入了一个一个的领域，这些研究被一些学者认为是有思想的、有原创性的。但就我个人来说，我并没有受到令我羡慕和尊重的那些中青年学者所受到的外语的专业的训练。我是以思想的方式进入学术；同时，又以学术的方式为我的思想进行深化和论证。只有这样，才能使我成为意义自觉的生存者。

一方面思想居于社会史与观念史之间。社会经验史包括个人的私人生活史，是形而下的经验世界；在它之上的，是观念的和形而上学的哲学史。这两个世界之间，是思想史。思想如果只是变成了外在经验的记录，那就没有哲学；如果只是思辨的观念，和逻辑关系的形式结构，它就失去了精神历史由以产生的经验史和问题史。余英时的《朱熹的历史世界》就是思想史。如果了解了北宋王安石变法失败的背景，了解范仲淹为什么复兴墨家以天下为己任的精神，了解唐之后庶族入仕在北宋所达到的独一无二的状况，就会知道，他们都是要去改造社会的活动家乃至政治家。王安石变法的失败使得他们的思想背景——佛教的影响被揭示出来。这个思想和历史事件引起的争论成了宋明理学的原动力。这样我们才能理解佛学之于理学的思想史背景，为什么像朱熹那样优秀的社会活动家和政治家要去非常精细地辨析和阐发思想观念。如果没有历史学以及相应的思想史的背景训练，我们就只会看到片面简化了的"袖手谈心性"的理学家的形象，那是不真实的形象。我们钻入那些概念、范畴的思辨，却不知道这些概念思辨起源的生活和精神事件。

思想史及其事件是学术史的发源地。我读了柏拉图才知道，他的思想的世界和老师苏格拉底被处死是相关的。基督教的两个世界是和玛喀比起义的失败及先知运动的挫折相关的。而玛喀比起义是伪经，天主教保留了，和合本是没有的，我是通过世界历史知道这个事件的。我找来相应的材料，经过深入的阅读，才领悟到它为什么是今天英文所说的"现代性"（Modernity）的来源。这些问题背后都有思想史。我的《现代性与时间》这篇文章在《学术月刊》2003年第8期发表，好几万字。2008年在美国李泽厚曾跟我说，他给我打电话就是看了这篇文章，因为你还在用马克思社会必要劳动时间这个伪科学概念，而你这篇文章极有创意。实际上这篇文章我讲的就是玛喀比起义，然后结合社会必要劳动时间来研究现代性，现代性的弥赛亚主义渊源是国际学术界共识，但没有看到我这样的研究，而这与我所接受的马克思主义现代性框架相关。

我的个体经历与思想史进而与学术契合，这些论著都有其独特的起源，因而不是人工智能的知识梳理所能究底。就像余英时的《朱熹的历史世界》揭示出那些宋明理学家并非袖手谈心性者。所以我现在培养学生的时候，要求他们，要做中国的古典美学必须先阅读中国历史学，甚至，如果有充裕的精力和时间，要把它分为中国经济史、中国社会史，逐步地上升到中国思想史，然后到中国哲学史，最后再进入中国艺术史和中国美学史。如果没有这样的知识背景，你做的东西就是儒家鄙薄的口耳相传的无根之物。

七、以学术论证思想

我因为没有很好的学术背景，所以对学术格外尊崇。我知道我的弱点，所以我在进行思想的时候，要为我的思想进行论证，说明我的思想的意义，那就必须借助学术。这样我才进入了一个一个的学术领域。很多人说你怎么又是美学，又是文艺学，又是宗教学，又是中国哲学，又是西方哲学，现在又是教育学。我可以说，我进入的所有这些领域都有着非常密切的、内在的、一以贯之的线索。我不是随机地碰到什么问题就去研究，而是由我刚才用了很长的时间所谈的我的精神、我的思想，以及我个人的经历所奠基与指引的。

我举一个例子。我的出道之作是大学一年级写的一篇文学批评文章，直到今年还被很多人当作文学批评的范本来学。从那篇文章可以看出我的气质和背景。我的第一篇理论作品是在《学术月刊》1982年第10期上发表的关于美学对象的论文。在这篇文章里我点名批评国内所有美学权威学者，后来编辑都一一加上了"同志"——朱光潜同志、李泽厚同志。但我原来写的时候带着青年人特有的初出茅庐的锋芒毕露的风格。这篇文章涉及美学的一个硬核，就是现实审美和艺术审美的区别。这个"现实审美"是我创造的一个概念，不是毛泽东所说的"现实美"，也不是"艺术美"。这两个概念一个是动词，一个是名词。我用类比的方式来讲。真实的审美的起源就是那个跳舞的人，他看不见自己，没有审美对象，但是他是整个审美发生的源泉。而且他是全面的审美，不仅是在感知里，而且在整个身心活动过程中同时感受着一种境界（这已经涉及身体哲学）。这个境界不是作为对象化的审美艺术，诸如一幅美术作品、一首乐曲，或一篇诗歌所能达到的。与之相对的是谁呢？是一个观舞的人。观舞的人也在审美。但是他是在想象中代偿性的，好像谷鲁斯"内模仿"说的审美。他在想象中，他的小腿、大腿和腰部的肌肉都在紧张，其实那是想象。尽管谷鲁斯指出来了这种想象也有生理反应，但这是一种代偿性的审美。它不是第一性的而是第二性的审美，所以审美有两个层面，静观对象化的审美起源于非对象化的美的行动方式。这是我自己思考出来的。

那么，我这个思考的原型是什么？我进入大学学习美学，它是有生活根源的。我们的生活本身就蕴含着美的精神，包括我们人际关系的纯洁，以及我们的牺牲精神，就是一种境界。我在大学四年级写这篇文章的时候，有一个原型，我现在还能记得。我们插队的前半年是面粉供给，以后就是完全靠队里分了。那个面粉要到坪头镇上去领，我们在山顶上住，要下山去镇上，要过渭河，过一里多长的黑暗隧道，路上没有照明。我记得有一次我从其他队回来，遥遥看到我们队里的一位女生，背着那袋面粉，在暮色苍茫山间中那个白白的背影。那一刹那间，我有一种非常深的感动。因为我感到她有那种我们特有的向前倾斜的、奔赴前进的姿势。那就是我们那一代人的形象。一种高贵的美。

我当时就意识到，怎能有一个非对象化的美呢？这在什么样的一种精神状况下发生呢？后来我注意到了佛教的禅宗、空宗。空，它不依赖对象。然后我又注意到了现象学。现象学的前谓词判断，不是用"这是什么"中可以作为对象化的宾语、谓词进行判断，而是要对"是"这个"to be"去描述，不论是作为系词还是存在（本体论、存在论），它们都有一个前谓词判断。前谓词判断为什么要强调描述，就是因为它无法以有限的名词承担命题判断。所以我对现象学一见如故，我感觉这就是我所经历的思维。

1991 年我在清华讲座的时候，我一个非常好的朋友、如今已经去世的王炜①每天晚上都来和我聊天，促膝谈心到凌晨，翻墙出静斋。交谈中谈及海德格尔关于真思想者都是在用自己的母语说着同样的问题，我轻浮地发挥说：你们懂英文、德文、法文，还懂拉丁文、希腊文，对原著研究这么好，但是如果胡塞尔在世，海德格尔在世，他们可能是愿找我谈话，而不是找你们。当时他脸色大变，我伤害了他最深的自尊心。他没有回答我。至今忆及此事，仍为自己的轻浮羞愧。

我从 1983 年开始直到 1987 年，一篇文章也没写，就研究佛教、禅宗。后来《文化：中国与世界》第四辑跟我约稿，我就写了《禅与现代人的主体性》。那里边谈的就是上边的思考，其中对信息爆炸导致的流行化思维反

---

① 王炜系风入松书店创始人，熊伟弟子，于 2005 年逝世。

省，至今是更尖锐的问题。主张"现象学"后不能加那个"-logy"，不能把它理论化，那就变成"现象学学"。现象学只能是作为一种活动。当时张再林他们翻译了英文版的《大观念》，让我写个序。本来是列入金观涛的"走向未来丛书"最后一期的，但接着动荡，丛书作废了。在那个序言里我谈到，现象学是一种不息的活动，而不是对象化的知识，这是它的精髓所在。后来我跟学生谈话时都会说到，你不必一定要去听一些讲座或者什么，你们的书架上都有，从柏拉图到亚里士多德、到康德、黑格尔、海德格尔、胡塞尔、维特根斯坦、孔子、孟子、中庸，一直到宋明理学这些大家，你跟他们对话，你基于你的思想跟他们对话，有困惑跟他们辩论，无言地辩论，逼着你去读，这个时候读书是虎虎有生气的。那是激活了这些大师，也就是激活了这些经典理论最初的诞生地和处境。但相应的却必须同时关心有精神影响的历史性事件（"9·11""ChatGPT"），并使之获得哲学深度。

这是我为什么一定要把学术和思想紧密结合在一起。我必须用这种方式来论证我的思想，也就是我的生存的自辩。这也是我为什么从20世纪60年代的人道主义抗争到80年代马克思人道主义之后，在汉语中要进一步引入人文科学理论[①]。取代大批判革命意识形态独断话语的人文科学公理及其话语方式的确立，是80年代思想解放最深层的事件。80年代所有的学科知识引进背后都有对现代化有作用、有意义的价值取向。这样的时代精神会聚焦到中世纪政教合一结束以后现代社会一个结构性的精神文化定位，那就是人文科学作为最高的价值的指引。它潜在指导着各门人文学科，然后又由人文学科对社会科学包括法学和经济学这些学科的价值规范，以及对于自然科学和技术的运用，构成了社会意义的有机体。

《阐释并守护世界意义的人》这本书海峡两岸四次修订再版，多位已是汉语学术中坚的卓越学者，见面时谦称是读此书成长起来的。但我写此书的初衷却是为自己解答一个人进入中年后的根本困惑，那就是，老三届的理想主义指向意义而不言利，但随着成家日益切实承担的谋生目标，这两个目标如何统一？此书对从日常动作到专业技术、从无语沉默到逻辑概念思维乃至人工智能制造的人类行为进行了普遍阐释。由此提出的"劳动二重性"，并非《资本论》商品生产的具体劳动与抽象劳动的二重性，而是指劳动这一人类学行为具有永恒的谋生与自由双重性。贯彻全书的一对相反相成的核心概念是"意义"（significance）与"涵义"（meaning），他们是对人类基本

---

① 参见尤西林：《人文学科及其现代意义》，《中国社会科学》（未定稿），1987年第1期；尤西林：《人文科学导论》，高等教育出版社2002年版。

生存形态的劳动的功能结构抽象。该书剖析了人类脱离猿群不断扩展文明的劳动机制中，有限而确定的操作性"涵义"在获取生存目标的同时，如何必须凭借最起码的"意义"超越性提升自身。劳动的谋生涵义与超越性意义如影相随、不可分离。人类无"涵义"无法生存，无"意义"则无法在区别于动物的人性向度上生存。但"意义"却需要对"涵义"超越性阐释才能显现。此种超越性阐释是每一个体本己的意向，但只有那些有能力将一己"意义"关怀扩展为公共话语者，才成为阐释并守护世界意义的人亦即知识分子。人类第一批专职阐释"意义"者巫师即是知识分子始祖原型，它特别突出了知识分子超越性的信仰背景。

对最高尚行为意义的谋生涵义渊源与最卑俗谋生涵义的自由意义共有的劳动二重性结构的揭示，使劳动二重性理论成为一种挑战：它既非一个世界也非两个世界，而是既是一个世界又是两个世界的结构性本体。劳动二重性以对立统一矛盾体回应着柏拉图与基督教以来的西方两个分裂世界的紧张关系，以及西周以后中国以一个世界消弭两个世界所包含的紧张关系。这一理论甚至回应着全部思想史：劳动二重性使人摆脱了非神即兽的虚假选择，永恒而正当的劳动谋生性并不耻于自然受动性，但需要劳动自由意义的转化提升以保持人类的超越性。这一"原罪"式生存使劳动二重性既不沉浸于欲望涵义驱动的劳动占有－消费的各类世俗主义中，也不会自我超拔为工团主义或无产阶级名义下的劳动神圣意识形态；由于劳动自由意义的超越以转化谋生劳动涵义为依赖性前提，因而劳动二重性不会如奥古斯丁那样蔑视人生为客旅或道家与印度佛教那样以否弃现实社会关系实现自由（解脱）；劳动二重性又以其人类学根基行为形态的真实存在，从而不同于抽象为各种名言概念的古今思辨哲学，即使黑格尔式的思辨体系很大程度上表述出劳动二重性的逻辑形式，但劳动二重性本身就"是"（"Being"）生存状态与历史运动的辩证法；甚至在劳动二重性看来，禅宗式"搬水运柴"，也因其未区别劳动的受动性与自由性的差异阶梯而将劳动匀质化浪漫化了。

此书的思想渊源于60年代的生存与思想经历所凝聚的马克思主义。与雇佣劳动对立的自由的劳动，在美的规律中得到典型的表达。但劳动注定是《资本论》所说的自然的本体，人注定作为哺乳动物要终生与自然进行物质变换，这一基点文明人和野蛮人没有区别，同时人类所有文明也无法去除这一基点。

正是因为我的学术理论是基于切身的生存而非儒家所批评的"口耳之学"，因此我在虚心敬重阅读学习先贤时，保持着平等底线。例如批评劳动的阿伦特。我从80年代最早组织研究生翻译阿伦特，对阿伦特始终是尊重的，她也对马克思尊重，但是，她以及追随她的哈贝马斯，都执着于希腊奴隶劳动（labour）原型而贬低劳动。后来在浙江大学高等人文研究院的一次会议上，我和张祥龙之间有一个对话，他谈父亲时间，我谈母亲时间，我谈的就是母亲的所有的活动——切菜、炒菜、刷锅，都是转瞬即逝的，就是阿伦特说的"没有持存对象化意义的"，不能纳入马克思的对象化劳动。因此好像这种劳动是无意义的，是和动物没有割断的一种被迫的生存。我进行了激烈的抗辩。我认为，这恰恰是人最美好的东西，就是爱，它是一种圆形的时间，从子宫受孕的卵子就开始这种原型的时间和转复。而人们谈的 Modernity 意义上的"现代性"，那是基督教末日审判意义上的未来观念迁移下的前进的状态。而这样的一种作为家园轴心的母亲的元点圆形时间，才是今日人工智能时代的人性方向。我后来才听说，列维纳斯等人也这样讲。但是我没有看过他们的书，完全是我的思维经历想出来的。虽然我并不是没有对马克思进行反思，实际上1996年这本书第一版的时候我对马克思的这个问题已经做了非常含蓄的批评：马克思的劳动哲学到晚期没有达到逻辑上的统一，甚至出现了自我矛盾的问题。但是我仍然认为马克思的劳动哲学，是今天值得重视的思想和学术理论资源之一。所以，当我看到79岁高龄的卢卡奇在他的《社会存在本体论》中转向马克思的劳动思想，我心有戚戚焉。

我同时随问题转入中国哲学，写"天下"这个概念。我在80年代末的时候就想到"身无分文 心忧天下"，那是毛泽东在长沙第一师范的名言，我们插队的时候就贴在知青的住棚里边。这个"天下"是怎么回事啊？后来我就开始研究"天下"。在80年代末写了《有别于国家的"天下"——儒学社会哲学的一个政治学理念》，后来在台湾的《九州学刊》发表了。节本发表在1994年上海的《学术月刊》。我实际上是把当时那种理想主义的精神推进到社会学、政治哲学的批判性思考中。这一部分是我的《阐释并守护世界意义》中关于社会学的一章，1996年出版。它是我整个问题群中产生的一个环节。

再有关于"理性"的问题。80年代刚改革开放的时候，很多人说"非理性"是贬义词，一说"理性"，就变成了逻辑意义上的，同一律不矛盾律这些东西。我在上大学读《纯粹理性批判》时发现，这个 Vernunft 概念根本不同于 Verstand，今天对于搞西方哲学的人来说这是常识，后来大家都接受把 Vernunft 翻译成"理性"。而实际上"理性"在我们现代的汉语中指的是什么呢？是 Verstand，就是"知性"，就是逻辑性。我们今天说的非理性，指的是非逻辑性、非知性；光讲想象力，光讲审美之类的话，然而 Vernunft 恰恰包含着这种东西。

后来我就写了这一篇论文。80年代中期的时候在武汉德国哲学研究所（张世英先生是所长），和德国人开的一个"近现代德国哲学中的主体性"的研讨会，我有幸参与了这个会，在这个会上提交了这篇论文，张世英先生很喜欢，就把这篇文章发表在他主办的北京大学出版的《德国哲学》的第一篇。

我进入什么领域是根据我自己的经历与所处环境的问题所决定的。我进入了中国哲学、西方哲学，又进入了宗教学。我写的宗教学的东西被翻译成德文、英文、意大利文。其中，《约伯记》和现代虚无主义起源的问题，即德福是否相报的问题，至今是一个深层课题。那恰恰也是我身处大学商业化大势时，坚守意义本职的自我论证。后来我延展为对康德的圆善（das höchste Gut，通行汉译为"至善"），以及康德的恩典与自由系列论文研究。90年代又进入对牟宗三相关论域的康德对话研究①。

我后来进入教育学，也与我自己成长的亲身经历有关。刚才我谈到了我小学的时候学什么，我已经意识到了教育的重要。实际上李泽厚1986年《康德与主体性论纲》②中最后一段话，已经提出21世纪将是教育学的世纪。

今后我将做的工作，除过上述学术方向之外，"我晚年要结合自己贯穿各个时期的经历，对中国1949年以来的政治和社会结构的核心方面做研究。这不是一般的历史研究，也不是简单的思想史研究，它既以个人现象学式的实在体验为基础，同时又是社会学、政治学、哲学性的研究。我要运用几十年的学术训练对1949年以后的中国社会性质做新的研究。当然这个社会将来会发生很大的变化，而我希望用这样的工作更清晰地认识它。"③

---

① 台湾的林安梧在给辅仁大学的报告中对此评价甚高。
② 这是非常重要的一篇文章。
③ 葛兆光、吴思等口述，李怀宇采写，《与天下共醒：中国二十位知识分子采访录》，中华书局2016版。

基本收入与社会政治哲学
——菲利普·范帕里斯先生访谈录

〔比〕菲利普·范帕里斯（Philippe Van Parijs） 叶甲斌

编者按：菲利普·范帕里斯（Philippe Van Parijs）先生是法语鲁汶大学（Université catholique de Louvain）①经济、社会和政治科学学院荣休教授。受中山大学实践哲学研究中心邀请，中山大学哲学系叶甲斌博士于2017年10月21日以"基本收入与社会政治哲学"为主题对范帕里斯先生进行了线下专访，2022年4—5月在线上对范帕里斯先生做了补充访谈，最终形成了本篇访谈。②

菲利普·范帕里斯1951年出生于比利时布鲁塞尔，在圣心学院接受了中小学教育，在圣路易斯大学、法语鲁汶大学以及荷兰语鲁汶大学攻读哲学、法学、政治经济学、社会学、语言学等学位；1974—1991年，成为比利时国家科学研究基金会［Belgium's

---

① 法语鲁汶大学（Université catholique de Louvain，简称"UC Louvain"），荷兰语鲁汶大学（Katholieke Universiteit Leuven，简称"KU Leuven"）。1968年，鲁汶大学分成了法语鲁汶大学和荷兰语鲁汶大学两所大学。法语鲁汶大学迁往比利时法语区的新鲁汶市（Louvain-la-Neuve），又称"新鲁汶大学"；荷兰语鲁汶大学留在鲁汶市，中文学界常称其为"鲁汶大学"。

② 线下访谈时间：2017年10月21日，访谈时长约1小时。访谈地点：比利时鲁汶大学范登希尔研究所（Van den Heuvelinstituue）。2017年，范帕里斯在鲁汶大学高等哲学学院开设了关于基本收入和政治哲学的研讨课。参加上述研讨课及相关活动后，叶甲斌围绕基本收入与社会政治哲学的相关问题对范帕里斯先生进行了学术访谈。2022年4月27日至5月12日，叶甲斌在线上对范帕里斯做了补充访谈。本访谈录音整理和翻译由叶甲斌完成。

National Fund for Scientific Research（FNRS）]研究员，在牛津大学、比勒菲尔德大学、加州大学（伯克利分校）等高校求学和研究，获得社会科学博士学位（法语鲁汶大学，1977）和哲学博士学位（牛津大学，1980）。1981年，加入分析马克思主义"九月小组"（September Group），是分析马克思主义的代表性学者之一。1991年，范帕里斯受邀到法语鲁汶大学担任经济与社会伦理胡佛讲席教授（Hoover Chair of Economic and Social Ethics），一直担任该讲席教授直至2016年荣休。范帕里斯曾担任哈佛大学哲学系（2004—2008）和牛津大学纳菲尔德学院（2011—2015）等高校和科研机构的常驻客座教授，长期担任荷兰语鲁汶大学哲学学院（2006— ）的特别客座教授（Special Guest Professor）以及欧洲大学学院（佛伦罗萨）[European University institute（Florence）]的常驻罗伯特·舒曼研究员（Regular Robert Schuman Fellow）。2016年，范帕里斯从法语鲁汶大学胡佛讲席教授荣休后，仍受邀在法语鲁汶大学、荷兰语鲁汶大学、欧洲大学学院等高校定期授课和举办研讨会。

范帕里斯是英国科学院院士，比利时皇家科学、文学与艺术学院以及欧洲艺术与科学学院会士。范帕里斯广泛参与相关的社会实践。自20世纪80年代后，范帕里斯一直是基本收入研究领域的代表人物，作为基本收入全球组织网络（The Basic Income Earth Network）的联合创始人，长期担任该组织顾问委员会主席。此外，他曾担任比利时大学基金会的伦理论坛协调人，比利时学术界Pavia小组协调人、反思比利时倡议（Re-Bel Initiative）协调人，并于2020年担任布鲁塞尔多语言理事会（Brussels Council for Multilingualism）的首任主席。2001年，范帕里斯获得比利时学术界享誉盛名的弗兰基奖（Francqui Prize）。2007年，比利时"这就是比利时"系列邮票为九位比利时杰出学者发行了纪念邮票，范帕里斯位列其中。

范帕里斯先生是西方当代著名政治哲学家和政治经济学家，在基本收入、语言正义和分析马克思主义等研究领域做出了卓越的理论贡献。他的著作有《社会科学中的进化解释》（1981）、《马克思主义再创造》（1993）、《所有人的真实自由》（1995）、《正义的民主：罗尔斯－马基雅维利方案》（2011）、《欧洲与世界的语言正义》（2011）以及与雅尼克·范德波特合著的《基本收入：为了一个自由社会和健全经济的激进提议》（2017）。范帕里斯先生是基本收入研究的代表性学者，被《展望》（Prospect）杂志称为"基本收入的教父"，被评为新冠疫情时代全球最重要的思想家之一。此外，范帕里斯先生对语言正义领域做了开创性研究，使语言正义的相关问题成为当代西方社会政治哲学的重要主题之一。

叶甲斌：尊敬的范帕里斯先生，您好！感谢您接受访谈。在中文出版物中，您的姓名有几种不同的译法，如"菲利普·范帕里斯""菲利普·范·帕里斯""菲利普·范·帕里基斯""菲利普·范·派瑞斯"等，造成一些读者不清楚这些名字指的是同一个人。如果我没理解错，那么您的姓氏"Van Parijs"在荷兰语中意为"来自巴黎"（from Paris）。众所周知，比利时是一个多语言的联邦国家，所以，我想请您谈谈您姓名背后的故事。考虑到您是语言正义研究领域的哲学家，对比利时与欧洲的语言政策有很多讨论，您能结合语言正义问题简要谈谈吗？

范帕里斯：在荷兰语中，"Van Parijs"确实是"来自巴黎"的意思。"rijs"的发音介于英语单词"rice"和"race"二者的发音之间。相反，我的名字"Philippe"是法语（在荷兰语中，它应拼写为"Filip"）。因此，可以说，比利时的语言边界就在我的荷兰语姓氏和我的法语名字之间。这并不完全是偶然的。我在布鲁塞尔出生和长大，今天的布鲁塞尔人口中有四分之三是外国人或有外国血统的人，而我便是剩下的四分之一中的。大多数人的家庭来自至少在环布鲁塞尔的佛兰德荷兰语地区，他们大都用法语上学，法语是他们最熟练的语言。这就是我的情况。部分荷兰语人口的"法语化"（Frenchization）在比利时引发的政治冲突，当然是我对"语言正义"的部分兴趣所在，也就是在不平等的语言并存的情况下产生的正义问题。但是，这并不是唯一的因素。布鲁塞尔现在是来自近两百个国家的公民以及他们所说的数百种语言的家园。它也是欧盟机构的主要所在地，而英语已经成为欧盟的主要语言。对于一个对语言正义感兴趣的哲学家来说，这提供了大量的思考素材，而且也有大量的行动机会。因此，布鲁塞尔首都大区——比利时联邦国家的三个组成部分之一——政府最近成立了一个"布鲁塞尔多语言理事会"（Brussels Council for Multilingualism），我同意担任其主席。

叶甲斌：在我看来，一个哲学家的生活方式与他的思想内容密切相关。我注意到您近年接受了不少很有价值的访谈，但那些采访似乎很少涉及您的家庭。所以，您能否简要谈谈您的家庭背景、家庭成员以及他们对您的影响？

范帕里斯：1976年，我在牛津认识了我的妻子，当时我正在那里读博士。我们有四个孩子和六个孙儿。我们的两个女儿和三个（外）孙女住在布鲁塞尔。我们的一个儿子和一个孙女住在伦敦。我们还有一个儿子和两个孙子住在日内瓦。正如我妻子经常说的那样，拥有孩子和孙儿有助于我的哲学研究保持脚踏实地的状态。而我确实从我的妻子、我的孩子，甚至——现在开始——从我的孙儿那里学到了很多。然而，就影响而言，我更应该提到我的母亲和我的外祖父。我把我的第一本政治哲学的书献给了他们［该书1991年以法语出版，书名是《何为正义的社会？》（*What Is A Just Society?*）］，因为他们给我传递了对社会公正的热情。

叶甲斌：您在比利时上的是哪所小学、初中和高中？您在哪些科目上表现出色？在那段时间里，哪位老师对您的影响最大？在您的学生时代或青少年时代，有哪些令人印象深刻的事件，特别是对您以后的生活有巨大影响的事件？

范帕里斯：我在圣心学院（Collège du Sacré Coeur）度过了十二年的小学和中学学习生活，这是一所以法语授课的公办天主教学校，位于布鲁塞尔的西北部。这所学校的中学是严格筛选的：大约六十名十二岁入学的学生中只有十二人六年后完成学业，其中八人，包括我自己，是学习拉丁文和希腊文的那一组。五十多年后，我仍然定期与我中学最后几年的（留在班上的）同学们一起吃饭。对我影响最大的老师可能是我十四岁时的一位法国文学老师。他让我对阅读书籍有了持久的热情。

叶甲斌：高中毕业后，您曾在比利时、英国、德国和美国学习，并获得了社会科学（鲁汶大学，1977年）和哲学（牛津大学，1980年）博士学位。您能否谈谈您在本科和研究生阶段的学习和生活经历？您能否简要介绍在此阶段对您影响最深刻的人与事？

范帕里斯：中学学习阶段以后，我先在圣路易斯大学（Université Saint Louis），一个位于布鲁塞尔市中心的小型高等教育机构，如今它正在被法语鲁汶大学（University of Louvain）合并。我在那里同时获得了经济、社会与政治科学的第一学位、哲学第一学位以及法学第一学位。我接下来去了以法语授课的鲁汶大学，当时它仍坐落在说荷兰语的城市鲁汶。在经济和哲学之间有一些犹豫之后，我决定攻读哲学的硕士学位，以及社会学的硕士和语言学的第一学位。在鲁汶待了三年后，我获得比利时国家自然科学基金提供的共为期六年的博士与博士后资助，我在比利时之外求学了五年：三年半在英国牛津，半年在德国比勒菲尔德，一年在美国加州伯克利。在此时期，我写了两篇关于社会科学认识论的博士论文，也在经济学领域做了不少工作。在这个阶段，对我影响最大的人是让·拉德里埃［Jean Ladrière（1921—2007）］，他是一位科学哲学家与非常博学的人，他指导我完成两篇硕士论文后成为我在鲁汶的博士论文指导老师；牛津的经济学家安德鲁·格莱恩［Andrew Glyn（1943—2007）］和哲学家 G. A. 科恩［G. A. Cohen（1941—2009）］——他当时还在伦敦大学学院（University College London），不过1978年，G. A. 科恩在他的首部书《卡尔·马克思的历史理论：一种辩护》

(*Karl Marx's Theory of History*：*A Defence*)① 的基础上，与查尔斯·泰勒（Charles Taylor）教授联手在牛津举行了一次研讨班。

叶甲斌：您是"九月小组"（September Group）的成员。该团体在马克思主义、政治哲学和社会学研究领域产生了重要影响，有许多杰出学者，如G. A. 科恩。在中国的哲学界，分析马克思主义的影响与日俱增。您能给我们介绍一下这个团体，特别是您的工作以及您与其他成员的互动吗？

范帕里斯：该团体成立于1981年，最初的成员包括哲学家G. A. 科恩（当时在伦敦大学学院，后来去了牛津大学）、哲学家乔恩·埃尔斯特（Jon Elster，他当时在芝加哥大学和奥斯陆大学、后来在纽约哥伦比亚大学和巴黎的法兰西学院）、经济学家约翰·罗默（John Roemer，当时在加州大学戴维斯分校，后来在耶鲁大学）、政治经济学家罗伯特·范德维恩（Robert van der Veen，阿姆斯特丹大学）、社会学家埃里克·欧琳·赖特（Erik Olin Wright，威斯康星大学麦迪逊分校）以及我本人。后来，哲学家希勒尔·施泰纳（Hillel Steiner，曼彻斯特大学）、经济学家塞缪尔·鲍尔斯（Samuel Bowles，麻省大学阿默斯特分校，后来到了圣塔菲研究所）、历史学家罗伯特·布伦纳（Robert Brenner，加州大学洛杉矶分校）、经济学家普拉纳布·巴德汉（Pranab Bardhan，加州大学伯克利分校）、约书亚·科恩（Joshua Cohen，麻省理工学院，后来去了斯坦福大学和苹果大学）、政治学家亚当·普泽沃斯基（Adam Przeworski，芝加哥大学）、法学家希娜·希弗琳（Sheana Shiffrin，加州大学洛杉矶分校）、经济学家罗伯托·维尼齐亚尼（Roberto Veneziani，伦敦玛丽女王学院）、哲学家戴卜拉·萨兹（Debra Satz，斯坦福大学）和经济学家苏雷什·纳德（Suresh Nadu，哥伦比亚大学）也加入了这个团体。

该团体最初的绰号是"不废话的马克思主义者"（Non-Bullshit Marxist）。我个人不喜欢这个标签，部分原因是"不废话"对我来说太傲慢了，而且该团体中有像我这样的人——他们从不认为自己是"马克思主义者"。然而，该团体的共同点是对马克思的工作和马克思主义传统的浓厚兴趣，但与坚决使用被一些马克思主义者斥为太"资产阶级"（bourgeois）的严格的知识工具相结合，如数理经济学、博弈论、分析哲学或定量的经验社会学。

自1981年以来，该团体实际上每年都会举行会议，会议大多是在9月，早期主要在伦敦，后期主要在纽约。到2021年，G. A. 科恩和埃里克·赖特

---

① 1963—1984年间G. A. 科恩在伦敦大学学院就教，1985年接替查尔斯·泰勒担任牛津大学社会与政治理论齐切里讲座教授（Chichele Chair），直至2008年荣休。

已然谢世,乔恩·埃尔斯特和罗伯特·范德维恩也已经辞职。创始成员只剩下两个,即约翰·罗默和我。在 2021 年 9 月的会议结束时,也就是第一次会议的四十年后,我们提议老一代成员应该退休,成为"荣休成员"(emeriti),让年轻成员决定他们是否要继续下去,如果要继续的话以什么样的目标和形式继续下去。

我自己对马克思的兴趣早于我加入"九月小组"。1977 年春天,我在德国生活时,非常认真地阅读了德文原版的《资本论》第一卷(也是唯一完成的一卷),从第一行到最后一行。我在阅读 G. A. 科恩在其 1979 年的书中对历史唯物主义的严格重建,以及约翰·罗默用现代数学工具对马克思的经济理论的重新表述时,受到了很大的激励。收集在我的《马克思主义再创造》书中的一组文章,借用了乔恩·埃尔斯特在他的一本书的标题使用的短语,体现了我对九月小组"理解马克思"(Make Sense of Marx)这一共同努力的贡献。

然而,多年来,该团体逐渐脱离了对马克思的专门关注。对不平等的多种形式和原因的分析,不管是否可以还原为马克思式的社会阶层理论所能容纳的那些内容,还有对约翰·罗尔斯开创的传统中的自由主义-平等主义(liberal-egalitarian)的正义概念的批判性讨论,以及对或多或少的改造资本主义生产方式的激进建议的探索,开始占据了我们会议的大部分时间。最后一个方面被证明对该团体身份的逐步转变特别重要。在 1983 年的会议上,我和罗伯特·范德维恩合著的题为"通往共产主义的资本主义之路"("A Capitalism Road to Communism")的文章草稿被讨论后,这方面的讨论怯怯地开始了。当埃里克·赖特开始他的"真正的乌托邦"(Real Utopias)项目时(我们中的一些人也参与其中),它逐渐成为该团体的一个核心特征。正是这种在他看来毫无意义的提议日益增长的兴趣,导致了乔恩·埃尔斯特从该团体退出。

叶甲斌:2001 年,您获得了比利时最丰厚的科学奖项——弗兰基奖。2007 年,比利时"这就是比利时"系列邮票为九位杰出学者发行了纪念邮票,您名列其中。2020 年,您被《展望》杂志评为新冠疫情时代全球最重要的思想家之一。您在哲学和社会科学的许多领域取得了巨大成就,您认为其中哪一项最重要?您能分享一下您在学术生涯各个阶段令人印象深刻的事情吗?您最受益的研究方法和工作习惯是什么,能否与后辈学者分享一下?

范帕里斯:一个人可能不是判断自己知识成就的最佳人选。不过,我希望我的《所有人的真实自由》(*Real Freedom for All*)(1995 年)将有助于使无条件的基本收入的想法值得哲学家和非哲学家深入讨论。我也希望我的

《欧洲和世界的语言正义》（*Linguistic Justice for Europe and for the World*）（2011）将有助于为语言多样性的哲学讨论提供一些框架。

至于对年轻学者的建议，我在此仅有微不足道的建议：寻找那些你认为在智力上具有刺激性，同时具有社会相关性的问题；在现有文献和同事反馈的帮助下，努力找到这些问题的正确答案，即使它们与你所希望的不同；以严谨而又易懂的方式来表述这些答案，使其具有新颖性或启发性，并尽可能在可能对其感兴趣的人能接触到的地方发表。

叶甲斌： 您不仅是一位杰出的学者，而且非常关注社会问题，积极从事着相关社会实践。我记得在2017年鲁汶大学的"基本收入"研讨班上，有人就理论与实践的关系向您提问。您能否介绍一下您对"解释世界"和"改变世界"之间关系的看法？

范帕里斯： 如果你想改变世界的一部分，首先必须了解它为什么是这样的。同样重要的是，要尽可能预测自己提出的变革将产生什么后果。一些意图良好的改革，不管是温和的还是激进的，都可能会事与愿违，甚至引发灾难性的进展。相反，其他的改革，小规模的如建造一条自行车道，或大规模的如建立欧洲经济共同体，可能会从一个改进到另一个改进，引发良性循环。因此，我们需要一种多学科的努力，将在社会现实中的直接沉浸与象牙塔里的数字计算与反思结合起来，以阐明解释当前状况和我们试图改善的后果之间的因果机制。这样的努力必须伴随和支持任何改变世界的激进努力（militant effort）。

叶甲斌： 您在鲁汶大学担任经济与社会伦理胡佛讲席教授二十五年，直到2016年退休。您退休后的工作和生活怎么样？未来几年的重点是什么？

范帕里斯： 2016年，根据比利时法律的规定，任何年龄达到六十五岁的教授都可以退休。但我并没有真正退休，因为（法语）鲁汶大学和（荷兰语）鲁汶大学以及佛罗伦萨的欧洲大学学院都不断邀请我去授课和举办研讨会。尽管如此，我不再是某个研究中心承担行政、监督和组织职责的领导，这确实解放了一些时间。例如，这使我能够接受上文提到的布鲁塞尔多语言理事会主席的职位。这也使我能够把更多的时间花在我的孙儿们身上，而不是花在这些事务身上。

一、基本收入的要旨及其理论挑战

叶甲斌： 近年来，基本收入在全球范围内得到广泛的研究和讨论。您和雅尼克·范德波特合著的《基本收入：为了一个自由社会和健全经济的激进提议》① 对于介绍和研究基本收入来说十分重要。您能简要介绍一下基本收入以及该领域的最新发现吗？

范帕里斯：好的。简要介绍基本收入应该从它的定义开始。基本收入是一种收入（income），在个人的基础上分配给某些政治团体中的每个成员，无须经济情况调查和工作情况调查。这意味着，第一，为了确定一个人是否有资格获得基本收入以及基本收入多高，你不需要知道这个人和谁生活在一起。即使他与别人一起生活，基本收入也在严格意义上面向个人（individual）。第二，你不需要知道那个人赚了多少钱或者他是否有存款。基本收入既面向穷人，也面向富人，这就是通常所说的普遍收入（universal income）。第三，它也不仅限于那些无法工作或那些愿意工作的人。从这个意义上说，它是免于义务的（obligation free）。这就是基本收入。

关于我们书中的最新发现，我必须说，对我们来说最有启发性的章节之一是历史章节。我们发现了基本收入"史前史"的许多事情，此前我们并不知道。其次，我们发现，以一种比任何人做过的都更系统的方式去思考也很重要。例如，从最近关于基本收入的实验中，我们可以了解到什么和不能了解到什么？这两件事情我们在之前的写作中没有怎么论及，是在这本书中真正发现的。当然我们也更新了关于如何资助基本收入的各种建议，以及关于不同的政治流派对它的态度，等等。

叶甲斌：您不仅是基本收入理论领域的杰出学者，也是基本收入全球组织网络（Basic Income Earth Network）的创始人之一。您现在还为它工作吗？这个机构的确切作用是什么？

范帕里斯：实际上，这个机构诞生于1986年的新鲁汶市（Louvain-la-Neuve）。最初，它是作为基本收入欧洲组织网络（Basic Income European Network）成立的。结果发现，我组织和召开的会议召集的四十个人，他们都支持基本收入这一理念。正是在这个会议结束的时候我们决定建立一个组织网络。这个组织网络有一个时事通信，我编辑了大约十八年。该组织每两年开一次大会。2004年的那次大会在巴塞罗那举行，我们决定将欧洲组织网络转变成一个世界性的组织网络，所以得到了这个缩写②，它成为基本收入全球组织网络。在那之前，我既是执行委员会成员，也是时事通信的编辑和组织网络的秘书长，但我觉得是时候给年青一代留点空间了。不过，我一

---

① Philippe Van Parijs and Yannick Vanderborght, *Basic Income: A Radical Proposal for a Free Society and a Sane Economy*, Cambridge, Mass: Harvard University Press, 2017.

② 即 Basic Income Earth Network 的缩写为"BIEN"。基本收入欧洲组织网络的缩写与此相同。

直留任所谓的国际委员会主席至今。这个委员会到目前为止仍有组织会议的职能。如果出于某种原因不能每隔一年召开一次全体大会，这个委员会就会履行会议的职能。当然这种情况从未发生，在更多情况下它的真正功能是我必须主持每一届的委员会选举。

从那时起，我们仍然每两年召开一次大会，但是去年决定每年召开一次代表大会。去年大会在韩国首尔举行，今年在里斯本举行，明年将在芬兰举行，再下一年将会在印度举行。所以，它已经真正成为一个世界性的组织网络，包括很多国家的分支，包括中国的大陆和台湾。自参加这些大会以来，我一直在为它工作。现在，这个组织网络的法律地位发生了变化，我也密切参与了这一修改工作。

这个组织网络的作用是什么？事实证明，尽管参与这个机构的人数很少，时间上的投入也相对较少，但它已经被证明是传播有关信息的一种极其有力的手段，包括有关基本收入的信息以及那些不是基本收入但有时却与基本收入相混淆的信息。我发现像这样一个小组织力量真的很大，因为得益于互联网，那些可靠的信息可以快速传播。我现在必须说，那些年轻团队做时事通信和网站，收集世界各地的信息，让人们可以免费使用它。这些工作确实做得很好。

叶甲斌：与您在20世纪最初提出该理念时引起的讨论相比，近些年围绕基本收入的讨论出现了一些新的变化，比如当前全球化时代的基本收入与移民的话题。关于这些话题，您最感兴趣的是哪个？

范帕里斯：是的。的确，作为全球化的一个方面，移民现象带来的挑战在基本收入的相关讨论中必定更加突出。当然，移民问题一开始并不是没有。最初，我们主要考虑的是单个国家层面的基本收入。我在20世纪80年代想到这个主意的时候，当时并非没有移民。那时候移民问题已经令人担忧。但是，现在移民人数不断增长。它已经让我们意识到，这种情况肯定会继续发生在这个人口相对较少的欧洲和隔壁的人口大量过剩的非洲之间。此外，由于欧洲市场的持续深化，即所谓的单一市场，移民将继续涌入。在欧洲联盟内部有非常高的移民水平，这一点我们当然也需要考虑在内。

毫无疑问，和一个非常开放的经济体相比，在一个封闭的经济体里原则上基本收入更容易实现。因此，许多问题需要解决。特别是如果移民是选择性的，那么他们作为基本收入的净受益者，是否威胁到基本收入可持续经济发展的可行性？这是一个问题。其他问题也不那么容易解决。例如，如果一个人大半辈子都生活在一个国家，然后在七十岁的时候决定去另一个国家生活，他是否有权领取原则上仅限于生活在该国的人的基本养恤金？所有这些问题都需要解决。因此，人口的移入和移出事实上都可能引起一些问题，包括关于基本收入的法律问题和可行性问题。

叶甲斌：反对基本收入的声音来自从经济、政治到哲学的不同方面。对您来说，对哪一个方面的反对对基本收入提出了最大挑战？

范帕里斯：我认为对基本收入最令人激动（emotional）且真正的反对仍然是道德上的反对，即那种认为人们无所事事就能得到一份收入的观点。我认为这是一个真正的反对，而不是那种基于误解之上的反对。当然，并非说对这个反对没有好的回答，但它的确是一个真实的反对意见。

基于基本收入实验的公开辩论中，还存在其他反对意见。不过，它们所讨论的话题建立在误解之上。例如，人们会说，为什么要把钱给富人？有限的公共资源应该集中在穷人身上？然而，这是一种误解，因为我们需要为基本收入提供资金，而资金来源于对富人征税，富人需要支付他们自己的基本收入和穷人的那部分。我们为什么要这么做？因为这样对穷人更好！事实就是这样一个完全无条件的、绝对安全的保护层（floor）的确对穷人更好，因为它在为对抗贫穷上提供更安全的保护。它不像一张网（net）①——你可能从那些漏洞里掉下去——而是一个你可以立于之上的保护层。你可以把它和其他来源的收入结合起来，这既不复杂，也没有限制。这就是为什么它应该具有普遍性这一点是如此重要。基本收入同时面向富人和穷人，不是因为它对富人更好，而是因为它对穷人更好！

二、基本收入与马克思主义的思想关联

叶甲斌：类似基本收入的理念在历史上并不新奇。您能否介绍一下您是如何产生这个想法的？您曾认为基本收入资本主义（Basic Income Capitalism）是一条从资本主义到共产主义的切实可行的途径②，您为何会如此认为？

范帕里斯：这个主意并不是我通过阅读得到的。这个想法是我在思考两个截然不同的问题时产生的。第一个问题是我们如何解决大规模的非自愿性失业的问题。这是我们在 20 世纪 80 年代的欧洲甚至现在仍然存在的问题。

---

① 关于西方福利制度的讨论常将社会保障描述为"安全保障"（safety net）。safety net 的字面意思是"安全网"。floor 指比传统社会保障提供的"安全网"更坚固的一种福利保障。

② Robert van der Veen and Philippe Van Parijs, "A Capitalist Road to Communism," in *Theory and Society* 15, No. 5（1986）：pp. 635-655.

我们如何在不依赖持续增长的情况下解决这个问题？第一次大声呼吁人们关注自然资源的限度的，大概是罗马俱乐部（Club of Rome）[①] 在1972年发表的一份名为《增长的极限》（"The Limits to Growth"）[②] 的重要报告。在1982年的时候，人们还没有发现气候变化的问题。但是，包括我在内的很多人当时都觉得："天啊，我们不能真正地一直依赖与生产力发展同步的生产的发展！"我们期待的节省劳力的技术进步确实发生了，减少了生产中所需要的工作量。标准的答案是，如果现在生产一辆汽车只需要一个工人而不是四个工人，那么需要生产四辆车才不会造成失业。我们觉得这太疯狂了！因此，必须有另一种方式来解决失业问题。这是一个问题。

另一个问题大约发生在柏林墙倒塌和苏联政权倒台之前的几年。一些人批评资本主义社会的不平等，以此批评资本主义制度。因此，必须有一个替代方案，或者我认为需要有一个替代方案，既可以替代完全服从市场的新自由主义乌托邦，也可以替代完全服从国家的苏联国家社会主义乌托邦。因此，必须有一些东西，不仅能够保持过去的成就，而且能够为我们的社会提供一个令人兴奋的、积极的未来。我认为这很有必要。

这就是为什么我会把基本收入作为第一个问题的解决方案，因为我觉得如果让人们更容易减少他们的工作时间会怎样——人们工作得太多了！让他们少工作一些，由此释放出来的工作就可以被那些现在被排除在工作之外的人拥有。如果他们能将刚开始时可能很少的工作收入与他们的福利结合起来，这将尤其可行。因此，你可以把基本收入看作一种明智的分配就业的方式，一种更公平的方式，一种尊重人们自由的最高方式。如果减少最大工作时间，工作效率也会因此变得更高。在生活的某个时刻，人们也可能想要工作六十小时。这六十小时的工作被征税可以帮助他们自己和其他人减少他们的工作时间，当他们的孩子需要的时候，或者当他们需要得到进一步的培训的时候，或者只是需要休息一下以免倦怠的时候。因此，在我看来，这是第一个问题的解决方案。

与此同时，它也是第二个问题的解决方案。这就是为什么它有点像资本

---

① 罗马俱乐部1968年成立于意大利罗马，成员多为科学家、经济学家、商界和政界领袖，其宗旨是通过对人口、粮食、工业化、污染、资源和贫困等全球性问题的系统研究，提高公众意识，督促国际组织和各国有关部门改革社会和政治制度，并采取必要的行动改善全球管理，摆脱人类目前的困境。See The Club of Rome, "About The Club of Rome", 2021, https://www.clubofrome.org/about-us/.

② Donella Meadows, Dennis Meadows, JØrgen Randers, William Behrens III, *The Limits to Growth*, New York: Universe Books, 1972.

主义通往共产主义的道路，因为这个理念中有一些非常激进的东西。这种理念在某种程度上可以追溯至马克思与所谓的空想社会主义者分享的理念，即在某一时刻，生产力的发展将会这样：社会产品的很大一部分可以按需分配（to each according to his or her needs）。也就是说，用一部分产品来无条件地覆盖人们的生存。同时，人们会继续生产，为社会做贡献，以自愿领取低薪甚至没有报酬的方式，因为你已经能够让工作本身变得足够有吸引力。基本收入为每个人提供了生计，它足够高并且是按需分配的。与此同时，它会促成工作质量的系统提升。如果是肮脏的、令人不快的工作，人们就不会愿意去做，这种工作便会逐渐消失，而那种你带着快乐去做的工作、符合你热情的工作、你真正喜欢做的工作、对他人有用的工作将得到系统的推广。所以，这就是替代新自由主义和传统的国家社会主义的激进思想，这是一条通向共产主义的资本主义道路。

叶甲斌：下一个问题我本人非常感兴趣，因为我的研究领域主要是马克思主义哲学。我们知道，您是分析马克思主义的著名学者之一，对马克思的思想有着广泛的研究。这段经历对您反思资本主义社会和发现基本收入的理念有什么影响？

范帕里斯：我的《所有人的真实自由》一书实际上起源于一个项目，该项目始于 1977 年。另一本书《马克思主义再创造》于 1995 年出版。在 1977 年我还是一名学生，最初的项目名为"如果资本主义有什么本质上的错误会怎样？"（What if Anything Is Intrinsically Wrong with Capitalism?）。[①] 正是在这样的背景下，我非常彻底地阅读了马克思。我记得在德国待过一个学期，那时非常仔细地阅读了德语版的《资本论》第一卷——从第一行到最后一行。这是一本大厚书。我当时住在一个很潮湿的地方，以至于最后那本书闻起来有点味道。马克思没有完成另外两卷，这可能是唯一真正完成的一卷。《资本论》第一卷的构思非常巧妙，它有很多的技术、经济和历史的部分。我认为这是一本非常重要的书。

在我看来，为了讨论有关资本主义的利弊问题，尤其是资本主义内在缺陷和内在反对意见的问题，适当地接受马克思主义的回答当然很重要。所以，我就这么做了。我在德国待了一段时间后去了加利福尼亚，后来当我回到牛津的时候，我遇到了 G. A. 科恩。当时刚刚完成第一本书《卡尔·马克思的历史理论：一种辩护》的 G. A. 科恩，正在牛津举行一个研讨会。当时

---

① Philippe Van Parijs, *Real Freedom for All: What (if anything) Can Justify Capitalism?*, Oxford: Oxford University Press, 1995, preface.

他还在伦敦,在伦敦大学学院教书。我还遇到了加拿大人查尔斯·泰勒,当时他是牛津大学的社会与政治理论讲席教授。他邀请 G. A. 科恩共同主持那个研讨会。这就是我遇到这本书的地方。事实证明,G. A. 科恩书中的中心主张与我的第一本书中的中心主张非常接近,也就是我的那本书关于社会科学哲学中的进化论解释和社会科学①的主张。我们很快就发现彼此非常投缘。然后,我发现了约翰·罗默的《一般剥削和阶级理论》②。当时,乔恩·埃尔斯特正在写《理解马克思》③。这是一本大书,是剑桥大学出版社出版的系列书籍④中的一本。

我们在1981年一起创立了这个小团体,现在它仍然存在。我们的会议通常是在九月召开的,所以这个团体被称为"九月小组"。之所以用"九月小组"这个名称,是因为我不喜欢这个组织的另一个绰号"不废话的马克思主义"。"马克思主义"这个词涵盖得过多了,因为这个团体中有一些成员不是马克思主义者,他们不用马克思主义者定义自己。他们属于左翼人士,但不一定是马克思主义者。我的情况就是如此。⑤ 我也不喜欢"不废话的",因为那听起来真的很傲慢,对吧?好像除了你们自己,其他的书都是废话。不过,我分享了"九月小组"的中心思想,这个团体的承诺在于:马克思主义传统中有一些重要的东西,这些东西非常重要,因此,需要通过使用一些现代的工具进行再创造、调整和重新焕发活力。这些工具有时被所谓"废话的"马克思主义者称为资产阶级社会科学、资产阶级哲学,而这些工具是分析哲学、数理经济学和博弈论的工具,或者是定量社会学或其他学科的工具。使用尽可能好的智力工具,同时忠于某些激进承诺,这是非常重要的。这些承诺至少在部分马克思主义传统中是存在的。关于基本收入,

---

① Philippe Van Parijs, *Evolutionary Explanation in the Social Sciences: An Emerging Paradigm*, Totowa, N. J.: Rowman & Littlefield, 1981.

② John Romer, *General Theory of Exploitation and Class*, Cambridge, Massachusetts: Harvard University Press, 1982.

③ Jon Elster, *Making Sense of Marx*, Cambridge: Cambridge University Press, 1985.

④ 剑桥大学出版社曾推出 Studies in Marxism and Social Theory 系列书籍,其中包括埃尔斯特的《理解马克思》、亚当·斯沃斯基(Adam Przeworski)的《资本主义与社会民主》(*Capitalism and Social Democracy*)、范帕里斯的《马克思主义再创造》。

⑤ 范帕里斯坚持自由和平等二者在正义社会中的重要性,属于自由主义的平等主义者(liberal egalitarian)或者左翼自由至上主义者(left libertarian)。和一般的自由至上主义不同,范帕里斯强调真实自由(real freedom)不是消极自由或者形式自由,也不是积极自由。基本收入是实现每个人的真实自由的必要手段。范帕里斯也因此自称为"真实的自由至上主义者"(real-libertarian)。See Philippe Van Parijs, *Real Freedom for All: What (if anything) Can Justify Capitalism?*, Oxford: Oxford University Press, 1995, p. 5.

它肯定激发了这种基本收入的概念，即通往共产主义的资本主义道路。

我们刚才谈到了社会主义在经济效率方面显示出了它的局限性。苏联当然如此。中国之所以没有走上苏联的道路，正是因为邓小平对中国经济的运行方式进行了深入的改革。

这就是马克思主义传统和基本收入之间的一种直接联系。如果传统社会主义模式在经济效率方面不那么灵活，特别考虑到动态效率和创新的倾向，那么为什么不考虑一条在市场经济内部、在资本主义经济内部逐步通向共产主义的道路？就像先前定义的那样。

这是二者联系的一种方式，另一种方式通过剥削概念与马克思主义传统直接联系起来，但是是以一种矛盾的（ambivalent）方式。因为有些人会说，任何给予不工作的人以收入都是一种对工人部分劳动产品的勒索，因此，基本收入如果不转移给工人，它本身就是一种剥削形式。它甚至比资本主义更糟糕，因为至少在资本主义社会只有资本家可以脱离劳动、剥削工人，而在基本收入社会，更多的人可以依靠工人的劳动生活。这是一种看待它的方式。

另一种看待它的方式是：每个人都不赞同这样的预期，即人们被迫将自己的劳动力卖给资本家。当然，从这个角度来看，基本收入是一件好事，因为它能让你得以生存，至少不用将你的劳动出卖给资本家。即使基本收入不是很多，事实上你可以把它和其他活动结合起来，你可以自我雇佣（self-employed），你可以和其他工人建立合作社，所有这些都给了你相对于资本家的议价权（bargaining power）。这个方面在最初为基本收入进行辩护时就始终存在。基本收入赋能于工人，让他们与资本家更加平等，因为这是一种可撤出的权力（power to withdraw），公司将不得不更好地对待工人或者给他们更好的报酬，以便留住他们。所以通过剥削，你可以看到基本收入与马克思主义有一种矛盾的关系，这要取决于你如何解释它。

叶甲斌：发达国家与发展中国家在基本收入方面是否有不同的前景？在发展中国家落实基本收入的最大挑战是什么？您认为发展中国家是否有可能像社会主义运动的历史那样，在福利国家建立之前以某种形式实现基本收入?①

范帕里斯：我认为关于基本收入的论证有不同的形式,这取决于不同国家的福利社会的发达程度,以及这个国家发展水平相关的福利社会的发达程度。因此,在一个福利状况显著的发达国家中,具有实质性、重要的福利制度,具有一个普遍最低收入保障制度,即经过经济状况调查的最低收入保障制度,在这种情况下,基本收入被引进以减少该系统的弊端。特别是,事实上,在传统的福利国家,支付转移的重点是经济活动不活跃的人,从而导致他们仍然保持不活跃的状态。所以,如果有仅限于穷人的再分配系统的收入,那么自然而然地创造了所谓的"贫困陷阱"(poverty trap)②。如果穷人得到这些好处,当他有一个工作可做,薪水比领取的福利稍微好一点,那么他们可能会犹豫或拒绝,因为收入之间的差别不值得这么做,收入差异还不够大,而他们需要上班、需要穿得更好等。这意味着什么也不做或者做那份工作最终得到相同的收入。或者他们不这么做是因为他们不想让自己有不确定性,现在他们有定期的收益,但是如果找到了工作,也许他们不能满足老板的要求,也许他们无法坚持工作,然后,他们可能丢了工作或放弃了工作,他们担心不能再次找到福利,等等。在发达的福利国家,有这些所谓的"贫困陷阱"或"失业陷阱"(unemployment trap)。因此,在这种情况下,基本收入的一个论点在于给我们提供一个保护层,而非提供一个人们可能陷入困境的安全网。这就是这种发达的福利国家需要基本收入的原因。

现在在欠发达的国家,例如,在印度,那里有一些有趣的实验。③ 在非

---

① 基本收入思想从欧洲向全球传播过程中,一些发展中国家的学者对基本收入的想法产生浓厚兴趣。然而,值得注意的是,基本收入的首要目的在于解决欧洲既有福利社会的失业和不平等问题。这也是基本收入欧洲组织网络成立的原初语境。因此,理解基本收入需要先理解它的具体背景和问题意识,例如欧洲福利社会出现的"失业陷阱"或"贫困陷阱"等问题。See Philippe Van Parijs and Yannick Vanderborght, *Basic Income*: *A Radical Proposal for a Free Society and a Sane Economy*, Cambridge, Mass.: Harvard University Press, 2017, pp. 25-27.

② "贫困陷阱"或者"失业陷阱"指这样一种现象,即在传统社会救助模式中福利申请者需要满足一定的条件,比如收入低于某个标准,因此造成了一部分福利获得者为了保持获得该补助的资格而主动放弃工作和提升收入的机会,导致这些人持续陷入贫困和失业的困境。

③ 2011—2012 年,印度中央邦印多尔市的两个村庄进行了为期一年的基本收入试点项目。该项目主要由联合国儿童基金会资助。该项目从 2011 年 6 月至 2012 年 5 月向当地每位成年人每月发放 200 卢布,向儿童每月发放 100 卢布,每个家庭接受的基本收入金额平均为当地贫困线的 30% 左右。See Davala, S., Jhabvala, R., Standing, G., & Mehta, S. K., *Basic income*: *A transformative policy for India*, London: Bloomsbury Publishing, 2015, p. 34.

洲也有一些著名的实验。① 不过，你可以说："这是一些在小村庄里获得的经验。"在那里对于未到退休年龄的人来说，如果他不是残疾人，如果他不是老人，就没有任何的社会保障。农村地区没有相应数据，完全是非正规部门。在这种情况下，即使是非常低的基本收入，我的意思是不足以维持家庭生活的收入，对于那里的人们来说却有着重大的不同，因为这些村庄非常贫穷。通过来自该国富裕地区的资源转移或者来自联合国儿童基金会的支持，它们能带来现金优势。它们带来了现金，从而提振了经济，包括地方经济，因为人们有一定的购买力。在这种情况下，它对人们的健康有直接的影响，因为在经济活动的水平上，人们可以吃得更好，在这个水平上增加了购买力。当然，这种购买力的一部分随后会传播开来，例如你购买的产品不是村里生产的，因为一些服务可以合法运送在本地找到购买者的产品等。因此，也许所有这些东西都可以作为很好的理由，把基本收入引入那里。而且它是可行的，只要能够设法从该国较富裕的地区获取资源，以便将其更广泛地传播。不过，现在它的确依赖一个足够有效的税收体系以确保可持续性，除非可以从已经以某种形式国有化的某些自然资源的基金中获得资金。不过，这仍然需要一个足够有效的税收系统。基本收入也可以带来很大的不同，即便这些人的生计维持在很低的水平。

三、社会政治哲学视域中的基本收入论争

叶甲斌：在您的一系列著作中，您从不同的角度捍卫了基本收入。在所有这些辩护中，政治哲学在您的理论框架中的位置是什么？

范帕里斯：是的。当然，归根结底地讲，关于基本收入的公开辩论中有一些诉诸某种哲学原则、诉诸某种正义的理念，如果它不是那种我们需要让我们的社会更幸福的或者其他的正义理念。因此，总会有某种伦理的、哲学的立场，它可以非常明确，但有时会保持安静、含蓄。正是因为那种对基本收入令人情绪激动的主要反对意见具有伦理的、道德的性质，政治哲学就需要出现在这场辩论中。有些事情我一开始并没有意识到，当时我觉得主要的

---

① 2008 年 1 月，纳米比亚邻近首都的一个村庄开展了世界上第一个普遍的、无条件的基本收入试点项目。这个项目由纳米比亚基本收入补助联盟（Namibian Basic Income Grant Coalition）设计和实施。该组织试图通过该项目检验基本收入在扶贫事业上是否有效和可行。See Claudia Haarmann and Dirk Haarmann, "Namibia: Seeing the Sun Rise-The Realities and Hopes of the Basic Income Grant Pilot Project," in *Basic Income Worldwide: Horizons of Reform*, eds. Matthew C. Murray and Carole Pateman, London: Palgrave Macmillan, 2012, p. 33.

反对意见在关于行政的可行性方面,但后来我很快意识到应该是伦理方面。这就是这个问题的回答。

叶甲斌:您为基本收入辩护时提供的道德理由预设了某种正义概念。在您看来,社会正义的本质是什么?为什么您认为基本收入能够增进资本主义社会中人们的自由和平等?

范帕里斯:是的。简言之,我对自己说这不是平等反对自由的问题,而是以一种公平的方式分配自由(distributing freedom in a fair way)的问题。这才是正义之所在。然而,自由不能仅仅被理解为一种形式自由(formal freedom),那种缺乏做事情的资源和手段的纯粹权利。不,它必须超越形式自由,它必须是做事情的真实自由(real freedom),也就是说,拥有做这些事情所需要的资源(resources)。这些资源可能意味着健康,为了能够正常运行。这也必须意味着在你的社会中正常运行所需的教育。然而,拥有现金收入能让你在社会中做出更多的选择,这也是一件事情。因此,如果你把正义看作公平地分配真实自由,那么这就是让那些拥有最少真实自由的人尽可能拥有更好的真实自由。于是,你很快就有了基本收入的概念,依此类推,直到可持续的最高水平的基本收入。这就是我把资本主义社会的正义和基本收入联系起来的原因,社会主义社会的正义和基本收入的联系也是如此。

叶甲斌:对于正统的马克思主义者来说,基本收入不过是一种社会分配的方案,但是对于真正的自由和平等来说,社会生产更为根本。出于某些原因,一些分析马克思主义者也拒绝接受基本收入。① 您如何回应这些马克思主义者的批评?

范帕里斯:是的,有时的确会有这样的反对意见:基本收入处于收入分配的层面,而事实上更重要的是资本的分配或者说生产资料的分配。现在,这需要从两个方面加以限定。一方面,你可以把基本收入看作某种集体所有制(collective ownership)或者是你的社会对整个生产资料的集体所有制的反映,包括整个社会的生产力所包含的所有技术等。基本收入是分配给这个集体中每个成员的某种分红(dividend),反映整个社会拥有所有生产资料和技术等这一事实。所以你可以说,它是由私人企业管理的,但事实上所有

---

① 对于基本收入理论,分析马克思主义者之间存在明显分歧。例如,埃尔斯特和赖特对基本收入持相反态度。赖特肯定基本收入对于社会平等的积极意义,而埃尔斯特认为基本收入可能造成对劳动者的剥削。这涉及范帕里斯在前文谈到的基本收入与剥削的两种联系。See Jon Elster, "Comment on Van der Veen and Van Parijs," in *Theory and Society* 15, No. 5 (1986): pp. 709-721. 及 E. O. Wright, "Basic Income as a Socialist Project", in *Rutgers Journal of Law & Urban Policy* 2, No. 1 (2005): pp. 197-203.

这些都是社会财产（social property）。因此，基本收入是一种社会分红（social dividend），支付给政治共同体的每一个成员。①

我说过，这将是这种说法的一种方式，但它必须有所限定。如果这么说也没有什么区别：形式上国家拥有所有的生产资料，但是，出于效率的原因把它出租给私人管理部门。就像它原来那样，这样公司才能得到适当的管理。在某些情况下，这在结构上可能类似于今天中国存在的一些情况。然而，这是一种需要加以限定的方式。你可以说，在某种程度上这相当于对全部私企拥有共同的、社会的所有权，然后分给每个人一份社会分红，同时让私人管理实现利润最大化，为了经济能足够有效地运行。这是一种方式。

第二种方式是，通过向每个人提供这些基本收入，也使更多的人能够创造自己的工作。在这种情况下，可以提供这种最低限度的保障，这种保障可以使一些人创建初创公司、开办企业或开办合作社成为可能，因为他们拥有这种固定的现金流，这样他们就能更容易地应对收入的波动。你可以对自我雇佣者说，这是如此系统化的补助，因为自我雇佣具有长尾（long tail）特征，他们挣的钱不多或者非常不规律。因此，这是一种对高收入者征税的方式，目的是让更多的人能够创造自己的工作，拥有自己的生产资料，然后可以更可靠地借贷以此开办自己的小公司。这种情况下，在许多小公司的许多工作岗位上，他们需要的更少，那么资本主义怎么能阻止它呢？

可以从这两个方面来看。你可以说，这意味着基本收入就像是生产方式的改变，就像是生产资料的再分配，这是第一点。因为首先，从某种意义上说，是整个社会占用了所有的生产资料和技术，并且把它分配给社会的每一个成员。第二点，因为基本收入提供了一个保护层，它鼓励我们自我雇佣或合作，直到工人管理公司，等等。从这个角度来看，它包括某种资本的分配，而不仅仅是收入的分配。

叶甲斌：非常感谢您接受此次访谈！

---

① 一些左翼自由意志主义者坚持自由的市场经济，同时要求对财富的正义分配。他们主张每个人对自然资源等具有平等的权利，因此每个人有平等的权利分享自然资源等带来的收益。除了范帕里斯主张的基本收入外，耶鲁大学的法学教授布鲁斯·阿科曼（Bruce Ackerman）提出了"利益相关者补助"（Stakeholder Grant）方案，即政府向所有年轻人一次性提供一笔较大数额的资金作为他们踏入社会的初始金。See Ackerma. B., Alstott. A., & Van Parijs. P., *Redesigning Distribution*, Madison, WI: Real Utopias Project, 2006, pp. 41-43.

异质性哲学园地

政体的单因退化和多因变迁

——柏拉图和亚里士多德的政体变化观比较

李婷婷*

【摘要】 受赫拉克利特"变化"观念的影响以及对社会动荡的深刻感受，柏拉图从理念论出发将世界分为永恒的理性世界和变动的感性世界，他对城邦政体退化的描述反映了他的政体变化观，这种观点是基于人德性的堕落而导致的城邦衰落观，是从理性出发做出的单因论演绎。而接受医学教育和从事动物学研究的亚里士多德，培养了详细观察和分析的能力，他从现实的城邦经验出发，详细分析了政体变革的原因，其政体变化观是基于现实的城邦状况所做的多元的异质性分析与归纳，不仅理论化了多重原因，而且开启了新的可能性。着眼于分析和比较柏拉图和亚里士多德的政体变化观的思维方法，为我们解读二者的政体思想提供了新鲜的视角，同时，也为我们当今的政治发展研究提供了借鉴。

【关键词】 政体　变化　单因　多因　柏拉图　亚里士多德

变化观念在古希腊哲学中具有重要的意义，最早可以追溯到希腊神话中有关宇宙演化、万物生成的解释。而明确提出变化观念的则是赫拉克利特，他指出，"宇宙过去、现在和将来永远是一团永恒的活火，按一定尺度燃烧，一定尺度熄灭"①，说明了万物像火一样运动变化的特性。而经典的说法"人不能两次踏进同一条河流"，将万物像流水一样变化的特性完全揭示了出来。"踏进同一条河流的人，遇到的是不同的水""人不能两次踏进同一条河流……它分散又结合，……接近又分离……"②。波普尔则从社会历史的角度解释了赫拉克利特何以对变化有如此敏锐的感知，他指出，由于赫

---

* 李婷婷，中山大学马克思主义学院助理教授、中山大学实践哲学研究中心成员。
① 转引自汪子嵩等《希腊哲学史》第 1 卷，人民出版社 1997 年版，第 418 页。
② 转引自汪子嵩等《希腊哲学史》第 1 卷，人民出版社 1997 年版，第 442 页。

拉克利特生活于一个社会动乱和政治动荡的时代，希腊的部落贵族开始让位于新的民主势力，赫拉克利特本人遭受了可怕的经历，万事万物的转瞬即逝给他留下了深刻的印象，因此，赫拉克利特对变化这一发现刻骨铭心。

这一变化观念的发现进一步影响了希腊哲学的发展，"巴门尼德、德谟克利特、柏拉图以及亚里士多德等人的哲学全都可以被恰如其分地看作解决赫拉克利特所发现的那个变化世界的尝试"①。柏拉图和亚里士多德作为希腊哲学中重要的两位思想家，他们对城邦现状的认知和对城邦政体变化的分析和探索也浸染在变化观念的社会环境中，他们对各自理论体系的构想也是对变化观念的一种理解和回应。

古希腊语"*politelia*"，英文译为"constitution"或"regime"，也有人译为"polity"，中文译为"政体"或"政制"②，指的是一个城邦分配政治权力的制度，也即城邦国家关于政治权力的某种制度安排，③"是一种或多或少决定国家外在组织形式的生活方式"④。"'城邦'（polis）一词，原意为'治理城邦的技艺'。在古典政治理论家们看来，这技艺首先就在于确立城邦的体制，希腊文作 politeia，我们通常译为'政体'。因此，他们纷纷致力于分析现实中的不同城邦政体，并试图在理论上建构完善的政体。"⑤ 柏拉图的《理想国》和亚里士多德的《政治学》对城邦政体（constitution）及其变化问题的探究，说明了政体问题在城邦中的重要性。关于二者的政体理论的研究，许多学者着眼于对政体具体内容的比较，本文则着眼于柏拉图和亚里士多德分析政体变化的思维方法，将其分别总结为单因退化和多因变迁，并对二者进行比较，试图给予柏拉图和亚里士多德的政体理论一种新鲜的解读视角，同时，力图以此为我们目前的社会分析和政体建设提供反思借鉴。

---

① 卡尔·波普尔：《开放社会及其敌人》第1卷，郑一明等译，中国社会科学出版社1999年版，第32页。
② 在郭斌和、张竹明翻译的《理想国》中译本中，多使用"政制"一词；在 Allam Bloom 翻译的英译本中，多使用"regime"。在吴寿彭翻译的《政治学》中译本中，多使用"政体"一词；在 Reeve 翻译的英译本中，多使用"constitution"。因此，我在本文中会交替使用"政制"和"政体"。英译本参见 *The Republic of Plato*, trans. Allom Bloom, New York: Harper Collins Publishers, 1991; Aristotle, *Politics*, trans. C. D. C. Reeve, Cambridge: Hackett Publishing Company, 1998.
③ 余纪元：《〈理想国〉讲演录》，中国人民大学出版社2009年版，第3页。
④ 乔治·萨拜因：《政治学说史》上卷，邓正来译，上海人民出版社2015年版，第189页。
⑤ 王绍光：《理想政治秩序：中西古今的探求》，生活·读书·新知三联出版社2012年版，第3页。

一、政体的单因退化

生活于雅典的柏拉图，经历了城邦的各种动荡变化，对变化观念也深谙于心。当时伯罗奔尼撒战争持续多年，最后以雅典战败而告终；"三十僭主"推翻了民主政制，但由于暴政的施行，仅存在了八个月就被群众推翻；而恢复了民主政制的雅典又以莫须有的罪名处死了柏拉图的老师苏格拉底。这些事件都给热衷于政治生活的柏拉图留下了深刻的印象，正如他在《第七封信》中所说："那是乱世，是会遇到许多悲惨的事情的……因此我开始思考治理国家的人以及他们的法律和习惯……要正确安排国家事务是件很困难的事情……法律和习惯正在以惊人的速度败坏着……所有现存的城邦无一例外都治理得不好，它们的法律制度除非有惊人的计划并伴随好的运气，不然是难以医治的……"① 面对城邦的诸种变动，柏拉图尝试从理论上来探讨一个永恒的理想城邦。在《理想国》中，他从讨论正义入手探讨城邦政制的理想型和不完美型，并且在这一过程中勾画出了一条变化的逻辑："一切有产生的事物必有灭亡。"② 具体说来，即事物从善的方面逐渐转向恶的、不好的方面，其中，五种政体的依次退化是这一变化的具体说明。

善的、正义的王政或贵族政制（aristocracy）是柏拉图提出的理想城邦政制，其对应的人是善者或正义者，柏拉图认为理想城邦中各阶层各司其职，各就其位，智慧、勇敢、节制和正义的德性分别分配于每一个阶层身上，理性、激情和欲望有序地运作。而荣誉政制［克里特和斯巴达政体（Cretan and Laconian regime）］、寡头政制（oligarchy）、民主政制（democracy）和僭主政制（tyranny）是恶的、不完美的政制，是从理想政制开始不断退化的结果。它们分别对应于爱荣誉者、爱财富者、爱自由者和专制人这四种人，即"有多少种类型的政体就有多少种类型的灵魂"③。政制从善的政制不断退化为恶的政制，其中，贵族政制最好，接下来依次是荣誉制、寡头制、民主制、僭主制。柏拉图用五种政制对应的人所处的顺序说明了这一点："他们像舞台上的合唱队一样，我按他们进场的先后次序排列就是了。这既是幸福次序也是美德次序。"④ 波普尔也指出，"从贵族政制（aristocra-

---

① 汪子嵩等：《希腊哲学史》第2卷，人民出版社1997年版，第602页。
② 柏拉图：《理想国》，郭斌和、张竹明译，商务印书馆1986年版，第318页。
③ 柏拉图：《理想国》，郭斌和、张竹明译，商务印书馆1986年版，第178页。
④ 柏拉图：《理想国》，郭斌和、张竹明译，商务印书馆1986年版，第368页。

cy）到以下依次变成四种政制，一代不如一代，是一种退化的历史观"①。

　　这种变化何以发生？这首先要从城邦政制与人的灵魂类比说起，柏拉图认为，城邦中人的灵魂决定城邦的政治类型。"有多少种不同类型的政治就有多少种不同类型的人的性格……政治制度是从城邦公民的习惯里产生出来的，习惯的倾向决定其他一切的方向。"② 因此，政体的变化要从人的灵魂性格方面来分析。柏拉图认为，统治阶级追求欲望，生成矛盾，因此导致了理想城邦政制的首次变化。而随着人们心中其他欲望的交替较量，又出现了其他不同的政制。从贵族政制到僭主政制的依次退化中，人的欲望贯穿城邦退化的始终。③ 柏拉图认为，"欲望虽是灵魂的三个部分（激情、欲望、理性）之一，可其自身不是一个统一的部分，而是种种异质的并经常是冲突的欲求的汇集"④。欲望又分为必要的欲望和不必要的欲望，其中，不必要的欲望中包含了一些非法的、无序的欲望，正是这些非法的欲望引起人的心灵变革，将人心灵中的德性一步步清除出去，城邦政制才不断衰落。他这样描述非法的欲望："这时如果它在这个人身上看到还有什么意见和欲望说得上是正派的和知羞耻的，它就会消灭它们，或把它们驱逐出去，直到把这个人身上的节制美德扫除清净，让疯狂取而代之。"⑤ 柏拉图认为，虽然每个人都有无序的欲望，但一些人受法律和理性的管制，只剩下微小的部分，而在另外一些人身上则强又多。关于柏拉图思想中的政体变化乃至退化的原因，波普尔说得很清楚：

　　　　他（柏拉图）的这种理论，其特征可概括为乃是一种人格主义或心理学的理论，因为他并没有以一般性的方式把国家作为类似于某种或他种生物体来描述，而是和人类个人，而且更具体地说是同人类灵魂相类比。尤其是国家的疾病，其统一的瓦解，相当于人类灵魂的、人类本性的疾病。事实上，国家的疾病不仅仅是相关于，而且是直接地产生于

---

① 汪子嵩等：《希腊哲学史》第2卷，人民出版社1997年版，第1093页。
② 柏拉图：《理想国》，郭斌和、张竹明译，商务印书馆1986年版，第316—317页。
③ 关于变化第一次发生的原因，可以理解为：柏拉图所构想的由哲学王来统治的城邦是更完美的理想城邦，理念世界不会变化，因此，城邦政制的退化不是从他构想的哲学王城邦开始的，而是由贵族统治的城邦政制开始的，城邦退化的参照物不是哲学王城邦，而是较为接近于现实的贵族城邦。因此，就可说通变化发生的原始根源了，因为永恒的理想城邦是不会变化的。柏拉图指出，统治者不精通数是变化的原始根源，对数的计算错误使人们在错误的时节生育，产生了血统的混合，从而引起了种族退化，之后才导致统治阶级间发生内部纷争。
④ 余纪元：《〈理想国〉讲演录》，中国人民大学出版社2009年版，第289页。
⑤ 柏拉图：《理想国》，郭斌和、张竹明译，商务印书馆1986年版，第358页。

人类本性,尤其是由于统治阶级成员们的堕落。在国家退化过程中的每一个典型阶段都是由在人类灵魂的、人类本性的、人种的退化过程中相对应的一个阶段带来的结果。①

也就是说,在柏拉图的思想中,政体变化的根源在于人的灵魂中理性与欲望的较量,当理性处于支配地位时,人的灵魂就是有序的、善的,人所在的城邦就不会发生动乱;而当欲望战胜了理性,人就被各种欲望所支配,其灵魂就是无序的、恶的,人所在的城邦就会发生相应的变化。这种阐释更深的根源可以与柏拉图理论中的理性概念和理性规则相联系。在他的理念论中,通过理性之眼"看"到的东西,是具有"一"的统一性和"存在"的实在性的理念,是永恒不变的,它所达到的是一致与和谐;而具体的、感性的事物处于流动之中,是易逝的,它们不可能形成知识。所以,柏拉图十分强调理性对可变化的感性欲望的控制。正如他认为最理想的城邦是哲学家统治城邦,因为哲学家是理性的化身,追求永恒的东西,而"热爱永恒的人在道德上也是善的,它们具备所有的德性,因为热爱秩序本身将带来秩序"。②

除了政体变化的原因,柏拉图还详细说明了政体的具体变化:贵族政制由理性的人统治,其理性控制着欲望,但贵族政制统治者的儿子在欲望与理性之间挣扎,最后激情战胜了理性,其变成了爱荣誉、好胜的人;而荣誉政制统治者的儿子由于父亲的失败,转而爱好金钱,追求财富,其欲望占了主导地位;寡头王只为必要的欲望所支配,而在吝啬的环境下长大的寡头王的儿子尝试到多样的快乐,其心中不必要的欲望使其沉湎于各种快乐中,因此他不再拒斥任何欲望,随心所欲,拒斥理性的劝诫;民主政制统治者的儿子由于过度追求自由,被极端的欲望所控制,变得疯狂,成为专制的人。这一系列的变化,既是人的灵魂(心灵)变革,也是相应的城邦政制的变化。而这种灵魂变革乃至城邦政制变化的实质是"理想状态中的和谐性与统一性不断解体、不断恶化的过程。正义的人相应于正义的城邦,是因为两者都是内部各部分间的统一与和谐。各种不同程度的不正义乃是这一和谐的渐进性的毁损和崩溃"③。因此,在欲望的驱使下,理想政制中人的德性一步步

---

① 卡尔·波普尔:《开放社会及其敌人》第1卷,郑一明等译,中国社会科学出版社1999年版,第163页。
② 查尔斯·泰勒:《自我的根源:现代认同的形成》,韩震等译,译林出版社2012年版,第173页。
③ 余纪元:《〈理想国〉讲演录》,中国人民大学出版社2009年版,第299页。

被清除，成为被各色欲望所控制的人，城邦政制也因此不断衰落。

至此，柏拉图的政体变化观就已经很明晰了。其一，这种变化观说明了是一种政体从好到坏的退化，即最源初的贵族政体是最好的，而相继而来的一系列变体是不完美的、有缺陷的，就相当于人由健康到生病的过程。其二，柏拉图将政体退化的原因归之于人的欲望（各种欲望），欲望的影响使人的德性败坏，导致人的心灵变革，进而导致政制相应地变化。可以发现，政制变化的原因是单一的，而非多元的。其三，这种政体变化观说明了五种政体的依次退化，但没有指出僭主政制之后的变化方向和类型，因此，这种变化观既是单线型的，又是未完成的。其四，这种政体变化观实际上是从理论逻辑演绎而来的，其基础是他的理性观，以及在此基础上人的智慧、勇敢、节制、正义的德性。变动不居的感性世界是以永恒的理念世界为相的，是对其的模仿。理念即知识，知识即美德，而由于人的节制美德的缺失，人的欲望战胜了理性和激情，人的灵魂因此堕落退化。其五，从这种退化观也可看出柏拉图对变化的态度，他认为变化是邪恶的、危险的，"无论什么样的变化，除了某种邪恶事物的变化之外，都是可能降临某一事物的最严重的变幻莫测的危险，这些危险或者是当下的季节更替，或是风向的变化，或是肉体日常饮食的改变，或是灵魂性质的改变"①。这种对变化的态度也是基于他对永恒的理念世界的追求和强调。

二、政体的多因变迁

亚里士多德生活于伯罗奔尼撒战争结束、雅典处于衰落之时，出生于医生世家的他接受了医学方面的良好教育和训练，同时他还研究了动物学，这些教育培养了他重视经验事实、精细观察、收集和分析的能力。② 在城邦研究中，亚里士多德还派遣他的学生到许多希腊城邦去收集当地的政治制度和历史的变迁情况，加以整理，为他的政制研究搜集实证材料。③ 另外，赫拉克利特发现的变化观念对后来的希腊哲学家产生了重要影响，亚里士多德也不例外。他在自然方面做过变化观的许多研究，指出事物由于偶性、由于某部分的变化和由于自身引起的变化而变化，从而分析了事物变化的种类和方

---

① 卡尔·波普尔：《开放社会及其敌人》第1卷，郑一明等译，中国社会科学出版社1999年版，第80页。
② 汪子嵩等：《希腊哲学史》第3卷上，人民出版社1997年版，第15—25页。
③ 汪子嵩等：《希腊哲学史》第3卷上，人民出版社1997年版，第28页。

式。除此之外，在政治城邦的研究中，亚里士多德看到当时希腊的城邦普遍存在变革或革命（revolution）的危机，他从多个方面分析了政制变革的原因，并且为各种不同的政制设想了许多避免动乱、保持安定的办法。① 希腊词"*Metabola*"中"*meta*"是"某物之后"，一物在先，一物在后，"*Metabole*"意为变化，改变，从一物变成另一物。这一词在政治上的意思为变革，英语译为 revolution。亚里士多德在此讨论的变革就是革命。在《政治学》中，亚里士多德分析了各个政体之间的变革和政体内部变革的原因，还具体考察了每一政体经历的实况。

亚里士多德认为，"政体可以说是一个城邦的职能组织，由以确定统治机构和政权的安排，也由以订立城邦及其全体分子所企求的目的"②。在他看来，政体有正宗的政体和变态的政体："依绝对公正的原则来评判，凡照顾到公共利益的各种政体就都是正当或正宗的政体，而那些只照顾统治者们的利益的政体就都是错误的政体或正宗政体的变态（偏离）。"③ 其中，正宗政体包括君主制/王制（kingship）、贵族制（aristocracy）、共和制（*politeia/polity*）；变态政体包括僭主政体（tyranny）、寡头政体（oligarchy）和平民政体（democracy）。"政体的以一人为统治者，凡能照顾全邦人民利益的，通常称为'王制（君主政体）'。凡政体的以少数人，虽不止一人而又不是多数人，为统治者，则称为'贵族（贤能）政体'……以群众为统治者而能照顾到全邦人民公益的，人们称它为'共和政体'……僭主政体以一人为制，凡所设施也以他个人的利益为依归；寡头（少数）政体以富户的利益为依归；平民政体则以穷人的利益为依归。三者都不照顾全体公民的利益。"④

关于政体变革的原因，亚里士多德指出，根源在于人们对正义和平等的理解不同，因此，人们都以"不平等"为由来发难。其中，平民政体认为人们在一方面是平等的，就应该在各方面都平等，每个人生而为自由人，则应该在其他方面都平等分享一切权利；而寡头政体认为人们在一方面不平等，就应该在其他任何方面都不平等，他们在财富上优越于其他人，则应该在其他一切方面都优越于其他人。在这两派人中，如果一方追求不到平等，一方追求不到优越，各自心中都会充满不平的情绪，从而起来革命。在这一

---

① 汪子嵩等：《希腊哲学史》第 3 卷上，人民出版社 1997 年版，第 7 页。
② 亚里士多德：《政治学》，吴寿彭译，商务印书馆 1965 年版，第 181 页。
③ 亚里士多德：《政治学》，吴寿彭译，商务印书馆 1965 年版，第 135 页。
④ 亚里士多德：《政治学》，吴寿彭译，商务印书馆 1965 年版，第 134—136 页。

过程中，变革的途径包括两方面：一是政制之间的变革，即政体的性质发生根本变化；二是政制内部的变化，由于内讧，政体采取了或严厉或弛缓的措施，或建立了某一行政机构，或推翻了某一行政机构。此外，亚里士多德认为，心理原因、目的和契机也影响着政体的变革，将这些原因总结起来，主要有三类：心理作用、政事措施失当、社会变迁。其中心理作用包括对私利、荣誉存在不平之心，受到纵肆的当道的凌辱而怀愤恨、恐怖，执政人员轻薄无能导致人心厌弃；政事措施失当包括僭越、舞弊、怠忽；社会变迁包括邦内某部分（阶级）的人数增多或减少、政治组合上某些派别之间的强弱失调、国境错杂。① 除此之外，亚里士多德尤其指出，琐碎的动机也总会使事情乘势扩大，从而引起变革，比如执政人员的爱情、婚姻纠葛也经常会引起变革。

值得注意的是，亚里士多德提出的这些变革因素，皆从现实的城邦变革中收集整理而来，在《政治学》第五卷中，他举了许多现实城邦的变革进行说明。比如由于恐怖而变革的罗得岛，其贵要阶级担心平民派起诉他们，加重他们的课赋，因此这些贵要阶级互相阴谋结合，从而推翻了平民派政权；比如由于某部分阶级的人数增多或减少而引起变革的塔兰顿，在波斯战争年代（公元前480年），塔兰顿被耶比季亚族所侵略，其贵要阶级大批战死，于是共和政体转变为平民政体；比如由于政事怠忽引起重大更张的乌利俄，在施行寡头政体的乌利俄中，忠于这一政体的每一个人都可以成为显要的人物，因此赫拉克留杜罗也做了执政，但他执政之后颠覆了寡头政体，将乌利俄改为了共和政体。②

考察了变革的一般原因后，亚里士多德还具体说明了各个政体的具体变革。我们以平民政体的变革为例来说明亚里士多德的细致分析。

在亚里士多德看来，由于平民领袖的放纵，他们或者诬告富人，迫使富人联合起来反对平民领袖，或者煽动群众起来反对富人，这样才导致了政变。"平民领袖们为了讨好群众，就不惜加害著名人物，以重课和捐献督责他们，使他们倾家荡产，沦为贫户，或诬告富有之家于法庭，俾可没收他们的资财。这样，最后，终至逼迫贵要阶级结合成为反抗力量。"③ 亚里士多德举了科斯岛、罗得岛、赫拉克利亚、梅加拉、库梅等城邦的变革做了说明，这些城邦变革都是因为群众领袖的过度放肆所导致的。具体说来，群众

---

① 亚里士多德：《政治学》，吴寿彭译，商务印书馆1965年版，第241页。
② 亚里士多德：《政治学》，吴寿彭译，商务印书馆1965年版，第242—245页。
③ 亚里士多德：《政治学》，吴寿彭译，商务印书馆1965年版，第254页。

领袖如果兼任将军，即群众领袖有军事权力，平民政体就会转变为僭主政体；其次，重要的职司落于个人手中，受地理环境影响而成长起来的善战首领也会引起变革，从而建立僭主政体。关于前者，亚里士多德以米利都的僭政为例做了说明；关于后者，亚里士多德以雅典的庇雪斯特拉托、梅加拉的色阿季尼和叙拉古的狄欧尼修这三位人物反对富户，进而建立僭主政体为例。[①] 可以看出，导致平民政体变革的原因是多重的，每一个不同的平民政体变革的原因也不同，亚里士多德的分析是基于现实城邦政体变革的经验，经验材料对亚里士多德的政体变化分析至关重要。

从以上亚里士多德对政体变革的分析来看，亚里士多德的政体变化观是基于现实城邦材料归纳起来的，同一政体、不同的政体都有不同的变革原因和方式，因此是一种微观的、多元的异质性分析。具体说来，这种多元异质性分析的基础是现实的城邦政制和社会状况，从其中归纳出来的变化原因也是多元的、异质的，没有一个预先固定的逻辑原因可以解释任一城邦政制的变化。而且，亚里士多德分析归纳出来进而理论化的变革原因只是一种暂时的抽象，他只是示范了分析研究的方法，而没有将上述变革原因固定下来普遍化。也就是说，亚里士多德的这种政体变化观不是"天花板"，反而开启了分析研究的诸多可能性，是一种敞开的、开放的分析，它不是终结，而是开始。另外，这种多元异质性分析的政体变化方式也是多样的，民主制可以变革为寡头制（共和制、贵族制、僭主制），寡头制（共和制、贵族制）也会变革为民主制；或者政制不变，但其中的体制程度会发生一些变化，其中的权力比重有所不同、权力机构有所变化，并不是所有的变化都会引起彻底的颠覆性变革。

三、两种变化观的联系与意义

我们可以从柏拉图和亚里士多德对理想城邦的探索和理解中找到一些共同之处，从而更好地阐释和限定这里所讲的"变化观"。也就是说，二者对这些变化的说明，其最终目的是找到一个善的、永恒不变的城邦，使城邦内的公民过上良好的生活。

柏拉图不仅经历了城邦的多次动荡，而且经历了最尊敬的老师被雅典民主政制处死的事件，这让柏拉图对现实的城邦失去信心，开始探索理想的城邦政制。而柏拉图的这种探索径直从理念出发，依逻辑而展开。理想的城邦

---

① 亚里士多德：《政治学》，吴寿彭译，商务印书馆1965年版，第255—256页。

以人的德性为基础,城邦中各阶级分有不同的德性,各阶层各司其职,符合正义。理想城邦永恒不变,变化的则是不完美的城邦政制,德性的败坏导致了城邦政制的一步步变化。

柏拉图对政治事务的这种反思和探索与亚里士多德对政治事务的反思和探索有一致之处。看到雅典城邦的衰落以及希腊的各个城邦政制的变革可能性,亚里士多德考察了现实城邦的变革,在此基础上探索符合城邦之善的理想政制。亚里士多德认为,理想城邦的目的是公民们的优良生活或幸福(快乐),① 而只有公民们具有善德,才能成为善邦。"一个城邦,一定要参与政事的公民具有善德,才能成为善邦,在我们这个城邦中,全体公民对政治人人有责(所以应该个个都是善人)。"② 因此,亚里士多德也视德性为理想城邦的重要因素,公民们只有具备智慧、勇敢、节制和正义的善德,理想城邦才能得以建立。因此,柏拉图和亚里士多德对不变的理想城邦的构想有一致之处,从这种不变城邦的角度能够更好地理解变化的城邦。

柏拉图和亚里士多德对政体变化的旨归的理解有相同之处,但二者对政体的变化分析存在不同。

第一,从变化顺序来看,柏拉图认为城邦政制的变化是一种退化,从贵族王制依次退化为僭主制,这其中既有一种时间推演的历史顺序,同时又有一条德性堕落的逻辑顺序,但是这种顺序又是断裂的,僭主制之后政制会怎样变化在柏拉图这里并未提及。亚里士多德提出的变化是无序的,各个城邦政制会因为各种不同的原因变革为其他的政体,在这种变化中,没有一以贯之的历史顺序和逻辑顺序,只是一个个具体的城体变化。也就是说,在亚里士多德的政体变化观中没有发展和历史的观念,亚里士多德看不到一种政体历史的发展,他只看到各个城邦政体在变革,这也导致他未能看清这种变化的趋势和历史命运。"亚里士多德看不到一个基本的情况,即这种自给自足的小国寡民的城邦已经不能再存在和发展下去了……分散的小城邦只能没落,由统一的帝国取而代之。"③

第二,从变化的性质来看,柏拉图的城邦政体退化观是一种理论演绎,演绎的基础是人的德性,在人的灵魂中欲望不断战胜理性和激情,德性就会不断堕落,直到沉湎于极端的欲望中,相应的城邦政制也就退化到了极致。而亚里士多德对城邦政体变革的说明是基于现实的城邦经验的,之所以会理

---

① 亚里士多德:《政治学》,吴寿彭译,商务印书馆1965年版,第388页。
② 亚里士多德:《政治学》,吴寿彭译,商务印书馆1965年版,第390页。
③ 汪子嵩等:《希腊哲学史》第3卷上,人民出版社1997年版,第30页。

论化这种变化，是因为现实的城邦中出现了这种变革。亚里士多德只是搜集现实城邦的变革，进而归纳变化，他对政体变化的分析始终是基于现实的具体城邦政制，但又不仅仅是始终面向过去基于现实的变化观，而且是基于现存状况的可能性的开启。

第三，从变化的原因来看，柏拉图提出的原因是一元的，人的欲望影响和德性堕落导致政体变化，政体变化是否还有其他原因柏拉图没有提及。由于亚里士多德是从现实城邦经验分析城邦政制的变化，而现实城邦政制是丰富多样的，其变化原因也非常微妙复杂，因此，亚里士多德分析的政体变革的原因是多元的，多种不同因素可以引起城邦政制的变化。由于理论化总有理论裁剪的限度，因此，认识到亚里士多德所开启的对不确定的未来城邦政制分析的可能性也十分重要，这种可能性的根本是面向具体的城邦政制，而不是用已理论化的原因去机械解释新的变革。

第四，从对变化的态度来看，柏拉图认为变化是恶的，永恒、不变是善的，因此，他对理想城邦的构想没有从纷然陈杂的经验世界出发，而是取自理性思维本身，以自明的最高价值为原点，以终极性来制约现实存在的城邦。而亚里士多德感知到城邦政制的变化，根据现实的城邦政制分析变化的原因，以现实城邦的变化为基础来构想优良城邦，并且，他没有否认现实中变化的各种城邦存在的正当性，为了各政体的运行，他还提出了保持相应政体的办法。

柏拉图的政体变化观是基于德性的一元化分析，是由德性贯穿始终的单一性归因；亚里士多德的变化观是对异质的现实的归纳，同时是新的实践可能性的开启，是基于现实的细致多元化分析。这两种政体变化观不仅反映了柏拉图和亚里士多德对现实城邦的不同态度，还说明了二者不同的思维方式，这对于我们理解现实的实践生活有重要的意义。具体来说，柏拉图的政体变化观可以作为解释现实的参考依据，但不能就此囊括一切，忽视或扼杀具体的现实以及不断出现的状况。因为柏拉图对政体变化的思考与他把对宇宙秩序（理性）的理解与人们生活中正当秩序的意识联系在一起有关，前者是后者的本质条件，即可感世界依赖于理念世界，永恒不变的理念世界包含了所有的真理，感性世界只是对理念世界的分有和模仿。[①] 而亚里士多德的政体的多因变迁观侧重现实生活及其中的现存状况，为现实生活状况开出了分析的可能性，启示我们根据发生了的状况分析变化的原因，并且承认现

---

① 聂敏里：《论柏拉图的 idea 之为"理念"而非"相"》，《中国人民大学学报》2004 年第 3 期。

实状况存在的正当性，但又在已有的经验基础上不放弃探索理想的类型。这也是亚里士多德的实践智慧（phronesis）所昭示的，"明智的人能够一般性地理解总体性的善，也能够细微地觉察当下的实践问题，更重要的是，他能够合理地将两者联系起来"①。也就是说，一个在实践上有智慧的人（phronimos）懂得在每种特殊环境中如何行动，这不能完全还原为一般的普遍知识，它是一种不能完全表达的见识。②

  柏拉图和亚里士多德都感知到变化、分析变化，还表达了对变化的态度，这对我们分析我们自身深刻感受到的现代社会变化有重要意义。现代社会本身就是与时间的变化相关的一个表达，它意味着新、意味着前所未有的东西，其中包括经济、政治、文化等各个方面的变化，例如人工智能的应用、传统行业的逐渐消失和转瞬即逝的新闻信息爆炸等，置身于这个日益强调与变化相关的诸如创新、进步、发展等理念的社会，我们怎么分析、应对这些变化以及以什么方式提倡或反对这些变化都有重要的意义。为什么柏拉图和亚里士多德对社会的变化持消极的态度，而为什么我们现代社会不断强调创新、发展等变化观念，这值得我们做进一步的研究。除此之外，柏拉图和亚里士多德对城邦政体变化的研究，也对现时代的国家建设具有重要的借鉴意义，即能帮助我们从变革的多重原因中重新思考一个社会发生变化的复杂性。

参考文献

[1] 柏拉图. 理想国 [M]. 郭斌和，张竹明，译. 北京：商务印书馆，1986.

[2] 亚里士多德. 政治学 [M]. 吴寿彭，译. 北京：商务印书馆，1965.

[3] PLATO. The Republic of Plato [M]. 2nd ed. New York：Basic Books，1991.

[4] ARISTOTLE. Politics [M]. Cambridge：Hackett Publishing Company，1998.

[5] 汪子嵩，等. 希腊哲学史：第一卷 [M]. 北京：人民出版社，1997.

---

① 刘宇：《实践智慧的概念史研究》，重庆出版社2013年版，第101页。

② 查尔斯·泰勒：《自我的根源：现代认同的形成》，韩震等译，译林出版社2012年版，第176页。

［6］汪子嵩，等. 希腊哲学史：第二卷［M］. 北京：人民出版社，1997.

［7］汪子嵩，等. 希腊哲学史：第三卷［M］. 北京：人民出版社，1997.

［8］波普尔. 开放社会及其敌人：第一卷［M］. 郑一明，等，译. 北京：中国社会科学出版社，1999.

［9］余纪元. 《理想国》讲演录［M］. 北京：中国人民大学出版社，2009.

［10］泰勒. 自我的根源：现代认同的形成［M］. 韩震，等，译. 南京：译林出版社，2012.

［11］萨拜因. 政治学说史：上卷［M］. 邓正来，译. 上海：上海人民出版社，2015.

［12］王绍光. 理想政治秩序：中西古今的探求［M］. 北京：生活·读书·新知三联书店，2012.

［13］刘宇. 实践智慧的概念史研究［M］. 重庆：重庆出版社，2013.

［14］聂敏里. 论柏拉图的 idea 之为"理念"而非"相"［J］. 中国人民大学学报，2004（03）：26－33.

项目说明：文章为中山大学人文社会科学青年教师桐山基金项目"现代性风险视域下阿伦特实践智慧研究"的阶段性成果。

"中道原理"在社会治理过程中的有效性研究

——从《反社会党人非常法》切入

袁臻荣[*]

【摘要】 政治极化往往被视作近现代社会治理的一大难题,其在现实情况下存在着两大催化剂:其一为以政党政治为核心的多党议会制度,不同政党均存在为了选票迎合激进民粹浪潮的内生动力,从而加速主流民意的分裂;其二为威权"中心性"统治,在表面上压制了社会分裂情况的同时加剧了社会矛盾的激化,最终于威权色彩淡化的时刻爆发。对于社会治理而言,"中道原理"要求执政者持最大限度的包容性态度,凝聚民心,其间需要执政联盟——异见者均对协商行为本身的认可与对妥协的尊重。本文以俾斯麦时期德意志第二帝国《反社会党人非常法》的施行过程为切入点,阐明"中道原理"在缓解社会矛盾,阻止政治极化的积极作用。

【关键词】 反社会党人非常法 中道原理 社会治理 政治哲学 现代化

一、引言

中道原理在社会治理的过程中具有重要的作用。如何在中道原理的指引下实现在社会政策中对各群体利益的公正分配,也是当前对社会治理这个命题的研究热点。强力与妥协,两类政策截然不同的效果,恰恰彰显了执政者面对异见思潮时秉持中道原理、保持开放态度、适时妥协的重要性。在这一思路下,以一种消极自由式的思路——允许异质因素的表达作为实践中的原则底线,是社会治理中不可或缺的一环,对现实社会治理也具有重要的参考

---

[*] 袁臻荣,中山大学哲学系2017级本科生。

作用。本文第一、第二部分引入《反社会党人非常法》(简称《非常法》)的历史渊源,第三部分介绍《非常法》的长期影响,第四部分凸显《非常法》的反面——《社会保险法》——的具体作用,最后回归现实进行分析。

二、社会治理中的专制主义色彩

当我们探讨《反社会党人非常法》这个具体的社会治理案例时,首先要明晰的是,作为社会治理的主体,普鲁士/德意志政府有着非常顽固的专制主义传统,以强力解决国内外的异议已经成为普鲁士的统治者——容克阶层——的共识。回到普鲁士建立德意志帝国的历程,我们可以发现,普鲁士主导的德意志统一的三次王朝战争并不是一帆风顺的,而普鲁士实际上动用了"不必要的武力"。以德国主流史学界对北德意志霸主普鲁士同南德意志霸主奥地利争夺德意志地区领导地位的"兄弟战争"① 这一命名为例,可以得出这样一个简单的结论:普奥战争在当时的德意志被视为一场内战,而这场无谓的流血纷争是本可以避免的。这个结论同"德意志民族统一浪潮高涨"的观点并不相悖,因为在普鲁士主导下的大、小德意志方案之外,承继哈布斯堡德意志邦联传统的奥地利主导的大德意志方案以及1848年市民革命的"人民皇冠"方案都曾被视作可能的道路,而普鲁士的俾斯麦内阁推动的铁血统一路线反而是少数派的选择。事实上,俾斯麦最初对德意志统一也并不热心。由于在普鲁士国民议会中的自由主义者反对为扩充常备军额外拨款,俾斯麦所代表的容克阶层不得不以实现统一为理由争取自由派中的右翼议员支持。而布伦塔诺所称"大普鲁士"则直接道出了小德意志方案的实质②——在德意志统一的外表下实现普鲁士的扩张。民族国家理论中同文同种的奥地利被完全逐出德意志③,汉堡自由市被强制纳入德意志关税同盟,而汉诺威公国被普鲁士王国吞并,都体现出后世所称"德意志统一"的过程,同样可以归为普鲁士王国为了将东西两部分领土相连接而扩张的历程④。前者属于后世对结果的描述,而后者属于历史进程中"主观意愿"的体现。

---

① 即德语中的"Bruderkrieg",直译为"兄弟之战"。
② 同样,马克思在《资本论》第3卷中称呼的"大普鲁士德意志帝国"也体现了德意志帝国的普鲁士基底。
③ 奥地利民族主义者舍内雷尔对此的描述为"我生而为德意志人,但不复为德意志人"。
④ 拿破仑战争后,普鲁士被授予莱茵河西岸的威斯特法伦等土地,使得普鲁士成为一个东西国土互不相连的国家。

于此，我们可以得出一个明显的结论：威廉一世/俾斯麦政府在王朝战争期间是非常典型的"普鲁士式"的，是以暴力胁迫而非民主协商为基础实现了德意志统一。为了扩充军力，俾斯麦多次威胁解散国民议会，逼迫议员通过预算法案；普鲁士书报检查制度的延期；临时加征德意志关税同盟的额外税收；强加战争于奥地利的德意志同胞：这些措施在当时也不为人们所接受。总体性实践的过程是残酷的，这一历程虽然远远不如后世希特勒政权那样恐怖，但同样可以被视作20世纪惨痛历史的一次预演——既然为了一个预定的目标可以牺牲自由，连发出异见的权利都要被剥夺，这样的举措一旦有了先例，灾难性后果的诞生也将是注定的。"欧洲1848年革命以后，人们认为德国本就不适合以民主的方式来进行统治，唯有强权才能把德意志民族统一起来。"① 作为实际统治者的容克阶级为了达到扩张普鲁士的目的，不惜动用一切手段。为此，消灭反对声音，不论这样的声音来源于1848年柏林市民革命——承继黑红金三色旗传统的自由主义者，抑或是1863年缘起的全德工人联合会的社会主义者，甚至是意图效忠哈布斯堡的非霍亨索伦派保皇党人，对他们的压制都显得具有某种合法性了。在统一大旗下扩充属于普鲁士容克阶级的军队，越过议会授权来通过紧急法案，都仅仅是实现目标的手段。这一手段是相当马基雅维利式的，在《君主论》中有一句经典的论断："如果结果不能为手段辩护，什么能为结果辩护？"② 大普鲁士胜利扩张的结果，就是对俾斯麦无视民主诉求，绕过议会程序这一手段最好的辩护。

当然，从这一角度而言，普鲁士统一德意志这一历史事件的结果似乎能在某种程度上支撑以专制暴力替代协商民主的观点，可我们在分析具体的社会治理问题时，不能仅仅依据历史的"结果"进行归因。必须看到的是，威廉一世和俾斯麦的十七世纪时的以领土扩张为目的的王朝封建战争，契合了高涨的德意志民族统一运动，国民议会中受到自由派阻挠的扩军法案受到了意图实现民族统一的民众的广泛支持。俾斯麦通过普鲁士扩张摆脱内政桎梏的尝试随着普丹战争③的结束而宣告胜利，进一步刺激了普鲁士扩张的野心。这对于深陷议会政治的宰相俾斯麦而言，先前在议会阻挠扩军法案通过的自由派议员也因为胜利而转向支持普鲁士容克的泛保守联盟。自然，类似

---

① 科佩尔·S. 平森：《德国近现代史》，范德一等译，商务印书馆1987年版，第68页。
② 尼可罗·马基亚维利：《君主论》，李修建译，河南大学出版社2020年版，第2页。
③ 指1864年普鲁士联合奥地利夺取丹麦王国属下石勒苏益格－荷尔斯泰因两个德意志公国的战争，此战以普奥联军的胜利告终。

的情况在接下来的普奥战争、普法战争乃至德意志帝国建立后的东非殖民战争中不断重演，对外扩张的胜利成为内政困境的"解决方案"，成为绕过民主程序、压制国内异议的解决良方。通过强制兵役制、压制议会中的非保守派乃至坚持反动的三级选举制等方式推进"大普鲁士德意志帝国"的总体性实践，这条"普鲁士道路"在实践中因为民族主义/帝国主义浪潮偶然性因素的影响取得了成功，却绝不是以专制背离协商民主的成功。俾斯麦式的庄园容克发动普丹战争最初仅仅是为了获得议会对进一步扩军的支持，但这一举措却取得了意想不到的结果。19世纪中普鲁士的铁血扩张为国家换取了巨大的利益，可通过对外扩张的胜利以走出内政困境的举措终归存在着隐患，即以对外扩张的红利弥补专制统治导致的政治合法性缺失的漏洞。三次王朝战争及东非殖民战争的最终胜利同样造成了一个归因式的谬误——如果经验已经证明，对外扩张就可以解决国内矛盾，解决现代化浪潮中民主诉求的不断高涨与维持专制统治之间的矛盾，通过政治高压可抗拒改革压力，那么拒绝变革，通过对外扩张转移国内压力在某种程度上便有了某种经验主义层面的合理性。普鲁士军国主义成为纳粹主义的基底，并不是一个无联系性的断言。越是在过往取得成功、越是"先进"的经验在之后往往会成为桎梏变革的"落后"的因素，这一"先进的落后性"① 无疑为贯彻普鲁士专制传统的德意志火上浇油，最后导致了不可挽回的结果。显然，当俾斯麦专制政府面对社会民主党的冲击时，动用行政强制力对民主思潮进行压制就成为普鲁士执政者眼中最优的选项，这一"普鲁士式"的内政思路在专制主义传统的影响下便显得平平无奇了。

三、《反社会党人非常法》的历史背景

《非常法》的通过本身就存在一定的必然因素——德意志统一实现后，自由主义和社会主义各政党已然失去了联合的基础，1862年普鲁士宪政危机②时期自由派同劳工派联合对抗保守的容克政府的情况不可能在德意志统一后的1872年发生。自由主义者意图追求英联合王国自罗伯特·沃波尔任内阁首相后所形成的宪政君主制，而对腓德烈三世这样的"自由主义皇帝"

---

① 这一史学概念同样可以称为哲学意义上的"自反性"。
② 指1858—1862年普鲁士议会中自由派同左派议员多次联合否决普鲁士国王为扩军而增加拨款的法案，此事近乎使时任普鲁士国王、日后的德意志皇帝威廉一世退位。俾斯麦在此事后出任普鲁士王国宰相。

抱有期望,不愿走向共和主义,改良派与革命派的冲突也由此诞生。于是,新诞生的保守势力中不仅仅有"容克党",同样包含新兴工商资产阶级中的自由主义右翼。加之"霰弹事件"的影响①,《非常法》在议会中得以凭压倒性优势通过并得到施行。

但这真的意味着《非常法》乃至全面的反左翼思潮在德国社会中就和在议会中一样得到了压倒性支持吗?这未免是自大的同质性思维的产物。"两个社会民主政党的合并以及工会的团结都使社会民主劳工运动有了新的气势,吸引力也大幅增加,1877年时已拥有四十二份报纸与十四家印刷厂。该年的国会大选社会主义劳工党得票为四十九万三千多,占所有选票的9.1%,取得国会十二席,成为第四大党。"② 先不论普鲁士实行的三级选举制度已然弱化了左翼政党的政治影响力③,真正受到《非常法》限制的社会民主党不被允许表达自身的政治主张。左翼团体逐步提高的支持率就已然表明,严酷的社会现实使得社会主义思潮声势汹涌。它虽然不及容克保守势力那样强大,但绝不是一类可以被忽视的异质性因素。《非常法》在议会政治中如同未经审批程序、无视争议影响就直接落下的死刑判决书,而被判处死刑的社会民主党却没有为自己辩护的机会,执政者这样同质化的思维是相当可怕的。光是在具备民意合法性的议会政治中,少数服从多数的原则就已然成为某种"同一性"的规定,对少数派权益的基本保护也因此成为自由主义政治哲学中的原则性问题。正常的议会程序尚且如此,制订《非常法》时利用紧急权力强行清除反对派的行径无疑是"更进一步"。难道宣布社会民主党非法,社会民主党人不能进入帝国议会表达政见,将改革的声浪强行压制,人们就不会反对保守的容克政府的政策了吗?难道将争取劳工权益的报刊通过《非常法》的许可禁言,将正常的政治集会定义成颠覆行为,残酷的社会现实就由此而改变了吗?将异质声浪以温和而合法的方式表达的渠道关闭,只会导致人们以激进而非法的方式进行"表达"。况且,就算在三级选举制度下,下层民众政治影响力已然被削弱的情况下,社会民主党依旧

---

① 指1878年6月2日威廉一世遭遇刺杀而负伤的事件。在史学界中的主流观点中,虽然社会民主党并未涉足其中,但失败的刺杀者卡尔·诺比林被认为具有社会主义式的激进倾向,该事件最终导致《非常法》在1878年10月21日施行。

② 王琪:《俾斯麦1878年颁布反社会党人法的背景探讨》,《北京论坛历史分论坛论文或摘要集》,2006年10月27日,第811—845页。

③ 指普鲁士国王威廉四世设置的依据纳税情况进行选举的措施。此举保证了容克阶层和大资产阶级的政治权力,对于依靠下层民众的左翼政党而言弱化了其政治影响力。在德意志帝国成立后依旧为普鲁士邦议会的选举制,此举跟德意志帝国议会(Reichstag)的普选制发生原则冲突,险些引发宪法危机。

能成为一股不可忽视的力量。用单一的同质性力量，或者说强制实现同质性的力量去抹消已然无法忽视的异质性的影响，在功利主义的伦理学层面中也不是一种明智的举措。况且，在议会代议制的核心理念中，在延循千年的希腊民主传统中，"制定法律作为所有公民的盟友"① 一般的原则同样昭示着，一项用以约束规范公民的法案，应当是得到完备合法的政治程序认可的。《非常法》的通过本就利用了德意志帝国1871年宪法中关于政权颠覆等紧急情况的临时性质的授权限制，给予本应用以维持社会治安的警察以政治打击的任务，并且允许前后四次延长原定为三年的实施期限，使得这一临时性的紧急法案在事实层面中常态化，将保守容克政府压制政治反对派的权力固定化。这样的举措和《理想国》中所描述的，五种政制更迭规律中的僭主将自身被临时授予的紧急权力常态化以篡权——"在共和国里当皇帝"——的行为在本质上又有何种区别呢？法律如果不经由公民授权，不经历广泛的民意收集和公开辩论的程序，单单依靠统治者的意志进行贯彻，强行达到某种意义上的"同一"，这样的"法律"又和中世纪的领主口谕有什么本质上的区别呢？是真正意义上的共识层面的"同质"还是刻意忽视乃至打压异质因素所达成的"同质"呢？

　　况且，由同质性观点出发，以强力对异议进行压制，其落脚点将不再是一个个有血有肉的公民个体，而是作为整体存在的公民集体。《非常法》禁止社会民主党人为自己辩护的实质，是否认将近七分之一的选民的政治权利：选择性地忽视他们的观点以达到表面上的同质，并且从源头阻止了异质声音的表达。这实际上破坏了议会政治的共识基础，极大地影响了容克政府自身的执政合法性。"一个合法的政治社会应基于人民的同意，这种同意应在人们为建立政府而达成的社会契约中反映出来。"② 当俾斯麦政府通过《非常法》授权军警合法打压可能的"煽动颠覆行为"，授予当局随时进行"小戒严"这样的准紧急状态的权力时，实现全社会拥护容克政府的"同质性"在长远来看还是一种可能吗？容克政府一次次动用《非常法》查抄社会民主党的报刊，打击正常的政治集会，结果却是社会民主党稳步提升的得票率和日趋激进化的工人运动。对于作为执政者的普鲁士——德意志政府——而言，这样的社会治理思路很显然是错误的。

---

① 柏拉图：《理想国》，郭斌和，张竹明译，商务印书馆1986年版，第112页。
② 路易斯·亨金：《宪政、民主、对外事务》，邓正来译，生活·读书·新知三联书店1997年版，第12页。

四、《反社会党人非常法》的长期效应

《反社会党人非常法》（以下简称《非常法》）的不当执行促使大量原先属于民族自由党、中央党的中右翼选民倒向社会民主党，同时也造成了社会民主党内部的分化——既然温和的举措带来的是有组织的打压，那么采取更加激进的举措同样具有了某种"合理性"。"这就不得不使德国社会民主党重新走上它还剩下的唯一的一条道路，不合法的道路。"① 恩格斯的论断更是表明了《非常法》的施行在左翼团体于议会合法斗争的改良路线和蒲鲁东式的暴动革命路线两条道路前犹豫不决之时激化了矛盾，《非常法》的强行通过对于长期被忽视基本诉求的德意志工人阶级而言，如同一颗落入火药桶的火星。以社会民主党为代表的被宣布为非法的左翼政党的政治活动愈加频繁，以至于容克政府在拥有了《非常法》所授予的镇压权力后也难以在现实中全面施行。现实层面普遍性的违法挫伤了法律权威，"既然竞选的鼓动和帝国国会中的社会主义演说不断地突破反社会党人法，那么这项法律对于政府和资产阶级究竟有什么用处呢？"② 这并不令人惊奇，将异质因素的表露渠道关闭，不代表异质偶性就不会发生作用，更不代表异质声浪就会因此消失。在一系列因素作用下，异质影响的量变引发了质变，在1890年2月20日的大选中，容克政府的保守同盟遭受了前所未有的挫败。"从此，俾斯麦借以控制国会的政治'卡特尔'破产了。也就是说，即将于9月30日满期的反社会党人法再也无法延期了。"③ 社会民主党的大胜也成为压垮俾斯麦本人政治生命的最后一根稻草，1890年3月10日，《非常法》的推动者俾斯麦最终选择了向德意志帝国皇帝威廉二世递交自己的辞呈，一个时代结束了。

最终，接任俾斯麦成为帝国首相的是来自巴伐利亚的中左翼天主教徒、维特尔斯巴赫王室成员霍恩洛厄-希灵斯菲斯特。霍恩洛厄本人对社会民主党抱持同情态度，对社会改革持开放性观点。虽然迫于政治形势，他在担任首相的1897年签署了《反社会民主党法案》，但这一法案相较于《非常法》依旧具有巨大的进步意义，承认了社会民主党的合法政治地位。这一举措同

---

① 《马克思恩格斯全集》第22卷，人民出版社1965年版，第91页。
② 《马克思恩格斯全集》第22卷，人民出版社1965年版，第602-603页。
③ 殷叙彝：《一次大学生和文学家的骚乱——论德国社会民主党内的"青年派"》，《国际共运史研究资料》，1981年，第36—79页。

样为社会民主党和政府的对话创造了一条可能的通道。事实上，在"一战"爆发前，艾伯特领导下的德国社会民主党宣布德意志工人阶级在面临可能的战争时，将率先向自己的祖国——德意志帝国——效忠。此举成为第二国际破产的标志性事件，而该事件在侧面表明了抱持开放和改革态度的德国政府已然获得了德国工人阶级的广泛支持。同样，霍恩洛厄的妥协措施还包括其在任期间成功将德意志帝国立法机构——帝国议会——的普选制进行了释宪，使之不与各邦议会独立的选举机制相冲突，避免了宪法危机的产生。秉持中道原理的中央党霍恩洛厄政府在执政的短短六年间扭转了德意志国内社会极化的趋势，以小店主、小农场主、稳定职业的城市职员、农村雇农和垄断大型企业雇佣的终身制体力劳动者为代表的"中间阶级"巩固了德国的稳定，马克思所言"大普鲁士德意志帝国"的实际掌权者由俾斯麦这样的典型保守派普鲁士容克地主变成了霍恩洛厄这样出身巴伐利亚王室、持自由主义倾向、致力于推动对话和妥协的辉格党贵族。意图压制进步浪潮的《非常法》造成了社会民主党的激进化，从反面为社会民主党带来了更多支持者。在汹涌的民意面前，普鲁士-德意志专制政府终究还是选择了妥协，普选制原则也最终得到了宪法性的承认，开放政策最后也赢得了社会民主党的支持，这样的事情绝对不符合"刺刀反革命"俾斯麦最初的预想。

同样，就社会民主党自身而言，没能有效在当局认可和自身革命性之间寻求到平衡的道路，也最终葬送了社会民主党在德意志第二帝国——魏玛共和国中——短暂的政治生涯。在与执政者的妥协中，以艾伯特为代表的社会民主党右翼最终放弃了以暴力革命为最终手段的根本立场。"一战"末期，德意志皇帝威廉二世最终在各方压力下被迫宣布退位，以艾伯特为首的社会民主党右翼人士把持了政权，并在之后的"十一月革命"中大肆屠杀左翼工农群众，命令军队开进萨克森和巴伐利亚以镇压"激进分子"。这样的做法可否视作是俾斯麦反动容克政府的军事专制的又一次重演呢？革命者获得政权之后，依旧以血腥的手段对待先前的"同志"，这和《非常法》的强行颁布又有什么本质上的区别呢？果不其然，社会民主党右翼政府最终还是随着艾伯特本人的逝世退出了历史的舞台，而随之登场的是"一战"中的英雄，广受人民爱戴的保罗·冯·兴登堡元帅。社会民主党作为背离中道原理的执政者失去了主流民意的认同，正如因暴力打压社会民主党的1890年黯然离场的俾斯麦一般。

五、妥协与让步——《社会保险法》① 的诞生

在前文的梳理中我们已经得知，俾斯麦作为德意志帝国的首相，于内政方面出于维护容克阶层政治优势的目的，对工人运动持保守乃至反动的态度，《非常法》的诞生就是其中的代表。但同时，以社会民主党为代表的左翼浪潮也使得单凭暴力镇压无法遏制工人运动的进一步扩大。为此，俾斯麦采取了"胡萝卜加大棒"的措施：一方面通过《非常法》消除左翼政党进行议会斗争的可能，另一方面通过《社会保险法》争取社会中下层阶级的支持。俾斯麦认为，《社会保险法》的制定可以满足工人阶级于物质分配因素上的要求，从而从根源上瓦解反对势力的工人基本盘。如果我们从这一角度重新审视《社会保险法》和《非常法》的关系，我们可以得出这样的结论：《非常法》促使了德意志工人群众的觉醒，从而迫使保守的俾斯麦容克政府在实行专制的同时也不得不引入更加民主的举措，《社会保险法》作为缓和措施也被搬上了舞台。一名"刺刀反革命"的旧普鲁士容克，一名视基佐和梅特涅为自身偶像的反动主义政治家②，最后阴差阳错成为现代社会保障制度的奠基者。"应当承认的是，在第一次工业革命的社会失序与焦虑中，无论是德国俾斯麦成功的社会保障立法，还是与法国拿破仑三世类似但并不成功的立法尝试，都出于特定的利益考量——这些考量显然与当今国际社会承认的主流社会经济理念相去甚远。俾斯麦建立社会保障制度主要是为了反制社会民主党人的政治运动。"③《非常法》这一意在限制左翼运动的法案却因激化了社会矛盾，在特定的程度上促成了用以缓和社会矛盾的《社会保险法》的诞生，异质因素的背反规律在此时同样无法避免。更加讽刺的是，因为德意志在俾斯麦时期率先实现覆盖全社会的社会保障制度，创造了依据政府中央调控实现的社会保障制度，这一类型的社会保障制度在后世便被称为"俾斯麦模式"——"俾斯麦模式因其在德国俾斯麦（Otto von

---

① 准确地说，德意志第二帝国并没有完整的、成文的、系统的《社会保险法》这一单独的法典。这里的《社会保险法》为对1871—1918年德国一系列社会保险制度/工人福利制度的统称。
② 称俾斯麦为保守主义者是依据萨缪尔·亨廷顿（Samuel Phillips Huntington）的《文明的冲突》中关于保守主义中"贵族式"的定义，更准确而言是"反动主义"，即"Reactionary"。
③ 沃夫冈·舒尔茨：《全球政治经济视角下的社会保障：历史经验与发展趋势》，蔡泽昊译，《社会保障评论》2017年第1期。

Bismarck）时期（1883年）首创而得名"①。这一模式在社会保障学领域与依靠劳动者自我积累的贝弗里奇模式相对。显然，《社会保险法》的诞生及其所造成的影响是和俾斯麦最初的预想不相符的，理论与实践的结果大相径庭。

此外，获得社会保障法支持的德意志工人阶级也不仅仅满足于容克政府的些许让步。毕竟，《非常法》对工人阶级政治权利的事实剥夺并不是简单的、象征性的改良措施就能弥补的。同时，俾斯麦的设想实际上得到了德意志第二帝国这个二元制君主立宪国的另一元——德意志皇帝②威廉二世——的支持。威廉二世同样认为，通过工伤补偿法等社会保障措施可以平息由《非常法》带来的社会中下层阶级的怒火。意图维护普鲁士容克阶层保守反动统治的《非常法》一方面从反面激化了社会矛盾，另一方面又促成了进步的社会保障制度率先在德国实现。中道原理的必然性也由之得到了体现——所有的执政者都必须得到民意的最大程度认可，为此必须做出妥协。而这一妥协的结果往往是最为中性的，回到了"中道"这一名词最早的出处——如亚里士多德所言，"既不过分，也非不足"③的层面。不论是意图维护专制统治而最后让步的俾斯麦，还是意图肃清"激进分子"的社会民主党艾伯特，中道原理始终都在发挥着作用。无论是选择妥协的《社会保险法》或是与社会民主党让步的霍恩洛厄内阁，都因在客观上缓和了社会矛盾激化的风险，反而巩固了普鲁士-德意志执政者的统治。

六、现实社会治理的借鉴

如果我们回到中道原理本身，会发现，中道原理强调执政者需要保持最大限度的包容性态度，凝聚民心，而执政联盟与异见者两者对协商行为本身的认可与对妥协的尊重同样缺一不可。双方共同的信任基础，也即执政者本身的政治合法性，对该机制实际的运作有着不可忽视的影响。同样，"社会治理"作为手段性的，以"governance"为条件理解的视角，可以使我们从

---

① 丁纯：《德英两国医疗保障模式比较分析：俾斯麦模式和贝弗里奇模式》，《财经论丛》2009年第1期。

② 即"Deutsche Kaiser"。同德国皇帝"Kaiser von Deutschland"不同，这一头衔由德意志帝国成立时同巴伐利亚等邦国协同拟定，权力低于后者。两者的区别在于：前者的最高主权（sovereignty）不完全来源于上帝，而更多体现了一种和《大宪章》类似的契约性。这体现了德意志第二帝国民主性而不是专制性的一面。

③ 亚里士多德：《尼各马可伦理学》，廖申白译注，商务印书馆2003年版，第23页。

一个中立的角度评价一项政策、一类治理思路的成效,这样的现实成效是和方向性的"政治"无关的。我们可以说遵循中道原理、允许异见表达、适时进行妥协的霍恩洛厄政府有效地维护了普鲁士-德意志帝国的统治,缓和了社会矛盾,这一治理思路的有效性与政治含义中批判德意志帝国保守反动底色的层面无关。社会治理这一特殊的角度使得我们可以从实用主义、功利主义的层面审视客观的治理成效,而我们亦可以从现实中寻得理论根基。

譬如,在新冠疫情早期,出于维护社会稳定的考虑,武汉地方政府协同网信办、派出所等机构,对疫情信息进行了管控,如约谈"造谣者"等过激措施不能不说明当地政府对疫情管控的重视,但方向明显出现了偏差。就现实的成效而言,这样的治理思路反而加剧了群众的疑虑和恐慌,弱化了政府的公信力。与之恰恰相反的是,中央政府第一时间介入了疫情管控,组建专门的工作组,在多方面对疫情信息进行披露。笔者印象颇深的一点是,在新冠疫情初期的 2020 年 1 月末,新华社等中央媒体连同微信、QQ 等大型社交媒体,推出了《疫情信息专区》栏目,向公众及时公开疫情信息,如感染人数、感染者行动路径等。诸如此类的措施提高了信息公开度,对于流传的各类信息,疫情期间也考虑到传播者主观善意程度、具体核实情况困难等实际因素,并没有针对清理。这样的治理思路明显降低了群众的疑虑,着实捍卫了政府的公信力。显然,社会对政府协商行为的认可,与政府在面对疫情冲击时对群众的信任,两者对成功战胜疫情都起到了不可或缺的作用。中国最终成为世界疫情"避风港"的抗疫成就,又进一步夯实了社会各界对执政者的认同与信任基础。以中道原理为指导的社会治理思路需要多方对协商行为本身的认可与对妥协的尊重,而成功的社会治理亦能强化社会的共识程度,形成良性循环。在生活中可以感知的是,疫情后政府推动"互动问政""云端询政""灵活参政"的力度明显加强,进一步促成民主协商的良好环境,可见中道原理的作用不可小觑。

七、结论

本文以德意志第二帝国的史实为例,指出俾斯麦强行通过的《非常法》因以强力压制社会民主运动,激化了社会矛盾;而俾斯麦后为弥合社会分裂出台的《社会保险法》则维护了社会稳定。可见,对于当代社会治理而言,中道原理是一种路径上的借鉴,有利于以成功的社会治理强化社会的共识,形成良性循环。

参考文献

[1] 柏拉图. 理想国 [M]. 郭斌和, 张竹明, 译. 北京: 商务印书馆, 2015.

[2] 亨金. 宪政、民主、对外事务 [M]. 邓正来, 译. 北京: 生活·读书·新知三联书店, 1997.

[3] 马克思恩格斯全集: 第22卷 [M]. 北京: 人民出版社, 1965.

[4] 马基亚维利. 君主论 [M]. 李修建, 译. 郑州: 河南大学出版社, 2020.

[5] 平森. 德国近现代史 [M]. 范德一, 等, 译. 北京: 商务印书馆, 1987.

[6] 舒尔茨, 全球政治经济视角下的社会保障: 历史经验与发展趋势 [J]. 蔡泽昊, 译. 社会保障评论, 2017, 1 (01): 135-152.

[7] 王琪. 俾斯麦1878年颁布反社会党人法的背景探讨 [C] //北京论坛 (2006) 文明的和谐与共同繁荣——对人类文明方式的思考: "文明的演进: 近现代东方与西方的历史经验" 历史分论坛论文或摘要集.

[8] 亚里士多德. 尼各马可伦理学 [M]. 廖申白, 译注. 北京: 商务印书馆, 2003.

[9] 殷叙彝. 一次大学生和文学家的骚乱——论德国社会民主党内的"青年派" [J]. 国际共运史研究资料, 1981 (01): 36-79.

批评与对话

以否定辩证为前进的动力哲学

——《近代日本哲学中的田边元哲学》书评

黄雅娴[*]

对台湾学界来说，提起日本哲学中以西田几多郎为首的"京都学派"，容或并不陌生，但若要仔细讨论京都学派的内部发展，则非得是学有专精的研究者，否则总令一般学者不得其门而入。原因无他，因我国台湾学界对日本哲学的研究或者是由中国哲学与佛学架构讨论日本汉学的继承与接受，或者是从日韩的儒学发展进行对话。但对于日本哲学界如何接受欧美哲学，就日本自己国内的情势来回应时代问题，并与自己的文化进行内部对话、辩论，这种内部的细致发展，就属于少数专家才能进行辨析的了。在日本受过哲学专业训练，并以京都学派的田边元为博士论文主题的廖钦彬教授，就属于后面一种学者。他以比较哲学与跨文化哲学的观点写下的《近代日本哲学中的田边元哲学》（商务印书馆2019年版），不限于介绍田边元思想的发展，而且将田边元思想放在日本哲学发展的脉络底下以及当时的社会环境中，让读者可以清楚地看到哲学家如何形成他独特的思想历程。

全书除了导论外，正文分为四个部分，每个部分有三个章节，一共十二章。第一部分着重于田边元的宗教哲学。对田边元而言，以"宗教即哲学"的方式，"也就是其企图让哲学透过催促相对者自我否定的宗教之否定媒介，来达到自身理性恢复的思索痕迹。"[①] 这也是作者将宗教哲学作为第一部分的原因，即宗教哲学乃是田边元思想的基础。第一章阐释田边元的宗教哲学，从其著名的忏悔道哲学到基督教的辩证；第二章则梳理了日本的宗教哲学史，从清泽满之、西田几多郎一直到田边元的宗教哲学的发展；第三章

---

[*] 黄雅娴，哲学博士，台湾"中央大学"哲学研究所助理教授。

① 廖钦彬：《近代日本哲学中的田边元哲学》，商务印书馆2019年版，第26页。以下引用该书，只在正文引文后面加注页码，不再一一在脚注中注出，特此说明。

则是从佛教的《大乘起信论》与京都学派的对话来看田边元的宗教哲学如何受其影响。

第二部分则是历史哲学,在这部分作者溯及田边元所处的时代,日本社会遭逢的最大挑战,即"二战"前后,日本军国主义向外扩张,以及日本哲学界对此的反思。因此在第四章中,作者便讨论了宗教与国家之间的纠葛,由此探讨了京都学派于此时期的定调,即"近代的超克";最后说明身为京都学派一员的田边元如何消极地面对军部的秘密会议邀请并苦思突破近代超克论。这一章侧重于说明在田边元思想中,国家存在的合理性。第五章则深入地梳理了京都学派内部,包括田边元自己的历史哲学,这是为了回应近代超克的历史观。第六章则借由深受英美哲学影响的大森庄藏的语言与时间观,来对比田边元的时间哲学,这是为了更好地说明时间哲学中的共同体时间与个人内部时间之间的落差问题,以便能进行他力宗教的社会实践。(第136页)换言之,这部分属于田边元的社会实践。

在第三部分,作者以存在论与现象学来讨论二者对田边元哲学的影响以及田边元哲学对国家哲学的突破。具体来说,这一部分来自第二部分的近代超克问题,在这部分中,作者通过对南原繁以及卡尔·巴特的神学进行讨论,凸显田边元在"二战"后苦思如何以宗教角度全面反省"国家"的组成与其存在的合理性,并批判纳粹暴行以及反省日本的军国主义。是以在第七、第八章中,作者以宗教、国家以及哲学三个角度,讨论国家主义以及田边元的反国家主义,并带入南原繁的神国政治理论以及巴特的辩证法神学,以神学的角度来批判纳粹。到了第九章,作者深入地讨论了田边元在反思实践上合理性的哲学根源,亦即"种的逻辑"作为理念上存在的应然与现实上遭遇实然问题的实践哲学理念(第185页)。由此,作者追溯了德国现象学传统,从胡塞尔到海德格尔的意识与实践哲学发展。这一方面固然是因为田边元自己曾经留学德国,师从胡塞尔,也亲自聆听过海德格尔的讲座;另一方面则是因"种的逻辑"的实践动力所然。

最后一个部分,作者以比较哲学与跨文化哲学的角度探讨田边元如何以他成熟的思想,回应他所接触到的文化。在第十章,作者便深入阐明了田边元以他的"种的逻辑",来回应《易经》中的阴阳与太极,并由此进一步比较了希腊、希伯来以及中国的存在论。在第十一章,作者也阐述了"二战"之后,社会弥漫着对生存问题感到困惑的氛围,田边元回应了"人的实存"的时代性问题。在最后一章,作者则通过田边元对海德格尔哲学的批判,以及道元对时间问题的发问,比较这三位哲学家对时间问题的阐释,显现出各自存在论上的差异。简而言之,道元的"有时论"乃是企图在时间的流变中确立永恒与绝对。这一点"和田边元试图让宗教与历史（现实世界）、宗教与哲学彼此形成对立统一的绝对媒介辩证法结构的哲学立场有密切关联"（第255页）。道元的宗教性，刚好是海德格尔的此在生存视阈所缺乏的；如前所述，相对于胡塞尔的主体意识哲学，田边元哲学更接近海德格尔哲学的实践性。综合说来，在这一部分，作者不只是停留在田边元哲学内部的发展轨迹而已，而是扩大了田边元思想的对话空间，进一步指向了跨文化的对话。

进一步探究此书对田边元思想的分期就会发现，作者对田边元思想的分期方式，有别于其他书籍的内容脉络。作者舍弃了以编年的方式对田边元思想进行探究，也不是以思想接受的类别进行分类（如接受康德、黑格尔影响时期等），或者以哲学写作类别方式来区分（如认识批判时期等），而是以田边元自身思想的时代观来为田边元的思想分类，亦即以忏悔道哲学中的"三愿转入"作为其思想的印证。所谓"三愿"指的是阿弥陀佛四十八愿中救济十方众生的三个愿，即第十八、第十九以及第二十愿。这三个愿中，第十八愿乃是最具体的阶段，而第十九与第二十愿则是抽象阶段。田边元没有以此顺序作为其哲学的发展顺序，刚好相反的是，他认为自"十九再二十，而转回十八"的从自力行善、自力念佛到他力念佛的过程，才是区分他战前到战后哲学面貌的分水岭。（第6页，注释4）根据作者解释，虽然忏悔的自我否定，能够转而肯定自我，但尚须与绝对他力与无数的先进一同救赎尚未得救的众生，否则不足以证明被救赎的真实。（第104—105页）作者以此宗教情怀对田边元自身哲学进行分期与开展探究，更能印证田边元思想，也显得作者对田边元哲学的体会，不将田边元定位在仅仅是一个书斋里的哲学家而已。另外，"三愿转入"也是田边元的历史观，亦即田边元受到奥古斯丁的启发，重新诠释"三愿转入"与"三心释"，并导入时间论，使田边元思想同时带有宗教与历史并存的进程。更进一步来说，在田边元转换了三愿顺序，也是从"未来—过去—现在"的三愿转入，以未来救济作为核心的还相之后，就扭转了物理时间的顺序。这种扭转既检讨了日本在"二战"前后的近代超克问题，也同时具有思索个人、社会以及人类这三者关系的社会实践意义，连同三心释（过去—现在—未来）的关系，一同形成田边元的历史哲学，亦即"这是一种他力介入，亦即无时间或永恒介入的'个、种、类'之时间流"（第105页）。

对战前的京都学派而言，所谓近代超克论，意即必需突破欧洲中心主义的世界观，让日本在进入世界的视阈之余，也能构筑一个新世界观，这种新的世界观促使军部在现实上就以建设"大东亚共荣圈"为号召，这表面上说的是将亚洲诸国从欧洲观点下的旧秩序中解放出来，但实际上却是以扩张日本帝国势力为目的，四处入侵掠夺。另外，京都学派的成员西谷启治在战时由艺文界发起的"近代的超克"座谈会中，以"主体的无"的主张来谈论国家，遂使军部顺理成章地利用此主张，铺陈了对外侵略的思想基础。所谓"主体的无"本来意指彻底地否定自我，并以最后残存下来的作为当作"自我"的立场；这么做的用意本来是寻求比身体及灵魂的自我更为根源性的主体；因为彻底地否定主体，故而也没有被对象化的问题，因此被称为主体的"无"。（第88页）这原先用来以宗教性的否定、超越，转而肯定并且创造文化的主体，却因为西谷启治以此来谈论已经获得理念实现的国家，并与当时的战争口号"灭私奉公"合流，鼓吹个人应消灭自我，顺从国家（第89页），等于直接为军国主义向外侵略背书，这也是西谷启治在战后备受挞伐的原因。

身为京都学派一员的田边元，在当时仅只是消极地不回应军部秘密会议的邀请，却无法阻止代表国家的军部向外侵略的野心，这问题当然也出在他自己的哲学如何看待国家上。当时，田边元以为"国家乃是人世间的神"（第95页），这说的是"国家是绝对的相对，意思是说国家不是绝对的神，换言之，不是绝对的绝对，而是同时具有绝对和相对的双重性存在"（第94页）亦即，国家是绝对无的神，为了救赎人类而下降到人世间的具体存在，因此它是绝对的相对，是存在的原型，是基础存在论。（第94页）基于这个原因，国家不能进行自我否定。正因为如此，此时期的田边元受困于国家绝对化，田边元思想不复有宗教的慈爱不说，个人的自由与他国的自主也随之消失。（第97页）

1942年之后，田边元力图检讨自己的哲学以及京都学派为何会犯下这个思想上的错误，他以为问题的关键，除了如何为国家定位之外，就在于"'历史即宗教'与'历史即国家'的二重性结构"（第97页）。这个二重性结构也可以用来解释京都学派主张的超克历史观，亦即正因为以西谷为首的京都学派主张自律性的道德伦理，遂得到了"消灭他国，再使之复活"的借口，并致力于"保存日本国体并建立一个以日本、亚洲新秩序为目的的新史观目标"（第97—98页），才使得军国主义如此横行。为此，田边元从宗教上找寻出路，遂有了"忏悔道"以及"种的逻辑"这种动态式的思考，这种哲学观也使他突破了海德格尔式的静态现象学。

原本"种的逻辑"是田边元在"二战"前（1934—1937年）借用生物学上的"类（人类、菩萨国）、种（现实国家或共同体）、个（个人）"这种带有宗教意味的思想来建立的社会哲学，通过否定媒介的方式来达到自身的存在，如"种"与"个"的自身存在是由否定"类"而来。（第102页）

当田边元的历史哲学就是透过这三环彼此对立与统合的媒介奠定起来时，原本应该是"神－耶稣基督－世人"的关系，却因为他在"二战"时以国家取代了耶稣基督的位置，使得"国家即绝对"之后，就让自己的哲学陷入困境。（第103页）终战前夕，田边元引入了"忏悔道"才扭转了上述历史二重性结构带来的哲学困境。根据作者的解释，所谓忏悔道哲学是"一套救济世人与他者哲学的宗教哲学体系……是'为了救赎他人而不断牺牲自我'的他者本位哲学。田边元在这种忏悔、悔改（自我否定）的慈悲行之下，与他者共证被绝对他力与无数先进救赎的真实（自我肯定）"（第103—104页）。放到"二战"后的情况来看，对田边元而言，国家已经不再是绝对的存在，而是"随绝对他力对一切存在的慈爱（还相行）进行教化与救济的方便存在"（第132页）。换言之，国家存在的正当性，只有在作为以教化社会为内容的政治实体才能成立，这是在种的逻辑下，作为种的否定媒介关系为前提成立的。（第132—133页）由此可知，忏悔道是一种向未来寻求救济的宗教哲学，至此，田边元的思想已臻成熟。

综合来说，从田边元在忏悔道的前提下建立起的"种的逻辑"哲学，可以看出几个特点。

首先，于"爱与救赎"而言，田边元的确与基督宗教并无二致。但是就历史观而言，两者就截然不同了。从基督宗教以人的有限屈从于神的无限看来，西方式的哲学更多是以对自我的探索与肯定为出发点，在历史观上更重视"超历史的、宗教的自我自觉立场来掌握历史统一性"（第112页），相形之下，对于他者的接纳与肯定就显得不足。此外，基督宗教里，具有超越地位且全知全能全善的上帝，以其慈爱，无私地爱着作为受造物的人类，而人类也因其有限性受到罪恶的引诱而堕落，这些罪只能在死后，回到上帝的身边时才能获得救赎。换言之，基督宗教属于一种"过去→现在→未来"的单一线性时间观。相对来说，田边元将历史上包含的过去视为"种"，现在则为"类"，而将未来看作要挣脱种族与传统的"个"，这是一种"三者各自以其他两者为媒介的三一性存在。……过去、现在、未来三一性地互相对立与统一，形成一种交互否定媒介的形态。也就是说，时间……是圆环型发展的时间"（第101—102页）。亦即，时间"不仅止于个人内在时间，还包含与他者共在的时间以及绝对否定的无时间或超越时间（永恒）"。（第137页）这种圆环型的发展时间，使得彼此互相包含，无法分割。

其次，田边元的哲学出自宗教上的慈爱，以自我否定而肯定为基础，所发展出来的"种的逻辑"，在"二战"后经过修正后，不再作为绝对的相对存在，而已经是"带有他力宗教的社会实践性质协助绝对无（类）救济个

（每个众生）的种。田边元借此让只为保存自身的种走向自我否定的运动当中去"（第 133 页）。这种自我否定的运动，固然是出自宗教上的慈爱，但这种在根源起即自我否定，并容受他者为优先，使得田边元的哲学同时也具有伦理的可发展向度。所谓以他者为优先，则令人想到继承犹太传统的法国哲学家列维纳斯（Emmanuel Levinas，1906—1995 年），其哲学主张自我将退到他者之后，他人与自我的关系要早于自我意识，这就意味着这有最大的容受性，不会发展成西方哲学一直为人诟病的独我主义。固然，田边元的他者优先，指的并非同样作为"个"的个人，在同一时间的向度下，自我对他人的让步，而是在种的逻辑之下，"个、种、类"之间的彼此互相从属又互相否定与包含的关系。因此，这种自我否定开启的共同性，就不是列维纳斯为了挽救西方哲学所开展出来的"他者哲学"了，而是借由否定性来保存自我的哲学。正如作者所言，"此处所说的救济，并非只是宗教上的救济。其还包含让存在借由脱离自我同一性立场以保有自我的存在哲学意涵，同时也暗指同一性哲学不能停留在同一性才能保有其自身的悖论真理"（第 133 页）。

田边元的这种否定辩证法，带有动力前进的动态观，这使得他脱离了如康德那种静态的哲学观，而能时时往复于过去、现在与未来。另外，田边元也因为出身于京都学派，故而对于西田几多郎以"场所论"来克服海德格尔哲学过度注重时间问题并不陌生。对田边元来说，他以生物学上的分类构思"种的逻辑"就是希望避开黑格尔那种精神抽象式的概念思考，而更具身体性、实存性、空间性以及社会实践性。（第 191 页）这两个特点相合起来，就使得田边元的哲学要比海德格尔那种因为关心存在以及人类的实存而以分析性的方式来进行的哲学思考，要更来得具有综合辩证性以及出于救济他者的实践行动力。

总之，由作者在梳理田边思想的形成过程，从接受与继承的众多轨迹来看，田边元的哲学之所以如此丰富，不仅仅是因为他用功甚勤，还因为当时日本处于对德国思想与制度全面吸收的时期，因此可以看到以京都学派为首的哲学家们，无一不是与德国哲学进行对话。此外，除了日本本有的宗教与哲学以及德国哲学之外，田边元也没有放弃与其他哲学进行对话，如前所述，作者也深入梳理了田边元阅读易经的心得，并且因此来思考儒教架构下的政治哲学。最后，通过作者细致的分析，呈现了一个丰富且具有生命力的田边元哲学面貌，使我们至今仍能不停地通过对自己文化形成的思考，来与田边元的哲学进行一场又一场无止境的对话，而这也是田边元带给我们的哲学遗产。

广松涉哲学的构境论解读

邓习议[*]

【摘要】 文本学和构境论是张一兵于20世纪80年代和2007年提出的一种哲学方法论,目标在于提高当代中国马克思主义哲学的研究水平。他的《物象化图景与事的世界观——广松涉哲学的构境论研究》一书(以及其他系列著作)贯通了这一研究方法,为国内读者全面进入广松涉的西方哲学、马克思主义哲学及其以四肢结构为内核的关系存在论哲学之构境,提供了一个翔实而清晰的路标。

【关键词】《物象化图景与事的世界观》 文本学 构境论 认识论 广松涉 四肢结构论

一、作为方法的文本学和构境论

在国内或国外马克思主义研究领域,当谈到"文本学"或"构境论"(后文本学),想必首先会想到张一兵先生(以下简称"张先生")。"文本学"的概念,是张先生于20世纪80年代提出的,它针对的是当时马克思主义思想史研究中用本体论、辩证法、认识论、历史观、自然观等马克思主义哲学原理的条条框框去解读《德意志意识形态》《共产党宣言》《资本论》等经典原著这一"用原理反注文本"的错误做法,盖这一解读方法颇似康德先验唯心论中的所谓"人为自然立法",是一种本末倒置。从师承关系而言,如张先生所指出的,"文本学"的方法源于五大解读模式即"西方马克思学的模式、西方马克思主义人本学的模式、阿尔都塞的模式、苏联东欧学

---

[*] 邓习议,哲学博士,湖州师范学院副教授,主要从事国外马克思主义和日本哲学研究。

者的模式和我国学者孙伯鍨教授的模式（文本学的研究模式）"① 的第五种，即张先生的老师孙伯鍨教授在其《探索者道路的探索》一书中提出的"两次转变论和两种理论逻辑"。张先生的《回到马克思》一书，即运用"文本学"的方法解读马克思哲学的力作之一②。此书出版之后，张先生继而通过《马克思哲学的当代阐释——"回到马克思"的源初理论语境》一文，对"文本学"的解读模式做了集中阐释，提出"文本的解读必须建立在发生学基础上，从历史性中去评估其在理论建构中的真正价值……将体系哲学的前见（'原理'）悬设起来，将原来的文本阐释结果加上括号，以历史本身的时间与空间的结构，让马克思文本的源初语境呈现出来，从而获得一种全新的理解结果"③。

从逻辑上说，如果说作者的文本存在一个发生学的问题，那么研究者的研究亦然。张先生说："我的这个文本学的观点在后来的研究和反思中不断发生着改变，先后遭遇了九种文本类型，即公开文本、手稿文本、笔记书信类文本、拟文本、表演性文本、表现性文本、秘密文本、现身性文本和伪书文本。"④ 这标志着张先生的"文本学"研究进入了一个新的发展阶段，即"后文本学"阶段，他用一个具有原创性的新词"构境论"来加以标识。张先生的《回到列宁》一书，则是运用"后文本学"的方法——构境论——解读列宁哲学的力作之一⑤。根据张先生自己的说法，构境理论是一种基于历史唯物主义的哲学诠释方法，它是历史存在论的顶层构件，而非存在论意义的世界观。具体而言，他希望通过劳动塑形、关系构式、生产创序与结构筑模这四个逻辑阶梯，逐步阐明主体如何面向物质存在和自身，主体与被塑形物在一定功效关系场中的系统化，主体在生产活动中对物性实在和社会存在的组织化，以及在社会实践中功能性地建构和解构的日常生活和社会存在，达至存在高地上的现实生活与思想构境。⑥ 正是立足于这一思境高度，在《回到列宁》一书出版之前，张先生曾预先借助《思想构境论：一种新

---

① 张一兵：《五大解读模式：从青年马克思到马克思主义》，《马克思主义与现实》1996 年第 2 期。
② 《文本的深度耕犁》第 1—3 卷，也主要使用"文本学"的方法。
③ 张一兵：《马克思哲学的当代阐释——"回到马克思"的源初理论语境》，《中国社会科学》2001 年第 3 期。
④ 张一兵：《九大文本类型：文本学的现代性及其超越》，《探索与争鸣》2017 年第 3 期。
⑤ 此外，《回到海德格尔》第 1 卷、《回到福柯》《神会波兰尼》《烈火吞噬的革命情境建构》《革命的诗性：浪漫主义的话语风暴》等著作，主要运用"构境论"的方法。
⑥ 张一兵：《劳动塑形、关系构式、生产创序与结构筑模——关于构境理论与历史唯物主义的一种逻辑承袭》，《哲学研究》2009 年第 11 期。

文本学方法的哲学思考》一文，对"构境论"的解读模式做了集中说明："为了反对苏联学者对列宁哲学思想实验的平面化、线性目的论的主观预设，我第一次公开采用了一种新的思考方式，即文本学解读的空间化和立体化拟现和重新建构"，"我主张……生产性思想构境论。在这里，最重要的实质是：阅读不是为了还原，而是创造性的生产。其实，文本学的真正基础是'关系本体论'……根本不存在脱离了读者的文本，因此在文本学中，文本与读者的二元分立是虚假的，真正存在的是进入读者视域的文本被重新激活的解读过程，这是一种关系性的存在"①。

从语源上说，"构境"一词可以追溯到唯识论关于根境识的学说。在作为中国古代认识论之高峰的唯识学中，依随眼根、耳根、鼻根、舌根、身根、意根这"六根"，而对色境、声境、香境、味境、触境、法境这"六境"（对象），起识别作用的是眼识、耳识、鼻识、舌识、身识、意识这"六识"②。在《阿含经》中，"六根"又称眼界、耳界、鼻界、舌界、身界、意界；"六境"又称色界、声界、香界、味界、触界、法界；"六识"又称眼识界、耳识界、鼻识界、舌识界、身识界、意识界。六根、六境和六识，统称"十八界"。作为汉语文化圈之合成词的"境界"一词，其源头至少可追溯于此。在中外哲学的语境中，不用说对哲学一知半解的读者，甚至连一些哲学工作者也对类似主观和客观、主体和客体的概念，或闪烁其词，或语焉不详。概而言之，主客观、主客体之于根境识，其对应关系如表1所示。

表1　根境识与主客体

主客观	根	境	识
主观			眼识、耳识、鼻识、舌识、身识、意识
客观		色、声、香、味、触、法	

---

① 张一兵：《思想构境论：一种新文本学方法的哲学思考》，《学术月刊》2007年第5期。
② 在唯识学的认识论体系中，除了"六识"之外，还有第七识即作为自我意识的"末那识"，第八识即作为前七识之本体的"阿赖耶识"（所谓"万法唯识"，即主要指阿赖耶识），统称"八识"。

续上表

主客观	根	境	识
主体	眼、耳、鼻、舌、身、意		
客体		境的载体	识的产物

在表1中，我们遇到三个子问题。其一，根、境、识的关系问题。根据唯识学的解释，"根、境为缘生识"。即，根和境是产生识的主要条件。例如，"眼、色为缘生眼识"。即，眼根和色境是产生眼识的主要条件。其余诸识，以此类推。那么，作为条件（缘）的根和境，能否作为本体？显然不能。因为眼、耳、鼻、舌、身、意，色、声、香、味、触、法都是有死者、有限者。实际上，在唯识学的理论体系中，根境识之本体是阿赖耶识。在此意义上，无论是唯心主义的"心"（识），还是唯物主义的"物"（根、境），都是不彻底的。质言之，心和物，必定要追溯到心物层次之上才够得上彻底。这似乎是一种叠床架屋。可是，这也正是哲学的魅力所在，本体论的问题注定是一个类似衔尾蛇①的问题。其二，何谓"主观""客观"之"观"？根据《佛学大辞典》的解释，"观"（梵文 vipaśyanā，毗婆舍那）是"智之别名，是观察妄惑，达观真理。粗思名觉，细思名观。观以观穿为义，亦是观达为能，观穿者即观穿见思恒沙无明②之惑，故名观穿也。观达者达三谛③之理"。就此而言，"观"与"识"有关。其三，由于"三分法"与"四分法"的非对称性，我们还遇到一个最有争议性和挑战性的问题，即究竟何谓"客体"？这就涉及恩格斯提到的哲学基本问题。换句话说，关于这一问题的回答可以分为两派，唯物主义可能倾向于认为"客体"是境的载体；与此相反，唯心主义或许倾向于认为"客体"是识的产物。

后面，我们将会看到，广松涉的"四肢结构论"，其深层的认识论和实践论之构境源，与表1是密不可分的。

---

① 衔尾蛇（Ouroboros），意指一条吃着自身尾巴的自我吞食者（Self-devourer）——蛇——不断吞噬自己，又不断从自体再生。
② 泛指无智、愚昧。为十二因缘之一。
③ 三谛，指空谛、假谛、中谛。语见"因缘所生法，我说即是空，亦为是假名，亦是中道义"（龙树《中论·观四谛品》）。

二、广松哲学的旨趣

有了上述有关文本学、构境论与认识论的预备性"前见",接下来让我们进入《物象化图景与事的世界观——广松涉哲学的构境论研究》一书的解读。

这本书的写作,按张先生自己的说法,花费了十五年(2002—2017年)。在此期间,张先生牵头举办了七届"广松涉与马克思主义哲学"国际学术研讨会①,在其主编的《当代学术棱镜译丛》中设立了"广松涉哲学系列"②,并为了完成本书而写下了《回到海德格尔》第1卷,还曾专程前往东京与广松夫人和广松涉先生的学生们进行访谈和交流。较之于仅花一年半载的速成之作,《物象化图景与事的世界观——广松涉哲学的构境论研究》不可谓不是写作时间漫长的厚实之作。

全书分为序、导论、上篇、中篇、下篇和附录。作为具有原创性的日本当代哲学家,广松哲学的理论框架包括西方哲学、马克思主义哲学和关系主义哲学这三大支柱。广松涉对待西方哲学和马克思主义哲学的态度,采用的是"六经注我"的方式,讲出别人所未讲。要言之,广松涉的关系主义旨在为他临终提出的哲学遗嘱"以东北亚为历史的主角——建立以中日(关系)为轴心的'东亚'新体制(東北アジアが歴史の主役に——日中を軸に『東亜』の新体制を)"③ 提供理论基础。如果说但凡哲学家都有现实观照,那么这就是广松涉毕生的理想追求。大体上,"导论"讨论广松涉的西方哲学研究,"上篇"讨论广松涉的马克思主义哲学研究,"中篇"和"下篇"则探讨广松涉自己独创的关系主义哲学(四肢结构论)。

在扉页后,张先生首先给读者呈现了一幅"广松涉在自己的书房中"的彩色照片。照片中,广松涉戴着眼镜,坐于书桌前,捧书而读;桌上除了茶具和少许资料,还有一支笔和一沓稿纸。照片为我们在头脑中先行构建广松涉的学术景况奠定了一个多彩的构境基础。除此之外,正文还穿插了广

---

① 迄今为止,分别于2002年5月(南京)、2005年4月(南京)、2007年4月(东京)、2009年11月(南京)、2015年11月(广州)、2017年11月(东京)和2019年11月(贵阳),举办了七届"广松涉与马克思主义哲学"国际学术研讨会。

② 南京大学出版社2002—2020年版,包括《物象化论的构图》《事的世界观的前哨》《文献学语境中的〈德意志意识形态〉》《存在与意义》(两卷本)《唯物史观的原像》《哲学家广松涉的自白式回忆录》《资本论的哲学》《马克思主义的哲学》《世界交互主体的存在结构》。

③ 广松涉:《广松涉著作集》,第14卷,岩波书店1997年版。

涉本人的照片 3 幅，手稿、笔记和书影共 10 幅，张先生本人拍摄的照片 8 幅。这些影像，各自成为读者进入本书构境的一个节结。

一般而言，任何一部真正意义上的学术著作，序言部分都最值得认真研读。限于篇幅，这里仅列举本书序言的两个亮点，此可谓有助于读者提纲挈领地了解广松哲学的点睛之笔。一是指认了广松哲学是一种"事的世界观，是广松涉在现代自然科学、当代西方哲学和新马克思主义三者学术逻辑交合之上的一个大和哲学思想原创之境"[①]。二是总结了广松涉的"四个反对和四个确立"[②]，即，在本体论上，反对物的世界观，确立关系存在论；在认识论上，反对主客二分，确立交互主体的四肢结构论；在逻辑学上，反对同一性，确立差异性[③]；在因果论上，反对线性因果论，确立非线性的相互作用的因果观。

三、广松涉的西方哲学研究

在导论中的"广松涉的一生拟像"一节，张先生花了大量笔墨对广松涉自三岁坐火车去看樱花到六十岁病逝于东京虎门医院的生平，以及从"马赫哲学笔记"到《马克思的根本意想是什么》之著述，做了目前国内学界最为详尽的"拟像"。"拟像"一词，乃对应广松涉喜用的"原像"。而张先生意识到，要真正复构"原像"是不可能的。这里，我想提请读者特别注意的是，此为构境论的旨趣和应有之义。导论部分重点讨论的文本，是广松涉关于西方哲学的重要论著《事的世界观的前哨》。根据《现代汉语词典》的解释，"前哨"意指"向敌军所在方向派出的警戒小分队"，张先生精准地将之解释为具有象征意义的"思想作战上的尖兵"[④]。根据上面提到的广松涉"六经注我"式的理解，这一"小分队"（尖兵）的成员包括康德、马赫、胡塞尔和海德格尔。依照上述主观－客观和主体－客体的原理，本体论处理的是"客"（客观、客体或客观性、客体性）的问题，认识论讨

[①] 张一兵：《物象化图景与事的世界观——广松涉哲学的构境论研究》，天津人民出版社 2020 年版，第 12 页。

[②] 张一兵：《物象化图景与事的世界观——广松涉哲学的构境论研究》，天津人民出版社 2020 年版，第 14 页。

[③] 熊野纯彦：《差异·他者·外部——广松涉哲学中的"否定的东西"》，《情况》2002 年第 7 期。

[④] 张一兵：《物象化图景与事的世界观——广松涉哲学的构境论研究》，天津人民出版社 2020 年版，第 27 页。

论的是"主"(主观、主体或主观性、主体性)的问题。康德的《纯粹理性批判》这一巨著千言万语,若概括起来,无非两句话,即"现象可知","物自体(宇宙、灵魂、上帝)不可知"。其实,一直以来,哲学界有一种共识:本体论和认识论是一致的。这让人很容易想起列宁通过学习黑格尔辩证法而归纳并提起的"辩证法、认识论和逻辑学三者一致"的命题。所不同的是,这种"一致",根据张先生的确切指认,"在康德和黑格尔二人之间,广松涉内心是倒向康德的,他的逻辑是本体论就是认识论,而不是认识论就是本体论"①。这是全书的绝妙分析之一。在我看来,康德正是异常敏锐地把握了唯识学中主-客二者的孰重孰轻,曲径通幽式地张扬了后者将包含眼识、耳识、鼻识、舌识、身识、意识在内的"八识"之"主观"看作"心王"(重),而把"主体""客观"和"客体"当作受"心王"统治的"臣仆"(轻),进而提出"人(主观)为自然(主体、客观、客体)立法"这一"哥白尼式的革命"的命题。概言之,"主观"是"主观能动性"之源,其地位匹配"构境"之"构";"主体""客观"和"客体"是"客观规律性"之显,其地位匹配"构境"之"境"。从唯识学极端强调"主观"的重要性来说,我有一个基本的判断:如果不懂唯识学的原理,就不懂诸如康德认识论的问题。在这一点上,广松涉的四肢结构论也正是由于受惠于唯识学的影响,才使他得以颠覆整个近代哲学物的世界观,而提出关系认识论。对此,张先生用了一个独创的词来描述它,那就是"破境"②。此处之"境",正是上述作为"主体""客观"和"客体"之"境",而非其他。就康德而言,在康德那里,"自然物液态为一个主体建构事件"③,张先生精准地指出了"这也是康德哲学之所以被认定为认识论上的'哥白尼式的革命'的主要原因"④。虽然张先生并没有进一步明确此处所讲的"自然物"是否涵盖"宇宙(乃至灵魂、上帝)",以及作为宇宙、灵魂、上帝的"物自体"与"当作物自体的客体被放逐到上帝同在的天庭中"⑤的逻辑关系,但

---

① 张一兵:《物象化图景与事的世界观——广松涉哲学的构境论研究》,天津人民出版社2020年版,第31页。
② 张一兵:《物象化图景与事的世界观——广松涉哲学的构境论研究》,天津人民出版社2020年版,第27页。
③ 张一兵:《物象化图景与事的世界观——广松涉哲学的构境论研究》,天津人民出版社2020年版,第26页。
④ 张一兵:《物象化图景与事的世界观——广松涉哲学的构境论研究》,天津人民出版社2020年版,第27页。
⑤ 张一兵:《物象化图景与事的世界观——广松涉哲学的构境论研究》,天津人民出版社2020年版,第31页。

这并不妨碍读者试着理清如下三重逻辑关系：一是"主观"的重要性，孰主（识）孰次（根、境），唯识学讲得最清楚；二是"人为自然立法"这一命题中的"法"（主观），即康德的时空及十二范畴，如广松涉《世界交互主体的存在结构》所要阐明的，这类"先天形式"是在交互主体的交往中形成的社会性、历史性的意义形象；三是如张先生进一步夯实广松涉的这一观点，指认历史性的交互主体的真正现实基础是"规制了交互主体活动的客观实践活动"①。当面对这样三重逻辑的时候，我们实际上已经陷入衔尾蛇的逻辑悖结。在这一悖结中，谁是本，谁是末呢？这是哲学史的永恒困局。从唯识学的观点来看，此三重逻辑大致上分别对应唯识学中的识、根、境。对所有哲学家而言，如何处理这三重逻辑，特别是前后两重逻辑何者逻辑在先的问题，就涉及前面业已提及的哲学基本问题，而形成哲学史上源源不断的唯心主义和唯物主义的分野。

在两重逻辑中，作为三重逻辑中的第二重"根"（眼、耳……），依据不同的哲学家，或被升格当作"识"（眼识、耳识……），或被降格为"境"（色、声……）。比如，作为广松涉进入哲学之门的领路人马赫，其哲学本体论思想是"要素一元论"，他主张世界是要素的复合。他借助新物理学观念，把物体的颜色、声音等称作 ABC……，把身体及其神经组织等称作 KLM……，把意志、记忆等称为 αβγ……人们通常把 αβγ……KLM……置于与 ABC……相对立的地位（此时，"根"被升格为"识"）；但有时 αβγ……特指自我，KLM……和 ABC……专指物质世界（此处，"根"被降格为"境"）。在他看来，各个要素，与其他要素是相互依存的，主张"一元关系建构体"②。广松涉指出，虽然马赫是定位于主客未分的世界构图，以去除康德的"先天形式"中的实在论残余，并最终得出"感觉"的基始性，物体、自我的第二性；但马赫的缺点在于，美人并非简单的骨肉和皮肤之要素的复合体（现象的所与），而是复合体之外的东西（意义的所识）。在我看来，所谓"主客未分"的世界，在始基上恰似衔尾蛇诞生之前的世界，或美国实用主义哲学家詹姆斯（以及日本哲学家西田几多郎）眼中的"纯粹经验"，即刚出生时的婴儿面对世界时的体验。显然，这是一种本体论意义上的类比手法，无非表达了人们对世界本原的追根究底。根据詹姆斯

---

① 张一兵：《物象化图景与事的世界观——广松涉哲学的构境论研究》，天津人民出版社 2020 年版，第 32 页。

② 张一兵：《物象化图景与事的世界观——广松涉哲学的构境论研究》，天津人民出版社 2020 年版，第 36 页。

的指认,自笛卡尔以来的哲学,都把"我思""世界"和"认识"这三者当作无可置疑的前提。本质是,这是一种"将感性事实与关系分离"的身心二元论。他所说的"纯粹经验",即通过将主客体进一步还原的方式,建立一种彻底经验主义。其原理是,经验中的两部分首先通过某一段主客未分的"自然而然"的作为"职能"的关系,然后才区分出主体和客体。

除了有关康德和马赫这两位思想大家的精彩分析,张先生还使用了"Für uns:从胡塞尔到海德格尔"作为导论第四节的标题。"Für uns"是广松涉常用的一个德语词,意为"面向我们"。张先生用该词概括二者,想必与他的另一部《马克思历史辩证法的主体向度》当中主体向度之构境相关。在印度宗教哲学中,乔荼波陀在谈到摩耶如何幻现为世界的时候,举了"绳蛇之喻"的例子。比如在黑暗中,我们经常不加区别地将一根绳误认为一条蛇。这是一种幻相,而当我们如实地感觉是一根绳,即真相(真谛)。这就是广松涉借用"Für uns"一词的本意,以此表示关系主义的"学理的反思",如"把绳看作绳";其反义词是"für es"(面向他们),即幻相(假谛),以此表示实体主义的"日常的意识",如"把绳当作蛇"。张先生十分明确地指出了"胡塞尔发现任何意识都是有意向(志向)的,而任何进入意识的对象又都是面向我们的(Für uns)"[1],现象在每一次都已经显示了较之单一的自我更高的某物;而"海德格尔则从更高基础的方面建构了这种特殊的意向关系存在论,即世界存在本身的'面向我们'性"[2],在他那里,对象世界的物在性(Vorhandensein,在手存在)已经为用在性(Zuhandensein,上手存在)所取代。这里,我想说明的是,在广松涉的哲学架构中,他是将自己的四肢结构论视为"Für uns"的向度,而把以康德、马赫、胡塞尔和海德格尔为代表的西方哲学看作"für es"的向度。比如,他批评胡塞尔所谓的"本质直观"(本质还原)实际上是一种"能与性直观",这种"本质"不过是自在性的存在。这意味着,在胡塞尔"意识对象-意识内容-意识作用"的"三项图式"中,"意识内容"(意义)作为"意识作用"抵达"意识对象"的中介,"实际上是被先行给定的东西";他批评海德格尔"没能正确把握上手事物的被中介性的本体结构。视'存在'为在被揭示之前就已经存在的东西,视上手状态的'存在'为在因缘性寻视中

---

[1] 张一兵:《物象化图景与事的世界观——广松涉哲学的构境论研究》,天津人民出版社2020年版,第39页。
[2] 张一兵:《物象化图景与事的世界观——广松涉哲学的构境论研究》,天津人民出版社2020年版,第43页。

以被揭示的方式显示自身，终究使'存在'陷入了拜物教的误视"①。对待马克思主义哲学，广松涉的态度是区分前后两个不同向度，即，正如他"从异化论到物象化论"的评价所表明的，把异化论阶段看作"für es"的向度，将物象化论阶段视为"Für uns"的向度。

唯识学、笛卡尔哲学、康德先验哲学、马赫哲学、胡塞尔现象学、广松涉四肢结构论和张先生的构境论模型的主客关系如表2所示。

表2 七种认识论模型的主客关系

认识论模型	客		主
唯识学	根	境	识
笛卡尔哲学	我思	世界	认识
康德先验哲学	世界		时空、十二范畴
马赫哲学	生理要素	物理要素	心理要素
胡塞尔现象学	意识对象、意识内容		意识作用
广松涉四肢结构论	现象的所与－意义的所识		能知的个人－能识的人类
	能为的个人－职位的人类		实在的所与－意义的价值
张一兵构境论	生产创序②、结构筑模③		劳动塑形④、关系构式⑤

根据张先生的界定，"构境理论是一个基于马克思历史唯物主义当代诠释基础之上的哲学思考方法"⑥。透过表2这七种认识论模型的对比，我们可以清晰地发现马克思主义哲学异质于传统意义上的本体论和认识论之处。包括俞吾金、葛兰西在内的国内外学者所提出的"实践诠释学""实践本体论"，其探讨的实践更多地指向流动的、现实的人的生产活动，并不讨论作为这一活动的本原（若要说有，终究还是实践？）是什么，人总是活在过去、现在和未来之流中的当下。如果说，共产主义是马克思对人类未来远景的把握，那么现在之前的过去是什么？在马克思的五种社会形态理论中，固

---

① 邓习议：《实体主义批判——广松涉哲学视域中的西方哲学》，《河北学刊》2009年第1期。
② 对应历史唯物主义的生产力，指一定的物质生产过程中客观发挥的社会生产水平。
③ 对应历史唯物主义的生产方式，指生产实践中的客观创序能力和有序结构。
④ 对应历史唯物主义的生产，指实践主体对象化的劳动活动。
⑤ 对应历史唯物主义的再生产，指人与自然、人与社会的交互关系及其重构。
⑥ 张一兵：《劳动塑形、关系构式、生产创序与结构筑模——关于构境理论与历史唯物主义的一种逻辑承袭》，《哲学研究》2009年第11期。

然有原始社会（古代社会）之探讨，但归根结底，他所关注的是如《德意志意识形态》中所明确的，"我们遇到的是一些没有任何前提的德国人，所以我们首先应当确定一切人类生存的第一个前提也就是一切历史的第一个前提，这个前提就是：人们为了能够'创造历史'，必须能够生活。但是为了生活，首先就需要衣、食、住以及其他东西。因此第一个历史活动就是生产满足这些需要的资料，即生产物质生活本身"①。

四、广松涉的马克思主义哲学研究

这本书的上篇，讨论广松涉的马克思主义哲学研究。第一章主要探讨广松涉《〈德意志意识形态〉——手稿复原、新编辑版》（1974）。该书中文版《文献学语境中的〈德意志意识形态〉》于2005年由南京大学出版社出版。关于该书，在回应几位日本当代学者质疑为何出版这本写于20世纪70年代的"已经过时"的东西时，张先生在本书序言中谈到"广松涉的许多学术观念虽生成于一定的历史情境之中，也不可避免地存在这样或那样的问题，但却因其直接构成着东方新马克思主义甚至整个学术发展史的特定思想环节和逻辑问题结点，而可能永不'过时'"。具体而言，该书有助于读者了解文献学之于"回到马克思"的关键作用，厘清文献学/文本学研究中的理论迷障，"广松版的价值是一种重要的文献结构的变革，而不仅仅是文本细节的精确性"②，是哲学与科学、画家与画匠区别之所在；若不谙此义，就难免于张先生在本书序言中所指出的"仿马克思学和伪文本学"的自娱自乐。

上篇第二章是《唯物史观的原像》之解读。《大辞海》释"唯物史观"为"唯物主义历史观"的简称。广松涉指出，"唯物史观，的确是对这个'真实的世界''单一的、总体的、历史的存在界'的'观'（Auffassung），是这种意义上的世界观本身"③。根据张先生的指认，广松涉所说的"唯物史观"并非斯大林教条主义体系中那种"将辩证唯物主义运用和推广到社会历史领域的结果"的部门哲学，故该书中文版出版时未使用《历史唯物主义的原像》之书名。关于马克思从"人"到"社会"的转变这一问题，

---

① 《马克思恩格斯全集》第3卷，人民出版社1956年版，第31页。
② 张一兵：《物象化图景与事的世界观——广松涉哲学的构境论研究》，天津人民出版社2020年版，第96页。
③ 广松涉：《唯物史观的原像》，邓习议译，南京大学出版社2009年版，第44页。

张先生指出了广松涉未明确区分的两个构式维度，即马克思在客体向度中，从哲学人本学到社会存在论转变；在主体向度中，从异化论到物象化论的转变。① 那么，马克思为何要做这种转变？一言以蔽之，随着对鲍威尔、施蒂纳及赫斯等人批判的深入，马克思发现人本学依然带有费尔巴哈式的抽象人性论（悬设超社会、超历史、超阶级的人）、异化论，依然带有康德式的先验唯心论（价值悬设：未打破的杯子—打破的杯子—复归未打破的杯子）的缺陷。我认为，张先生对这两个维度的洞见，可谓其《马克思历史辩证法的主体向度》之构境力的迭现，尤其值得国内外固执于马克思业已扬弃的人本学、异化论的观点的研究者慎思明辨，以免继续"开历史的倒车"②。

如《唯物史观的原像》之书名所要表达的，张先生不同意广松涉"历史唯物主义就是物象化理论及其展开"③的观点，认为这是一种逻辑泛化的判断和做法。理由有三：社会场景的实体化直观，不同于马克思的社会活动构序、关系筑模透视；现代性关系构序，不等于布尔乔亚物化视域的关系；物象化论仅是狭义唯物主义基础之上的一种社会批判理论，而非广义历史唯物主义。广松涉之所以会产生张先生指出的上述错误，从根本上说源于他"六经注我"式的对待马克思主义的态度。

上篇第三章是《物象化论的构图》之解读。一是从学理的层面，阐述了在马克思以物象化论为表达形式的唯物史观中，真正超越实体主义的，不是关系本体论，而是生产方式。张先生指出，虽然广松涉指认了马克思关于人的本质是社会关系的总和的观点——否定费尔巴哈（普遍的类本质）和施蒂纳（现实的个人）的实体主义——源于黑格尔的关系本体论，但他并没有看到，马克思唯物史观中的"'关系本体论'是被更深入的生产塑形和功能化筑模——生产方式——所突破，这是马克思恩格斯专门指认的'怎样生产'"④。此处，张先生是用表2中的劳动塑形（生产）、结构筑模（生产方式）来解释"怎样生产"的问题。他剖析了实体主义的形成机理："实体主义并非仅仅是一种认识上的主观错误，而是特定历史条件下的产物，因

---

① 张一兵：《物象化图景与事的世界观——广松涉哲学的构境论研究》，天津人民出版社2020年版，第103页。
② 张一兵：《物象化图景与事的世界观——广松涉哲学的构境论研究》，天津人民出版社2020年版，第120页。
③ 张一兵：《物象化图景与事的世界观——广松涉哲学的构境论研究》，天津人民出版社2020年版，第120页。
④ 张一兵：《物象化图景与事的世界观——广松涉哲学的构境论研究》，天津人民出版社2020年版，第133页。

为在农耕文明中，人对外部自然的关系的确是表面的和对象性的。也就是说，主体-客体二元模式在特定的历史中，恰恰是人类生活中真实的现实实体关系，也只是在资本主义工业生产中，自然才真正成为我们生活存在的关涉塑形物。主体-客体二元模式才丧失其历史的合法性"①，这可谓鞭辟入里！这与鲁迅的一番话极为相似："天才们无论怎样说大话，归根结底，还是不能凭空创造。描神画鬼，毫无对证，本可以专靠了神思，所谓'天马行空'似的挥写了，然而他们写出来的，也不过是三只眼，长颈子，就是在常见的人体上，增加了眼睛一只，增长颈子二三尺而已。"② 兹录于此，供读者比读。的确，广松涉并未明确他所说的关系本体就是生产方式，但如前所述，他对待马克思主义的态度是"六经注我"，因此这并不妨碍他以自己独特的方式提出了一种以四肢结构为内核的、强调关系基始性的新世界观。广松涉认为，关系性的唯物史观，正是从以生产为轴心的人与自然、人与人的关系态（生态系），从历史-之中-存在的人，来规定人的存在，而超越了实体主义的人本学；正是工业的生产实践，实现了人（自然的人化）和自然（人化的自然）、主观性（主体性）和客观性（客体性）的二元对立，实现了二者的统一。

二是甄别了异化、物化、物象化和事物化的语义分歧。简而言之，在广松涉的马克思主义研究语境中，所谓异化（Entfremdung），是指一种类似上述杯子之"未打破（乐园）—打破（失乐园）—复归未打破（复归乐园）"的先验论逻辑。根据广松涉的指认，这种异化论的逻辑在马克思的早期著作《1844 年经济学哲学手稿》中体现得最为明显。物化（Verdinglichung），包括人本身的物化、人的行动状态的物化和人的心身能力的物化。广义的物化，也叫对象化（Vergegenständlicht），即主体的东西直接成为物的存在，这是一种近代世界观的"主体-客体"二元分立模式。"后期马克思所说的'物象化'，不再是主体的东西直接成为物的存在这种构想，而和将人与人的社会关系宛如物与物的关系，乃至宛如物的性质这种颠倒的看法有关。例如，商品的价值关系，'需求'与'供给'的关系决定物价，货币具有购买力，资本具有自我增殖能力，诸如此类的我们身边的现象"③。这里，广松涉所要表达的是，马克思的后期著作超越了这种二元分立模式，实现了

---

① 张一兵：《物象化图景与事的世界观——广松涉哲学的构境论研究》，天津人民出版社 2020 年版，第 135 页。
② 鲁迅：《鲁迅全集》（第 6 卷），人民文学出版社第 2005 年版，第 227 页。
③ 广松涉：《唯物史观的原像》，邓习议译，南京大学出版社 2009 年版，第 36 页。

"从异化论的逻辑到物象化论的逻辑"的转变。他认为自己和后期马克思（Für uns，面向我们）正是从以四肢结构论和物象化论（三大拜物教批判）为标志的关系基始性的视域，批判和扬弃近代世界观（für es，面向他们）中以主客分立模式为标志的实体主义的立场，——这是一种类似于"把绳当作蛇"的"物象化的误视"。我认为，简单地说，"物象化"（Versachlichung）就是"把关系看作'物'"①。德语"Versachlichung"一词，本义为"具体化为某事"。广松涉特意使用该词，以区别于"具体化为某物"的"物化"（Verdinglichung，或译"异化"）。如果说广义的物化乃是对象化（对应广义历史唯物主义），那么狭义的物化特指物象化（对应狭义历史唯物主义）。这可以解释日文版《历史与阶级意识》的译者平井俊彦为何将"Verdinglichung"译为"物象化"②，而不是"物化"。

三是关于物象化的一种独特辨识。一方面，关于物象化的定义，"物象化不是对象化为一种东西，准确地说，物象化是一种特殊的关系存在的物性误认"③。另一方面，从马克思所说的"Versachlichung"的本义来说，不应该译为"物象化"，而应该"按其原始语义译作事物化，事物化并不是一般生活常识里人的认识中发生的错认"④（日本也有学者主张译为"事情化"或"事化"）。两个方面看似矛盾，在于张先生与广松涉的见解存在两点歧义。其一，"Versachlichung"是客观发生的社会现象，还是主观认识中的幻象？劳动交换关系颠倒为物与物的事物化关系是客观的历史现象，还是主观错认的幻象？在这一问题上，张先生倾向于前者，广松涉倾向于后者。根据张先生的解释，"这里的真实逻辑构序关系是：客观发生的事物化是主观物化错认的现实前提，而关系物化错认又是整个经济拜物教（Fetischismus）观念（商品、货币和资本三大拜物教）的基础"⑤。由此可见，分歧的焦点，在于二者的着眼点不同。若站在本体论与认识论的一致的高度来看，广松涉的观点可能更侧重服务于他以四肢结构论为内核的认识论，更侧重服务于他以关系主义反对实体主义的哲学理念。

---

① 邓习议：《四肢结构论——关系主义何以可能》，中国社会科学出版社2015年版，第28页。
② 张一兵：《物象化图景与事的世界观——广松涉哲学的构境论研究》，天津人民出版社2020年版，第143页。
③ 张一兵：《物象化图景与事的世界观——广松涉哲学的构境论研究》，天津人民出版社2020年版，第148页。
④ 张一兵：《物象化图景与事的世界观——广松涉哲学的构境论研究》，天津人民出版社2020年版，第148页。
⑤ 张一兵：《物象化图景与事的世界观——广松涉哲学的构境论研究》，天津人民出版社2020年版，第155页。

五、作为广松涉哲学之内核的四肢结构

中篇和下篇分别讨论《世界交互主体的存在结构》和《存在与意义》（两卷本）。根据广松涉的说法，前书是后书的入门书或精华本。这两部书是广松涉原创性哲学构图之代表作。限于篇幅，以下只能评述可能成为其中关键阅读节点的两三个问题。

张先生指出，《世界交互主体的存在结构》的"构境意向并非传统马克思主义哲学的社会存在论构序线索，而更接近西方语言哲学和社会学"[①]。这一定位，准确反映了广松涉的独创哲学与马克思主义哲学和西方哲学的相互关系，即该书更偏向后者。至于前者对广松涉的独创哲学的影响，透过该书第一章第一节"现象的对象二因素"和第二节"现象的主体的二重性"中的"二因素"和"二重性"的表述，我们很容易想到马克思在《资本论》第一卷第一章关于商品和劳动的精彩分析。当然，如表1所示，作为现象之对象的"所与"和"所识"及作为现象之主体的"能知"和"能识"这一"能-所结构"本身，又是与唯识学相即不离。

如《存在与意义》（两卷本）的副标题"事的世界观之奠基"所揭示的，该书是广松涉自己的原创性哲学之代表。曾经有一段时间，我一直踌躇于作为构成该书理论内核的"四肢结构"之术语，尤其是其中的"誰某""或者"该如何翻译。兹将"四肢结构"的日文原词列表如下，中文译名亦可对照表3中的相关条目。

表3　四肢構造（二肢的二重性な構造）

構造	存在性格	レアールなもの	イデアールなもの
認識世界	客観（二重）	現相の所与	意味の所識
	能識的或某	主観（二肢）	能知の誰某
実践世界	客観（二重）	実在の所与	意義の価値
	役柄者或者	主観（二肢）	能為者誰某

关于四肢结构的相互关系，广松涉反复强调现实的东西（レアールな

[①] 张一兵：《物象化图景与事的世界观——广松涉哲学的构境论研究》，天津人民出版社2020年版，第171页。

もの）有两个，理念的东西（イデアールなもの）有两个。这里，我对日文的"誰某""或者"采用了意译的方式，即分别使用"个人""人类"的译名，最主要是为了凸显"或者"（人类）之超场所、普遍、不变的理念－理想的含义。概而言之，《存在与意义》第一卷探讨了认识世界的四肢结构。其中，现实的东西包括现象的所与（客观）、能知的个人（主观），理念的东西包括意义的所识（客观）、能识的人类（主观）。"现象的所知的二肢二重性（现象的所与－意义的所识）和能知的主体的二肢二重性（能知的个人－能识的人类）不是彼此独立的，而是以一种独特的方式相互关联，共同形成四肢性的连环结构"①。《存在与意义》第二卷探讨了实践世界的四肢结构。其中，现实的东西包括实在的所与（客观）、能为的个人（主观），理念的东西包括意义的价值（客观）、职位的人类（主观）。"用在的财物态的二肢二重性（实在的所与－意义的价值）和能为的主体的二肢二重性（能为的个人－职位的人类）不是彼此独立的，而是以一种独特的方式相互关联，共同形成四肢性的连环结构"②。对于《存在与意义》（两卷本），张先生有一个恳切的评价，即第一卷的认识论之建构胜于第二卷的实践论之建构。"广松涉哲学最重要的贡献，就在于哲学认识论中的巨大进展。这是值得我们认真对待的沉思构境"③。

以上，是对《物象化图景与事的世界观——广松涉哲学的构境论研究》一书主体部分的解读。此外，这本书附录部分还提供了"关于广松涉哲学研究的访谈提纲"和"广松涉著述细目"。在我看来，这两份附录可谓与主体部分一道，为国内读者全面进入广松涉的西方哲学、马克思主义哲学及其以四肢结构为内核的关系存在论哲学之构境，提供了一个翔实而清晰的路标。

从张先生发表关于广松涉哲学的第一篇论文④算起，二十多年来，张先生持续地向国内学界推荐广松涉及其哲学。这源于他"一直认为，中国的马克思主义哲学研究早该有一些必要的深度理性磨难了。因为从流俗中走出，这可能会是科学的真正开始"⑤。愿与读者勉之。

---

① 广松涉：《广松涉著作集》第 15 卷，岩波书店 1997 年版，第 181 页。
② 广松涉：《广松涉著作集》第 16 卷，岩波书店 1997 年版，第 181 页。
③ 张一兵：《物象化图景与事的世界观——广松涉哲学的构境论研究》，天津人民出版社 2020 年版，第 241 页。
④ 张一兵：《马克思哲学初始地平线中的关系本体论——析广松涉的马克思主义原像观》，《马克思主义与现实》1994 年第 4 期。
⑤ 张一兵：《物象化图景与事的世界观——广松涉哲学的构境论研究》，天津人民出版社 2020 年版，第 72 页。

心理学何以构成美德伦理学的基础

——读李义天教授新著《美德之心》

张言亮*

一、问题与背景

美德伦理学不仅是最为悠久的一种伦理学传统,而且也是最有生命力的一种伦理学传统。不管是在中国还是在西方,美德伦理学始终是伦理学理论当中最为重要的一种。在中国过去的思想文化资源中,关于"美德"的思考和培养占据着核心位置。《大学》在开篇的时候就说道:"大学之道,在明明德,在亲民,在止于至善。"在西方道德哲学发展的源头,不管是苏格拉底、柏拉图还是亚里士多德,他们关于伦理学的思考大部分都跟什么是"美德"以及如何培养"美德"密切相关。在整个伦理学发展的历史中,美德伦理学始终占据着非常重要的地位。

英国学者安斯康姆所发表的《现代道德哲学》[①] 一文被公认为是当代美德伦理学复兴的开端。美德伦理学之所以能够在现代社会复兴,在很大程度上是因为这样一个事实:不管我们确立多么完备的法律条文和道德规范体系,那些对规则缺乏敬重的人总是能够找到法律条文和道德规范的漏洞。如果人没有好的德行,那么再完备的法律与道德都无法保证社会良序运转。相反,如果一个人有足够好的德行,即使社会制度存在一些漏洞,他也不会利用这些漏洞来为自己谋福利。社会的良序运转,不仅需要完善的社会制度安排,同样需要培养人的美德。自从 1981 年麦金太尔教授发表《追寻美德》一书之后,关于美德伦理学的专著和讨论层出不穷。

---

* 张言亮,江苏连云港人,兰州大学哲学社会学院副院长、教授。
① G. E. M. Ansecombe. "Modern Moral Philosophy," in *The Collected Philosophical Papers of G. E. M. Anscombe*, iii. *Ethics, Religious and Politics*, Oxford:Basil Blackwell, 1981, pp. 26-44.

然而，在美德伦理学发展的过程中，仍然存在一些争议。其中，美德伦理学的基础到底是什么？美德伦理学的规范性力量来源于何处？我们为什么要做一个有美德的人？美德伦理学如何指导人去做正确的事情？这些问题即使是在今天仍然值得深入讨论。

李义天教授在 2021 年出版的《美德之心》尝试着重构美德伦理学的基础，从心理学的角度出发来重建美德伦理学的"地基"，并且在这个基础上尝试着回答美德伦理学的规范性来源问题以及美德伦理学在指导人的行为方面的有效性问题。然而，对于很多读者来说，我们首先会想到这样的问题：心理学如何构成美德伦理学的基础？心理学的可靠性体现在什么地方？我们在日常生活中也经常使用诸如人心难测等词汇来表达我们对于人的心理活动的不确定性，将美德伦理学建立在心理学的基础上能够有效地指引人们的生活吗？为了回应这些问题，我们首先了解一下李义天教授在《美德之心》一书中的基本观点和基本立场。

二、美德伦理学的心理学基础

李义天教授长期从事美德伦理学相关的研究工作。李义天教授不仅出版了在国内非常有影响的美德伦理学方面的专著，发表了一系列的论文，而且还将国外一些最新的美德伦理学的文献给翻译出来。从李义天教授目前所出版的各类学术作品来看，他对于美德伦理学有着非常深入的研究。

在《美德之心》这本书中，李义天教授主要从四个方面对于美德伦理学的心理学基础做了论述。在这本书的第一部分，李义天教授主要论述了伦理学和心理学之间的关联。李义天教授不仅梳理了在西方伦理学发展历史上，哲学家们基于心理学来建构伦理学的主要做法，而且对道德心理学的一些基本概念也进行了认真的梳理。

李义天教授之所以强调美德伦理学的心理学基础部分，主要的理由是："美德伦理学提供的任何行动指南都必须建立在关于'美德'的道德心理说明之上；更因为，在最一般的意义上，'美德'本来就被理解为行为者的内在品质（character）。无论是被阐释为'秉性'（disposition）、'态度'（attitude），还是'倾向'（orientation），'品质'概念始终是对道德行为者的某种心理状态的描述。"① 从这句话中，我们可以看出来，不仅美德伦理学对于人的行为指南需要建立在心理学对于美德的说明之上，而且，美德伦理学

---

① 李义天：《美德之心》，商务印书馆 2021 年版，第 1 页。

最为核心的"品质"概念也需要建立在某种心理状态的描述之上。

在这本书的第一部分，李义天教授梳理了西方伦理学史上对于美德伦理学心理基础的一些研究和论述。李义天教授注意到，在希腊哲学中，不管是柏拉图还是亚里士多德，他们都将伦理学的研究建立在对于人的灵魂的研究基础之上。从词源的角度来讲，希腊人所使用的"灵魂"这个词就是今天"心理学"一词的词源。心理学的本意就是关于灵魂的学问。在整个西方伦理学的发展史上我们可以看到很多关于道德心理学的研究。从古代的柏拉图到现代的康德，从心理学的角度来研究伦理学的思想家比比皆是。那么，道德心理学有哪些最为基本的概念呢？李义天教授将"理由""原因""动机"或"意图"理解为道德心理学关注的最为核心的问题。在这部著作的第二章中，李义天教授对这些核心概念进行了非常细致的分析和梳理。从这些基本问题出发，李义天教授又对亚里士多德的美德伦理学进行了现代的解释。

对于任何一种伦理学说来说，最为重要的就是界定一个行为正确性的判断标准是什么。按照当代美德伦理学家赫斯特豪斯的说法，"一个行为是正确的，当且仅当它是一位有美德的行为者在这种环境中将会典型采取的行为"①。也就是说，有美德的行动者在某种环境中所采取的行为本身就是行为正当性的基础。但是，有美德的行为者是如何行动的呢？在行动过程中，这位美德的行为者又有着怎样的心理反应和心理过程呢？在这本书的第二部分中，李义天教授重点分析了人的道德心理的理性、欲望和知觉这三个部分。主要通过这三个部分的分析来解释具有美德的行为者在做事过程中的一些心理活动。通过李义天教授的梳理，我们可以看到一位具有实践智慧的行动者在进行具有美德行为的过程中可能采取的心理机制。

在《美德之心》第三部分，李义天教授分析了一些"非理性"的心理活动过程。在人的心理活动中，不仅有理性的部分，也有非理性的部分。这些"非理性"的心理活动主要包括：情感、移情与意图。在人们的日常生活中，人们也经常借助于这些因素来进行道德的判断。这些"非理性"的心理活动也是实践智慧的重要组成部分。

在《美德之心》第四部分，李义天教授主要对在美德伦理学的心理学分析中遇到的一些困难和挑战进行了回应。李义天教授将这些困难和挑战概括为以下三种：①作为理性模式的实践智慧的有效性问题，即它如何证明自己通过欲望和知觉所构建的那个表现为"目的－手段"的实践慎思结构是

---

① Rosalind Hursthouse, *On Virtue Ethics*, New York: Oxford University Press, 1999, p. 28.

合理的，又如何证明这种极其依赖行为者内在品质的实践理性模式能够为行为者提供正当、明确、有效的行动指南。②作为感觉机制的情感和移情的有效性问题，即它们如何保证行为者凭借感性心理反应而获得关于当下情境的精确信息，又如何保证行为者在获得这些信息之后采取正确的行动。③作为哲学知识的道德心理学的有效性问题，即在现代心理科学的背景下，美德伦理学的心理表述是否可以得到经验证明，是否可以直面现代心理科学提出的物理主义挑战与情境主义挑战进而给予有效回应。①

从李义天教授所概括的这三种主要的挑战，我们可以看出，在从心理学的角度建构美德伦理学体系的过程中，李义天教授已经注意到了可能面临的各种困难和挑战。李义天教授在这一部分对这些困难和挑战给出了一定的回应。然而，面对李义天教授对于这些问题的回应，笔者仍然觉得还有一些问题和挑战是从心理学的角度来建构美德伦理学所不得不面对的。

三、从心理学出发建构美德伦理学面临的挑战

第一，并非所有的美德伦理学理论都将心理学作为基础。在美德伦理学的发展历史中，美德伦理学的类型其实有很多种，美德伦理学的思想来源也有很多种，并不是所有的美德伦理学都特别强调心理学的基础性地位和作用。就拿当代非常有影响的两位美德伦理学家麦金太尔和侯活士（Stanley Hauerwas）来说，他们并没有从心理分析的角度出发来建构他们的美德伦理学理论。麦金太尔在建构其美德伦理学理论的时候，强调的最为核心的三个要素是：实践的内在善、人生的统一性和传统。侯活士在强调其美德伦理学的时候注重的是"叙事"在"品格"形成中所起的核心作用。美德伦理学的当代建构有诸多可能性。

第二，从心理分析的角度来建构美德伦理学困难重重。"人心难测"是我们在分析人的心理活动时经常会提及的一个成语。因为人的心理活动无法被直接观察到，所以我们对人的心理活动的研究很多时候都是建立在想象的基础之上。人的心理活动也是非常复杂的，我们对人的心理活动的研究也是困难重重。虽然从学科意义上来研究心理学已经有了一百年的历史，但是心理学仍然是一门刚刚兴起的学科。1879年德国学者冯特受自然科学的影响，在莱比锡大学建立第一个心理实验室，这标志着科学心理学的诞生。在心理学的发展过程中，也出现了很多的流派。但是，直到今天，我们关于人的心

---

① 李义天：《美德之心》，商务印书馆2021年版，第229页。

理活动的解释仍然不能完全让人信服。即使是从灵魂学的角度出发，我们也很难说以前的学者对于灵魂的分析是有效的。柏拉图和亚里士多德都将他们的伦理学建立在对人的灵魂分析的基础上，但是他们师徒二人对于人的灵魂的观点相差甚远。我们也很难判断他们对于人的灵魂的分析是否合理。基于以上分析我们可以看出，从人的心理分析的角度重构美德伦理学必然面临重重困难。

第三，从心理分析的角度重构美德伦理学无法给规范性提供坚实的基础。在美德伦理学发展的历史进程中，美德伦理学被人诟病最多的恰恰是它无法像规则伦理学那样给人们的行为提供可靠的指导。将美德伦理学建立在对人的心理分析的基础上是否能够有效地给人们的行动提供规范性的来源呢？我个人觉得这种做法反而更不可靠。从我们现有的关于心理学的知识来说，人们的心理活动不仅非常复杂，而且深受各自所处文化的影响。即使处于同一个文化之中，不同人对于同一事情的心理活动也存在非常大的差异。将如此变化多端的心理活动作为建构美德伦理学的基础将使得这一理论面临更多的困难和挑战。

四、美德伦理学的心理学建构任重道远

在哲学发展的历史上，每个伟大的哲学家都希望能够构建一套更为坚实可靠的理论以解释这个世界和人的生活。李义天教授在经过对美德伦理学多年潜心研究的基础上，也希望能够从心理分析的角度重构美德伦理学。李义天教授在《美德之心》这部著作中，梳理了美德伦理学和心理学的亲缘性，分析了人的道德心理的理性、欲望和知觉这三个部分在道德行为中的重要性，以及情感、移情与意图在道德行为中所起的作用。不仅如此，李义天教授还回应了从心理学角度建构美德伦理学基础可能面临的困难和挑战。

从《美德之心》这部著作中，我们确实看到了李义天教授的学术抱负和学术理想。但是，从心理分析的角度去重构美德伦理学的基础仍然面临很多困难。除了李义天教授所提及的困难和挑战之外，至少有三种困难是李义天教授不得不面对的：其一，并非所有的美德伦理学理论都将心理学作为其基础；其二，从心理分析的角度来建构美德伦理学困难重重；其三，从心理分析的角度重构美德伦理学无法给规范性提供坚实的基础。

从心理分析的角度建构美德伦理学仍然任重道远。在这条道路上，不仅需要我们对于人的心理活动有更为准确的认识，而且，对于心理活动和人的活动之间的关联，也需要有更为准确的认识。李义天教授选择从心理分析的

角度出发建构美德伦理学学说的同时,也是选择了一条充满了艰难和挑战的道路。当然,这条道路也指引着人们更好地探索人的心理活动与人的道德生活之间的相关性。

美德伦理学的内向奠基

——评李义天教授新作《美德之心》

刘宇

美德伦理学在当代西方伦理学中已渐渐成为显学,其标志就是,研究者不仅能够梳理出它的理论传统,还不断尝试建构愈加完备的理论体系,并将美德伦理学卓有成效地应用于诸多社会实践领域。随着美德伦理学学科性的增强,对美德伦理学进行严格的理论论证已成为必要的工作。这个工作的基础部分就是为美德在实践中的合理性进行论证,即论证何为美德之实践合理性的基础。由于美德一方面是个体的精神品质,另一方面又是社会或共同体的伦理价值,因此可从两个方面为美德奠基论证:或者从个人心理方面,或者从社会秩序方面。当然,这两个方面本来是内在统一、相辅相成的,但在古代之后却逐渐分道扬镳。在当代美德伦理学中,前一种进路滥觞于美德伦理学先驱安斯康姆在《现代道德哲学》中的著名呼吁,后一种进路在麦金太尔融合伦理学和社会学的经典著作《追寻美德》中蔚为大观。其中,或许是由于主体性和内在性哲学理路在英美学界占据主流,前一进路逐渐成为美德伦理学研究的重点课题。与此同时,它也深度融入并不断深化着道德心理学的研究,以至于美德伦理学的研究首先必须建构关于美德的道德心理学基础,并最终落脚到对伦理行为中具体心理内容的描述。

国内的美德伦理学研究经过近二十年的译介和主题探讨(包括中西美德伦理学比较研究),已经进入构建美德伦理学理论基础甚至构筑体系的阶段。这一基于古典伦理理论的当代西方学术领域,在我国学界面临着现代化和中国化两大课题。美德伦理学的中国化即挖掘中国传统伦理思想中的相关资源,构建中国的美德伦理学,这一课题已经在比较哲学界得到广泛研究,也有学者提出儒家伦理学就是美德伦理学。① 与之相对，在中国进行美德伦理学现代化的课题已成为当务之急。所谓美德伦理学的现代化即将在古代社会出现并形成传统的美德伦理学，转化为适应并有益于现代社会生活的伦理学理论。李义天教授的新作《美德之心》（2021年7月出版）便可视为对这一历史性要求的回应。该书的主旨即在于"严肃对待美德伦理学的现代议题及其面临的现代挑战"，"深入美德伦理学内部，探究其赖以成立的心理基础和行为模式，从而构造美德伦理学的心灵理论和行动理论"。因此，该书的主要工作便是"阐释并建构一种充分有效的心理基础"，为"美德伦理学确立合法性、提升说服力"②。言下之意，该书认为，从心理层面或曰道德心理学角度构建美德理学的理论基础，是回应美德伦理学现代化议题的合理必由之路。

本文将从三个方面述评《美德之心》一书：首先，整体性地呈现此书的论证思路、结构和主要内容，凸显其以实践智慧为轴心对道德心理结构的构建；其次，说明此一道德心理系统构建的合理性与优势方面；最后，在更为广阔的实践哲学视野中，进一步探讨这一构建可能遗留的问题。

一、何为"美德之心"？——以实践智慧为中心的道德心理结构

要完成以道德心理学为美德伦理学奠基的任务，至少需要进行两项工作：其一，完整地说明美德伦理所包含的心理要素；其二，在具体的伦理实践中展示这些要素的系统性关联。这也就是《美德之心》一书的主要工作。作者通过细致分析和系统重构亚里士多德的伦理学理论完成了这个任务。然而，亚里士多德的伦理学尽管内容丰富，但毕竟是古代的产物，它如何能够适用于社会状况尤其是科技水平与古代差异巨大的当代，仍是需要解决的问题。因此，在系统重构了亚里士多德主义道德心理学之后，作者也对其在当代所面临的困难和挑战做出了充分的辩护。

首先，作者通过对伦理学史的梳理，说明为何伦理学研究需要关注心理学，也就是通过历史发生学的论述来说明，道德心理学作为伦理学尤其是美

---

① 关于美德伦理学的中西比较研究，以及儒家的美德伦理研究，参见余纪元《美德之镜：孔子与亚里士多德的伦理学》，林航译，中国人民大学出版社2009年版；陈来《儒学美德论》，生活·读书·新知三联书店2019年版；黄勇《当代美德伦理：古代儒家的贡献》，东方出版中心2019年版。

② 李义天：《美德之心》，商务印书馆2021年版，第3、5页。

德伦理学的研究对象，是如何产生和发展出来的。书中如此简要追溯道德心理学的哲学发展史。被界定为"关于道德心理现象的知识考察"的道德心理学，在西方哲学史上有着悠久的历史和丰富的资源——前苏格拉底时期的文化思想将灵魂作为生命体之本原；从希腊古典哲学到基督教伦理学将道德心理学作为人的心理功能，灵魂开始与伦理学密切关联，因为作为伦理行动和伦理生活的主体成为哲学关注的对象。近代哲学的主体性转向进一步向内探索伦理主体行动的道德动机问题，发展出了内容丰富的道德情感理论，这也算作道德心理学在哲学史上的高峰，但它很快被现代主流的康德主义和功利主义的规则伦理倾向所压制，直到当代美德伦理学将其复苏。这个清晰的哲学史梳理支撑了一个论断——"道德心理问题始终是伦理学研究的应有之义"①。

其次，在构建道德心理学理论时，为何必须通过亚里士多德主义伦理学来完成这一工作，而不是义务论和功利主义等现代伦理学理论？因此需要说明亚里士多德主义相对于其他伦理学理论，与道德心理学问题有着更为深切的关联。作者从分析伦理学的基本主题——道德行动何以可能——入手，对道德理由和意图的问题进行了细致的分析。这一部分的概念分析和重构堪称精彩。作者认为，伦理学的根本使命就是论证道德要求背后的道德理由。"伦理学的任务，就是要把道德理由经过反思而建立在一个合理的基础之上，构成具有说服力的理论立场。"② 道德理由的内涵问题是元伦理学的核心问题之一，它背后实际隐含着行动哲学的问题——什么是理由，通过分析理由的内在构成条件及要素，将行动的理由进一步表述为各种心理状态和心理过程。可以说，这一步是伦理学与心理学相结合的关键所在。

作者借用伯纳德·威廉姆斯的内在理由和外在理由的区分，强调任何道德理由都必须具备的两个条件：规范性和激发性。规范性可以是外在理由，而激发性必须是内在理由。这两种理由所涉及的心理过程包括理性、欲望和情感。也就是说，任何完备的道德理论都必须同时涉及这三种心理活动方式，才可能兼具规范性和激发性。通过这个逻辑转换，将康德主义和功利主义排除出完备的道德心理学理论之外。因为，这两种规范伦理学理论的普遍性要求蕴含着理由的唯一性，这使它们"不得不让它们的理由'一以贯之'地出现在任何情境之中，而不论这些情境是不是它们的适用对象。"③ 这样，

---

① 李义天：《美德之心》，商务印书馆2021年版，第33页。
② 李义天：《美德之心》，商务印书馆2021年版，第37页。
③ 李义天：《美德之心》，商务印书馆2021年版，第58页。

尽管它们的普遍性保证了规范性，但"它们不能与大多数行为者的主观动机集合匹配而只能停留于外在理由的层面。"①

所以，从道德理由的视角来看，这两种道德理论的根本问题在于，它们的普遍性的前提保证了道德规则的规范性，但无法保证落实到具体行动者内在的动机之中，从而无法保证道德理由的激发性。"与之相比，在激发性得到一定程度保证的前提下考虑如何提升道德理由的规范性，或许更可行。"②这便是亚里士多德主义的优势所在。因为其道德理由的出发点是行为者实践推理的基本大前提——"我要获得幸福"，这是出自行为者生存结构和心理结构的内在理由，天然具有激发性。接下来的问题是，如何将这种自然的激发性提升到规范性的层次。

这种提升便需要借用亚里士多德的形而上学和心理学（即灵魂论），二者融合为关于行动的内在目的论，即人依其本性的要求必然为着善的目的而行动，在构成关联链条的诸善中至高的善便是幸福。这是关于人性的自然目的论，其中，幸福在于自我的成就和完善，即"灵魂合乎德性的实现活动"。这是内在的目的论——自然的目的论和内在的灵魂论合而为一。有了这个逻辑关联，作者认为，可以把"获得幸福"的激发性理由（motivating reasons）提升为"追求最高善"的规范性理由（normative reasons），同时又联系着行动者的心理过程，包括理性的和非理性心理的各种复杂内容。就此可以确定亚里士多德主义伦理理论在树立道德理由方面的优越性。

但这种优越性仅仅是潜在的，正当的道德理由如何通过那些心理内容的活动而成为现实的道德动机并以之激发道德行动呢？这就进入了这本书论证的枢纽——实践智慧的结构。在我看来，这是全书能够将道德心理学进行系统性构建的一块基石，全书的主体几乎都是围绕着实践智慧的要素及其运行方式来讨论的。这一点也是这本书与其他美德伦理学研究最大的区别或曰优胜之处。在一般的理解和研究中，美德伦理学的核心是"美德"，而美德的核心是诸如正义、勇敢、节制、仁爱、慈悲等"伦理美德"（ethical virtues），因此，我们多见展开论述这些德目的各种美德伦理学著作。但这本书将美德的核心归之于"理智美德"（intellectual virtue），即实践智慧。为何如此？在我看来，缘由在于，作者是从实践活动的视角来论述道德心理的，而实践智慧贯穿和指引着整个道德实践活动过程。实践智慧虽然是理智的德性，但其贯穿实践过程这一特点也符合古典美德伦理学的基本精神——

---

① 李义天：《美德之心》，商务印书馆2021年版，第59页。
② 李义天：《美德之心》，商务印书馆2021年版，第59页。

实践智慧是实践中最高的德性，其他伦理德性都为其所用，正如实践智慧是城邦统治者的独有德性，而其他伦理德性属诸公民共有（《政治学》）。同时，这个思路也完全符合古典伦理学的原理——幸福在于灵魂的实现活动，而非仅是灵魂的品质。

实践智慧能够在实践中统合诸伦理德性，在于其自身的特征——多重要素的系统结构性，根据这一结构，不同的道德心理要素在实践智慧的运作中担当不同的功能，共同构成美德之人在道德实践中的心理活动过程。按照这一逻辑，书中对诸道德心理诸要素进行了系统性的分别论述。具体而言，实践智慧运作的核心结构是实践推理，即实践三段论。由于美德伦理学的形而上学基础是目的论，因此实践推理也是目的论的，其基本的推理原则是"目的－手段"的模式。① 与一般的三段论相仿，实践推理的运作方式也是大前提加小前提从而推导出结论的推理过程。不同于理论推理的是，实践推理过程不是一个纯然理性的活动，其中包含着理性和非理性的诸多心理内容，即理性、欲望、知觉、情感、移情、意志（内含意图和意愿）等。它们共同的良好功能，便是实践智慧的运作。各种道德心理内容作为实践智慧运作的要素，在整个道德实践过程中以不同的角色依次出场。其出场的次序取决于实践活动的过程，即实践智慧的运作过程，所以，书中不仅分析了实践智慧之结构，更重要的是在其作为实践推理活动的过程中依次展示各种心理要素的活动方式与功能。

具体而言，实践三段论的大前提由欲望来获取，小前提主要由知觉和情感（包括主体间的移情）来呈现，推理过程主要是实践慎思（practical deliberation），其结论的部分即从思到行的过渡中主要涉及实践的意志。书中阐述了实践智慧运作的三个阶段：预备阶段、实施阶段和补充阶段。虽然实践智慧的结构是"大前提－小前提－结论"的推理格式，但在具体运作中的发生过程并不是从普遍到特殊，这也是基于实践活动的特殊性——针对具体的事务。书中给出了各心理要素在实践智慧运作中出场的大致过程：①行为者通过对当下情境的感知而形成关于具体事实的特殊知识（知觉），这是实践智慧的起点；②行为者借由特殊知识，通过情感或推理而激活关于目的的普遍知识（欲望），这是实践推理的起点；③在普遍知识的前提下，行为者精心谋求关于实现目的的手段和方法（慎思），这是实践推理的过程；④对于经过推理得出的手段和方法，行为者给予确认及肯定（抉择），这是实践推理的终点；⑤最终，行为者将确定抉择的手段和方法实际地实施出来

---

① 李义天：《美德之心》，商务印书馆2021年版，第84页。

（意志），这是实践智慧的终点，也是实践活动的起点。这样，"作为实践理性之卓越形态的实践智慧，不仅涉及推理，而且涉及知觉、直觉、情感、欲望、抉择、意志等心理过程，形成了一套完整的心理机制。它能够更加真实、全面地反映一个行为者在实践进程中的心理活动"①。这样就将道德心理要素融入实践智慧的结构和运行之中。

总之，各种道德心理要素组合成实践智慧的运作结构，它们不同方式和功能的活动展开为实践智慧的运作过程。对实践智慧之结构和过程即动静结合的论述，是该书讨论实践智慧问题的一大特色。

接下来，书中便按照实践推理的结构分别详细论述各个道德心理要素：欲望、知觉、情感、移情、意图。

关于欲望。实践推理是从一个表现为目的的欲望开始的，经过关于手段的慎思，最终会以另一个表现为抉择的欲望结束。② 所以，作为实践的动力因，欲望可以算作实践的起始。关于欲望在道德行动中的意义，需要考虑两个问题：一是激发性的欲望何以具有规范性，二是好的欲望何以可能。作者根据亚里士多德的灵魂分析，说明了欲望（orexis）的三个部分，即肉欲（epithumia）、意气（thumos）和希望（boulesis）均按照其适度的状态揭示着不同情境的道德要求，进而确立恰当的实践目标。③ 因此，欲望的规范性来自适度。再者，好的欲望是通过伦理德性的养成而确立的，这需要社会的习俗和教化等过程。

关于知觉。知觉的对象是当下实践情境中的具体事实，因此，知觉的主要功能是构成实践推理的小前提，从而帮助欲望实现。与针对事物个别特征的感觉不同，知觉是对具体事物之类属性质的整体判断，因此被称为"共同感觉"（coine aisthesis）；而且，在复杂的实践情境下，它能够直接洞察该事物与整体情况之间的关系。④ 实际上，在具体实践中，知觉是首先发生的，它将潜藏着的一般欲望激发出来，引入具体的实践情境之中。因此，知觉可以说是实践慎思的关键环节，因为它建立起实践大前提和小前提之间的关联，使得实践推理得以开端。亚里士多德认为，实践的知觉，即实践的努斯，是实践智慧的核心要素。（《尼各马可伦理学》1143b1）在亚里士多德那里，实践的知觉本身就具有比较复杂的心理要素，因为要关联欲望和慎

---

① 李义天：《美德之心》，商务印书馆2021年版，第92—93页。
② 李义天：《美德之心》，商务印书馆2021年版，第103页。
③ 李义天：《美德之心》，商务印书馆2021年版，第107—109页。
④ 李义天：《美德之心》，商务印书馆2021年版，第128—129页。

思，它就不只是认知性的，在某种程度上也具有情感性，包括理解和体谅。

关于情感。与知觉相仿，情感（pathos）不等于感觉，它是伴随着快乐和痛苦的感觉。这意味着情感中包含着行为者关于善恶的价值观念，反映出行为者带有某种倾向性的认知判断。① 因此，情感在一定程度上蕴含着认知。这一点也凸显了亚里士多德主义伦理学在道德心理学上的特色，它不像近代以来的伦理学那样将认知与情感严格区分开来。另外，情感在实践推理中具有特殊的重要性，即，情感既是伦理德性的内在要素，也对理智美德具有构造作用，它关联着正确欲望的形成和塑造，所以是构造大前提的重要因素。②

关于意图。意图涉及实践推理的结论即行动方案和具体行动的环节，可以说，意图是实践从心理活动到身体活动要迈出的第一步。因此，意图要求通过发出行为来现实地改变实践推理所指向的对象。"在逻辑上，意图可以被表述为实践三段论的结论；在实践上，意图则构成了行动者的动机。"③ 当然，意图还只是行动的激发因素，还不能保证行动的完成。在作者看来，行动的完成还需要意愿和意志。虽然在书中作者通过认定意图是意愿的充分条件，似乎将意图和意愿有所等同，但实际上，意图只是想要发出行动，而意愿则暗含着对行动后果的承担（不论好与坏）。所以，严格来讲，意愿比意图更接近行动的完成。另外，在复杂实践情境中，做出行动需要承受一定的压力和风险，所以，除了意图和意愿，还需要饱满和坚定的意志。所以，作者说，"意志意味着将意图转化为行动的某种推动力和执行力，以及，与这种转化过程相伴随的克服、坚持与控制。"④ 这就涉及古典伦理学中常讨论的"意志软弱"的问题。这个道德心理活动，只有在那些重视道德实践的过程及完成的伦理学中才显得重要。对实践意志和意志软弱问题的讨论，也是美德伦理学的特色之一。当然，由于此书是以实践智慧为核心来讨论诸道德心理，而在实践智慧者那里并不存在意志软弱的问题，因此书中并未深入讨论此话题。然而，这个细节从侧面反映出通过预设实践智慧来讨论道德心理这一路径的不足之处。因为，真正现实的道德心理活动来自那些并不具备或正在学习实践智慧的人，而非已然具有实践智慧之人。

综上所述，《美德之心》以实践智慧的结构和运作为核心，详细剖析了

---

① 李义天：《美德之心》，商务印书馆2021年版，第161页。
② 李义天：《美德之心》，商务印书馆2021年版，第171—173页。
③ 李义天：《美德之心》，商务印书馆2021年版，第208页。
④ 李义天：《美德之心》，商务印书馆2021年版，第220页。

有美德者在道德实践中的心理活动要素、活动方式以及过程,从而阐明了美德伦理的内在机制,从内在的方面为美德伦理学夯实了理论基础。

二、对美德心理学的辩护及其重要的哲学意义

对于一个完整的理论,除了正面建构其理论基础,尚需从反面应对相关的困难和挑战。书中第四部分重点讨论了亚里士多德主义美德伦理学的道德心理学在当代所面临一些困难、挑战,以及如何为之辩护。这些挑战来自美德伦理学之内和之外两个方面,涉及该伦理学进路的内部和外部两方面的问题。其中,所谓"内部问题"即"亚里士多德主义美德伦理学所包含的具体心理因素、心理结构和心理过程","外部问题"则为"亚里士多德主义美德伦理学所诉诸的人类心灵是否存在"。①

由于书中所阐述的道德心理学系统主要围绕着实践智慧的概念,因此首要的问题便是实践智慧所面临的困境。第一个问题是,亚里士多德主义美德伦理学的目的论色彩使得实践智慧的基本结构必须是"目的-手段"的推理模式,这就不可避免地被认为具有工具理性的意味,因此就出现了一个"实践智慧是否不考虑目的"的问题;第二个问题是,美德伦理学和实践智慧都预设了有美德或实践智慧的行为者,他们自身的判断和选择便是行为合理性的标准和尺度,然而,问题在于这种特殊品质的内在活动如何能够成为一般性的规则,为做出美德行为提供明确的指导。

对于第一个问题,作者通过重新阐释实践智慧所蕴含的目的来回应,即实践智慧者的目的并非出自一般的欲望,而是以幸福为最终目的的善的"希望"(boulesis),而且,实践智慧者的优良品质本身便保证了目的的善,也就是该行动者个人选择的目的同时也符合于共同体的习俗。另外,实践智慧中的目的和手段并非外在的工具关系,而是内在的构成关系,手段是目的的一部分,诸部分的手段的善统合成为整体的目的的善。正如亚里士多德所言,实践智慧所把握的不是具体方面的善和有益,而是对好生活总体上的善和有益。(《尼各马可伦理学》1140a27-34)通过这些辩护,作者回应了对实践智慧的工具理性批评。

关于第二个问题,作者澄清了美德伦理学不同于规则伦理学的一个重心,即"美德伦理学主要帮助我们回答这样的问题:人类生活的何种特征

---

① 李义天:《美德之心》,商务印书馆2021年版,第333页。

必然有助于成就人的卓越？一个人应该怎样努力发展怎样的品质特征？"①因此，道德生活的目的是成为有美德的人，而不是学习一些行为的规则。而且，由于道德生活中充满了意外性、不确定性甚至悲剧性，因此，那种单一而抽象的道德规则实际上并不能作为现实道德生活的指导，相反，"美德伦理学比规则伦理学更为自觉地意识到伦理生活的复杂性与伦理知识的局限性"，因此，"美德伦理学的行为指南不是要表现为关于正确行为的必然有效的操作方法，而是要展示出正确行为得以产生的主体条件、边界与可能"。②

另外，美德伦理学将情感和移情作为道德心理活动的重要因素，但人类情感的不稳定和道德活动者之间移情的不充分，似乎难以保证道德行为的合规范性。作者的论证策略依然是将情感这类心理要素置于行为者美德之教化和塑造过程来理解。也就是说，美德行为者并不依赖于情感和移情，而是提升情感和移情的品质，使情感和移情在行为中更好地发挥作用。

最后，除了来自哲学内部的挑战，通过对道德实践中的心理活动进行系统性描述来实现美德伦理学的现代化转换，尚需回应来自现代心理科学的挑战，尤其是实证性的心理科学，它可能直接取消美德伦理学的核心——美德。书中主要回应了来自物理主义和情境主义的两种挑战。物理主义将"包括美德品质在内的所有心理现象……还原为一种依赖于、随附于甚至等同于神经活动的物理现象"，这一还原将取消美德的独立性和实在性；情境主义则取消稳定不变的内在品质，将之稀释为在不同情境之下的心理反应。对这类通过实证科学的方式取消美德的方式，书中指出了其根本的逻辑矛盾，即，它们将人的身体所发生的可观察的物理变化和外在行为，等同于人内在的心理品质。这就维护了通过道德心理学来深入理解美德伦理的这个研究路径的合理性。

与那些实证心理学相反，作者发现，存在着其他的现代心理学能够支援美德伦理学，如发展心理学和精神分析理论，以及"包括人类学、生物学、医学在内的多种经验科学都开始参与道德心理问题的研究"③。另外，心灵哲学中的功能主义所包含的非物理主义或非行为主义的心灵概念，也为美德伦理学的道德心理学提供了一定的外部支援。

通过回应这些内部和外部问题，一方面确定了以道德心理学阐发美德伦

① 李义天：《美德之心》，商务印书馆2021年版，第251页。
② 李义天：《美德之心》，商务印书馆2021年版，第258页。
③ 李义天：《美德之心》，商务印书馆2021年版，第326页。

理学的合法性,另一方面也展示了亚里士多德主义美德伦理学在道德实践方面相对于其他规则伦理学的优越性。正如书中所云:"对于亚里士多德主义美德伦理学来说,成为一个'好的人',不仅要求行为者把事情做正确,还要求他持有正确的认识和动机,具备稳定而卓越的内在品质,并在生活中不断加以运用。"① 因此,亚里士多德主义美德伦理学能够将那些诉诸行为正确性规则的伦理学理论涵盖在内,因为它的"实践理性概念是广义的,它是指行动者在对实践事务进行思考或做出反应时所发生的全部心理过程。在特定环节上,它甚至可以对康德主义和功利主义所主张的心理机制或心理过程开放"②。而且,通过全面阐明道德实践中所涉及的心理活动,可以看到道德行为者自身的变化过程,"这样,不仅非理性的心理要素能够在亚里士多德主义的美德伦理学中找到合适的位置并得到合理的说明,而且,通过引入时间维度,行为者不再是某种尽管心智成熟但却静态而抽象的理性存在者或功利追求者形象,而是拥有了一种逐步发展和变迁的动态人格。这样,美德伦理学将会特别注重对行为者的实践理性的教育和培养,也拥有更多的心理资源可以用于这种教育和培养"③。

通过正面的论述和反面的辩护,《美德之心》对美德之人如何发出美德行动这一过程和方式做出系统的建构,从而完成了对美德伦理学的道德心理学奠基。这一建构和奠基工作对于汉语学界美德伦理学的发展而言,具有重要的意义。

从汉语学界的美德伦理学研究文献来看,目前呈现出的研究类型主要有三类:第一类是对西方美德伦理学的研究,包括对古代的亚里士多德伦理学的研究以及对当代西方美德伦理学如麦金太尔美德伦理学等的研究,以及西方美德伦理学中一些重要议题的研究,此类研究数量最多;第二类是中西美德伦理理论的比较研究,如本文开头提到的几部著作;第三类便是以《美德之心》为代表的试图系统构建美德伦理理论的研究,此类著作目前尚属凤毛麟角,《美德之心》可谓压卷之作。从对美德伦理学的现代化构建而言,《美德之心》不仅将美德之存在与运作牢牢地奠基于具有现代心理学支撑的道德心理学之上,而且,相比借助其他思想资源构建适应于现代社会的美德伦理学工作,此书以亚里士多德主义伦理学为蓝本的理论构建也具有明显的优势。

---

① 李义天:《美德之心》,商务印书馆2021年版,第335页。
② 李义天:《美德之心》,商务印书馆2021年版,第336页。
③ 李义天:《美德之心》,商务印书馆2021年版,第339页。

比如与以儒家伦理为模板构建的美德伦理学相比。黄勇在《当代美德伦理——古代儒家的贡献》中认为，可以通过与其他两种类型的伦理系统即道义论和后果论的对比中，来确定美德伦理的理想形态。① 不过黄勇认为美德伦理的优势在于，它也讲规则和后果，但却以美德优先，其他二者从属于行动者的美德。就此而言，由于在亚里士多德那里美德是实现幸福的手段或活动，因此并不居于首要地位，这样，亚里士多德的伦理学就不是严格意义上的美德伦理学，而是幸福伦理学或完善论意义上的后果论伦理学。黄勇此处对美德伦理学理想类型的界定以及对亚里士多德伦理学的说明，很显然是将美德孤立于完整的伦理学理论系统，而且他对美德的理解似乎局限于伦理美德或者抽象地谈美德，而没有看到诸美德之间的内在关联以及实践智慧在其中的核心作用。黄勇认为，"朱熹哲学中有首要性的概念，即为人所特有的生活，则是关于性格的，因为为人所特有的生活就是仁义礼智的生活，而仁义礼智是心之德。在这个意义上，朱熹的伦理学就是斯洛特意义上的纯粹的、彻底的、以行动主体为基础的美德伦理学"②。但是，正如朱熹所言的美德从来离不开"性""道"和"理"一样，亚里士多德所言的美德也同样离不开"幸福"与"理性"，尤其是"理性"，也就是"逻各斯"，是确定美德之为美德的本原。在这一点上，亚里士多德与朱熹显然不是截然相反的。

实际上，黄勇只将美德之"是什么"以及行动主体是否具有美德视为美德伦理学的核心议题，而在任何古代哲学家那里，包括亚里士多德和朱熹等人，美德都不过是其整个思想体系中的一个概念。对一个复杂的思想体系而言，美德概念不过在其中发挥某种特定功能。它具不具有首要性，要看研究者对这个思想体系询问什么样的问题。比如，亚里士多德的伦理思想体系总体而言是目的论的，目的或幸福的概念一定是其起点，但是，美德是实现目的的根本途径，就此而言，美德在这个伦理思想中具有核心的功能。而且，如果我们问这样一个问题："幸福是如何实现的？"或"人应该如何生活？"那么，美德概念变成了回答这个问题的首要概念，就此而言，美德在这个思想体系中具有首要性。所以，笼统地说"美德概念必须具有首要性的伦理思想才是美德伦理学"是没有意义的，重要的是，美德的概念在人类追求美好生活的路途上回答了什么问题、扮演了什么角色。

正如亚里士多德强调，美德的意义在于活动，而不在于拥有，因此，美

---

① 黄勇：《当代美德伦理——古代儒家的贡献》，东方出版中心2019年版，第22页。
② 黄勇：《当代美德伦理——古代儒家的贡献》，东方出版中心2019年版，第48页。

德如何活动并实现幸福才是美德伦理应根本关注的对象,而美德是什么的问题,只是研究上述问题的前提与准备。亚里士多德从人的本性(即有逻各斯的动物)这一界定推出人的功能(ergon),进而推出灵魂的逻各斯部分(理智美德),以及非逻各斯部分听从逻各斯(伦理美德)的良好活动,可见,逻各斯的运用是美德活动的内在要素。如果说我们约略可以将亚里士多德的逻各斯即理性等同于宋明儒学的"理",那么,在他们的美德伦理体系中,可以说存在着三个层面的"理":存在之理、规范之理和实践之理。存在之理是关于道德实践的形而上学,如亚里士多德的"自然"(本性)、目的等概念,儒家的性与天道等;规范之理是人伦社会秩序的根本原则,如亚里士多德的"幸福在于灵魂的善",儒家的"大学之道,在明明德,在亲民,在止于至善"等;实践之理,此处的"理"是一个动词,即理性的活动、运用,这也就是亚里士多德所说的实践的逻各斯,具体而言即实践智慧的核心运作方式——实践推理或实践慎思,这个方面儒家也有"慎思""明辨""良知"等概念。《美德之心》一书从"道德理由"(moral reasons)出发谈美德伦理学的体系,可以说就是从"理"来推出美德,而且囊括了三个层面的"理"。不过,对于美德伦理学而言,前两个层面只是预备性的理论,是为了充分展开第三个层面的实践之理而铺设的理论前提。从作为美德伦理学核心的美德活动来看,如果说亚里士多德的美德伦理学有何殊胜之处,那便是它系统地阐述了实践推理活动的原则、方式以及其中涉及的要素。这一点也充分体现了希腊思想的理性主义色彩——阐明任何人类理性的行为方式,包括实践理性活动。就此而言,《美德之心》以实践智慧的活动为中轴来展示美德心理的活动方式和过程,便是对亚里士多德主义美德伦理学这一殊胜之处的彰显。

三、从实践哲学视野反思道德心理学对美德伦理学的内向奠基

以上对《美德之心》一书的论述逻辑和重要内容做了概述和梳理。可以说,在当代汉语学界的美德伦理学研究范围内,这本书的系统性和深刻性是首屈一指的。它对美德心理系统的深度阐明,完成了对美德伦理学的心理学奠基,从某种意义上讲,它将推动美德伦理学成为一种现代学科范畴的理论,而不仅仅是作为研究对象的理论。总之,这本书通过在现代道德心理学视域下重构亚里士多德伦理学中的心理学资源,完成了对亚里士多德主义美德伦理学的现代化。

那么，我们如何反思和评论这一工作的完成呢？按照一般的原则，可以从内部和外部两个视角来审视此书所做的工作。内部视角的评述涉及对书中的论证逻辑内部问题的质疑和分析，外部视角的评述涉及在更大的理论视域下审察该书所完成的工作。内部视角下的问题可以分为结构性问题和内容性问题，此处只讨论关涉全书论证结构的两个基本问题：对亚里士多德主义的理解和对实践智慧的系统阐述。而要呈现外部视角下的问题，首先需要选取合理的外部视域。按照目的论的原则，外部视角是对全书工作之完成性（finality）的宏观审视，因此其视域必须能够涵盖全书的工作目的（the final, *telos*）。本文选取的与全书工作目的密切相关的两个视域是古今伦理学的根本差异与实践哲学的整体性。选择前者是由于全书的主要工作目的是完成亚里士多德主义美德伦理学的现代化，因此必须从伦理学的古今之变来审视这一现代化工作何以可能；选择后者是由于全书借重亚里士多德的实践智慧概念来统摄美德的心理活动，而实践智慧是实践哲学的核心概念，因此，有必要从实践哲学的整体视域来审察，书中对实践智慧这一核心概念的理解和运用是否实现了实践哲学的根本要求。以下对这四个问题分别阐述之。

首先，全书对道德心理学的系统阐述是建立在亚里士多德主义伦理学的理论基础之上，因此需要说明选取亚里士多德主义伦理学的优越性。伦理学的使命"在于为伦理生活提出道德要求并赋予其恰当的道德理由"，道德理由要具备实践性，因此必须是内在理由，即居于主观动机集合之中具有对道德行动的激发性，同时又具备规范性，即对道德行动提供合理的指导。能够兼具道德理由两个要素的伦理学便是好的伦理学。书中认为，亚里士多德主义能够兼具道德理由的激发性和规范性两个方面，与之相比，功利主义和义务论或者由于其规则主义而只能顾及一个方面，或者由于其普遍主义而只能片面化地兼顾两个方面。功利主义和义务论要将其道德理由纳入主观动机集合，成为内在理由，"要么需要改造行为者的主观动机集合，使之成为坚定的康德主义者或功利主义者，要么需要放弃康德主义者或功利主义者严苛的普遍主义诉求"①。这意味着，功利主义和义务论的道德理由要具有激发性，要求行为者自身的品格即主观动机集合发生质的变化。相比之下，亚里士多德主义从激发性的理由即"所有行为者都以追求善为目的"出发，通过将那个主观的善引导至"最高善"，从而使其具备规范性。这意味着，将行为者主观动机集合中的某个理由即"追求善"进行规范性的引导，这一步是行为者自身所内在要求的，不需要其品格发生质的变化。这种理由就是

---

① 黄勇：《当代美德伦理——古代儒家的贡献》，东方出版中心2019年版，第59页。

"幸福",它是内在于行为者主观动机集合的一种特殊欲望。"对亚里士多德主义来讲,这种欲望不仅同行为者的生存结构和心理结构具有本质关联而无须担心其激发性,而且,它在内容和地位上亦有更明确甚至更高阶的规范性。"①

但是,在亚里士多德的伦理学中,幸福作为一种欲望,它的激发性和规范性之间存在着本质的差别。因为,幸福,即 eudemonia,作为目的,不仅意味着具有善的属性,而且是无条件的最高善,也就意味着幸福之为目的不是出于个体的认可,而是植根于行为者作为人而言的本性/自然。"本性/自然意味着不变性、普遍性、必然性与规定性。"② 就此而言,出于本性/自然但并未被行为者作为主观动机的最高善(幸福)只能作为行动的外在理由。在亚里士多德看来,行为者首先欲求的是对自身显得善的目的(the apparent good),而非真正的善(the real good),只有在有德性者那里,对其显现的善才等同于对人而言的真正的善。从欲求"显得善"到欲求"真的善",需要的是德性的提升。就此而言,如果把亚里士多德的幸福理解为真正的善或最高善,那也只是有德者的欲求对象。③ 对于尚未具备德性者,"显得善"具有激发性,但缺乏规范性。从品质一般的人变成有德者,这种提升也是品格的质变,这种变化应该不亚于一个人成为康德主义者或功利主义者。所以,实际上,亚里士多德主义在整合道德理由的激发性和规范性方面,并不一定优于康德主义和功利主义。

很明显,之所以认为亚里士多德伦理学能够同时说明激发性和规范性的理由,是依据"善"的两种形态。然而这两种形态并不是同一序列的事物,显得善是经验层面的,而最高善是形而上层面的。事实上,将"幸福"即"真正的善"视为源于人之本性内在目的的最高善,只有根据一种强烈的形而上的生物学目的论(即关于人的本性的形而上学断言)才是有可能的④,同时它还预设了作为人的形式的灵魂对最高善的必然追求,因为"这种类型的欲望'属于人类本质和活动方式的一个部分'"⑤。然而,处于后形而上学时代的现代人可能只认可作为"显得善"的幸福,而且也很难持有"灵魂作为人的形式"这一形而上学断言。如果试图阐发适于现代社会的美德伦理学及道德心理学,却要预设一种未经批判的古典形而上学理论,显然会

---

① 黄勇:《当代美德伦理——古代儒家的贡献》,东方出版中心2019年版,第60页。
② 黄勇:《当代美德伦理——古代儒家的贡献》,东方出版中心2019年版,第61页。
③ Bernard Williams, *Ethics and the Limits of Philosophy*, London: Routledge, 2011, p. 46.
④ 李义天:《美德之心》,商务印书馆2021年版,商务印书馆2021年版,第61—63页。
⑤ 李义天:《美德之心》,商务印书馆2021年版,商务印书馆2021年版,第67页。

遭遇理论上的不融贯。实际上，美德伦理学家们很早就对这种形而上学目的论产生了警惕，如麦金太尔在《追寻美德》中对此的明确拒斥，试图论证一种社会目的论来拯救美德伦理所必需的目的论。① 有些美德伦理学家试图通过自然主义的论证弱化目的论的形而上学色彩。② 不管是社会目的论还是自然主义的目的论，都试图摆脱对人之终极目的的直接形而上学断言。

这个问题关涉美德伦理学的现代转化问题，其实它是整个世界观包括伦理精神在历史上所发生的古今之变的一个表现。这就意味着，书中设定亚里士多德主义美德伦理学为典范的内部论证问题，涉及亚里士多德主义本身的古今转换这一外部问题。

与伦理学相关的古今之变问题涉及两个层面：一是古代思想中作为伦理学原则之基础的形而上学体系，如果在后批判的时代失去立足之地，那么，那些原先的伦理学原则将何去何从；二是伦理学在某种程度上是共同体习俗和生活方式的凝练和理论化，基于古代共同体习俗的传统伦理思想，在古今社会关系发生根本变化之后，在现代社会关系和生活方式之下如何保持存在。

重构亚里士多德的伦理学思想以及作为伦理主体的灵魂观念，与在当代语境下阐发一套亚里士多德主义美德伦理学及亚里士多德主义道德心理学，这二者是完全不同的。重构亚里士多德的思想需要满足两个条件：一是论点必须在现存的亚里士多德著作中具有充分的文本依据，二是能够对分散的材料和论点做出系统而融贯的解释。而阐发一套亚里士多德主义的美德伦理学理论，所需满足的条件与此不同，它需要：其一，界定何为亚里士多德主义伦理学的核心论点，并以之为基础建构理论；其二，这一理论构建能够符合现代哲学论证的基本原则，即不能属于康德意义上的前批判的哲学形态。

首先，在亚里士多德伦理学研究界，围绕亚里士多德伦理学是否以其本体论和灵魂论为基础这个问题，曾有过一系列的争论。以特伦斯·埃尔文（Terence Irwin）为代表的多数学者坚持认为亚里士多德的所有科学研究都属于普遍的科学（the universal science），伦理学中的基本概念和原理均源自其形而上学和灵魂论，亚里士多德伦理学的理论逻辑为"实体（substance）—本质（essence）—形式（form）—功能（function）—灵魂

---

① 麦金太尔：《追寻美德：道德理论研究》，宋继杰译，译林出版社2003年版，第205—207页。

② Rosalind Hursthouse, *On Virtue Ethics*, New York: Oxford University Press, 1999; Philippa Foot, *Natural Goodness*, Oxford: Clarendon Press, 2001; Micheal Thompson, *Life and Action: Elementary Structures of Practice and Practical Thought*, Cambridge: Harvard University Press, 2008.

(soul)—理性（reason）—至善（the final good）—人本质和功能（human essence and function）"①。这种阐释是基于把亚里士多德的伦理学作为一种科学研究来看待的。另一种与之针锋相对的阐释路径认为，亚里士多德的伦理学是针对城邦政治实践者的教化，他们并不能接受这种系统的理论陈述，而是通过对习俗意见的辩证分析和批判来习得更为适当的伦理行动方式，从而达到伦理学教育的实践目的。所以，这种所谓的普遍科学论证实际上是研究者们建构的。② 通过这一争论可见，亚里士多德的作为实践哲学的伦理学是否必然基于其理论哲学，这本身就是一个存在争议的问题，其争议的根本点在于究竟是将亚里士多德的伦理学定位于理论科学还是实践哲学（科学）。

在当代美德伦理学研究界，对于亚里士多德的目的论能否为美德提供逻辑前提的问题也存在争论。事实上，从人具有某种一般的自然属性很难推出人们会以同样的尺度来评价人与行为。比如，如果将"获得幸福"视为人的一般自然目的，但不同的人对于"什么是幸福"的看法可能千差万别，而且很可能相互矛盾，在实际的道德实践中，究竟将什么内容灌注于幸福的概念，需要社会习俗和普通观念的塑造。③ 这就产生论证逻辑上的问题：评价性标准即德性的认定究竟是基于形而上学和灵魂论的理论论证，还是基于习俗和意见的现实存在？在这个问题上，亚里士多德采取的是辩证的态度，即细致辨析习俗和意见中的合理性与不合理性，并强调道德尺度在现实中的多元变化性。④

为了避免后一种路径可能造成的相对主义缺陷，美德伦理学必须论证幸福及美德的客观性。亚里士多德给出的客观性标准是形而上学的人性论，但这种前批判的理论所给出的客观性标准从伦理学的立场来看带有独断论的色彩，因此必须重构亚里士多德的人性论，从而坚持幸福的目的论原则，以便为美德的客观性奠基。当代的新亚里士多德主义者采取了伦理自然主义的立场，将人相类比于其他生物，按照物种的良好生存所要求的内在条件来规定物种之下的个体所应该具有的"好品质"，而满足良好生存的那些目的是在

---

① Terence Irwin, "The Metaphysical and Psychological Basis of Aristotle's Ethics," in *Essays on Aristotle's Ethics*, ed. A. O. Rorty, Berkeley: University of California Press, 1981, pp. 35 – 53; *Aristotle's First Principles*, New York: Oxford University Press, 1988.

② Timothy D. Roche, "In Defense of an Alternative View of the Foundation of Aristotle's Moral Theory", in *Phronesis*, 1992, 37 (1).

③ 李义天：《美德之心》，商务印书馆2021年版，第97—98页。

④ 参见《尼各马可伦理学》1098b25 – 30，1145b1 – 6。

现实的经验生活中可以观察得到并予以归纳为普遍概念的。比如，赫斯特豪斯认为，对于人类这种社会动物而言，其自然目的应该包括：个体生存，物种延续，典型的无痛苦状态和典型的享受状态，社会群体的良好运转。① 这个论证既保留了亚里士多德的自然主义原则，又将其置于经验性反思而非形而上学独断的基础上，从而能够作为现代哲学的一部分。

伦理自然主义虽然避免了形而上学人性论的独断论色彩，但依然距离真实的道德实践有很长的距离。这种自然主义的最大问题在于，忽略了人的伦理生活和道德实践所发生的特定历史环境和社会结构，似乎无论古今中外的何种社会形态，都可以按照这种目的的标准来衡量何为美德。所以，虽然它强调人是社会性的动物，但只是在抽象地讲一般的"社会性"。事实上，由于不同社会的具体形态和秩序差别巨大，美德的内容也有着巨大的差异。② 就拿上述四个目的中最重要的"社会群体的良好运转"来说，对于一个内部矛盾尖锐的社会来说，一个社会群体的良好运转可能意味着其中一部分人的悲惨生活。如古代的英雄美德或贵族美德，需要奴隶劳动所创造的条件，在这样的社会中，整个社会的良好运转可能意味着很多人不具备过上良好生活的机会和条件。③ 现代社会依然如此，在马克思所批判的资本主义社会中，工人的异化劳动正是这个社会良好运转的前提。在这样的社会中，如果对工人宣扬在农业社会中极其重要的"勤劳"是一种美德，那就意味着工人应该欣然接受甚至还要不遗余力地投身于异化劳动之中。显然，在自给自足的自耕农那里所必需的勤劳美德，对于完全丧失生产资料而必须出卖劳动力的现代大工业下的产业工人来说，这并不一定是美德。因此，作为社会性品质的美德，必然受到社会形态和历史环境的制约，具有鲜明的社会性和历史性。④

与自然主义路径相比，麦金太尔的历史主义路径体现了美德的这一特征。如本文开头所言，美德可以从两个层次来看——个体内在品质和共同体习俗，而且二者是紧密相关、不可分割的。如果完全不考虑美德作为社会习

---

① 赫斯特豪斯：《美德伦理学》，李义天译，译林出版社 2016 年版，第 221—226 页。
② 参见麦金太尔在《追寻美德》第 10—14 章对美德之历史性的论述。
③ 关于古希腊城邦中的阶级划分和阶级矛盾状况，参见 G. E. M. De Ste. Croix, *Class Struggle in the Ancient Greek Wrold: from the Archaic Age to the Arab Conquests*, New York: Cornell University Press, 1981.
④ 就此而言，有学者认为美德伦理学将美德视为伦理学的核心，实属不妥，从社会性的角度而言，具有能够实现幸福的活动能力（capacities）更为重要，因此提出了"能力路径"（the capacities approach）取代"美德路径"。See Martha C. Nassbaum, "Virtue Ethics: A Misleading Category," in *The Journal of Ethics*, 1999 (3).

俗或制度的一种体现这个维度，只从内在心理结构、功能和活动来为美德奠基，则难以说明美德的具体内容，只能局限于形式化地阐述美德的心理要素。这种形式化抽离于任何具体的社会结构和历史条件，其最终的依据也必然诉诸抽象的形而上学人性论和灵魂论。因此，以道德心理学为基础来论述美德的"是什么"和"怎么样（活动）"，会不可避免地带有抽象化和形式化的色彩。这一点鲜明地体现在本书的核心概念——实践智慧——之中，即实践智慧作为拥有完善美德者的一般心理活动。

在《美德之心》一书中，作为实践理性的德性，实践智慧包含四个规定：①与人类实践事务相关的；②积极响应实践情境之具体性和多样性的；③反映某种工具理性的推理过程；④能够将实践推理的结论通过意志而转化为实际行动。① 在这些规定中，实践智慧在两个方面具有完善性：一个方面，实践智慧充分涉及和调用着行动者的各种心理机能，包括欲望、知觉、情感、理智等，让它们良好地发挥各自的功能并完美地协调一致；另一个方面，实践智慧完整地蕴含并实现着行动者所根本欲求的最高善。关于预设最高善，作者认为，"亚里士多德相信，一个具有实践智慧的人，无论身处何种情境归根结底总是以幸福作为最终目的而进行实践推理的"②。关于实现最高善，实践智慧蕴含着美德的统一性，也就是说，一个具有实践智慧的人具备着实现其幸福所需的各种伦理美德，"对一个实践智慧之人来说，在当下情境下，他所欲实现的那个行动目的的恰当性、规范性与合理性，已经由他的优良品质而得到保证了。"③ 关于在具体情境下实现目的的行动，"'美德之人'或'实践智慧之人'本身即蕴含着'正确的行为'；他不可能做出不正确的行为，不可能选择正确行为之外的行动选项"④。通过设定这三个环节——最高善、美德统一性和完美的实践推理（好的慎思），实践智慧之人便类似于古人所向往的至高境界——圣人。然而，一个只描述完美之人行动的心理机能和心理活动的伦理学并不是具有实践意义的伦理学。

尽管书中主要的内容是在做这样的描述，但作者显然意识到重要的问题不在于此，"真正值得亚里士多德主义认真对待的问题是，一个行为者如何才能成为'美德之人'或'实践智慧之人'，而不是，一个'美德之人'或'实践智慧之人'如何才能做出正确的行动"⑤。然而遗憾的是，全书很

---

① 李义天：《美德之心》，商务印书馆2021年版，第84—85页。
② 李义天：《美德之心》，商务印书馆2021年版，第244页。
③ 李义天：《美德之心》，商务印书馆2021年版，第245页。
④ 李义天：《美德之心》，商务印书馆2021年版，第251页。
⑤ 李义天：《美德之心》，商务印书馆2021年版，第252页。

少讨论那个"真正值得亚里士多德主义认真对待的问题",只是在讨论如何形成正确的实践推理大前提即正确的欲望时指出,关于"如何提升行为者的品质","亚里士多德至少提供了两种方法。其一,诉诸习俗/习惯(ethos)的熏陶和教化。……既然我们打算提升内在品质,使之帮助我们恰当地理解情境,有效地提炼要求,正确地形成目标,那么,我们就必须参与伦理生活,了解它所提供的一般价值体系和道德标准,效仿已经被习俗公认的美德行为者的言行举止。……其二,诉诸对于灼见(endoxa)的理解和辨析。……在他通过知觉获得特殊知识并由此激活相应的普遍知识的过程中,他需要事先拥有一个关于普遍知识的'仓库',其中储存着那些由伦理习俗所提供的,同时也为他本人所接受的正确而有声望的意见"①。这里,作者似乎认为,在亚里士多德看来,一个人通过效仿和储存已有的习俗和意见,便可以成为"实践智慧之人"。然而,这个观点至少存在着两方面的问题:一是亚里士多德对实践智慧的看法是否如此;二是如果这就是获得实践智慧的路径,那很明显与上述对实践智慧的圣化倾向相悖。

关于第一个问题,亚里士多德在伦理学、政治学和诗学中都明确地指出,实践智慧是超越习俗也即超越伦理美德的,而不是出自对拥有习俗美德者的效仿。比如,在谈到美德是过度与不及之间的适度时,亚里士多德认为,"美德是一种选择的品质,存在于相对于我们的适度之中,这种适度是由逻各斯所确定的,就像一个实践智慧之人所确定的那样。"(《尼各马可伦理学》1106b36-1107a2)也就是说,美德的内在合理性是由实践智慧所确定的,而不是相反,实践智慧要效仿德性。实践智慧使得各种伦理美德能够统一于实践智慧之人,如果没有实践智慧,各种伦理美德的存在并不能使人获得至善。(《尼各马可伦理学》1145a)根据亚里士多德的潜能-实现理论,亚里士多德实际上将美德分为三个层次:自然美德、伦理美德和完满美德。② 其中,伦理美德(ἠθικὴ ἀρετή, ethical virtue)也就是"习俗(或习惯)美德"(ἡ ἐθιστὴ ἀρετή, habitual virtue),是通过模仿和反复操练城邦习俗、法律、文化所制定的伦理规范和行为模式而形成于人的习惯和意识之中的。这种习惯和意识足以在一般的实践情境中游刃有余地做出好的行为,但是,在那些超出一般场合的复杂情境以及关乎总体善的实践中,一般的习惯则应付阙如。这便是实践智慧超出习俗之处。在《政治学》中,亚里士多德明确指出,实践智慧是城邦领导所独具的美德,而其他伦理美德是那些

---

① 李义天:《美德之心》,商务印书馆2021年版,第96—98页。
② David Bostock, *Aristotle's Ethics*, New York: Oxford University Press, 2000, p. 86.

好公民分别具有的美德,因为实践智慧把握总体的善,正如城邦领导把握全局,其他公民各具不同职能、各司其职。(《政治学》1276b16 – 35)在《诗学》中,亚里士多德以悲剧《俄狄浦斯王》为例,说明只具备伦理美德但缺乏实践智慧的人在某种特殊境遇中会犯下某种悲剧性的错误(hamartia),从而导致悲剧的发生。(《诗学》1453a15)拥有伦理美德的人所犯的错误往往出于对特定美德的过度信心,遗忘了只有实践智慧才能够把握的实践的情境性和幸福的整体性,这样便凸显实践智慧对于幸福的决定性意义。[1] 总之,尽管亚里士多德不像苏格拉底那样持有极端的伦理理智主义(ethical intellectualism),而是同时强调习惯和情感在德性中的作用,但他仍然认为实践的理智德性即实践智慧在伦理生活中的意义超越于作为习惯的伦理德性。因此,实践智慧并非来自对美德之人的效仿,甚至也不是来自伦理美德的习得,而是来自在习得伦理美德的基础之上的理性反思。

由此可以解释第二个问题,即为何一个人仅仅通过效仿而习得伦理美德不可能达到至善。亚里士多德在《诗学》中说到,悲剧模仿的是那些"严肃的人"(spoudaios)(1448a2),即具有伦理美德的人,而不是"公道的人"(epieikeis andres)(1452b6),即具有实践智慧的人,因为公道是对具有伦理美德者所执着的道德理想主义和律法主义的纠偏,公道的人就是那种在任何情境下都"从心所欲不逾矩"的人。所以,通过效仿而习得伦理美德的人,恰恰是亟须实践智慧的人,如果他们没有意识到这一点,则可能由于对美德的过分自信而遭遇悲剧。因此,实践智慧不是一般的美德,而是对美德的适当掌控和具体运用。《美德之心》一方面认为通过对习俗和意见的模仿与辨析来完成美德与实践智慧的成长,另一方面却只将重点置于何为实践智慧这种完善之人才具有的美德之上,这也就是为何书中丝毫不需要讨论"不能自制"的问题。而实际上,不能自制是几乎所有人在美德成长过程中所必经的阶段。就此而言,上述两个方面在书中存在着明显的不一致。其根本原因在于对实践智慧的定位存在着模糊性:一方面将其定位为诸美德之一;另一方面又以其为核心来统合诸美德,而没有厘清实践智慧与其他美德的层级关系。

如果从一个完整的亚里士多德式实践智慧来看,它绝不局限于日常的道德心理活动的层面,而是关乎一个特定的历史条件、社会形态和社会身份(角色)之下的实践者,如何通过特定的活动方式实现合理的善的问题。实

---

[1] 迈克尔·戴维斯:《哲学之诗——亚里士多德〈诗学〉解诂》,陈明珠译,华夏出版社2012年版,第99—100页。

践智慧是这种特定历史活动者的整体性的精神能力和境界,其中当然包含道德心理,但更包含对历史、社会和生命之意义的理解,对当下历史性实践情境的诠释,对自我作为实践者的人格同一性的反思与构建,以及对自我与共同体之内在关系的把握,如此等等。将实践智慧归结于道德心理,实际上根源于当代英美实践哲学在主体性哲学传统下的对实践的一种狭隘理解。这种执着于主体性的实践哲学将社会历史性的实践等同于主体从自我内在发出的行动,将客观世界视为行动的对象而不是实践的内在条件。[①]

因此,亚里士多德主义的实践哲学和实践智慧学说,如果依然可以作为现代社会中有意义的实践哲学,不仅仅是根据其形而上学理论论证某种抽象的心理活动形式,更重要的是,使其作为人在历史性情境中理解和把握自身实践的精神活动,实践智慧不过是实践者在持续的历史性实践之中不断得到提升的精神境界。因此,从实践哲学这一更为广阔的视角来看,美德伦理应该服务于阐明人的这种历史性活动的基本结构和形式,以及现代社会生活对古代传统的传承及其所发生的根本性变化,从而在古今之变的大语境之下应用古代的智慧来把握现代实践者的命运。就此而言,现代人要想明确自己所需要的美德,必须抛开美德伦理学的学科之囿,不仅要去重新理解亚里士多德、孔子、朱熹,也要去理解休谟、卢梭、康德,更要去理解马基雅维利、黑格尔、马克思、海德格尔、韩非子、王夫之……

[①] 关于实践哲学中对"实践"和"行动"的不同理解,参见拙文(刘宇:《论实践与行动的存在论差异——从亚里士多德实践哲学的视角看》,《马克思主义与现实》2016年第2期)。

现代美德伦理学对心灵哲学基础的关切

——对李义天教授《美德之心》的理解与商榷

林崧驰[*]

【摘要】 在《美德之心》及其相关研究中,李义天教授认为物理主义对现代美德伦理学的心理基础构成了挑战。为了捍卫心灵的自主性,李义天教授对来自物理主义还原论的挑战进行了回应,并认为物理主义是不可靠的。对此,徐英瑾教授进行了反驳。本文通过梳理双方观点,分析了双方所理解的物理主义概念差异并揭示出双方的一些理解偏差。本文认为,李义天教授所试图论证的现代美德伦理学的心理基础,其实是心灵的"自主性"。然而,要建构理想的现代美德伦理学,我们还必须要解决心灵的私密性问题。通过描述一种关于心灵性质的新模型("经验的非私密模型"),本文可以提出一种有效回应这个问题的思路。

【关键词】《美德之心》 物理主义 心灵自主性 心灵私密性 现代美德伦理学

一、引言

1958年安斯康姆(G. E. M. Anscombe)发表了著名论文《现代道德哲学》。在安斯康姆看来,当时主流的伦理学理论(如规则伦理学)忽略了行为者的心理状态、心理结构等,从而遮蔽了那些事实上发挥作用的美德概念。由此,她认为"我们目前的道德哲学研究是不会有什么收获的;在我

---

[*] 林崧驰,厦门大学哲学系科学技术哲学专业博士研究生。

们拥有一种恰当的心理哲学之前，我们绝对应该先把道德哲学放在一旁"。①

清华大学的李义天教授在新近出版的专著《美德之心》中基本接受了安斯康姆的这一观点。在他看来，现代美德伦理学是伦理学中注重心理问题的一个分支，因而，"对行为者道德心理基础的探究，从来就不是一门局限于哲学的讨论"②；美德伦理学不仅要深入现代心理科学知识体系中汲取相关资源，还需要"现代心灵哲学的援助"③。特别地，在此前研究的基础上④，李义天教授进一步在该书第十二章探讨了目前心灵哲学中流行的物理主义（physicalism）立场，并试图得出物理主义立场与美德伦理学之间存在根本冲突的结论。对于这种看法，复旦大学的徐英瑾教授曾撰文予以反驳。他认为，物理主义至少与现代美德伦理学是不冲突的，甚至两者之间还能友好相处，成为"良友"⑤。

本文并不打算站在其中某一方的立场上为其辩护，从而得出孰对孰错的结论，而是首先在同意李义天教授和安斯康姆关于伦理学与心灵哲学关系的分析基础上，⑥ 从物理主义的定义入手，对李义天教授所理解的物理主义立场进行更细致的概念分析，并指出其真正的心灵哲学需求。接着，我将论证，为了满足美德伦理学的心灵哲学诉求，从而维护李义天教授心中理想的现代美德伦理学立场，我们要做的是找到与现代美德伦理学的需求相符合的心灵性质模型，而无须否定某个主流的"大心灵哲学理论"，如物理主义、二元论，等等。

继而，在文章第二节，我将分析"物理主义"的定义，物理主义与随

---

① G. E. M. Anscombe, "Modern moral philosophy", in *Philosophy* 33, No. 124 (1958): 1. 可以说，安斯康姆的这种观点与约翰·塞尔（John Searle）颇有类似之处，在塞尔看来，"心灵哲学现在是第一哲学。处理语言、知识、伦理学、社会、自由意志、合理性等问题以及许多其他问题，最好要通过对精神现象的理解，至少在我这里，它们是通过一种对心灵的分析方法进行的……"（约翰·塞尔：《心灵、语言和社会》，李步楼译，商务印书馆2001年版，第1页。）也就是说，心灵哲学相对于其他哲学（语言哲学、伦理学等）而言，处于在先的位置，不探讨心灵哲学的问题，而只关注伦理学等学科是不够的。
② 李义天：《美德之心》，商务印书馆2021年版，第287页。
③ 李义天：《美德之心》，商务印书馆2021年版，第322页。
④ 李义天：《现代美德伦理学的物理主义挑战及其回应》，《道德与文明》2020年第2期。
⑤ 徐英瑾：《物理主义实为德性伦理学之良友——与李义天教授商榷》，《中国社会科学评价》2020年第3期，第19页。
⑥ 这里的意思是如果我们"要提出或者建构一种合理的道德心理观念"（李义天：《美德伦理学研究的心理学资源与走向》，《天津社会科学》2017年第6期，第30页。）我们必须从现代心理知识体系、心灵哲学等领域援引或汲取资源。也就是说，要建设合理的道德心理观念绕不开心灵哲学的讨论。

附、同一、还原/非还原之间的关系，梳理李、徐二人的论述，指出李义天教授其实需要的仅是特定的心灵特性（即自主性）。在文章的第三节，我将论证，要建构理想的现代美德伦理学，仅仅讨论心灵自主性是不充分的。我们只有深入心灵哲学的基本层次——心灵是否具有私密性，并在此基础上讨论美德伦理学与心灵哲学的关系，才能真正解决问题。然而，由于当前主流的心灵哲学立场普遍接受心灵的私密性，因而，现代美德伦理学似乎必定失去合法性地位。面对上述窘境，我将尝试提出一种近年来我们为之辩护的新的心灵性质模型，借此解决李义天教授所担忧的问题。

二、《美德之心》与物理主义关切

《美德之心》关于物理主义的讨论和反驳，最初呈现于《现代美德伦理学的物理主义挑战及其回应》一文中。在该文中，李义天教授表明，他在"梳理现代心理科学的物理主义取向的基础上，试图表明，美德品质作为道德行为者的特定心理状态，既不能也无须被还原为物理活动。关于心灵问题的物理主义还原论立场，无论是在科学上还是在哲学上，都是不充分的"[①]。后来，在《美德之心》的第十二章，李义天教授则更具体分析了来自物理主义的挑战。

让我们先来看一下李义天教授对物理主义和物理主义还原论的定义。我们可以看到，在《美德之心》第十二章，"物理主义"一词出现了二十次，但只有一次定义了物理主义和物理主义还原论，并且这两者的定义是相同的，即强硬的心脑同一论（strong mind-brain identity theory）："主张心理事件或现象与物理事件或现象的同一，认为心理状态本质上可以还原为物理状

[①] 李义天：《现代美德伦理学的物理主义挑战及其回应》，《道德与文明》2020年第2期，第84页。

态，因此，这种理论也常被称作物理主义或物理还原主义。"① 在李义天教授看来，物理主义的全部内涵就是还原论的物理主义，但把物理主义仅仅理解为还原论的物理主义是狭窄的，在物理主义流派中，至少还有由戴维森（Davison）、黑尔（Heil）、劳尔（Loar）等人坚持的非还原物理主义，徐英瑾教授正是基于这一点对李义天教授提出了质疑。

虽然双方分别批判或捍卫了物理主义的某一立场，但我将论证，双方仅基于"同一""随附"概念理解还原/非还原物理主义的做法是不充分的，由此并不能得出批判/捍卫物理主义的结论。我们有必要在批判/捍卫物理主义之前，先给出物理主义的定义，再区分清楚"还原"和"非还原"、"随附"和"同一"与物理主义究竟是什么关系，再得出相对应的结论。

首先，"物理主义"的定义如下：

物理主义，简明扼要地说，就是认为一切都是物理的。②

由上述物理主义的定义，我们可以给出物理主义者的本体论原则（ontological principle）（以下简记为OP）：

---

① 李义天：《美德之心》，商务印书馆2021年版，第293页。这里的强心脑同一论又被称为类型同一论（Type identity theory），类型同一论有两个基本要点："（1）在形而上学层面，有两种不同的属性：心理属性和物理属性。但是，全部心理属性其实都同一于一些物理属性；（2）在认识论层面，有两套概念体系：物理概念和心理概念。并且，特定的心理概念和特定的物理概念之间具有共指称（co-reference）关系。"（王晓阳：《心-身问题与物理主义》，《自然辩证法通讯》2015年第4期，第7页）也就是说，类型同一论在形而上学层面，承认存在两种属性，但所有的心理属性都同一于物理属性；在认识论层面，承认存在两套不同的概念体系，即心理概念和物理概念，但类型同一论者认为存在心理-物理桥接规律（psychophysical bridge law），使得刻画心理事件的心理命题原则上都可以在认识论上被还原为物理命题。对类型同一论进行更细致的分析是合理的，因为下文讨论到"还原"的时候不仅会涉及本体论还原，还会涉及认识论还原。另外，我们会谈到，基于同一概念定义的物理主义并不一定都是还原物理主义，也可以是非还原物理主义。

② D. Stoljar, "Physicalism", *Stanford Encyclopedia of Philosophy*, https://plato.stanford.edu/entries/physicalism/, 2021-05-25. 必须要说明的是，由于物理主义是一个形而上学论题，因此"一切"（everything）一词至少有三种理解，第一种理解认为"一切"指的仅仅是我们这个现实世界的存在东西的总和；第二种理解认为"一切"指的是一些可能世界中存在的东西的总和；而第三种理解认为"一切"指的是所有可能世界中存在的东西的总和。而关于什么是"物理的"一词，学界目前常见的理解有四种，分别是：（1）基于物理学理论的方案；（2）基于范型物理对象的方案；（3）循否方案；（4）态度方案。以上四个方案的具体论述可参见斯坦福哲学百科全书"物理主义"（physicalism）词条（https://plato.stanford.edu/entries/physicalism/）；亦可参见王晓阳：《物理主义不等于物理学主义——表述物理主义的一个新方案》，《学术月刊》2020年第5期。限于篇幅，本文并不讨论以上内容，而是专注于讨论"是"（is）。

世界是一个完完全全由物理事实（physical fact）组成的世界。

那么，接下来的问题是，在一个物理世界中，心灵/心理状态是否存在以及以什么方式存在？心灵/心理状态如何"是"（is）物理的？例如，按照（类型同一论的）物理主义的观点，疼痛（pain）是（is identical to）C-纤维激活（c-fiber stimulation）的，最终，所有的心理属性的类和某些物理属性的类是同一的，所有心理属性都可以被还原为物理属性，"是"就是"同一"（identical）。

但同时，物理主义者还有许多刻画"是"的方式，例如可以把"是"理解为"随附"（supervenience），① 随附物理主义（Supervenience Physicalism）可以表述如下：

一切都是物理的或者随附于物理的（everything is physical or supervenences on physical）。②

在简短地介绍了物理主义之后，接下来，我将指出双方的总体问题，即李义天和徐英瑾教授都没有充分理解"随附"和"同一"概念、还原和非还原概念与物理主义之间的关系，导致双方的结论都不牢靠。

为了具体分析两人的讨论中存在的问题，我们有必要先来看随附概念的定义。目前学界流行的随附性概念至少有两类，分别是局部随附（local supervenience）和全局随附（global supervenience），局部随附又可以分为强随附（strong supervenience）和弱随附（weak supervenience）。

弱随附。A 弱随附于 B，当且仅当：必然地，对于任何对象 x 和 A 类的任何性质 F，如果 x 具有 F，那么存在 B 类的一个性质 G，使得 x 具有 G，并且对于任何 y 而言，如果 y 具有 G，那么 y 具有 F。

---

① 本文为了讨论便利，仅讨论随附物理主义，但目前学界至少还有奠基物理主义（Grounding Physicalism）和实现物理主义（Realization Physicalism）等。所以，以何种方式刻画"是"并不是物理主义者之间最大的差距，在我看来，他们之间的最大差距在于刻画方式中的强立场或者弱立场，我们马上会看到，基于强随附概念的物理主义可以是一种还原论立场，而基于弱随附概念的物理主义可以是一种非还原论立场。

② 这里要补充的是，随附关系不是因果关系，随附概念反映的是物理状态（事件）与心理状态（事件）之间的一种同时性关系，"而典型的因果关系却会涉及因、果之间的时间先后关系"（徐英瑾：《物理主义实为德性伦理学之良友——与李义天教授商榷》，《中国社会科学评价》2020年第3期，第22页）。

强随附。A 强随附于 B，当且仅当：必然地，对于任何对象 x 和 A 类的任何性质 F，如果 x 具有 F，那么存在 B 类的一个性质 G，使得 x 具有 G，并且必然地对于任何 y 而言，如果 y 具有 G，那么 y 具有 F。

全局随附。A 全局随附于 B，当且仅当：对于 B 是不可分辨的诸世界对于 A 也是不可分辨的。或者说，如果 B 性质在诸多世界中的整体分布上是相同的，那么 A 性质在这些世界中的整体分布也是相同的。①

以这些概念的精确定义为基础，我们可以小结一下双方讨论中存在的第一个具体问题：其实"随附""同一"只是表述物理主义的不同方式，使用不同的表述方式并不会使得某种物理主义立场破产或成立。在徐英瑾教授看来，基于（全局）随附概念定义的物理主义就是"非还原物理主义"②；而在李义天教授看来，物理主义就是等价于/基于同一概念的还原论物理主义，我将论证这几种区分都是不充分的。③ 双方的理解都不充分的理由如下。

徐英瑾教授以东方明珠塔的视觉案例说明基于随附概念的物理主义。他的大意是，在两个可能世界中，"只要我们能够担保这两张相片的两个观察者与相关的观察环境的底层分子构成（即上述定义中的'A 类事件'）是完全一样的（即'不可被彼此分辨'），那么我们也就能够保证相片在宏观层面上向观察者所呈现出来的视觉特征（即上述定义中的'B 类事件'）也是一样的"④。但这种理解是不准确的，因为要使得徐英瑾教授在这里描述的条件关系有效，我们需要使用的其实不是心-物全局随附的定义，而是徐英

---

① J. Kim, "Concepts of supervenience," in *Philosophy and Phenomenological Research* 45, No. 12 (1984): 163, 165, 168. 中译本可参见陈晓平《心灵语言与实在——对笛卡尔心身问题的思考》，人民出版社 2015 年版，第 30—31 页。要说明的是，金在权一开始认为全局随附和强随附是等价的，但三年后金在权认识到全局随附和强随附实际上是相互独立的，而下文中徐英瑾可能也和早期的金在权一样，误认为全局随附和强随附相同，于是错误地给出关于全局随附的案例。

② 徐英瑾：《物理主义实为德性伦理学之良友——与李义天教授商榷》，《中国社会科学评价》2020 年第 3 期，第 20 页。

③ 可以说，在第一个具体问题中，我重点讨论了徐英瑾对随附概念的错误使用，在第二个具体问题中，我重点讨论的是徐英瑾错误理解了"随附"与非还原物理主义的关系，即基于随附概念的物理主义并不必然是非还原物理主义。另外，在第一个问题中，我关于李义天的重点讨论是他理解的"同一"概念与物理主义的关系；在第二个问题中，我重点讨论的是李义天理解的"随附"与还原物理主义的关系。

④ 徐英瑾：《物理主义实为德性伦理学之良友——与李义天教授商榷》，《中国社会科学评价》2020 年第 3 期，第 21 页。

谨教授并没提及的，心－物强随附的定义。① 因为在心－物全局随附成立的情况下，我们只能保证的是在两个可能世界中 B 性质整体上分布是相同的情况下，A 性质的整体分布也相同，但这并不意味着特定的心理性质与特定的物理性质之间的随附关系是必然的。在东方明珠塔案例中，仅仅保证了两个世界在观察者、观察对象、观察环境的物理方面是相同的，但他并没有保证两个世界在其他的一切方面物理上是相同的，那么基于全局随附的物理主义就不能保证案例中所言的"如果……那么……"的关系是必然成立的，要达到这一点，我们需要的是强随附概念。

就像金在权说的，使用全局随附概念会有如下结果："如果像心理对物理的全总随附性所允许的那样，存在这样一个人，他在物理的各个方面同你是不可分辨的，但却在心理生活上完全不同于你，甚至根本没有心理生活。"② 这是因为全局随附与强弱随附是效力不同的概念，然而徐英瑾在使用案例的时候却以全局随附之名使用强随附概念，但实际上的全局随附概念并不能像他说的那样，保证他的案例的有效性。即使心－物全局（global）随附成立，那么就算两个可能世界之间物理事件的局部（local）同一，也不能保证其相关事件的心理方面的同一。因此，徐英瑾教授基于全局随附理解的非还原物理主义是不准确的。③

而在李义天教授看来，物理主义就是等价于/基于同一概念的还原论物理主义。虽然他在文章中一针见血地指出类型同一论的要害④，但要说明的是，他所反对的仅仅是部分的还原论物理主义，这并不能直接得出"整个物理主义（甚至是物理主义还原论）是错的"的结论。另外，这也不是基于"同一"概念的物理主义的全部内容。因为，学界目前至少有两种理解"同一"的物理主义立场，分别是类型同一论（type identity theory）和殊型同一论（token identity theory）。虽然前者是一种还原物理主义的立场，但后者是一种非还原物理主义的立场，所以"同一"物理主义并不一定意味着

---

① 徐英瑾的案例虽然只保证了两个可能世界之间的特定 A 类事件是彼此完全一样的，但如果成立的是心－物强随附，即使两个可能世界没有在物理层面上完全一样，而只是特定事件不可分辨，也确实可以达到徐英瑾想要的结论。

② J. Kim, "'Strong' and 'global' supervenience revisited", in *Philosophy and Phenomenological Research* 48, No. 2 (1987), p. 320。中译本可参见陈晓平《心灵语言与实在——对笛卡尔心身问题的思考》，人民出版社 2015 年版，第 33 页。

③ 这里要补充的是，不管是使用全局随附概念，还是强随附概念，似乎都没有照顾到近年来非还原物理主义者最青睐的弱随附概念，由此看来，徐英瑾理解的非还原物理主义可能与主流非还原物理主义有些偏差。

④ 李义天：《美德之心》，商务印书馆 2021 年版，第 300—305 页。

还原物理主义，后者的典型代表有戴维森（Davison）、劳尔（Loar）等，限于篇幅不再展开。

此外，双方讨论中存在的第二个具体问题在于：基于随附概念的物理主义并不必然是非还原物理主义。在李义天教授看来，如果还原论者承认无法在本体论上将心理状态还原为大脑的物理状态（同一关系），从而需要转向随附性论题时，"随附性概念的出现本身就已经宣告了还原论的破产"①；但我们会看到，实际上使用随附概念并不会意味着还原论的破产。在徐英瑾教授看来，非还原物理主义就是用随附性概念来表述的。这些论述都是不准确的。

在讨论随附物理主义与还原/非还原物理主义的关系之前，我们应该先来看看什么是还原/非还原的物理主义。关于心-身非还原性（mind-body irreducibility），有两种理解：①"心理属性不能还原成，并且也不能同一于物理属性"②。这里提到的"还原"是金在权理解的还原，意思是本体论上的还原。这也可以表述成"非还原物理主义者普遍相信，心理属性不能被本体论还原成物理属性"③。②摹状词/描述或概念 C 不可被认识论还原为描述或概念 P。这里提到的"还原"是戴维森理解的还原，在戴维森看来，"还原"的意思仅仅是认识论上的还原，也就是心理概念和物理概念之间的还原，而不是本体论上的还原（这种观点也被称为本体一元概念二元论）。因此，我们就区分了还原的两种可能性（非还原同理）：本体论还原与认识论还原。接下来我将论证，基于随附概念的物理主义并不必然是还原物理主义或者非还原物理主义。

看这样一个例子，我们选取物理本体一元论、概念二元论和心-身强随附的物理主义立场：根据物理本体一元论，世界是一个完完全全由物理事实（physical fact）组成的世界；根据概念二元论立场，我们有两套概念，即物理概念和心理概念；根据强随附，心理概念强随附于物理概念。而如果心理概念强随附于物理概念，再根据强随附的定义，认识论上的心理概念和物理概念就有类型同一论者认为的心理-物理桥接规律（psychophysical bridge law）。如此一来，心理概念就可以无例外地被还原为物理概念，这显然是一种心理-物理还原论的立场，这种立场在本体论上坚持物理主义一元论，在

---

① 李义天：《美德之心》，商务印书馆 2021 年版，第 306 页。
② J. Kim, *Physicalism, or something near enough*, Princeton: Princeton University Press, 2005, p. 35.
③ 王晓阳、王雨程：《心理因果性、排他性论证与非还原物理主义》，《哲学研究》2015 年第 4 期，第 119 页。

认识论上坚持心理-物理概念的可还原性,因此,这种基于(强)随附概念的物理主义立场是一种还原物理主义立场!因此,徐英瑾教授认为基于随附性概念的物理主义是非还原物理主义的结论并不牢靠,而李义天教授认为倒向随附概念的物理主义会使得物理主义还原论"破产"的结论也是如此。

总的来说,双方对物理主义的理解都存在一些偏差,不过相信上述分析已经足够清楚。李义天教授之所以讨论物理主义,就是要提出他心中理想的心灵哲学立场该有的特性。那么,这种理想的心灵哲学立场要具有什么特性呢?在我看来至少要有如下几点:

1. 心灵/心理状态(事件)的自主性(autonomy)。在李义天教授看来,如果心理事件能全部被还原为物理事件,那么,"我们丧失的将不仅仅是美德伦理学的合法性,还将是全部伦理学的合法性"[1]。所以,心灵的自主性是必要的也是最重要的。

2. 坚持"现代心理科学的实在性与经验性"[2] 对心灵的探究是有限度的,也就是有限度地承认现代心理科学的研究立场,以保证心灵的自主性。

可以说,心灵的自主性,在李义天教授看来,是现代美德伦理学得以成立的一个必要条件,第二条要点是为第一条要点服务的。然而,在我看来,坚持心灵的自主性确实是必要的,但我们还须仔细考察承认自主性的心灵哲学立场与现代心理科学的融贯性。接下来,我将论证,如果李义天教授坚持这两个立场,再加上他坚持的第三个立场——笛卡尔的实体二元论,那么这三个立场将产生矛盾。

这个论证的第一个前提是,心灵/心理状态是以非物质(物理)的方式(心理实体)存在[3],与任何物理状态无关;第二个前提是,心理状态的产生随附于特定神经系统的活动[4]。这个论证的一个结论是心理状态既与物理状态完全无关,又与某种物理状态具有随附关系[这是一个悖论,因为心理状态不可能与物理状态有(随附)关系又完全没关系]。

当然,李义天教授可以马上反驳说:"即便我们无法完全满足笛卡尔关于独立自主的心灵实体的设想,但是,心灵哲学为一种非物理主义或非行为主义的心灵概念谋求空间,仍然是可能的。"[5] 例如突现论、民间心理学等。

---

[1] 李义天:《美德之心》,商务印书馆2021年版,第308页。
[2] 李义天:《美德之心》,商务印书馆2021年版,第308页。
[3] 李义天:《美德之心》,商务印书馆2021年版,第330页;李义天:《美德伦理学研究的心理学资源与走向》,《天津社会科学》2017年第6期,第33页。
[4] 李义天:《美德之心》,商务印书馆2021年版,第302页。
[5] 李义天:《美德之心》,商务印书馆2021年版,第34页。

其实在我看来，甚至非还原物理主义，李义天教授也是有可能接受的，毕竟，他认为需要心灵概念的原因是"人们相信，他们仍需要一些与物质或物理的东西不同的概念（比如信念、欲望、情感）去解释人类实践的日常经验或常识"①。因此，非还原物理主义的本体一元论概念二元论立场也符合李义天教授的目的。②

所以，这就回到了本文最初的论点之一，由于几乎每个"大心灵哲学理论"都有符合李义天教授的心灵概念（自主性）的分支，③ 因此，李义天教授并不必须否定某个"大心灵哲学理论"。不过，我想说的是，仅仅考虑心灵的自主性是不够的，不管我们选择何种符合李义天教授对心灵性质要求的心灵哲学立场与美德伦理学接壤，都不得不处理一个更基础性的心灵哲学问题，即心理状态/心灵的私密性问题。在这个问题得到解决之前，任何涉及心灵哲学资源的美德伦理学立场都难以令人信服。下一节我们将开始讨论现代美德伦理学与心灵私密性问题的关系，并指出李义天教授真正需要的不仅是心灵自主性，还是一个恰当的（proper）关于心灵性质的模型。

三、现代美德伦理学与心灵私密性

上节我们谈到，如果仅仅是为了保住心灵的自主性，那么许多"大心灵哲学理论"都可以做到这一点，但要害在于不管何种坚持心灵自主性的心灵哲学立场，都必须要解释：为什么我们的心理状态（例如感受）总是如此这般呈现的？这个问题，例如，对于还原物理主义者来说，就是为什么疼痛就是 C-纤维激活，为什么当特定神经活动被激活的时候，我们总是具

---

① 李义天：《美德之心》，商务印书馆 2021 年版，第 34 页。
② 国内学者对于这种非还原物理主义的详细论述，可参见王晓阳《后天物理主义与解释鸿沟——B. 劳尔版现象概念策略的拓展分析》，《世界哲学》2013 年第 4 期；王晓阳：《心-身问题与物理主义》，《自然辩证法通讯》2015 年第 4 期；王晓阳、王雨程：《心理因果性、排他性论证与非还原物理主义》，《哲学研究》2015 年第 4 期。这种立场捍卫的恰恰是：我们有两套不同的概念体系，心理概念不能被还原为物理概念。
③ 例如，斯宾诺莎的属性二元论、查莫斯的信息两面论，近年来颇为流行的罗素一元论和经典的非还原物理主义立场等等。

有某种恒定的体验（心理状态）。① 这个论题在心灵哲学里也被称为"解释鸿沟"（Explanatory Gap）②。解释鸿沟说的是"无论我们对神经元的物理结构和它们激发（fire）时发生的化学转换进行多么深入的探究，无论我们获得了多少客观信息，似乎仍剩下一些无法解释的东西，也就是说，这些客观的物理变化为什么以及怎样产生这样的（so-and-so）主观的感觉，或任何（any）主观的感觉"③。我们可以拓展解释鸿沟，将它看作所有承认自主性论题的心灵哲学理论都会面临的现象性论题，即为什么我们的心理状态总是以这种现象的方式（恒常）呈现？如果不解决这个问题，即使心灵真的具有自主性，似乎也很难真正给出令人信服的理由来判断主体 P 处于某种包含美德品质在内的心理状态之中，因而接受心灵自主性会面临解释鸿沟问题。

如果我们结合解释鸿沟和心灵自主性概念，似乎就会出现一个窘境（dilemma）：如果心灵具有自主性，那么解释鸿沟似乎很难被摆脱；而如果心灵不具有自主性，现代美德伦理学就失去了基础。

这个窘境原则上是心灵的自主化必须要面对的问题，本文正是想在此基础上指出，李义天教授仅仅坚持心灵的自主化是不够的，我们至少还要应对解释鸿沟问题。但要应对解释鸿沟，更基础、更进一步需要讨论的问题则是心灵的私密性（主观性）问题。④

笛卡尔的心灵模型是私密心灵模型的一个经典案例。丹尼特（Dennett）仔细地描述了笛卡尔的心灵模型，这被他称为"笛卡尔剧场"（Cartesian

---

① 又如当代经典的泛心论，在此也深受组合问题（combination problem）的困扰（也就是这个论题的另一种表现形式），这个术语来自威廉·西格尔（William Seager）。组合问题说的是："问题很难理解：'小'的意识体验主体与他们的微体验结合在一起，形成一个'大'的有意识的体验主体"（P. Goff, W. Seager and S. A. Hermanson "Panpsychism", *Stanford Encyclopedia of Philosophy*, https: //plato. stanford. edu/entries/panpsychism/, 2022 – 05 – 13.），也就是为什么某些微观心灵粒子的结合会具有如此这般的感受。

② J. Levine, "Materialism and qualia: The explanatory gap", in *Pacific Philosophical Quarterly*, No. 64（1983）.

③ M. Tye, "Qualia". *Stanford Encyclopedia of Philosophy*, https: //plato. stanford. edu/entries/qualia/, 2021 – 08 – 12.

④ 现象性论题和主观性（私密性）论题是关于心灵的基础性问题，但接下来我们可以看到，私密性问题似乎更为基础。另外，"心理科学、心灵哲学与美德伦理学的交集，主要在于心理基础是否存在，而不在于它们如何存在"（李义天：《美德伦理学研究的心理学资源与走向》，《天津社会科学》2017 年第 6 期，第 35 页）的说法是值得商榷的。下文可以看到，如果我们不处理私密性问题/现象性论题，即使心灵具有自主性，也没有可以帮助到现代美德伦理学的地方。因此，我们有理由相信，心理基础是否存在与其如何存在的问题是交织在一起的。

Theater)：笛卡尔剧场中有一个观众，就是笛卡尔说的"自我"，因为似乎"一个被经验的事件，不能独自发生；它必须是某人的经验。一个思想要产生，得有某个人（某个心智）思考它才行"①，我们从感官接收的信息（心理状态）会依次进入笛卡尔剧场，"自我"能看到心理状态依次呈现在舞台上，而舞台上的内容只能被这位唯一的观众看到，进而"'自我'逐渐被设想成一个灵魂或一个住在'大脑中的小人儿'，一个独立于大脑的东西"②。"笛卡尔剧场"描述了一个私密的经验模型，该模型认为所有发生在"剧场"中的（心理）事件都是私密的，只能被唯一一个"自我""观看"。

在我看来，这种心灵私密论可以由心理状态的"视角性"直觉得到揭示，私密性表示的是"特定意识主体（I）和特定感受（Q1）之间存在一种独特关系（R），并且其他意识主体（I2）与Q1之间不可能具有R"③。正如笛卡尔剧场描述的那样，在心灵的剧场中，仅有一个"自我"能够看到舞台上的情景；也是内格尔说的，我们的经验现象"本质上都与一种单一（single）的视角相联系"④，其他人不可能站在"我"的视角获得"我"当下的心理状态。这种私密性模型虽然会保证心灵的自主性，但随之而来的结果与物理主义还原论一样可怕，我们将看到，我们对"美德品质"这个词的使用将会受到极大的限制，也会丧失"全部伦理学的合法性"⑤。

这是由于某个心理状态仅是某主体所私有的，原则上除了拥有该心理状态的主体，其他主体不可能观测到，所以无论我们使用何种公共的理由/证据都不可能表明特定意识主体处于某种特定的心理状态之中，而美德伦理学又必然会涉及主体的特定心理状态。⑥ 因此，如果他人的心灵是封闭的，即使心灵存在/具有自主性，我们也无法对作为一种精神现象的美德品质做任何评价——我们根本不可能对一个永远触碰不到其心灵/心理状态的主体给

---

① D. C. Dennett, *Consciousness explained*, New York：Little, Brown and Co, 1991, p. 29. 中译本参见丹尼特《意识的解释》，苏德超等译，北京理工大学出版社2009年版，第33页。
② 冯文婧：《丹尼尔·丹尼特意识解释中的感受质问题》，《自然辩证法通讯》2021年第7期，第52页。
③ 王晓阳：《意识研究》，上海人民出版社2019年版，第84页。
④ T. Nagel, "What is it like to be a bat?", in *Philosophical Review*, 83, No. 4 (1974)：437.
⑤ 李义天：《美德之心》，商务印书馆2021年版，第308页。
⑥ 与此同时，由于心理状态的私密性，基于第一人称给出的关于心理状态的判断也没有对错可言。篇幅有限只能简单展开。我论证的思路来自维特根斯坦，在维特根斯坦看来，只有在具有公共标准时，才能够谈论正确，我们不能说我认为是正确的就是正确的，而私密感受是仅在我之内的，仅在我之内的东西没有公共标准。所以，对私密感受的谈论根本算不上"正确"。所以，不管是第一人称还是第三人称视角，我们都不能给出关于私密心理状态的正确判断。

出涉及美德品质的判断，而要害在于私密性几乎被所有捍卫心灵自主性立场的心灵哲学理论所接受。①

可以说，美德伦理学不可能不涉及包括美德品质在内的在某个主体 X 上发生的心理状态，而按当代主流心灵哲学立场，心理状态要么是以被还原的方式存在，要么是以私密的方式存在。如果我们接受心灵/心理状态的被还原性，那么心灵将失去自主性；如果接受心灵的私密性，我们原则上不可能确认主体 X 处于何种心理状态之中，心灵将以某种神秘主义的方式存在，这都将违背美德伦理学的基本诉求。所以，如果说还原物理主义以一种消灭心灵自主性的方式使得现代美德伦理学失去合法性地位，那么心灵私密性将以某种神秘主义的方式使得现代美德伦理学失去合法性地位。

如果确如上文所述，那么我们仅仅讨论心理状态的存在（甚至是现象性论题）是不够的。无论我们如何讨论心灵自主性或现象性论题，私密性论题都使我们如鲠在喉。如果不解决私密性问题，无论何种试图解决现象性论题的立场都不具有说服力。② 因而，现代美德伦理学真正想要有自主性，心理状态的私密性问题以及随之而来的一系列问题才是最需讨论的。如果仅仅为了保留心理状态的自主性，那么，我们无疑可以采取笛卡尔的立场（"笛卡尔剧场"），但代价也是惨烈的。

但这个困境不是完全不能处理的，接下来我将尝试解决这个困境，为李义天教授建构理想的现代美德伦理学提供一种思路。原则上，要解决这个问题，我们需要的是一种新的理解心灵性质的模型：首先，在该模型中，为了摆脱某种神秘主义的困扰，心理状态不能是私密的；其次，在心理状态不是私密的前提下，心理状态也不能是公共的，③ 是不能被科学化的，这是为了保留心灵的自主性。

提出一种图景并不困难，困难的是如何论证该图景存在的可能性与合理性，因为在大多数人看来（主流心灵哲学立场），我们的心灵要么是私密

---

① 笛卡尔本人显然同意这一点；另外，拒绝物理主义还原论立场的内格尔也是主要代表；当代二元论的典型代表查莫斯也是如此 [Cf. T. Nagel, "what is it like to be a bat?", in *Philosophical Review* 83, No.4 (1974); D. J. Chalmers, "Absent qualia fading qualia, dancing qualia", in *Conscious Experience*, ed. T. Metzinger and Ferdinand Schoningh (1995); D. J. Chalmers, *The Conscious Mind*, Oxford: Oxford University Press, 1996.]

② 注意，现象性论题就是要解释什么主体会处于如此这般的意识状态之中，但私密性论题的存在会使现象性论题不可能得到解决，这也是为什么本文会认为私密性论题更为基础。关于这一点的类似分析，参见王晓阳《非主观的心灵》，《自然辩证法通讯》2019 年第 8 期。

③ 有一些学者认为，如果经验不是私密的，那么"所有经验在逻辑上都是公共的"（黄敏：《分析哲学导论》，商务印书馆 2021 年版，第 580 页）。

的，要么是被还原的，几乎没有第三条路可走。然而我们在最近的工作中论证了，实际上还有另外一种"经验的非私密模型"，这种模型将使得心灵免遭神秘主义的困扰，并且根据这种模型，经验/心理状态也不是公共的、客观的，不能被科学化，这同时保留了心灵的自主性。[1] 这里没有空间展开对该模型的讨论，我们的思路与维特根斯坦对心灵的理解是类似的。维特根斯坦在《哲学研究》最后一节中谈到，"在心理学中实验方法和概念混乱并存"[2]，而"实验方法的存在让我们以为我们具备解决困扰我们的问题的手段"[3]，但实际上"问题和方法各行其是"[4]。维特根斯坦的意思是实验方法（当代心理科学）总是试图以公共化、客观化的方式解决问题，但心灵实际上并不能被客观化；而概念混乱指的是我们根深蒂固的"私密性"概念，以至于当代心灵哲学一边被困在私密性的窠臼里，一边被困在还原论的窠臼里，最终"问题和方法各行其是"[5]。

在我看来，我们辩护的这种心灵模型就是一种真正能让李义天教授心中理想的现代美德伦理学得以可能的心灵模型：一方面，它保持了心灵的自主性，不受还原论的侵扰；另一方面，它又不是具有私密性的心灵模型，不会陷入某种神秘主义之中。

---

[1] 对于该模型的初步探讨，可参见王晓阳《非主观的心灵》，《自然辩证法通讯》2019 年第 8 期；王晓阳、林崧驰：《无言的感受何以可能——布洛克与维特根斯坦主义者的"颠倒光谱之争"》，《哲学动态》2024 年第 1 期，第 123 页。
[2] 维特根斯坦：《哲学研究》，陈嘉映译，商务印书馆 2016 年版，第 361 页。
[3] 维特根斯坦：《哲学研究》，陈嘉映译，商务印书馆 2016 年版，第 361 页。
[4] 维特根斯坦：《哲学研究》，陈嘉映译，商务印书馆 2016 年版，第 361 页。
[5] 维特根斯坦：《哲学研究》，陈嘉映译，商务印书馆 2016 年版，第 361 页。

何谓第一哲学？是否需要重建第一哲学？
——《摆渡在有－无之间的哲学：第一哲学问题研究》对谈录

胡嘉乐*/编

编者按：2021年6月12日，清华大学人文学院哲学系围绕黄裕生教授的《摆渡在有－无之间的哲学：第一哲学问题研究》（清华大学出版社2019年版）举行了一场"思想与时代"新书研讨会。黄裕生教授首先发表与该书相关的主题报告，接着张志伟教授、尚文华副研究员、李科政副研究员就此书分别做了书面评论，然后现场十几位学者参与讨论、交流。该书看似讨论理论哲学，实则与实践哲学有密切关联，感谢黄教授慨允我们发表研讨会综述。鉴于三篇书面评论会另行发表，此处予以省略。

一

黄裕生：《摆渡在有－无之间的哲学：第一哲学问题研究》（以下简称《摆渡在有－无之间的哲学》）一书所讨论的问题是基于我多年切身的困惑而进行的思考和探索。在2008年《宗教与哲学的相遇：奥古斯丁与托马斯·阿奎那的基督教哲学研究》第一版出版后，我再没有出版过新的专著，但发表过一些政治哲学方面的论文。由此，有学者以为我已转向政治哲学领域。我实际上并没有如此，我关注的始终还是第一哲学，只不过在政治哲学和第一哲学之间进行切换。在我的观念里，政治哲学不能独立于第一哲学，有第一哲学作为基础的政治哲学才是审慎的政治哲学。这是受到德国哲学的启发，因为康德和黑格尔都是在第一哲学的基础上讨论政治哲学。在我看来，政治哲学不是权宜之计，不是政论或策论，而是有原理性、公理性的东西。

---

* 胡嘉乐，清华大学哲学系本科生。

《摆渡在有-无之间的哲学》这部作品涉及我三方面的挣扎。其一，在专业和问题之间的挣扎，在技术化的哲学和哲学本身之间的挣扎。我之所以选择哲学，并非为了成为某一领域的专家，而是因为自身面临着一些困惑。我自己在高中时本是理科生，最喜欢数学，但感到理科不能解决心里的困惑。比如，"我是从哪儿来的"，五花八门的答案反而增加了我的困惑。接触哲学之后才知道，这是人的本原意识的觉醒。其实，每个人应该都会产生有关本原的困惑。还有一个困惑是学了数学后萌生的——数学怎么会有那样的确定性？这些事情都让我心里困惑，由于发现理科解决不了这些困惑，所以选择了文科。但是，读大学进了哲学系后，我发现自己要解决这样的困惑就要进入哲学，首先要成为专家，要研究某个大哲学家的思想，但是当这种研究与自己心里的问题没有直接相关时，只能先把自己的问题悬搁起来。这是在专业与问题之间的挣扎。

其二，在大哲学家之间的挣扎，比如，在海德格尔与康德之间挣扎。

其三，在中西哲学之间的挣扎。《摆渡在有-无之间的哲学》最后一章涉及中国思想。作为文化意义上的中国，我们毕竟有那么长的历史，特别在先秦曾爆发出那么多思考，这是不得不面对的，也是值得面对的。我在读海德格尔讨论技术的作品时，会想到《庄子》里关于"有机械者必有机事，有机事者必有机心"的故事。对中国学者来说，学习西方哲学时应有一参照系，那就是中国传统思想。一个人做什么研究，就容易把自己研究的对象当作正确的，甚至是典范。做西方哲学研究的人经常以为哲学就是西方哲学，西方哲学就是哲学，甚至认为分析哲学就是哲学的唯一样态。但是，怎么面对中国人在漫长过程中的思考？我们的古人可能不是以西方哲学的方式在思考，但毕竟在思考。有时，我们会极端否定中国思想，认为它不是哲学，不够深刻。但如果中国思想足够深刻，我们该怎么面对？包括佛教在内的中国思想，不能轻易被无视。《摆渡在有-无之间的哲学》最后一部分就是希望以我最近几年在第一哲学上的思考去重新理解我们自己的古典思想，但这只是一个尝试、一个开始。

大家对《摆渡在有-无之间的哲学》这部作品里的一些话题都有自己的思考，因为这是第一哲学的问题，即使做二级学科的研究也会涉及第一哲学的维度。因为第一哲学涉及哲学那些最根本的问题，也即本原（arche）以及与之相关的问题。哲学其实没有别的问题。那些大哲学家们，绕来绕去，最终都是围绕本原及其相关问题。本原问题的提出标志着哲学的出现。希腊人以反思性的方式发现这个问题，追问这个问题，虽然刚开始非常朴素。在追问这个问题的过程中，希腊产生了科学，以科学方式去追问第一哲学问题，就产生了形而上学（Metaphysik）。但以科学的方式恰恰是不可能真正面对源头问题的，所以海德格尔说，要克服 Metaphysik 的思考。

这里涉及《摆渡在有－无之间的哲学》这部专著里讨论的一个很艰难的问题——科学和真正哲学的区别在哪里？科学之为科学，在于用规定性概念来把握和看待这个世界。尚文华抓住这部作品里讨论的一个关键问题，就是自在同一物与自身同一物的区分问题。"A 是 A"，首先不是逻辑学定理，而是存在定理，Ontology 的定理。在这个定理里面，A 是被构造出的第一个概念。以"A 是 A"被定义出来的 A，作为一个自身同一物，它是我们构造出来的。在希腊哲学中，只有在概念中，事物才是最真的事物。纯粹的直线、纯粹的三角形，对希腊人来说最真实，确立的定理、公理最真实。希腊哲学首先以具有自身同一性的概念这种方式去理解、规定世界，从而建立起了科学。但是，当 A 一旦是 A，A 也就失去了 A 本身。A 本身，我称之为自身物，或者说自在同一物。这里的"同一"就不是"A 是 A"意义上的同一。希腊哲学伟大的地方在于确立"A 是 A"，也在这里开始形而上学的努力，也即以规定性概念理解、把握世界，从这里，普遍性和必然性也就产生了。但这种方式恰恰无法真正触碰和理解 arche 的问题，也即无法真正面对本原的问题。但是，直到近代哲学才逐渐发现这个困境。

这中间有一个重要的插入，就是来自希伯来文明一神教的插入。一神教插进来之后，迫使西方人不能够以"A 是 A"的方式面对世界的最高真理和本原。本原是绝对的一，不是一与多对应的一，而是超越了一与多对应的一。为什么这里强调"绝对"？我在《摆渡在有－无之间的哲学》这本作品里对"绝对"的强调并不是来自黑格尔（相反，我是后来才发现了黑格尔强调"绝对"的意义），而是为了面对和理解一神教的"绝对"。这引发了我自己后来讨论的问题——绝对一的出现意味着什么？希腊提出了本原问题，但是否真正发现、觉悟本原是另一个问题。来自希伯来的一神教对希腊思想构成很大挑战，我们该如何理解和讨论？

受康德启发，我区分了规定性概念和指引性概念（康德称之为"范导性"概念）。规定性概念不能触碰绝对的一。十多年前王树人老师提出"象思维"，张祥龙老师也参与讨论。张老师的理解很深刻，但我对他有一个批评，因为实际上他混淆了规定性概念和指引性概念。我在批评他的讨论中强调了要做上面的区分。我们不可能不用规定性概念，如果不用就会陷于"摇晃"，就没有科学。但绝对的一恰恰是"摇晃"的，不是可以被确定下来的，如果可以用规定性概念把握它，就不存在无限和绝对，甚至世界就是封闭的世界。我们只能接近绝对的一，而无法达到它。海德格尔说人是存在的守护者，人只能守护，不能把握。指引性概念不是对上帝的规定，甚至不是通常意义上对事物的显示。指引性，只是指引方向和可能性，指示者总是溢出了自身，语言总是超出了语言之外。我用此概念和语词所要表达的东西，只能通过这种指示性语词来提示和表达，来与绝对的一亲近，或者说见证。尚文华用"见证"，我也喜欢这个词，见证不是经验意义上的，真正的见证是在指示里的相遇照面，带着无法穿透的面容相遇照面。这里的照面，既是一种会面，又是一种隐藏－退隐。

但问题是，在"是什么？"这种追问里，给出的所有说法都是规定性概念，如何能真正进入指示性语词？要退出规定性概念，否则就不可能真正去触碰那个本原或作为绝对的一的源头。我对海德格尔有一个理解，真正要触碰 Sein，恰恰要从日常生活世界中退身出来，日常世界是现成的、关联性的。如何退身出来？退身出来对我们又意味着什么？退身出来就是退出我们个体的各种角色。在关联世界中，我们以各种角色存在，在社会当中充当各种角色，对世界来说，我们就是消费者或者认识者、改造者，这都是关联世界中的角色。相对于我们的角色存在，整个世界就是色相界，从中退出意味着对色相界的否定，也即对存在者的否定。对存在者的否定，就是由有到无，世界不再作为现成物构成的现成世界，而是作为非现成的、纯粹可能的开放性世界。哲学就是要在有－无之间进行摆渡——既能退出有，也能进入无。而这里的关键是自由。

在思考自由问题的过程中，我发现，海德格尔在这里和康德竟然可以"沟通"起来，虽然康德在伦理学领域讨论自由意志，而海德格尔不在伦理学领域讨论自由意志，他甚至不用自由意志这个概念，只是用 Freiheit，强调自由地打开－开放性维度。但是，他可以和康德"沟通"。自由就是突破因果必然性的封闭，这是自由意志最核心的意义。必然性意味着，A 到 B 只有一种可能，不存在其他可能。必然性就是非如此不可。在这个意义上，必然性世界就是一个封闭性的世界。如果只有必然性世界，那么，我们就没有自己的生活，就只是在自然里面过着必然－自然的生活。能突破必然性，才能突破封闭性，进入开放性的世界。从突破必然性而进入开放性这个角度看，从康德到海德格尔之间，可能发现"通道"。

不仅如此，由于我们处在可能性世界，于是才能选择或不选择。有选择才有责任问题，也才有相互承担与相互信任，并因此应该相互承认等问题。每个人能选择，才需要相互承认对方的 Recht（right）。于是，我们发现，今天政治哲学谈 right，就是说每个人应该有自由－自主选择的行动空间这样的问题，竟然与存在论或第一哲学讨论的自由问题全部关联起来了。政治哲学竟然可以过渡到第一哲学。所以我2019年出版的两本书《摆渡在有-无之间的哲学》和《权利的形而上学》是内在相关的。退出现成的关联世界，退出角色，就是回到自由-自身而让-存在，自由问题变成了与自身存在相关的Ontology的问题，而不再只是康德那里的伦理学问题。这里，自由是存在论问题，是真正的第一哲学问题。所以我不同意有些学者把现象学甚至整个欧陆哲学简单地归为"实践哲学"，而把分析哲学归为"理论哲学"，并进而把分析哲学当作哲学的唯一标准样态。这样的划分既误解了哲学本身，也误解了欧陆哲学和分析哲学。而如此理解哲学在实践上必导致哲学本身的死亡。

人有本相，退出角色，就回到本相。每个人有各种角色，但不管我们的角色多么不一样，我们都有一个本相，那就是自由存在者、能自由者。所有角色基于这样的本相才是可能的。基于本相与角色的这一存在论区分，我也想回过来思考中国哲学，特别是儒家伦理学的相关问题。我常说，动物没有"父-子关系"，人才有。我背后的思考就在这个地方，每个人作为能自由者，才能建立起相互性关系，而且是自主的相互性关系。亲缘关系，包括父-子关系，是自主性的相互性关系，也即能自主地相互承担、相互信任、相互托付的关系。所有这些自主性关系基于一个前提——人都有本相，即能自由者，由此才能开出这样自主的相互性关系。能相互理解的前提是能相互打开，把自己呈现给自己，呈现给别人。如果只在自然必然性中，人是封闭的，无法自我打开；唯有跳出自然和本能，人才能打开自己，才能相互打开，才能设身处地。能理解他人的所思所想所感，在于能设身处地理解他人的各种可能处境。而能相互理解，才能进一步有相互的承认、相互的信任。

这里最重要的一点是相互信任。这几年我也在关注列维纳斯的相关思考。原来不太理解他说的"我是他人的人质"，现在觉得很深刻。其实，依我现在的思考，信任关系就是一种以命相互托付的关系。信任不是"因为我了解你，才信任"。光靠了解人永远不可能建立起相互信任，因为了解都是经验性的、有限的，而且没有一个人是完人，没有人没干过坏事。如何才能相互信任？我们人类之间的相互信任，都是以命相互抵押，我把命交给你，你把命交给我，才能确立起信任关系，包括远程的信任关系。而我们之所以能相互以命抵押，背后就在于无条件的自由而能做出冒险的决断。没有这种基于自由的相互信任关系，人类无法建立如此庞大复杂的分工体系。这是我引出来的相关思考。列维纳斯说，伦理学是第一哲学，他心目中的这种伦理学有一神教的背景，在一神教里，我们每个人首先是与绝对的一发生关系，才有"我"和他人的关系。"我"和世界的所有关系都建立在"我"

和绝对者的关系之上。

李科政刚才提到了书里讨论的爱。为什么我会在第一哲学研究里讨论爱？因为基于我的理解，爱是人与人之间能确立且应确立的第一关系。爱包含着相互理解、相互承认、相互尊重、相互信任与相互期待。"爱是恒久忍耐"，恒久忍耐意味着对他人的信任，哪怕他做了很多坏事，我仍信任他，对他抱持希望而不失去希望。我们教育过孩子的人就知道，有的孩子小时候非常任性，干了无数坏事，但我们要有忍耐，相信能把他/她教育好，这就是爱。爱就是"让－自由"。什么是自由？自由就是真正能独立自主。"让－自由"就是让他/她成为一个独立自主的主体。这是为什么我会把爱与自由关系起来，并将那些相关问题当作第一哲学的问题。

在前面这些思考的基础上，我也试图对中国传统思想进行重新理解，其中一个重要思考就是强调中国古代思想对天的理解和重视。孔子在《论语》里讲到天时多么虔诚；《周颂》里提到天时，情感是如此真挚。在我看来，这体现了中国古代精神世界对绝对的一的一种深刻觉悟。不过，这只是中国古代思想的突破性的一个方面，另一方面的突破就是对普遍原则的自觉与维护。这些思考都被放在第一哲学层面上。

张志伟老师的评论真正抓住了《摆渡在有－无之间的哲学》里所展开的思考，同时进行了他自己的思考，在很多方面他走得更远。张老师说现在没有当代的第一哲学，对此，我很赞同，也正因如此，我们要重视第一哲学。如果不讨论第一哲学问题，哲学变成专业，就不是哲学。

尚文华提出的最主要的问题是，第一哲学给信仰什么位置，如何来理解和见证信仰？我自己现在也没有完全想好，但是，第一哲学思考一定会面对信仰问题。极端地说，不回答信仰问题，就不是第一哲学。不过，如何思考信仰问题，我在《论宗教信仰的"人性"基础》一文中已经有所讨论，还会进一步讨论下去。

李科政也提出了哲学史和哲学关系的问题，我自己最主要和最想说的，他都抓住了。关于哲学和哲学史的关系问题，我自己也主张，哲学基于哲学史。但这个理解和一般理解不同，这并不等于说，做哲学等于做哲学史，不！如果是那样，那就只是在做哲学史，而不是做哲学。当我说，哲学即哲学史或基于哲学史时，我要强调的包含两层意思。其一，做哲学须得首先进入哲学史的各大高峰，特别是最近的高峰，首先达到你之前的思想高峰、思想深度，你做的哲学才是真的哲学，才能构成历史的高峰环节而进入历史。其二，这样的哲学不只是一个时代的哲学，它同时把它之前的哲学史高峰以某种方式包含在自身之中而构成了一部哲学史。现在一些人想在哲学史之外创体系，其实都是没有意义的。哲学即哲学史，真正的意义是，要做哲学，必须进入哲学史的高峰，不进入那些环节，你做的东西都在历史之外。如果孔子的高峰、王阳明的高峰、康德的高峰，你都达不到，想创体系当然可以，但不会具有历史意义。

尚文华：关于提问的方式，借用克尔凯郭尔的见证，只有两种本质性的提问方式，人类思想史上只有两个人：苏格拉底和耶稣。苏格拉底所代表的哲学提问方式是返回，故而，哲学的起点是本原问题。但毫无疑问，我们生活在经验关联的世界中，能不能返回？耶稣是往前走的，因为有信仰作为基本保障，绝对者或本原者成为生活的起点，通过信仰往前走。因此，究竟是什么能够保障返回本原？这是任何做哲学的人都要问的问题。从这个问题出发，我揣测黄老师的动机，黄老师一次一次地说本原和返回，是什么情绪主导他，是不是信仰？

杨云飞：黄老师提出本原文化有两个标准：对绝对者的发现和对普遍性原则的自觉。但在当前这个充满各种不确定性的多元主义的时代，似乎什么声音都可以流行，都有其"道理"。在这种情况下，怎么界定绝对者？绝对者和普遍原则是否有可能以及如何成为共同的尺度？

李科政：如果把自由理解为本原的可能性，黄老师的解读和虚无主义的分界点在哪里？黄老师的价值取向和价值相对主义的分界点在哪里？黄老师觉得区别在哪里？我们该坚持什么？

二

李秋零：我很认同黄裕生在书中所说的，古希腊哲学家们虽然没有自由意志的概念，没有真正讨论绝对意义上的自由，但用自己的哲学追求本原，体现了自由精神。的确是这样一回事，柏拉图的洞喻，不就是黄裕生常说的从 Vorhanden 退出吗？退出才有自由。马克思说人是社会关系的总和，黄裕生则说，要从所有关系中退出，回到本真的我，方可见人的自由。这其实是说，只有基于自由，才会展开各种关系。这一点是非常关键的。

聂敏里：我自己也更愿意像黄老师一样选择"第一哲学"这一名称，而避免"形而上学"这个名称。因为，形而上学的确与一种先验的、静态的、一元化的思维是有关系的，而"第一哲学"按其名称就知道它不一定指向一种先验的、静态的、一元化的思维方式，而是仅仅指向一种根本的、彻底的运思方式。黄老师的思想运行在这个层面上，他讨论政治哲学问题时也是返回最基本问题上，而这是很多讨论政治哲学问题的人的短板。

按照亚里士多德的形而上学概念，形而上学是对作为自身的存在的思考。形而上学就是对自身性的思考，而正是在自身性中一切事物存在的必然性由此得以奠定。因为，在其自身之中的存在也就是在其自身之为自身的规定性之中的存在，这也就是它的存在的必然性。因此，亚里士多德和柏拉图的哲学是关于必然性的哲学。但休谟对必然性的怀疑砍下的正是形而上学的"头颅"，它将必然性由此置于或然性或者可能性之中了。在此基础上，康德在《纯粹理性批判》和《实践理性批判》中针对自由所做工作的思想史意义就在于，它揭示了自身性在根本上就是自由，自身性不是单纯的被给予性、被规定性，而是自己给出自己，自己是自己存在的原因。

　　因此，在这个意义上，康德所做的形而上学工作的思想史意义和价值就在于，阐明了形而上学所探寻的自身性在根本上就是自由，就是自己设定自己的存在，由它而来的必然性也就是自由本身的法则。由此而论，柏拉图和亚里士多德所做的工作诚然还是在现象层面的，是对现象方面的必然性的揭示，而恰恰没有揭示作为自身的存在自己给予自己的特征。他们阐明了作为自身的存在的必然性，却没有揭示必然性本身就是自由。而自由，我们现在不必将它诉诸主观意义上的主体，而是可以诉诸任何作为自身的存在。完全的自然就是完的非道德，因为，"怎么样都可以"，而这又恰恰蕴含在亚里士多德所奠定的"只能如此不能别样"的形而上学教条之中。因为一个"只能如此不能别样"的完全的"自然"状态，就是一个完全非道德的状态。只是在主体这里，或者说，只是在主体立场上，这样或那样才不是无所谓的。在这里，主体自己为自己立法，这就是道德的基础。

　　而一旦我们能够从自由的层面来阐明作为自身的存在的自身性，那么，作为自身的存在最终将落实在实践上。因为，实践不是别的，就是作为自身而存在，这里的"存在"不再是名词，而是动词。从而，作为自身存在就意味着自己设定自己，自己为自己立法，而这就是实践理性的法则。它不仅具有主体内涵，而且具有社会内涵。实践理性就是人的公共行动域，就是人的社会存在。人在自身的社会存在中相互理解。就此而言，启蒙不是别的，就是意识到自己的作为自身的存在，并且达到实践的理解。当人的自然存在被自觉是自由存在时，这就是人的觉醒和启蒙。

　　每一个人都是一个主体，甚至每一物都是一个主体，即都应当被作为主体来尊重，都应当被作为自己设定自己的存在来看待，都应当按照符合主体存在法则的方式来理解。在此基础上才会产生依据主体法则的实践理性，它所创造的就是一个所有主体共同存在的公共领域。人实践地生活在公共领域之中。人扬弃自己的私人存在，而获得社会存在、社会意识。理性在根本上就是社会意识。出自实践理性的行为不可能允许自己的反面，否则它就不是实践理性的了。因此，它不允许不尊重自己，它也不允许不尊重他人。

吴增定：我们要注意在黄老师对自由的理解中康德维度和海德格尔维度之间的张力。黄老师看到更多的是两者的共同点，但康德、海德格尔的自由之间有很大张力，这也是裕生老师自身哲学中的张力。康德的自由是道德主体对有限性的超越、克服，是自由能克服现象界。海德格尔的自由则正视有限性，对他来说，向着死亡、时间性，才叫自由。用海德格尔解释康德，是把康德所说的自由给"生存论化"了。海德格尔说，康德看到了人的有限性，而且已经面对了人的有限性，只是他的思想勇气不够，被吓回去了。而海德格尔则认为他自己是沿着康德的思路，把自由的有限性彻底地揭示出来了。康德的自由是意志的自由，是肯定主体性的，是自我立法意义上的、启蒙意义上的自由。相反，海德格尔恰恰质疑这种自由。黄老师在这两者之间有点摇摆，有时候讲自我立法，讲主体性；有时候则是否定主体性，退回到一种绝对的"无"或可能性。这两者之间有一定的张力。

在康德和海德格尔中间还有谢林或者费希特。而海德格尔对康德的解释也受了谢林的一定影响。按谢林的解释，在康德那里，选择的意愿优先于人选择什么，有选择性优先于选择善。在可能性、选择性意义上的自由才是真的自由。海德格尔是接着谢林进一步阐发的。那么，在康德的自由和海德格尔的自由之间，哪个是本真的自由？黄老师更喜欢哪种？这还是有疑问的。

崔唯航：自由概念具有复杂性，黄老师特别重视讲自由，但自由被讲得太多了，每个角度都不一样。整个哲学的自由，都不一样，政治学的自由也不同。无论强调从哪个角度进入，都是很大的问题。康德的很多工作是在经验层面上辨析，但黄老师一直在哲学、形而上学层面辨析，这让人非常过瘾。但走向绝对者，有没有走向深渊的危险？希望黄老师能像亚里士多德区分第一实体一样，说明绝对者是逻辑链条的起点，还是在逻辑链条之外。黄老师在关键的问题上区分，在自由问题上也一样。

杨云飞：黄老师对爱有独到的理解。在黄老师看来，爱自己和爱他人，都是"让－自由"，是对自己和他人的解放，不应当以亲情牺牲普遍之爱，而要以普遍的自由之爱防范、限制和贯穿亲亲之情。对此，我有三个问题。其一，从更常见的情感，比如同情出发，可否达到最终的普遍之爱？其二，黄老师重点突出父子关系的功能性，如果我们考虑胡塞尔的意向性结构分析，这种特殊的亲子之爱和（非功能性的）"让－自由"之爱似乎都可以进行类似的意向结构分析，在这一点上二者是不是又存在着根本的相同之处？其三，黄老师主张爱从根本上涉及信任，在怀疑中没有爱，但一个直觉性的考虑是，真正的爱反而应当包含怀疑，排除了怀疑的爱还是爱吗？

韩骁：在我看来，《摆渡在有–无之间的哲学》结合了三种形态的自由概念。其一是前期海德格尔所描述的"向死而生"式的本真能在，即此在面对自己的死亡，能够承担自己的生存，从整体上筹划自身的生存可能性。其二是后期海德格尔所说的"自由"，即《论真理的本质》中那种立于敞开域之中的自由。这种自由是不以此在的意志为转移的，而是人们在生存之际就已经被抛入的、既敞开又遮蔽自身的历史性真理境域。其三则是黄老师极有洞见之处，他在一种康德式的道德哲学动机下提出了一种海德格尔式的解决方案——自由并不意味着仅仅根据形式化的绝对律令践行道德义务，还意味着让他人同样成为能够决断自己生存的自由主体，以及让他人同样能够进入自由之域中。这种从可能性出发来理解世界整体的思考方式，才是哲学能够释放出的真正本原意识。

这样一种从个体自由和自身生存可能性出发来领会世界意义的存在论模型，很容易让人想到海德格尔式的本真自我。尤其是《摆渡在有–无之间的哲学》描述的"无所关联"的自我，恰恰是死亡向人揭示出的孤独状态。实际上有不少研究者也指出，从主体的自由出发去筹划世界的意义，作为领会世界意义的唯一向度，会导致更为封闭和彻底的主体主义。黄老师似乎试图以"让他人自由"的方案来解决这个问题，并认为"让–自由"就是爱。但在萨特式的"注视"模型中，自我与他人可能永远摇摆在绝对主体和绝对客体的相互超越境地中，这时自我与他人显然并非一种"爱"的关系。那么"让–自由"如何能够彰显出"爱"的维度，这应该得到更深入的论证。

三

王齐：我自己的批评将围绕《摆渡在有–无之间的哲学》的"序"和"导论"展开，因为就目前而论，我与黄老师的哲学立场有所不同，所以批评是来自外部的。黄老师强调"科学本并不关切实际功用，不产生于功利诉求，不产生于社会需要""科学只关切对象本身，只关切真实的事物"。（序言）但这个关于科学的认识停留在以古希腊为代表的古典科学观之上，没有吸收"科学革命"以来科学自身的发展。古典科学观跟"第一哲学"是同位关系，具有很强的思辨色彩，它力求在超越经验的同时解释经验。但在17世纪"科学革命"中，天文学、物理学和解剖学的巨大发展，走的是经验科学、实验科学的路，经验的偶然性、随机性加入科学的探索之中，证明经验方法能够成为人类知识增进的有效方法。早期现代科学所走的这条与古典科学完全相反的道路，随着 19 世纪实验性的生理学和心理学的快速发展，又进一步向古典哲学提出了挑战，即哲学为科学奠基的努力变得可疑起来。科学渐渐成为由科学活动所界定的实践，从事科学研究的人并不在意其研究方法和成果是否在哲学上具有统一性。这种强调科学实践活动的倾向在 20 世纪愈加鲜明，科学被界定为社会制度，由共同体的实践所决定。

《摆渡在有－无之间的哲学》对科学的认识也没有反映出相对论和量子力学出现以来科学观的根本改变。在此书的第二十四页中有这样的话：科学的量化本性和可推算特征，使得人类的整个生活世界建立在各种精确关系上。现在的科学结论的确越来越依赖于概率、统计，但另一方面，现代科学也日益呈现出复杂性和不确定性，这一点又突破了计算的精确性。在同一页还有这样的话：科学也就成了人类理解生活、把握世界的唯一的可靠方式；人类由此从对科学的依赖转变为对科学的信仰——人类的整个生活都被托付给了科学，科学成了给出生存意义的唯一源泉。这个判断失之武断。在今天"技术科学"（Technoscience）的时代，技术对生活的渗透之强烈是每个人都有切身体会的。但与此同时，对技术所蕴含的强力的"Angst"（忧惧）也越来越强烈，由此甚至带来了科学与民主之间的紧张关系。

黄老师把"第一哲学"视为"第一科学"，但科学的观念却囿于古典科学观的范围，由此，他提出，"理论的态度"是一种"自由的态度"，"这首先意味着摆脱感性、功利与习见（包括经验、积习）去面对事物"。对此，我的疑问是：其一，人不是神，人所能找到的"最高原则"，都不可避免地是具有特殊性的普遍原则，而把人的视域下的特殊性当成普遍性，这是危险的；其二，即便我们找到了"最高原则"，如果它把一切经验性关系都排除掉了，它何用之有呢？

至于"功利"，如果这里指的是功利主义（Utilitarianism）的内涵，那么 Utilitarianism 的词根 utility（功效，实用）并无贬义，Utilitarianism 指追求最大化的功效或幸福的伦理主张，它是现代政治和经济规划当中的预定生活观。如果自由的态度只是意味着"摆脱感性、经验、功利"，那么，我担心这个自由有可能成为一个空集。

詹文杰：《摆渡在有－无之间的哲学》这本书的思想如药，既是"解药"，也可能是"毒药"，这得看针对的是什么"病"。针对极端的自然主义、物理主义而言，黄老师书中所呈现的超越主义立场以及对许多问题的讨论可能是一种"解药"。我们能够看到书中尽一切可能阐释人性中超越性和神圣性的一面。但是反过来说，对那些对经验主义、实证主义思想并不熟悉的人而言，直接阅读黄老师的书也许会被引入歧途，因为书中对于经验的贬斥可能会带来负面后果。我认为自己的立场和黄老师的立场有较大距离。黄老师虽然表明要"摆渡在有－无之间"，但主要站在"无"那边，也就是站在"本原""绝对者""超越者"那边，而不是站在"有"这边，也就是经验世界这边，他是"从无看有"，而我更愿意站在"有"这边，"从有看无"。因此我对经验主义有更大程度的同情，我认为维特根斯坦的话有它的道理，即凡是可说的都可以说得清楚，对于不可言说的，需要保持沉默，倘若我们总是试图突破思维和语言的边界，言说不可言说者，也许会导致很多问题。

但是《摆渡在有－无之间的哲学》这本书力图揭示整体性和本原（绝对者、神、天等）这个维度对于我们的思想和生存而言具有重要意义，这确实也是很深刻的，因为这个维度的缺失也会让人陷入支离破碎的状态，迷失在过度功利化的世界里，找不到本真的存在。黄老师在书里写道，第一哲学可以让人谦卑，也可以让人自豪。让人谦卑很好，谦卑可以发现自己跟无限的绝对者之间的差距，提醒自己注意自己仅仅是有限存在者。但是让人自豪可能有点危险，因为自豪可能会让人想象自己成为绝对自由者。自由者本来是一个理念和理想，一旦把自己直接当作自由者，让自己占据本来由神占据的位置，这可能是会有问题的。

我们可以思考希腊主义和希伯来主义之间的差异究竟意味着什么，并且，以"两希文明"为坐标系，黄老师究竟站在什么位置。黄老师似乎摇摆在希腊主义和希伯来主义之间，一时似乎更接近希腊主义，一时似乎又更接近希伯来主义；一时强调科学乃至纯粹科学（Wissenschaft），一时又强调信、望、爱。或许还不仅如此，黄老师还尝试把"两希文明"的成果与同样作为"本原文明"之一的华夏文明中关于"天""仁"等的思想进行融通。这件工作是非常有意义的。但我认为，中国文化的现状可能不仅仅是缺乏关于超越者的信仰，缺乏敬畏心和虔诚感，而且在尊重经验和逻辑方面也是很不够的。因而我们不能过分贬低经验和实证，反而要大力发扬它，要尊重实证科学，对怪力乱神保持警惕，从这个方面看，我们不能单方面强调"本原思维""象思维"或者神秘直观，也要（甚至更要）重视感知、经验和形式逻辑。哲学学者去观照或思辨"天""道""神"，去言说"本原""自由"和"绝对"，去做这样的形而上学或第一哲学的探索，这也许是分内的事。不过，这样的思考在今天很难被接受为一门严格意义上的 Wissenschaft 或科学了。尽管我们也可以说，这是科学相对于哲学而言的局限性。1923 年张君劢在清华大学发表"人生观"讲演，引发丁文江从科学主义出发的攻击，开启了"科玄论战"。一百年过去了，我们今天可能仍然面对相似的问题。

四

傅永军：黄老师对第一哲学问题的思考有着强烈的实践诉求，这表现在他为自由的源初性和绝对性所展开的系统形而上学的奠基上。应该说，他在形而上学意义上为自由进行的奠基非常充分，然而，黄老师有关自由的形而上之思却在不知不觉中消除了存在者来自历史和人性的差异性，成为一种抽象同一之物。就此而言，他有关自由的形而上之思在多大程度上能够应对文化、传统、人性差异造成的多样性，成为意志自由的个体能够自由并存的第一前提，就被打上了一个大大的问号。罗尔斯以"交叠共识"为正义秩序的稳定性提供规范性论证，之所以拒绝形而上学观念或整全学说介入，就是考虑到基本观念和第一原则的对立是不可调和的。自由的形而上学抽象同一与现实生活中对自由差异理解之间的张力，让黄老师主张的绝对自由难以找到落实下来的路径，因而也就难以回答杨云飞老师和李科政老师的问题，即自由如何在现实中落实。

自由不仅是形而上学的问题。在现实中，有自由意志的人如何自由地并存并在多元差异的文化语境中合作？这是一个有着强烈现实性要求的问题。第一哲学对自由的考量必须兼及为第二哲学（伦理学、法哲学等）提供实现自由的原则和方式，提供某种可以程序化和落实下来的东西。所以，对于第一哲学有关自由的研究来说，更有挑战性的可能是从多元返回一元，而不是一元到多元，如果不能找到突破多元差异达成共识的路径，张志伟老师所提出的通过视域融合探得第一哲学之源初原则的学术理想，就不能具体落实下来，视域融合过程就会中断。这在某种意义上提醒我们，第一哲学对源初原则的探求，不仅要从希腊智慧中领悟科学与逻辑的力量，还应当从耶路撒冷智慧中学会敬畏历史和认真对待人性的复杂性。

李文堂：黄裕生关注的核心问题是什么？同一性。黄裕生读硕士研究生时就很关心这个问题。相关讨论从柏拉图的"相"延续到谢林和费希特的争论。谢林和费希特都在做同一性研究，费希特的讨论从"A 是 A"开始。但逻辑的有效性要建立在第一哲学基础上，胡塞尔一样也是在讲，逻辑学要基于本体论。"A 是 A"不是第一哲学，而是第一哲学的结果，否则，世界就是逻辑演绎的结果，这是康德所反对的。费希特在耶拿后期，也放弃了从逻辑往上走，寻求最源初的还原路线，而是创世纪（genesis，从无限到有限，不是从有限到无限）。柏拉图那里也是这样，很多"相"不能成为理念，不能成为永恒的东西。在《第七封书简》中，最高的善理念涉及灵光一闪的神秘主义。直观能给逻辑奠定基础，概念的东西只能在此基础上去理解。从柏拉图到胡塞尔都想寻找基础的东西。黄裕生也在思考这个问题，他要用什么表达源初的东西？这个东西不是"是什么"。康德已经知道它的客观有效性不足，所以他要讲自我意识。黄裕生似乎想要用"是"本身来给"A = A"的同一性奠基。但他质疑"是"本身比"是什么"源初。在黄裕生看来，"是"不是最源初的，而是源初东西的"反射光"，是一种纯思的状态。黄裕生的纯思有可能还停留在这样一个阶段，即有人可能要批判他想要通过笛卡尔路线、胡塞尔路线，通过一个纯粹意识，来引出一个所谓 Ontology 的问题。海德格尔要用 Dasein，要回到世界当中，这不是思想状态。纯思虽然很纯粹，但可能还是反思。当你提出一个概念，比如提出"有"和"无"。"有"和"无"和"是什么"是一个问题吗？"是"是"有"还是"无"？还是说，"是"之外，引出"有"和"无"？我放弃单一通过"是"来说，"是"不是"入射光"，不是那个叫作"es gibt"的东西。比如，看牌子，直观在感官世界能分辨，就有所知，有意识状态，但不是"是什么"，还没有上升到反思的概念，但其实人清楚明白。胡塞尔其实就考虑到这个问题，考虑到我们科学的认识如何建基在更源初的 Sachlichkeit 上。黄裕生提出了问题，但感觉还在摇摆，他谈历史性、时间性，像海德格尔但又不同。我自己能理解黄裕生的问题意识，但源初的 arche 能否通过"是"来表达，能否通过"有"来表达，或者都不行？他这套概念的表述还是通过西方哲学的概念体系，但也有一些概念已经用海德格尔的语言或者体悟性的语言来表达。这是两个世界——感官直观性和同一性的结构，它们不是一码事，是两个层面的问题。

吴增定："一"是新柏拉图主义的概念。亚里士多德的概念是"存在"，是"是之为是"。柏拉图主义和亚里士多德主义在历史上的争论持续了很长时间。比如，马里翁和列维纳斯说，新柏拉图主义的"一"不是"being as being"，而是真正的超越和否定。我觉得黄老师的思想也是在两个传统之间，一些想解释亚里士多德的 ontology 传统，另一些想表达新柏拉图主义意义上的、空无意义上的本原。

田薇：黄裕生从概念思想到本原思想的哲学致思路径，显然是一种基于同一性的哲学思考路径，这与当代法国式的基于差异性的致思路径之间，是并存的关系、对立的关系，还是相容的关系？二者之间如何可以沟通与对话？此外，列维纳斯将伦理学作为第一哲学，施特劳斯将政治哲学作为第一哲学，等等，这些第一哲学与形而上学之间的关系该做何理解？黄老师的第一哲学又如何回应它们？

夏莹：我的立场与黄老师类似，我认为在中国，经验性的东西太多，思辨的东西太少，现代社会更多的是让我们匍匐在大地上，忘记了对星空的仰望，在此意义上，在这个时代提出和推崇第一哲学有显著的时代意义。但在这个时代，黄老师以自己的方式拯救第一哲学是否有可能？黄老师有关第一哲学的拯救方案与现代性的逻辑有着直接的一致性。比如，现代的资本在金融资本的加持下正在显现出黑格尔绝对精神的基本特质，总是一定要在对象世界找自己的确定性。同一性哲学很容易为资本做论证。世俗社会自身变成思辨神学，这是我对拯救传统形而上学的一种担忧。我认为，在黄老师的表述当中，第一哲学对于自由概念的奠基，使得第一哲学成为政治哲学的形而上学基础。比如柏拉图的《理想国》，它不仅是政治哲学，同时也是理念的诞生。柏拉图把他所谓的至善的秩序视为至真的真理，把苏格拉底的富有希腊特质的政治策略变为形而上学追求，这一诉求带有一定的危险性。我仍然希望去拯救第一哲学，但方式和黄老师略有不同。黄老师在这本书里亮出了自己形而上学的底牌，即自由的内涵是打开和守卫一种可能性，是走向指引性的概念，因此也是可能性的敞开。就此而言，我和黄老师没有根本的差异。只是对可能性的拯救，可以是黄老师这种德式视角的拯救，也可以是一种法式视角。德国人有形而上学的诉求，从黑格尔以后，德国人对形而上学的诉求就不仅是一个"一"，而是一个差异化的"一"，是时间导致了这种转变。从黑格尔开始，时间意识进入形而上学。德式操作是时间式的，法式操作则是空间式的，后者比前者好在哪里？后者塞进差异性，同时保障"一"。比如黄老师批评的自我和他者的伦理关系、关系性构造，法式的形而上学恰恰不否定这点。列维纳斯输入了"他者"，给法国哲学打下了楔子，让它再也同一不起来了。所以整个法国哲学是非同一性的、断裂的、剩余的。但是法国人仍然在玩形而上学，德勒兹就是典型，他以一种地理学的方式来重构形而上学，也就是一种空间概念，是一个差异化的不同的点。德勒兹的游牧哲学不是移动，而是不断成为自己，通过游荡和游离、划界，把多个要素如同根茎般、网络般结构化为一张大网，不断进行结域化和解域化，打碎固定概念的彻底规定性，解决形而上学的"多"和"一"问题。这不仅是纯思辨，实际上还是对付资本主义。资本主义正在不断解域化。德勒兹参透资本主义本质，找到真正颠覆它的可能性路径。可能性也是德勒兹对哲学的期待，在这点上与黄老师是一致的，但没有像黄老师那样把它归结到自由。自由也可能成为规定性概念，可能回到概念循环，不如采用这种空间性的构图。

李文堂：普遍性会不会导致极权主义？反倒是在黑格尔、马克思之后，人们怀疑人类普遍性，怀疑人性的本质，最后走向相对主义，现实世界变成多种利益的表达和权力的表达。就像马克思所说的，每个阶级都想对自己的利益进行普遍化的论证。西方从柏拉图以来，恰恰找到超越这个世界、帮助我们建构和反思这个世界的东西。当然它可能成为对生活世界的压迫，但没有它，生活世界只是自然世界。恰恰是普遍性才是开放的，就像概念是开放的一样。

五

王齐：在论及"真正的自己，真正的'人'"的时候，黄裕生在书中给出的描述是"……一个有天有地而顶天立地的中间者，一个超越了一切关系角色而与绝对源头共在的自在者，同时也是一个突破了一切因果性关系却可以开辟整个因果关系系列的自由者。"（第5页）"顶天立地"的"中间者"，是传统中国哲学给人的定位。黄裕生显然不满意传统中国哲学将人置于关系角色链条上的做法。为了解决这个问题，他提出了"绝对者"，以弥补传统中国哲学在这个问题上的欠缺。问题是，一个与"绝对源头共在的自在者"，"一个突破了一切因果性关系却可以开辟整个因果关系系列的自由者"，这还是"人"吗？这应该是"神"。

赵广明：我关注黄裕生在哲学和信仰之间的立场选择问题。我们学习西方哲学，首先要学会思辨地考虑问题。西方哲学对所有文化具有普适性，因为它非阴性非阳性也非中性，而是有其自性，谁都可以进入哲学，但哲学不是没有自己的立场，哲学代表了更为根本的生命立场，哲学本身就是立场，更为根本的立场。这种立场来自"思"，哲学之"思"。《摆渡在有－无之间的哲学》展现出很高的思辨能力，是国内思辨哲学创作的代表作。但值得忧虑的是，该书的路径能不能扣住哲学，到底是第一哲学问题研究，还是第一神学研究？黄裕生表现出在哲学与神学之间的摇摆，但叶秀山先生不会有这种摇摆，不会摇摆到宗教那里去，叶秀山先生始终坚持"哲学之思"本身。"思"本身至关重要。中国人研究西方哲学上百年，最大的成就就是逐渐扣住了"思"本身，逐渐搞懂了纯粹自由之思的无比重要性。唯纯粹之思，才是自由，才是哲学、人生、历史的真正开端和根基。纯粹自由之思的缺失，正是汉语文化传统的先天不足。哲学与宗教，都关注绝对，都关注上帝和信仰，但各自的路径根本不同。对于哲学来说，上帝不是外在的权威，而是因我们的自由而可能；在哲学之思中，不需要上帝降临来成就我们的德福相配，成就我们的至善，而是相反，唯我们通过自己的方式，谋求切实的路径来达致自由与自然的和谐为一，达致德福相配和至善，如此，上帝就会降临，或者说，如此，也就如同上帝降临。哲学的方式，意味着人自己自由地谋求自己生命的神圣性，这与宗教的方式根本不同。裕生师兄格外关注同一性问题，同一性当然是哲学之思和科学精神的基础性关切，但严格讲来，由同一性难以通达上帝。康德之后，宗教信仰问题主要应该横向地思考，而不是纵向地思考。纵向是人与上帝的关系，横向是人与他者的关系。横向的方式，即哲学的方式，并最终是伦理的方式，超越同一，超越差异，经由Séparation（分离）转向绝对的他者。列维纳斯的伦理学，可以视为对康德道德神学的进一步阐发，是哲学之思，不是宗教信仰。而哲学之思，正是哲学的信仰，自由与思的信仰，守住自由之思，也就是守住上帝。由此而来的，是对传统一神教宗教信仰方式的超越。

尚文华：在希腊哲学开端的地方，希腊哲人讲"思在一体"，这样才能从本原出发，并通过"思"往下走。这里有一个预设，存在是可认识的，是可以被理性把握的。故而黑格尔也说，一开始就有感觉确定性，有"纯存在"，但这能否一直保持为起点？其实也正是在这个问题上，我把信仰领会为绝对的起点。这种对信仰的领会不从属于任何既定的体系，而仅仅是思想和存在的起点而已。

聂敏里：我和赵老师有共同的担心。黄老师对超越者渴求太强烈，乃至于超越理性，这就会逾越人的限度。人能运用的，就是人的理性、人的经验，这是近代哲学与科学揭示的道路。康德不同于费希特、黑格尔，设置了物自体作为界限，这就是强调经验的重要性，强调理性在经验范围内活动的重要性。

崔唯航：我和广明老师有同感，担心信仰的维度在黄老师那里影响更大。我认为，哲学的根还是该在哲学。

吴增定：黄老师的确提出了理性的不自足性，导向某种意义的信仰，但比较接近信任，总要相信某个东西，理性总以相信某个东西的呈现为前提，但这不一定是一神论的信仰。

田薇：黄老师的学术研究给我的整体印象是：立身境域是海德格尔式的，总是从自由的存在论的视界出发；阐释路径是康德式的，总是追问何以可能；内心涌动着一种宗教性的终极精神取向，渴望回归源头即本源自身之域。从存在论之本源地始发（基点），经过理论阐释（中途）再回归本源之地（终点），思想走过了一个圆圈，而在整个过程中研究并吸收了丰富的哲学和神学资源。恰恰是哲学理性和信仰超越两者的统一,是黄老师的特色,这使他思想世界非常饱满,不仅有纯粹的思辨,还有源于生存经验的内在的宗教性冲动。黄老师的作品总是指向思的深处、存在的深处,而这正是第一哲学立身之处。可以说,第一哲学运思在天人之际、神人之界、有无之间,所以我想,第一哲学也是哲学与宗教相遇、理性和信仰交界之处。这其实也是我一向最感兴趣的致思方向,我是做宗教哲学的,对于宗教的把握我也是在第一哲学的层面上进行理解和阐释的。

我下面主要想从哲学和信仰的关系角度分享一下自己的阅读收获。第一,《摆渡在有－无之间的哲学》立足于存在论的根处,注目于天人之际的高处,对哲学、科学、宗教之间的关系给出了纯粹理论的、少有的、深刻而透彻的把握和阐释,由此彰显出哲学是什么。哲学把作为科学前提的东西即"自身同一物"作为"对象",进一步追问其何以可能的最后和最高的根据,对这个最高者和最后者的追索也是向着神性－永恒性的事物之域敞开。所以,第一哲学也是神学。

特别是,黄老师对这一有关最后者和最高者之追索和敞开的过程,通过从概念思想到本原思想的论述,进一步揭示了从概念到非概念、从自身同一物作为概念物到作为物自身的本原物的内在学理,这就是本原思想退出概念对事物的规定,让这个事物自身回到本来的－自在的"天位"。黄老师称这种"让事物自身回归天位"的本原思维方式为"让－存在"的方式。显然,这种"让－存在"的方式是一条自由的思想之路,一条存在论的思想之路,实际上也是一条具有神学之思的路径,在神学中关于上帝的一种本质性理解便是"让存在－使存在"之路。所以在书中我们看到,关于真理、自由和爱的理解,都是作为存在论的问题而给出的,并在这种理解中从未离开第三者或绝对者的置入,可谓是贯穿着神学洞见的最高解释、第一哲学的解释。在此,我有一个疑问,即如何从概念中退出,又通过什么方式从关系中的角色定位转向自由自在的天位?直观、情感、体验、信仰、见证是否就要出场?

第二,《摆渡在有－无之间的哲学》通过"自身同一物"这个概念及其何以可能的追问,向下打通了与科学的联系,向上打通了与宗教的联系。仅就与宗教的联系而言,在第一哲学的所思之域,也就是自身同一物之所以可能之域,便是与宗教相遇相对之际。当第一哲学追问"自身同一物"何以可能而向着最后者和最高者亦即本源敞开自身之时,便是向着终极者－超越者敞开自身之时,也是人对自身存在的有限性意识获得觉醒,并试图超越自我、走向本原归宿而安身立命之时,这也就是宗教和哲学并生共在之时。在此，哲学与宗教共同分享着终极之维和超越之维，可以视之为第一哲学的宗教性或神学性。

第三，《摆渡在有－无之间的哲学》特别具有创见的地方还在于对"是"与"是什么"的论述。通过分析"是"作为系词的判断功能（即是什么）何以可能，揭示出判断功能的基础或"纯思自身"和"物自身"的一体共属，并且把这种思物一体的解释放在了天人合一的本原行动或本原存在方式的层面，给出了深层的存在论意义。也就是说，正是思与物、人与天的合一这种存在方式和本原行动，即"是本身"构成了"是什么"的前提和根据。所以，自身首先"是着"（存在着），然后再是什么。首先是存在意义的，然后才是判断意义的。而这种存在意义还是时间性的，它作为存在方式或本原行动打通了过去和未来。对此，黄老师不仅借助西方哲学思想，还借助中国传统哲学的资源，对儒家的明德、道家的道、禅宗的空进行了卓越而精彩的解读。

唐文明：我和黄老师差别比较大，因为我对古代同情多，对现代批评多，而黄老师和我相反。黄老师的事业非常大，但我的整体印象是：没见过哪个人，以如此"疯狂"的程度，用上所有能用得上的东西，为自由辩护。黄老师曾经为叶老师的新书开会，定的名字是"启蒙与自由"，当时我就提出一个疑问，说要用两个词来对峙这个主题，就是"启示与自然"，这两个都是古典的主题。

在前面的讨论中，有信仰立场的学者感觉黄老师对宗教的讨论还不够，坚持哲学立场的学者又觉得他太过了，好像黄老师在一个中间地段，但黄老师是一个哲人，讨论宗教是为了为自由辩护。关于上帝，黄老师谈了很多，但他谈的上帝基本是哲学家的上帝。黄老师一直有信仰这个底色，是因为他很早就洞察到德国古典哲学和新教的密切关系。但他的整个论述洋溢着高昂的"革命乐观主义"精神，哪有什么启示的影子？讲启示一定是认识到人的缺陷、人的脆弱、人的恶性。王齐老师和詹文杰老师怀疑黄老师以人代天。其实在黄老师这里，启示是没有意义的。但和詹文杰老师不同，我认为超越也是经验，无论是佛教的证悟，还是儒家的体证，都是经验。而黄老师最重要的经验是对自由的体验，他要用一切来维护自由，这基本是站在哲人的立场。黄老师对自然做了比较多的批评，而我对现代性的两大批评就是关于现代性去超越性，去自然。我认为，自然是否认不了的。有些事情，黄老师认为是角色，我认为是本相，比如父子关系。我要回溯和理解本相，就意识到自己是人，是被创造的。"被创造"可能是儒家的讲法，不是基督教的讲法，就是儒家所说的被天地所生，也被父母所生，儒家结合这两点。对儒家来说，这点才是本相。前面李文堂老师提到，"A 是 A"是结果，不是开端，海德格尔也有类似的说法。我和黄老师对本相和角色理解不同，根本差异在自然上。

关于韩骁老师提到的爱和自由更细的勾连问题，我觉得黄老师有把爱化约为自由的倾向。但爱比自由根本，爱里可以有自由，自由里可以没有爱。爱为自由奠基，这可能才是比自由更根本的第一哲学。这个爱的来源是什么？可能就又回到一个本源的超越性的问题。与此相关的是"是"的问题。王力的解释说，"是"本来是副指代词，表示"这"，后来变为系词。这样的变化有时间的维度，但不是黄老师特别强调的海德格尔的"未来"，而是"过去"，过去是的现在又出现了。德语的"本质"就是"曾经所是"，也有过去的维度。没有未来，没有可能性。没有过去，就是无所着落，就是虚无主义。关于过去，想想自己是谁，是父母所造，天地所造，要通过回忆。过去的回忆，非常重要，这才是本相、本真。真正的本相不是"A = A"，而是和创造者的关系，是关系性的。"是"就是系词，就是联系，就是关系。通过对"是"的分析，可能发现，重视过去和重视关系的本相学说，或许比"A = A"根本。

六

黄裕生：关于主体与自由问题，近代哲学有两个层面的主体，一个是笛卡尔确立的作为"我思"的主体，也即认识意义上的主体；另一个层面的主体则是因康德的自由理论才真正确立起来的主体，这不是认识意义上的，而是作为自己能够开启一个因果序列的主体，也即作为自由意志的主体。海德格尔要消解第一层面意义上的主体，把传统主体性排除后，剩下的 Dasein 是拥有一切可能性于自身之中的自由存在者。如果我们陷身于在场性的"我思"这种"现在（场）的主体"之中，就会掩盖其他可能性。从这种在场性主体退身出来，回到置身于过去、现在和未来的所有可能性之中的整体自身，我们才回到一个"有最大可能性的空间"，在这个意义上，才最积极——不仅使自己有最大的行动空间，也确立起了与他人的最积极的关系，那就是让他人作为其自身存在。这个意义上，我认为海德格尔开启了一种伦理维度——我自由存在而让他人自由存在。我让他人作为自由存在就是真正源初意义上的伦理关系，在此基础上，才能进一步建立起其他相互性的伦理关系。

关于詹文杰老师提出的经验与科学的重要性问题，我并不认为经验不重要，科学不重要，逻辑不重要。可以说，离开了经验，离开了逻辑，哲学便不能成为哲学，因为哲学是科学，这是前提。但哲学不仅仅是科学，哲学要通向科学无法面对的区域，哲学不能否定经验，但它的确要跳出经验去为经验辩护。经验世界是有限的世界、可规定性的世界。跳出它才能面对它，才能实现转向。科学发现这个世界有一系列确定的关系。哲学要以回答为什么有这些关系的方式去面对科学，与科学衔接。但是，哲学在反思为什么会有这些关系时，还发现世界不仅仅有自然的因果律，还有超出经验世界的自由因。

关于普遍性原则是否会伤害多元主义原则的问题，我在《权利的形而上学》的一章中专门讨论了这个问题。经过一番讨论，我们会发现，多元性、差异性基于自由的存在才是可能的，也才是不可避免的。因此，自由构成所有多元与差异的基础。这意味着多元原则要有界限，即要承认和尊重人的自由，这构成了使多元与差异成为正当的一条普遍性的底线原则。基于自由才有真正的多元。

关于几位老师指出的我的第一哲学过于强调同一性，而忽略差异性的批评——我为自由辩护，就是在为差异性辩护。正因为我们是自由的，我们才会存在着差异。因为自由，人不仅仅是与他人有差异，而且自己也处于差异化之中。他人和自己为什么处在差异中？因为人不能用"A 是 A"这种规定性概念定住自己，我们对自己也永远不可能提出完备性学说，我们总是超出了我们任何的自我叙述而与自己处在差异性中。人都是通过回忆或自我叙述来理解自己，定位自己，在对过去的理解中获得我们自己的身份和自我认同。但我们发现，每次自我叙述都会给出新的自己，每次自我叙述都诞生一个新的自我。但是，如果我们处在必然性之中，而不是自由的存在，那么，我们甚至不可能有未来，因为一切都是已被决定了的，已完成了的，因此，不仅过去已结束了，已经关闭了，而且也没有未来，因为没有什么是不确定的，没有什么是尚未完成的。在这个意义上，如果我们只生活于必然性之中，那么意味着我们甚至没有时间，只有单纯的当前。因此，换个角度说，这意味着，自由才有时间性而让我们处在自我差异之中，并与他人同处于差异之中。所以，当我在强调与论证自由的前提性与同一性时，恰恰是在为差异与多元辩护，而不会导向同一性对差异性的专制。自由这种同一性不是一般意义的同一性，它是一种特殊的同一性——无法被自我同一性概念完全加以规定的同一性。否定或打破自由的形而上学维度，恰恰是导向极端专制的开端。这是非常有趣的现象。我们要辨析，在什么意义上打碎形而上学，我们需要什么样的形而上学。

关于几位老师提到的哲学与神学关系的问题，我认为，哲学不是宗教信仰，不应该为了某种宗教信仰而思考，也不应该成为某种宗教信仰的见证，哲学应该保持纯粹思想本身。几位老师的提示很对，这是哲学本身处境特别微妙的地方。哲学要有朝向绝对者的维度，并保有这一维度，在这个意义上，哲学是一种"神学"，或者说有"神学"维度，但哲学不能成为某一具体宗教信仰的神学。哲学可能会助推人们走向某种宗教信仰，但是，哲学本身不能成为某种宗教信仰的神学。

关于王齐老师提到的我对科学的理解没有考虑近代科学走向实验科学的变化，也没有考虑相对论与量子力学对经典科学的突破所呈现的不确定性问题，我认为，希腊哲学确立的科学与近现代科学当然有显著的区别，这也是人们通常会关注的方面。在科学史研究领域里，这已是一个常识。而我关注的不是它们之间的差别，我恰恰是要显示它们之间的同一性，显示它们都是"科学"这种思维方式。无论是希腊时代的科学，还是近现代的科学，它们在这一点上都是一样的，都是一种概念－理论思维，那就是它们都建立在具有自我同一性的概念基础上，也就是规定性概念基础上。离开以"A 是 A"这种构造方式确立起来的概念，无论是古代科学还是现代科学，都将不复存在。尽管近代科学以实验为基础，以实验事实为科学研究的依据，而大大弱化了单纯的理论假设、概念推论的思辨色彩，但是，这并不意味着近现代科学不再有任何理论假设，更不意味着它不再依赖于规定性概念。实际上，在这一点上，现代科学也仍是"纯粹的"，那就是，只有规定概念中的事物才是真实可靠的事物。哲学系学生都知道，狭义相对论打破了牛顿的绝对时空观，时空不再是独立于参照系与测量者的一种绝对值。但是，这也并不意味着时空是不可测的。其实，在今天，审视希腊时代的科学与现代科学之间的共同本质反而是一件更困难的工作。

最后感谢与会学者对我这部作品的认真对待，我认为，对于哲学来说，所有批评都是珍贵的礼物。

检视恩格斯的发展观：一个形而上学考察

——《无限的荒谬：恩格斯发展观研究》对谈录

荣伟杰[*]/编

【编者按】2020年11月26日，中山大学实践哲学研究中心举办了第五十四期"逸仙实践哲学研习会"，会上由荣伟杰（时为中山大学哲学系博士生）围绕他出版的专著《无限的荒谬：恩格斯发展观研究》（独立作家出版社，2020）做了主题报告"检视恩格斯的发展观：一个形而上学考察"。随后，徐长福教授、马天俊教授、龙霞副教授和潘易植（时为中山大学哲学系硕士研究生）以及现场的听众进行了评论与讨论。本文是这次研讨会的纪要。鉴于荣伟杰的学术观点在其专著中已有详细论述，本文对这一部分只做摘要介绍，本文其余部分皆为录音逐字稿。

一、主讲人报告摘要

荣伟杰：我要首先感谢徐长福老师的支持和实践哲学研究中心的筹备，没有他们的帮助，就没有今晚的这个研讨会。我今天的报告分为三个部分：其一是"历史沿革"，其二是"主要内容"，其三是"延伸拓展"。

首先，我在讲第一部分内容的同时，也想就着这些话题，对今天的两位评论人及马老师表示感谢。今天的这个会，对我而言，特别有纪念意义。因为在四年之前，我和潘易植曾经做过一模一样的事情。那时在珠海校区，在由学生会举办的会议上，我讲了一模一样的内容。当时的学生活动还相当自由。事实上，潘易植是我的"组娃"——从大学入学时起，就是我来带他熟悉大学生活，以及相应的学习和科研活动。但是，我想在哲学上，他永远是我学习的榜样。今天我讲的内容，就是四年之前我和他申报的一项国家级科研项目的一篇论文成果。当时，我们也是编出一本二十多万字的论文集，

---

[*] 荣伟杰，吉林大学哲学社会学院讲师。

其中有若干专题。我今天讲的主要内容就是其中"隐喻修辞学专题研究"的第一篇文章。而该专题的另外两篇文章的内容，我今天也想讲一讲——虽然它们在当年结项之后，就再也没有讲过——我把它们留到之后的"延伸拓展"里面。我想，它们能代表我真正在乎的思想，也就是关于修辞学的内容——这是后话。回到之前的话题，今天我讲的主要内容一开始是项目的成果，后来变成了我的本科毕业论文，最后出版为一部专著，就是《无限的荒谬：恩格斯发展观研究》。马天俊老师是我本科毕业论文的指导老师，也是对我影响特别大的一个人。四年之前，我在大学里的第一门专业课（哲学导论），就是马老师教的——那是他在中大第一次教哲学导论，而我碰巧在那时与他相遇，因此我觉得非常幸运。在那个时候，我就和马老师说，我以后要做他的学生——这个理想现在看来还是实现了的。今天也邀请到龙霞老师来做评论人，龙老师参加了我的本科毕业论文答辩，她同时也是我本科第一门"马哲"专业课的任课老师之一。在后面的学习过程中，每当我要重新回顾马克思的思想之时，我都会时常想起当年龙老师在课上讲的内容。这是我所谓历史沿革的部分，实际上是交代了这一研究的背景，同时也表达了我的感谢。

其次，关于第二部分内容，我想首先做一个"解题"的工作。今天研讨会的副标题是"一个形而上学考察"。我所谓的"形而上学考察"，意谓这是一项"哲学"或"纯粹理论"的研究。也就是说，我的工作只是在哲学或纯粹理论的意义上，检视恩格斯的发展观，看一下它在逻辑论证上是否合理、在理论论说上是否自洽，仅此而已——而全然不管这个学说背后有怎样的社会历史背景、怎样的个人情怀或动机，以及最后造成怎样的历史结果与实践命运，等等。这是一种"自我划界"或"自知之明"。我并不是说其他研究都是没有意义的，因为意义并非只有一种；只不过我并不提供历史和实践的意义，只提供一点理论或学理的意义。

在"解题"之后，我就开始正式地谈我的研究。我的研究建立在两个事实的基础之上。第一个事实是，存在两种无限概念：一种是潜无限，一种是实无限。前者是没有边界的无限延展，是无限多的个体组成的同质性的、永不完成的序列；后者是有边界的、完成的、统观的、异质性的（因为有边界和终点）整体。这两种无限概念是不同的、互不融贯的。我认为，《纯粹理性批判》中第一个二律背反的正题，非常适合拿来简便而集中地说明两种无限概念。除此之外，我还考察了亚里士多德、库萨的尼古拉、笛卡尔、斯宾诺莎和莱布尼茨的观点。从他们的学说中，我们能十分清晰地总结出两种无限的诸多性质。这些总结性质的工作不是白费的，当我们深入分析恩格斯的文本之时，会发现之前总结出的每一条性质都有相应的文本与其对应——大家可以从我的书中发现这一点。特别地，基于斯宾诺莎和莱布尼茨，我还总结到：一些通常用来描述无限的词语，例如"永恒"，可以进行"挪移"和"杂拌"的使用——前者意谓该词的含义可以从一种无限滑动到另一种无限，后者则意谓该词的含义可以同时包含两种不同的无限。第二个事实是，两种无限概念都是恩格斯的发展论的必要条件。缺少其一，恩格斯所谓的"发展"就无法成立——这是就恩格斯对"发展"的定义（发展既要没有终结，又要前进和上升）而言的。而就恩格斯的论述来看，也是如此——我们有两种方法来展示恩格斯对两种无限的混用：一种是分别指出哪里是潜无限，哪里是实无限；另一种就是指出其中存在上面说到的"挪移"和"杂拌"。我的书中有许多文本例子可以证明上述观点。

继而，基于这两个事实，接下来的问题便是：这何以可能？也即，两种互不融贯的无限概念，如何能在恩格斯的发展论述中同时并存？我们知道，这是一个"毛病"或一个需要解释的"问题"，恩格斯同样知道。因为，他曾就这一个问题批判过黑格尔。例如，在《路德维希·费尔巴哈和德国古典哲学的终结》中，恩格斯批判了黑格尔将两种无限混用。恩格斯说，黑格尔一方面主张了发展是不能有终结的，一切只是过程——这是潜无限；另一方面，黑格尔却同时又把自己的体系宣布为终结，宣布为绝对真理本身——这是实无限。故而，接下来的问题便是，既然恩格斯对此有明确的认识，那么，在他自己的发展论述中，他对这一问题给出了何种方案？事实上，恩格斯给出的方案就是黑格尔的"量变引起质变"原理——恩格斯希望借此能从潜无限中引出属于未来的实无限。恩格斯只是援引黑格尔的形而上学资源，而并未对此给出一套原创性的、独立的形而上学论证。这就带来了一个新的并且非常奇怪的问题——既然恩格斯批评黑格尔没有处理好这一问题，那为什么他自己的解决方案是从黑格尔那里学来的呢？因此，事情还需要更进一步的考察——要考察在黑格尔本人的论述中，两种无限之间的关系究竟如何。考察的结果是，黑格尔的辩证法与恩格斯的发展观之间有偌大的差异。

其一，在恩格斯的观点中，潜无限和实无限都是积极的、受到支持的。而在黑格尔的体系里，只有实无限是积极的，潜无限则是消极的和受到批判的。其二，恩格斯观点中的实无限被设定在"未来"，它是一个有待于实现的目标和愿景。黑格尔体系里的实无限则被放在"过去"，是已完成的、固有的和逻辑上在先的规定性。其三，在恩格斯的观点里，从潜无限跨越到实无限的方法是通过"量的无限积累"和"渐进"（坏的无限）。在黑格尔的体系里,实无限不是从潜无限那里来的,而是通过"比例"使事物本身的"规定"得以展现。其四,在恩格斯的观点中,"量变引起质变"被理解为直线模式,通过潜无限来产生实无限。而在黑格尔的体系中,"量变引起质变"被理解为圆圈模式,是实无限回复自身、完成自身和实现自身的过程。

因此,最后的结论是:其一,两种无限的矛盾在黑格尔那里并不存在,恩格斯误解了黑格尔;其二,黑格尔的"量变引起质变"原理无法直接挪到恩格斯的体系中发挥作用,因为二者的体系有偌大的差异;其三,恩格斯的发展观仍然面临两种无限的矛盾,并且他的方案是无效的,因此这一矛盾最终并未解决,也就是说他的发展观瓦解了。

最后,我还想简单交代一下"延伸拓展"部分的内容。我当初在那一个专题的第二篇论文中,分析了"世界是永恒发展的"这一命题在修辞的意义上是如何构建起来的——比如,首先要有实体隐喻,其次要有结构隐喻,最后要有方位隐喻,等等。在第三篇论文中,我分析了这一命题在生存论上的意义。这一点很像康德所谓的调节性原理或生存公设——人的生存需要进步的可能性,虽然这一命题没有形而上学上完备的可靠性,但是它确是生存的必需品。我的康德课程是钱捷老师教的,他非常强调康德哲学的奠基性——他把"transcendental"一词翻译为"超绝的",也是在表达这个意思。借用一下这个术语,修辞使得发展命题成为可能,因此,修辞相对于这一命题来说,是超绝的;发展命题又使得生存得以可能,故而,它相对于生存来说,也是超绝的。在这理论和实践的两种超绝之中,修辞都是归根到底的因素。我想,哲学应当重视这一点。虽然恩格斯的发展观不是哲学,但是哲学也有类似的命运。事实上,在我看来,修辞应当在哲学中上升到本体论的高度,或者说,应当有一门超绝修辞学。超绝修辞学也就是修辞学本体论。当哲学把修辞这一既往视而不见的东西纳入或内化到自身之中的时候,哲学本身的自我意识无疑也会变得更加完备,哲学的真理概念也就大大拓展了,而这在哲学内部必定表现为本体论的革新。这是我一直以来的看法。成体系地言说这一看法也是我未来想要完成的目标。

二、评论人评论、提问与讨论

龙霞:非常荣幸,也很感谢徐老师和伟杰的邀请,我也想借这个场合先说一句话:我是第一个有幸在徐老师组织的讲座上报告的刚毕业的学生,徐老师给我的这个机会带给我很大信心,支撑着我今后能坚定地走学术道路,所以非常感谢徐老师。今晚伟杰的报告非常精彩。在我看来,伟杰是我们哲学系少有的天才型学生，或者说哲学研究者中的一个少有的天才型研究者。这些年来，我个人不断见证着他的成长，也非常期待未来他在自己心仪的领域能获得更大的收获和成就。关于伟杰的这部宏文，还有今晚的这场报告，我有一个基本的看法——我很赞同徐老师的学术判断，但我个人可能会有更高的评价。在我看来，这部已经出版的著作，在"马哲"学术史上，未来一定会留下不可忽略、不可磨灭的一个印记，尤其是在恩格斯研究史或整个文献史上，一定是不可忽略的一部文献。我之所以这样说，一方面，是因为这个研究可以说在我们"马哲"的研究领域中，能够对"马哲"自身的学理内容，无论是恩格斯也好，马克思也好，做出如此彻底的形而上学层面的反思和检讨本身就是少有的。如此之强的力度、如此之深厚的基础和如此宽阔的视野——在这方面徐老师的研究应当是一个标杆，后人很难逾越，那么，我现在在伟杰这里才知道后生可畏。另一方面，在我看来，未来的"马哲"研究，如果说有希望，一定离不开西方哲学的视野和西方哲学的根基的推动。在我们"马哲"研究的领域，伟杰这样的学者实际上相当少，而如果我们能有越来越多这样的研究者，对"马哲"学科的研究而言，绝对是一件幸事。那么我觉得如果抛开刚才仅仅从外部性的角度做出的观察，伟杰的这部著作，好话是可以说很多的：有宏大、整全的视野，又不乏精细、细致的分析。我自己是很真诚地觉得书中有许多令人兴奋的地方。这是我的一个基本判断。

接下来我想向伟杰提出一些问题。首先是关于无限概念的讨论，整个论述的成立，都是依赖和奠基于潜无限和实无限这组概念的分立设定之上的。那么有关这组概念，在书稿的上篇，我觉得比较有原创性意味的地方，可能在于，似乎从这组概念出发，我们就能重构、重组哲学史，我们就可以对旧有的东西做一些重组。当然，这个工作也是颇为不易的。某种意义上，我甚至读到了倪梁康老师的《自识与反思》中从自识概念来重写哲学史的这样一种意味。我想问的第一个问题就是，潜无限和实无限这组概念，它所表达的似乎是在哲学史上并不新颖、久已有之的思想，无论是亚里士多德、笛卡尔还是斯宾诺莎，你所讨论的内容实际上是我们惯常熟悉的，但是你使用这组概念，对于这一概念框架的变更，你个人认为它的不可替代性在哪里？

第二个问题是，同样是从不可替代性的角度，对于恩格斯发展观的检讨，我们实际上仍然可以使用哲学史上久已有之、似乎并不新颖的基本框架来加以检讨，比如说你也提到的康德的调节性和建构性概念，那么同样，你使用这一组概念来检讨恩格斯的发展观，它的意义、必要性和不可替代性又在哪里呢？

第三个问题是，你对于潜无限和实无限的概念分析中突出强调的一点是完成与非完成。那么你对这一组概念的一个收获，实际上恰恰就是你刚才在讨论马克思的时候，所说的"实际上是抽象的产物"，它是依赖于理性形而上学的一个合法性前提。理性形而上学作为它的一个前提，那么潜无限概念，就仅仅只是你对对象进行概念反思之后，所剥离的最后的一个剩余物而已。实无限更是一个概念构造的结果。那么我想问的是，如果说潜无限表达的是一种非完成的意蕴，那么这个意蕴是否恰恰是前概念、前理性、前反思的一个领域呢？如果是这样，也就是说，概念的领域，它自身必然会走向一个完成的、一个目的形态的、一个封闭的（它很难摆脱封闭性）地步，那么如此一来，潜无限所指示的是否只是这样一个前概念的领域？而你对这组概念的分析，尤其是想要强调的潜无限所指示的那种非完成性，指向的要表达开放的可能性——这一点我们更可以用马克思的这个动态的、生活领域式的实践概念来表达。这可能是一种偏见，但是我也更希望听到你的看法。或者说，我们用海德格尔式的区分存在与存在者来表达。那么在这个意义上，无论是海德格尔还是马克思，也许都会反对你关于潜无限和实无限之间的区分。是否会出现这样的结果？

第四个问题是，对于书中所提的黑格尔的真无限和假无限概念，你用潜无限和实无限的概念进行了比照。在黑格尔那里，他对于真无限和假无限的讨论，实际上是断然脱离不开自我意识的架构的。关于真无限和假无限当中的 A 与 B 的关系，是在自我与对象的异化关系和异化的复归这样的语境中展开的。你似乎并没有立足于这个语境的框架，这样对你的讨论而言，是否会造成对黑格尔的把握或理解丢失掉很核心的东西？是否会使得你的论证根基不稳？

最后，我还想问的一个问题是，在我看来，你的著作实际上在某种意义上为恩格斯做了辩护，这个辩护落脚在理论旨趣和实践旨趣之间的不同。在我看来，这与徐老师的旨趣也有异曲同工之处。那么我的问题在于，如果说恩格斯已经有意识地反对构造体系的做法，那么他认为已经不再需要哲学，所以也就不再需要任何体系。你提到这一点要从实践旨趣出发来加以辩护和理解。那么在我看来，如果这个是在《关于费尔巴哈的提纲》那里得到辩护，回到《关于费尔巴哈的提纲》来看，会不会对于恩格斯而言，仅仅只是不再需要黑格尔式的观念论体系，但是却需要作为体系的唯物主义？并且，我们说行动需要观念来指引，那么无论对于马克思来说，还是对于恩格斯来说，改造世界的行动如果没有一种合适的观念指引，尤其是他们所钟情的作为体系的唯物主义观念的指引，那么实践还何以可能？

荣伟杰：非常感谢龙老师对我的鼓励，以及所提的非常有价值的问题。下面我做一个简单的回应。首先，龙老师提到，我们可以从两种无限的框架出发去重构哲学史。这一点我是赞同的，我认为没有什么不可以。事实上，我们可以从许多概念出发，去讲一下在哲学史上每个人就这个概念而言有什么样的理解。无限是其中一个，还可以换成其他的概念，比如"实体"这个词——在哲学史上是怎样演变的等。然后，龙老师问我为什么一定要从无限出发来阐述恩格斯这套理念中关于发展观的想法，以及无限这一概念有什么不可替代性或者意义……

龙霞：不是，主要是潜无限和实无限的分别，不是说无限本身。

荣伟杰：潜无限和实无限的分别和无限本身有什么分别？

龙霞：不是，我的重点是将这组分立的概念作为一个完备的架构去讨论恩格斯而已，不是说从无限的话题去讨论它，而是说你这套定型的概念。

荣伟杰：您的意思是说这两种无限的分野只是从无限切入的一种可能的方式？

龙霞：对。

荣伟杰：比如说，我们同样从无限的角度切入，也可能也有其他的方式？

龙霞：当然。

荣伟杰：我实际上倾向于和我之前讲的无限角度用同一个回应来答复。因为我在书中多次提到过这样一点，就是我的这套东西对于其他体系而言并没有排斥性，不论是从别的概念出发，还是同样从无限出发但不从潜无限和实无限的区别出发，都是如此。我并不是说每个人都必须按照我的方式来切入这个话题。因为，学术研究是完全自由的，采取什么方式是完全任意的，只要这个方式是可行的。就是说……

龙霞：它的特殊价值在哪里呢？

荣伟杰：我觉得至少在出发点上我不倾向于去预设它的特殊价值，只有在结果方面，才有可能显示出它的特殊价值。这个价值在于，从这一点出发，能够把这件事情论证出来。这是倒着来看，它的价值所在——也许并不特殊。也就是说，它没有很强的排斥性，不是说从别的点出发就一定论证不出来。事实上，书中的跋就是从目的论的角度来谈这件事情的。另外，说"无"是很难的，说"有"是容易的。如果说从无限的方面去讲，但不用潜无限和实无限这种区分，而要用另外的方式，那么要怎么讲，我还没有想法，但我既不能也不必去否定这种可能性。在我目前力所能及的范围内，我只知道这样一种区分方式，而这种区分方式能够有效地把关于发展的矛盾揭示出来。在这方面，我的研究是特殊的。意思是说，可以有这样一种方式，并且这种方式也成功地揭示出了这一问题，这表明这一出发点是可行的，而非应当避免的，仅此足矣。

龙霞：那必要性呢？

荣伟杰：如果定要追求必要性，就像我前面所讲，也许最多只能从结果上来判断，就是它把这件事情做成了，这算它的功绩。但是如果特别想要知道我当时是怎样用了这样一种方式，那么它实际上可以与很多与哲学没有关系的事情发生联系，我把它叫作机缘或者境遇。这是缘由，而不能当作学理上的理由。比如，我当时身在何处、上了什么课、读了哪些书，等等。在这个意义上，并非由于某种命中注定的理由，非让我从此出发不可。也就是说，从"我实际上是从这里出发"这个事实来看，其中并不蕴含着"要讲这件事情，就必然由此出发"。其实，这一问题我从高中阶段就有思考，但是假如，高考后我没有来到中山大学，没有听过钱捷老师讲康德，或者没有上过马老师的课，我想我对这一问题的处理方式就可能有所不同，虽然我应该早晚都会处理这个问题。在此意义上，学术研究有时就像画一幅画一样，作画的方式和风格也许和个人的经历和性情相关，在画的过程中，当然也有可能出现突发的灵感。但是最后，只要这幅"画"画成了，其中没有论证的错误，没有概念的混淆，没有文本的误解，说理和论证都比较可靠而规范，对理论前提和自身定位也都有着相当的自觉，那么它就足够了、够格了。因此，这件事情就做成了，而无须在此基础上配备那种"非此不可"的必要性。这也同时回答了第二个问题。

关于第三个问题，龙老师谈到潜无限属于前概念和前反思的领域，以及与此有关的马克思和海德格尔的理解。根据我所理解的恩格斯的一些主张，我更倾向于把它叫作后概念。因为，如果恩格斯是在扬弃哲学的前提下拥抱实践，那么他就是把概念给扬弃掉，而非不懂概念。在这方面，恩格斯不像一个很无知而弱智的人——他不是不知道这些概念，从而停留在前反思的阶段。也就是说，恩格斯不像是不懂哲学，以至于犯了很多错误而不自知。相反，他知道这些概念，并且知道他的目标与追求与这些概念的领域是有分别的。他自觉地不在这些概念的领域之内去追求他的目标。因此，我把他所主张的那一领域叫作后概念领域。另一方面，正如我报告时提到的，恩格斯不追求这一领域内的事情，但是我追求这一领域内的事情。所以，我把潜无限这一本来不该属于概念的东西，也和实无限一道，规定为概念。其实，这也涉及我们在哲学上怎样看待形而上学。我前面所讲的形而上学，是在比较狭义的层面来运用这个词。在这一层面，我所讲的形而上学的最高标志，就是黑格尔的那种形式。但是我们知道，在黑格尔之后也有许多人提出了自己的理论，也叫形而上学，但实际上已经构成了对以黑格尔为代表的那种形而上学的反思或者超越，就比如龙老师刚才提到的海德格尔的生存论的形而上学。这与之前那种概念的分析，在比较刻板的形式下去考察相比，已经有了许多区别。我之前所谓的形而上学考察，就是专指前面所说的那种比较狭义的形而上学考察。故而，当我说恩格斯扬弃了哲学的时候，也是在这个意义上扬弃了哲学；同样，当我说我是在做哲学考察的时候，也是在这个意义上做了哲学考察。

而这也与龙老师后面提到的关于扬弃哲学的那个问题有关，这涉及我们应该如何去理解恩格斯在文本当中——马克思其实也有——所提到的对哲学的扬弃。简单来说，对这一问题有两种可能的理解。一种是，马克思和恩格斯还要"哲学"这个词，只是改变了它的含义。比如，从（单纯）"解释世界"，改成（包含）"改变世界"——不要解释世界的哲学，而要改变世界的哲学；或者不要单纯解释世界的哲学，而要既解释又改变世界的哲学。另一种是，马克思和恩格斯彻底不要"哲学"这个词，也就是说，认定哲学只能解释世界，而如果想要改变世界，就用不了哲学。过往，绝大多数人都比较赞同前一种理解。甚至，我发现一个奇怪的现象。那就是在我目前所见的"马哲"研究文献中，经常有学者在引用或提到《关于费尔巴哈的提纲》第十一条之时，往往将这最后一条写作"以往的哲学家们只是用不同的方式解释世界，问题在于改变世界"。其实，根本没有"以往的"这三个字——不论是在《马克思恩格斯全集》第一版还是第二版，都是如此。而没有"以往的"这三个字的版本，就是"哲学家们只是用不同的方式解释世界，而（或者没有'而'）问题在于改变世界"，实际上可以兼容上述两种解释，因为自然语言有时的确非常灵活。但是，更进一步的问题在于，马克思和恩格斯的全部文本又显然不止这一句话。所以，综合考量全部文本，这两种解释是否可以永远兼容，还是我们必须选择其中一种，对目前的我来说，仍是一个有待回答的问题。我目前比较偏向第二种理解，但是还不能下一个定论，因为还需要用更多的文本去支撑，我已经陆陆续续做这一文本的考察工作，但现在还未完成。我也有另外一个阶段性的认识，那就是这一问题之中有时存在一些语词之争。这时，"哲学"这个词在马克思和恩格斯的文本中究竟意味着什么，可能会变成一个完全"形而上学"的问题。总的来说，如果把哲学理解成经典意义上的形而上学，那么马克思和恩格斯无疑是不要这种哲学的，这是一个共识。但是，马克思和恩格斯要的究竟是什么，我们是否还应当把他们追求之物也叫"哲学"，有时可能变为一个语词之争,涉及我们怎样去理解"哲学"这个概念。总的来说,事情应该比较清楚,但叫法可能多有不同。

龙老师还提到,我在书中关于黑格尔真无限和假无限概念的区分,没有在"A"和"非A"的方面去探讨。两年前答辩的时候,您问过我关于费希特的事情。我想,这个问题也许与当年关于费希特的问题有内在的关联,我知道您在费希特方面素来有所强调。我的看法是,黑格尔在此是作为资源而被我使用的,在这个意义上,我的目标是论证关于恩格斯的结论,不是完善地表述黑格尔的思想。在最低的层面上,我对黑格尔的倾注,不能以牺牲恩格斯的部分为代价。在这个意义上,我已经把最后的结论论证出来了,那么关于思想史的准备在最低限度上就已经足够了。意思是说,不论日后怎样补充,这一基本结论不会改变。当然,这并不妨碍日后的不断完善,包括在黑格尔辩证法思想上更进一步完善,但是,我想这种完善不是构成性的,因为它的存在不会对结论产生什么影响,而是锦上添花的。故而,根基不稳的问题从根本上要看根基为何,如果根基是恩格斯,黑格尔只是枝干,那么我想这一根基无疑是稳当的。

潘易植:谢谢徐老师和荣伟杰的邀请。荣伟杰在报告中谈到了恩格斯所使用的两种意义上的无限概念,他将其称为潜无限与实无限。这一对概念涉及两方面的问题:一是无限是否能被统观,二是无限是否有价值维度。我们可以概括地将前者称为"机械论的无限",后者称为"目的论的无限"。荣伟杰的报告主要是以康德为参考点来考察恩格斯对两种无限观念的运用,这颇有点"跨越性批判"的意味。我们不妨"跨"得再大一些:关于这两种不同的无限观念在哲学史上的呈现,除了荣伟杰在书中所讨论的之外,我们还可以做进一步的扩展。

首先是中世纪末期经院哲学对无限的讨论。在阿奎那那里,有限与无限之间存在着一定的比例关系,有限的人类与无限的上帝共同位于完满性的阶梯之上;而在司各脱那里,有限与无限的差异是绝对的。国内研究者雷思温老师在《敉平与破裂:邓·司各脱论形而上学与上帝超越性》中对此这样概括:"随着晚期中世纪哲学对上帝超越性的提升,曾与人有所亲近的上帝逐渐藏匿起人得以拾级而上的阶梯,面容日益高远模糊,乃至隐遁于人类理智之上,作为受造物与上帝终结的形而上学相似性与比例性逐渐削弱。"潜无限观念,从思想史的背景来看,正是晚期中世纪"上帝的隐匿"所带来的后果之一——那个以自身为目的的神圣无限者彻底超出了人类所能把握的范围,而根据司各脱单义性的理论,上帝之下的世界无非是一个敉平的同质化世界,没有哪者更为优越。另外,根据冯肯斯坦的说法,唯名论者对单义性的追求，以及文艺复兴时期哲学家如库萨的尼古拉等人对同质性的追求，共同促成了 17 世纪的近代图景，而近代自然科学也得以诞生。

在这个意义上，我们可以说，近代世界的标志之一就是潜无限代替了实无限而成为人们理解无限概念的主要方式。尽管如此，目的论始终是人类无法割舍的理论形式，近代之初如此剧烈的思想革命注定会在今后的数个世纪中迎来返潮。在一个纯粹以潜无限方式展开的世界中，人类似乎难以确认人存在的尊严，人在宇宙中的地位成为近代以来一再出现的哲学人类学命题。

其次是近代以来对于历史知识问题的讨论。由于自然以潜无限的样式展开，在其中人们找不到实无限的价值维度。在近代之后，倘若还有谈论实无限的机会，那么这一讨论往往是关于人类的历史性的。面对自然科学的兴起，维柯提出了对历史的认识问题："这个民政世界既然是由人类创造的，人类就应该希望能认识它。"与自然世界不同，历史世界是"我们"的世界，我们所研究的并非与自身相对立的自然对象，而正是我们自身的历史性存在。按照维柯的说法，相比于自然，历史知识不仅是更加可能的，同时也是更加正当的。因此，倘若我们无法对自然进行统观，我们也能对历史进行统观；倘若自然中没有价值，我们也能从历史中发现价值。为此，我们总受到"普遍历史"的诱惑，期待在历史中发现普遍真理的实现，或者发现它终将实现的某种征兆。以一种外部视角来看，马克思主义的历史叙事也是如此，它倾向于将历史看作一种整体，并且它将不断趋近某种最终的善。

上述两个背景提示我们，对于潜无限与实无限的关系问题，我们可以将这个问题放在中世纪末期与近代以来的思想大潮加以考察，在西方世界的这一剧变时期，自然成为潜无限的世界，而人们开始将目光投向历史中可能的实无限。

然而，我们是否未加反思地就将历史对立于自然？人类创造自己的历史，但这不也是根据人类的自然而进行的吗？历史问题是 19 世纪晚期德国哲学的一大焦点，如李凯尔特在《文化科学和自然科学》中就谈到了自然科学和历史科学在方法上的不同："当我们从普遍性的观点来观察现实时，现实就是自然；当我们从个别性和特殊性的观点来观察现实时，现实就是历史。"这一表述的关键不仅在于指出了自然的同质性以及历史的异质性，更在于指出两者属于同一种现实。这一论断继承了文德尔班的思想，而文德尔班又把我们引向了康德。事实上，康德所谈论的知性的"建构性原理"和"调节性原理"就已经表达了类似的意思——就"事实"而言，现实就是自然，我们难以为它赋予方向与价值，难以将自然的演变称为发展；但就"应该"而言，现实可以是历史，人类可以将目的论引入其中。

对于自然与历史问题——或者说，对于潜无限与实无限问题——这是否能够成为一种解决方式？这一提议将带来另一个问题：倘若我们可以以调节性原理或者理念来拯救历史叙事中目的论的正当性，那么在这里，原本应当属于上帝的位置被个别的、特殊的、行动的个体所取代了。这样一来，普遍的自然不需要过多解释，倒是我们人类的个体自身成为最有问题、最形而上的东西了。现在，人有能力从潜无限的、无价值的、无方向的混沌流变中确立自身"发展"的实无限，这不啻一种跳跃。可以说，至此形而上学发展到了最为神秘的环节，恰恰是因为它谈论的正是我们自身，它势要将我们日常的自身理解全部扬弃，将人类带入一个更加本质、更加激荡的世界，问题在于，它并非我们的世界。

为了不至于生活在这样一个崇高却异化的世界，在此就需要另一种跳跃——从理论跃向实践。在上述的讨论中我们发现，在理论上，或者说在纯粹哲学的界限内，我们确实难以在潜无限中发现实无限，除非将作为发现者的那一个体形而上学化。然而，在理论看来是形而上学的东西，在实践看来或许只像吃饭喝水一样简单。嘴是干不了活的，手是说不了话的。嘴和手不一样，也不能互相取代。但幸运的是，我们既有嘴也有手，既能说也能做——我们不仅能以理论的方式理解理论，以实践的方式理解实践，同时还能去思考它们的界限，或许这才是真正意义上的"跨越性批判"。

荣伟杰：潘易植刚才提到许多东西，但是其中一些不是问题，不需要回应。因而，我就只讲三个我觉得比较有趣，并且想要更进一步讨论的问题。

第一个是潘易植提到的关于尊严和价值的问题。我在书的最后关于目的论的跋中，也提到了价值的维度。我觉得这是一个很重要的方面，因为按我的理解，不论是马克思还是恩格斯，在这件事情上都是"两手抓"的。他们既站在一个事实性的维度，强调马克思主义，或历史唯物主义，是一个科学性的原理；但是同时又有很强的价值性，这也是抹不掉的因素，往往是属于辩证法的。今天所讲的恩格斯发展观，也是如此。其中既有科学的一面，又有价值的一面。这是马克思主义的一个特色，或谓一个事实性的前提。从这一前提出发，能够引出许多值得讨论的问题。比如，我正在写作的一篇新的学位论文里，就在探讨马克思主义中事实（历史唯物主义）和价值（辩证法）之间关系的问题。其中有一个子问题，我将它叫作"赠品"问题。我最早提出这一问题是在马老师的读书会上。那时读的是《政治经济学批判·第一分册》。马克思在这一本书里谈到，根据经济发展的原理，最后我们的生活会变得越来越普遍化、越来越朝世界主义的方向发展，这有科学道理的支撑，是不以人的意志为转移的，此乃事实的层面。但是同时，形成世界主义之后,我们又会发现,世界主义在价值上是好的,此乃价值的维度。这时,"这样真好"的价值维度就不是通过科学事实来保证的,而仿佛是当作"赠品"赠给你的——也就是说,并不是因为世界主义真好,所以我们努力实现了世界主义,而是因为一种必然的力量会造成世界主义,我们遭遇了这种必然力量之后才发现"原来这样真好"。再比如异化问题,在马克思主义的叙事里,我们最后扬弃异化,也不是因为"扬弃异化真好",所以我们都想把它扬弃;而是经济发展的客观规律最后必然体现为对异化的扬弃,但是同时,我们发现它在价值上也是好的——这又是"赠品"。如果"赠品"问题算作一个"问题"(problem),那么如何解决这一问题?我在新的学位论文中提出了一种解决方案,但是今天的时间不允许我详细讲了。

第二个问题是我想向潘易植请教的。这个问题可能对潘易植刚才的评论更有奠基性的影响——如果允许我用那个词的话——我想这是比较"超绝"的一个问题。潘易植刚才提出了许多解决的方案,这些方案不是经典形而上学的,即不是以黑格尔为代表的那种形而上学。在此意义上,它们足够"现代化"甚或"后现代化"——有时,特别是在中国的语境下,这两个不同的词也许可以指大概相同的事物。不过,我想问的是,潘易植你是否想过这样一件事情,就是当我们在研究一个哲学家或思想家的时候,能不能去预设或默认这个人的学说是没有问题的,继而后面要是出了问题,那多半是理解的人有问题,或者诠释者有问题。因此,"我们"的工作就变成了想方设法去帮他们解决问题,不管需要想出来一个多么复杂的方案。或者,从另一方面来讲,我们能否设想这一思想家本身就有很大问题。在我看来,恩格斯晚年的诸多迹象,也许表明他年纪大了,想问题有些不太清楚,特别是他搞出来的《自然辩证法》中的许多事情,与他早年或中年时期所做的承诺,均有相悖之处。在此意义上,哲学家或思想家也是自然人,是人就会犯错误,是人就有可能在写作之后注意力不集中。那么进而,是人的学说,其中就可能有问题。归根结底,对于研究者来说,我们不能预设研究对象一定是没有问题的,否则研究的工作就是千方百计地将其说圆了。

潘易植:我想起了一句用以评论海德格尔的话,大意是"只有伟大的哲学家那里才有矛盾"。在这个意义上,我同意你的想法,就是说,矛盾不是我们的,而本身就是思想家自己的。并且,我倾向于认为,这个矛盾本身不是因为人都难免犯错而产生矛盾,而是因为,他触及了真正的难点。因此,他正确地把错误呈现了出来。在这个意义上,我们谈论这个问题,也不是想方设法把这个问题一劳永逸地解决掉,而是去关注在这些讨论中,如何出现新的问题。这些矛盾和问题本身不是消极的,而是生产性的。这样对相关的讨论交流就打开了一个口子，所以我觉得这是我们讨论问题的一个方式。

荣伟杰：最后一个问题，你说我们在现实生活中可以用"手"来做（实践），这应该是一个比喻。但是我们究竟怎样才能用"手"做到，能否举个例子？我的意思是说，我们平时实现的目标，比如一个月后我要做完什么任务、写完什么论文，这都不是恩格斯所谓那种无限进展的矛盾，而只是一个简单的、有限的目标而已。这个目标不是永远延续在未来，而是我们生活中可以完成的有限事项。在此意义上，我们当然可以取得进步。就像论文是有限的，写到一万五千字就写完了。原来没有字，后来出现了一万五千字，这就是进步。论文是可以写完的，而非永远写不完。所以话说回来，我们在生活中能够实现的这种有限目标，都不是恩格斯所谓的那种进步。因此，你说我们能用"手"做到，不知你有没有真的用"手"做到过那种无限进步的事情？

潘易植：我想一下，我说的意思，更接近于"know how"和"know what"的区别。关于怎么做的问题，讲了很多，讲多了没有用，只要你"进去"了，你自然而然就会了。比如说价值的问题，如果你要谈价值问题，其实是可以回溯的"——"你谈的价值问题有什么价值。在这个意义上，价值成为一个问题，可能就是理论上无法解决的一个问题。但是在实践中我们可能不会考虑这个问题，甚至不会考虑价值这个东西。只有在理论的反思层面我们才会说，原来在实践中你已经有价值取向了。那么，进而我们会发问：你是怎么得出来的？而那个实际做的人，或许并不知道什么价值取向，只是在做而已。这是我大致的一个想法吧。

荣伟杰：那这样看来，你的这个观点和我前面所说的理论和实践的分野，似乎也有点异曲同工之妙。

三、主持人与其他听众的部分评论、提问与讨论

杨兴升：伟杰刚才讲到，潜无限和实无限是一对数学概念，这对数学概念事实上牵扯到了恩格斯提出的质量互变的辩证法规律。我有一个问题，就是你在讲座文本第五页的最后一段写道："恩格斯又谈到量变与质变的原理：'纯粹的量的分割是有一个极限的，到了这个极限，量的分割就转化为质的差别。'……根据恩格斯的说法，倘若这种分割达到极限，便转化为质的差别，从而对应了渐进所带来的质变。"但是在下一段中，你给出的结论是："似乎质量变原理能够解释实无限的产生。"然而，至少从文本上，恩

格斯的意思应该是倒过来的，他实际上是要用潜无限（"纯粹的量的分割"）逐渐趋向于实无限（"分割达到极限"）这样一个过程，总结和论证"量变导致质变"的质量互变原理，也即所谓辩证法的三大规律之一，而不是通过质量互变原理来说明实无限的产生。也就是说，实无限必须先产生、先达到，量变才转化为质变，这样才能从逻辑上得出质量互变原理。我认为恩格斯之所以这么做，和当时的数学背景有关系，也同马克思的一些想法有关系，这里面涉及微积分的问题。当 A 点无限趋近于 B 点的时候，它们是不是重合的？无穷小量是不是零？牛顿、莱布尼茨创建微积分的时候这个问题就没有解决。马克思比恩格斯的水平要更高一些，他在他的数学手稿里面就探讨了这个问题——无穷小量是不是零的问题。也就是潜无限无穷趋近于实无限的过程中，能不能达到实无限的问题。事实上，就纯粹数学的计算而言，潜无限是可以达到实无限的，但是它的逻辑合理性问题没有解决。所以，这个数学问题在提出了两百年之后，大概是在恩格斯写《自然辩证法》的时期，一个德国的数学家在数学上暂时把它解决了。你刚才也讲到莱布尼茨的单子论，单子论里面有一个非常重要的"自然界永不飞跃"的"连续律"原理，他认为两个邻近单子之间知觉清晰的程度的差异是无穷小的，因而可以把它们理解为连续的。我暂且不去评论他的对错，他的这个哲学性的理解跟他的数学的微积分里面的理解是一致的，只不过是表达的方式有点不一样，但是它并没有成为一个严格的数学表达。所以说，若要审视恩格斯关于潜无限和实无限问题的理解，不应该从黑格尔的关于质量互变的原理来落实，而应该回到当时的语境，也就是自然科学发展的背景。关于无穷小量问题，马克思很有研究，而且他也曾督促恩格斯要研究一下微积分，恩格斯在《自然辩证法》中也说到，马克思对微积分有非常透彻的理解。马克思有这样一些话："理解微分运算时的全部困难"，"正像理解否定之否定本身一样"，要把"否定"理解为发展的环节，并且要从量和质的统一看待量的变化。在微分过程中，在量的否定，比如量的消失中……唯一的困难是在消失的量之间确定一个比的这种辩证的见解"。可见，马克思从量的变化当中看到了量变和质变的辩证关系，但他并没有总结出所谓质量互变的辩证法。通过马克思，恩格斯也对微积分里面的无穷小量问题很感兴趣，做梦都在思考，我认为这与恩格斯总结和提出的质量互变原理有密切关系。总而言之，恩格斯对于潜无限和实无限及其关系的理解，与当时的数学背景、自然科学背景有关，也同马克思的相关思想有关。恩格斯对这一问题的很多叙述，比如说，纯粹量的分割有一个极限，极限、量的分割、质的差别，等等，这些都是非常明显的同微积分相关的数学语言。

荣伟杰：你刚才说到，应该从数学的理论去解释量变和质变，我觉得这适用于黑格尔，但不适用恩格斯。因为我不懂数学，所以我用一个通俗例子来说明你提到的无限的趋近，比如烧水——水烧到一百摄氏度就到了边界，水就沸腾了。也就是说，有一个"一百摄氏度"在后面"等着"。如此一来，发展到"一百摄氏度"那里就终结了，这就是黑格尔的思想。而恩格斯不能完全套用到这个模式上去，因为恩格斯恰恰是说发展没有终结，后面没有一个边界在那里"等着"，是永远不停的没完没了地发展，这是开放的。所以恩格斯一方面要有实无限，不然就构不成发展；另一方面，实无限也必须放在未来，也必须是有待于生成的，而不是既成的东西在那里"等着"，这样发展才能永续。故而，他还是会面临实无限的产生问题。也就是说，他还是需要一套说法来解释实无限的产生问题。而在实际的操作之中，他的这套说法首先是来自黑格尔的辩证法（质量变原理），更进一步的应是数学。当然，这个解释在我看来是不成功的，这是之前我的报告所交代的。

但是话说回来，你所说的事情也对应着我写这本书时遇到的一个困难。就是，在黑格尔那里，从单纯的量的无限进展，到最后的本质之变，实际上要经历两个比例的环节，也不妨称之为两种质变。第一个比例是质在量中发现自己，第二个比例是一个质变化成另一个质。我前面主要分析的都是第一个比例的内容。你谈到的事情，以及我所举的烧水的例子，都属于第二个比例的内容。第一个比例，也就是由量到质，也即量的比例，是不变的。第二个比例，质（量）到本质之变，是质的比例，是可变的。恩格斯无疑不是径直从第二个比例出发的——因为他要求发展的无限性，所以他一定要从量的无限进展开始。这样，大概就产生了一个两难问题。也即，如果从量的无限进展开始，那么可以导致质变，但是不是能导致本质之变的那种质变（第一个质变对恩格斯来说，是没有用的，因为那不过是本质的自我认识）。而如果放弃这一出发点，径直从第二个比例开始，虽然在常识上很好理解——就像我所举的烧水的例子，但是这就不能称为恩格斯的发展观。因为，恩格斯的发展观是一壶一直在有进展地烧并且永远也烧不完的水——这不是常识。我之所以说，这是写书的困难，是因为这整个的事情实在太多，也太复杂——当你翻阅《逻辑学》或者《小逻辑》时，你会发现，在某种意义上，说这件事可以占用半本书的篇幅是不夸张的，这也与黑格尔体系牵一发而动全身的特点有关。但是，无论如何，我这本书的第六章已经拥有全书最长的篇幅了，而这在性质上毕竟只是该书主题的背景材料——它在道理上似乎总归不该显得太长。因此，在我已经出版的这个版本中，我主要是偏重第一个比例来阐述的，并把第二个比例当作常识在最后一笔带过。我很感谢你的问题，这让我觉得这种处理方式也许还不是最好的选择，在未来的修订本中我希望能有所改进，找到更好的方案。不过，回到你的问题，如果你用第二个比例去对应恩格斯的发展观，我会说第二个比例是一个终结模式，而恩格斯的发展观是不允许有终结的。

杨兴升：共产主义社会是否能作为恩格斯发展观的一个确定的终结来理解呢？

荣伟杰：共产主义社会对恩格斯的发展观来说无疑是一个需要的终结。对应你的问题，我想要强调的是，我们并不能因此推出恩格斯的发展观否认了永续（永远达不到终结）的结论。因为，这一推论有一个预设，那就是恩格斯的发展观是融贯的。这个预设与事实的情况有所出入，因此是不成立的。也就是说，恩格斯恰一方面主张有终结，另一方面又主张没有终结——他的观点具有矛盾性。我刚刚提到，恩格斯的发展观不允许有终结，这意味着它不能只有第二个比例，而必须从量的无限进展开始。同时，他的发展观也必须有终结，所以它一定要以第二个比例作结。因此，我们可以说他的发展观跨越了两个比例。总的来说，在方法论上，我们不能因为恩格斯主张了以共产主义作为终结，就直接认定他反对"没有终结"。因为——用其他学科的话来形容——他是"不讲二值逻辑""不循排中律"的。

周东腾：我的问题是关于标题中"形而上学"的方法，和你提到的解决方案中的"实践"的关系。具体来说，我们进行形而上学的考察，是基于我们对理性思考和逻辑判断的信任，如"A 为真，则非 A 为假"。又如，如果我们每一个步骤都按照严格的逻辑进行，那么这样的形而上学考察就是严谨的。但是，马克思和恩格斯对形而上学进行了扬弃，采取了实践的手段。那这是否意味着，他们扬弃后的"新哲学"不再需要诉诸先前形而上学所依赖的理性呢？

荣伟杰：在第一种意义上，这两个方面不应该有关系，因为它们被我严格地区分开来了——当我在做形而上学考察的时候，我是完全不管在实践上会怎么样的。当然，这并不妨碍当我考察完了之后，在统观的意义上，从自我考察的角度来审视一番。事实上，形而上学作为人类的一种活动样式，也有它一定的特殊的历史背景——比如，哲学为什么会演变成这种形态。更进一步，实际上哲学也不只演变出这样一种形态的形而上学。我的意思是，形而上学本身应当是一个意识形态。我们在里面可以去追求严格的逻辑论证，追求严谨，追求融贯性，这实际上也是一种意识形态。就像我在书的引言中提到，在我看来，分析哲学无疑与当时时代的工厂化批量生产存在某种联系。但是这没关系，很多东西都是意识形态，但不影响它们在自己领域中的价值。在第二种意义上,也就是在生存的领域,我觉得可以以形而上学作为中介。在此,有一个区别,就是所谓的"不需要诉诸理性",指的是理性之前的状态,还是理性之后的状态。如果是前者,那就不是一个很好的状态,那就不是扬弃哲学,而分明就是不懂哲学——当然,也未能充分吸收消化哲学所带给人类的一般文明素养。如果是后者,那么就是对哲学的一种超越——这个时候,它应当比哲学还要高级,而不是更加低级。我举出一个例子来说明这个观点,就像马老师在我那本书的序言里写的那样:"一方面,我们不能拿马克思和恩格斯的实践思想去解答哲学上的问题,罔顾那种思想本来是要扬弃哲学的,这样一来的所谓的马克思主义哲学就还囿于哲学,还没有达到马克思和恩格斯思想的高度;另一方面,我们也不能把思辨范式的哲学问题降格为生活行动问题,从而貌似轻松地解答了它们,殊不知这样还根本没有达到哲学思辨的高度,这样一来所谓的马克思主义哲学实在还不够哲学。"所以我想,如果要超越哲学,而没有超越对地方,比如前后搞错了,倒退到一个更原始的状态,那就是有危害的。我想到的第二个例子是,在徐老师的论文里,他说过这样一句话:在反资本的马克思之前还有一个反封建的马克思,如果忽略了这一点,在跟着马克思反资本的同时,如果倒退到了马克思更加反对的一个封建的状态之中,那就是开了历史的倒车而不自知。——说的也是这个意思。

徐长福: 最后,我们请马老师再讲几句。

马天俊: 徐老师要我讲几句,但我本来的打算是不讲。因为我想如果我不在,讲者能讲得更自如,评者也能评得更放松,我到现在还是这样认为。因为,伟杰讲的这些东西,我其实是一个深度的参与者。比如,我是他本科毕业论文的指导教师,那么,我总在一定程度上是参与过的。包括他现在读博士,也免不了经常讨论这些问题。伟杰的成长我部分地参与过——正如他说到的那样,上大学,然后上过我的课,或者这之类的事情。但是,他自己在学术上取得的这些成就,我想是很难能可贵的,讲这个不用做任何避讳,他是一个非常宝贵的学习范例。并且,我今天还很高兴听到潘易植的评论。因为,当年他们俩合作的项目,最后是我来画的句号。我是半路接手这个项目的,他们找到我的时候,形式上还需要一个所谓的指导教师,其实我什么也没干,就只是给他们"画圈",然后他们就结束项目,他们做得很好。潘易植今天展开了很广阔的视野,牵涉的议题也很多,都有很重要的学术启发性。今天听伟杰这样讲,我又重新温习了一遍这些问题的头绪。这些问题的确不是太好弄。"无限"问题,是一个上好的进行哲学讨论的话题,因为它太棘手了。讨论得越是深入,越是随着某一种倾向性意见的展开,我们越会对此感到困惑。这时，我们就要回返到原始的、比较基准的概念层面去看看能不能找到一个更为可靠的共识点，看看我们的分歧点究竟出现在哪里，去寻找一个头绪。而寻找头绪本身当然也构成了一项哲学的工作。

就我的理解来说，我想接着刚才兴升的评论再谈一些东西。从近代开始，比如恩格斯和黑格尔的议论，包括《逻辑学》中长篇的"量论"，这些东西都与数学有莫大的关系。但是，无限这个问题本身，发生得还要更早，并且在它发生的时候，它还未必是数学问题，而可能是一个经验的、很普通的问题，是一个大家都可以随便提问的问题。从那个时候开始，两种无限就不容易分清楚，它们你中有我、我中有你。最后，这件事情很可能像柏拉图"通种论"里面论同论异的方法一样。也就是说，"同"需要用"异"来规定，然后它才成为"同"；"异"也需要通过"同"来规定，它才能成为"异"，这很麻烦。这件事情比较早发生在芝诺那里，这是很简单的一个问题：从A到B，经过中间。从A到B，从直观上讲，它是有限的东西。"做"的时候这件事情不是一个问题，但是"想"和"说"的时候就是问题了。从A到B，可以讲成一个有限的量，例如把它当成一厘米，可是芝诺就是要问：你要不要经过中间？你必然会经过中间。这时还可以再问：你要不要经过中间的中间？在芝诺的这个悖论里，一米或一厘米这个有限的距离就使用了无限。一半一半加起来就是一个不可思议的"大"，就不可能"从A到达B"。因此，在这里，它已经是一个有限的量里面含有的那种所谓的潜无限。后来有无限的积分，牛顿和莱布尼茨在技术上看起来解决了这个问题。今天，我们在课上谈到芝诺悖论的时候，很多同学都会说它已经解决了，指的就是微积分的解决。但是，所谓的微积分，包括兴升刚才说到的，应该是魏尔斯特拉斯精确地定义极限了，此后微积分的逻辑基础就变得稍微清楚了些。但是，这个问题在哲学上实际并没有被解决，无限只是隐藏得更深了。也就是说，在讨论某些问题的时候，人们可能还是在径直使用对无限的某一个类型的理解。而这种东西存在不确定性，我印象中最早是由贝克莱提出：无穷小量与零之间到底是什么关系？因为牛顿和莱布尼茨，他们在处理有关的实际数学问题的时候，通常都是凭卓越的直觉，刚好能弄对。所谓刚好，就是刚好每一次都到合适的时候把一个无穷小量扔掉。但是我们知道，在画等号的演算里面，你不能允许随便就把一个不管有多小的数值扔掉。但是，他们就有这个"智慧"，每次都能把它恰当地扔掉，这就变成了一个"凭手艺"的事情。所以关于微积分中无穷小的逻辑基础，贝克莱批评得比较厉害。他的意思是说，这又不是变魔术，怎么能把同一个东西一会当有，一会当无呢？然后后面的一些数学家想要用一些技术办法来解决这个问题，但在逻辑上并没有将其完全澄清。也就是说，在数学的历史上，这一点并没有做到，直到现在仍是一个很大的隐患。要真说起这件事，数学家们是会打架的。

　　那么，18—19世纪的这些哲学家，从莱布尼茨到黑格尔，包括马克思，都是无限概念的这些复杂发展成就的爱好者。黑格尔讲无限，相比数学家来说，其实他并不懂里面那些严格的要求。他对概念的敏感性，远不如数学家和逻辑学家来得高，包括他提出的质变、量变这些理论，也是一样。在数学家看来，黑格尔《逻辑学》里面基本就是"胡说"。而马克思和恩格斯对数学的理解，其实没有超过黑格尔多少。所以后来大家都知道有这样一件事，那就是恩格斯去世以后，德国社会民主党找了一个党员科学家列奥·阿隆斯，他确实是欧洲当时很著名的一个物理学家，同时恰好又是社会民主党党员。所以，恩格斯去世以后，对于那些遗物和遗稿，伯恩施坦他们自己也不太有把握，就让阿隆斯到伦敦去，把马克思和恩格斯这些和科学有关的手稿，比如马克思的数学笔记、数学手稿，恩格斯的《自然辩证法》，都进行考察，判断它们未来发表的价值和意义。结果，阿隆斯工作了两三个月之后，给了一个非常干脆的结论，就是它们没什么价值。所以后来伯恩施坦他们就将此事放下了。这是恩格斯去世之后，大概1897年发生的事。根据阿隆斯这个专业科学家所做的判断，在思辨水平上——刚才兴升提到了马克思的水平高于恩格斯的水平——我觉得他们的水平都差不多。所以，他们是把已然在18和19世纪的数学里面界定得相当精确的那些概念，又做了我们普通的自然语言的使用。故而，在用自然语言所描绘的一大套思辨的有限和无限的关系里，出现一些混乱，我觉得很正常。

　　伟杰所做的这个工作，在自然语言上把它们呈现得稍微清楚一点，有它的学术价值，但绝不意味着这个问题的解决。这个问题其实非常不好解决，只要你不用概念思维，不从事理论思考，这就不是问题。平时我们该做什么，该干什么，基本都没问题。但是，一旦要求去思考，这件事情立刻就变得麻烦。直到今天为止，不管是数学，还是逻辑，还是一般的思辨，都是这样。

　　然后，回到一些哲学上的事情，就是"无限"这个东西，我们好像不好把它综合到一起。康德似乎就是这个意思，就是它没有办法综合。其实，这都是普通经验里面的事情。包括芝诺那个时候所讲的"限"或"限制"，不论是在汉语里还是在欧洲语言里——这件事情我也留心考察过——都是非常简单的经验概念："限"就是被挡住了，不能再走；"无限"就是没有被挡住。"限"有什么好处呢？有了这个"限"，它就是一个明确的东西，所以"无限"是一个消极的、否定的概念,就像阿那克西曼德的"阿派朗"。我们对这个消极概念没有办法做出肯定的理解。它一定得先有所依凭,先有个"限",然后把它否定掉,那么你对它才能有一些了解。而这个了解,就要基于前面的那个"限"到底是什么"限"——是物理的、经验的,还是逻辑的、概念的?要看是什么情况。因此,"无限"很难因此有自己的独立的肯定的一面,无论它是潜在的还是显在的,都十分含混。所以这个问题,是一个直到现在我们都依然关切并想把它综合加以把握的问题——包括刚才提到的目的论,这牵扯到价值问题,如果是目的论,那就可以统观了。但是,要是一直没完没了,那么它在价值上就是没有意义的。可是,我们人分明需要意义。所以,我们一定要想办法来立个"法",这个"法"就能够统观一切。尽管它在自然和物理的意义上都不是真实的,那也没有关系,因为它构成我们的意义世界,这是另外一个层次上的事情。在这个问题的内部,恐怕也会有些没完没了的事情在不停地折磨人,例如,我在何种程度上能够接近上帝?我站在第几级台阶上?实际上就像在中世纪晚期所讨论的那样,如果不能接近上帝,上帝就变成一个纯粹的可怕的无限——他想把你怎么样就把你怎么样,反正你是有限的。这就是路德式的恐惧,所以,这里面的问题还是会以各种各样奇奇怪怪的方式显现出来,它是我们人类思维概念里面的基础的东西,要想把它询问清楚,这件事情可谓既迷人又困难。

我刚刚听伟杰讲的时候,就回忆起来,我这个电脑里面有一本过去讲数学的书。数学家给了我们很大启发。今天的绝大部分数学,实际上都预设了无限,有时候是潜在的无限,有时候是显在的无限。例如有位美国数学家讲到"有界几何",他让我们设想,如果空间有限,平面有限,比如空间上可能的平面就像我们这个桌子这么大,那么试问这上面的几何学是什么样的?比如,我们知道一般几何学结论是,两条直线不是平行的就是相交的,但是他说,如果是在有限的桌面上,它们就可以既不平行,也不相交。还有,两个三角形构成相似,如果大小比例合适,那么就都可以在这个桌面上;而如果比例相差太大,这个相似就变得不可思议。故而,当你预设了有限的时候,你会发现很多传统的道理都变样了。所以我们一般理解的数学,是默认了有一种潜在的无限,有时候甚至我们会说有显在的无限等。归根到底,数学给了我们很多启发。但是,数学给我们的这些启发也是从一般的经验里引出来的。在哲学上我们也可能对无限做某种特化,我们这样来对无限加以规定,这也可以成为一种锤炼概念的方式。

以上,我只是讲了一些感想,谈不上是澄清了什么东西。恩格斯就是一个样板。我们很多人在思考这些问题的时候,以为自己把这个概念理清楚了，但是再检查起来，可能就会发现自己已经偷偷预设了以某种方式对某种无限概念的使用，这就是"无限"的棘手之处。

徐长福：我们今天借助伟杰讲的这个事情，是来纪念恩格斯诞生两百周年。这件事情的意义之一在于，我觉得恩格斯是对我们这个民族的哲学教养、理论教养影响最大的一位哲学家，这是我的个人感觉，也是专业研究的体会。也许，在哲学圈子和哲学专业之中，我们都有自己钻研的领域和个人的爱好，但是，对于这整个民族的理论教养、哲学教养的影响来说，真的无人比得上恩格斯——马克思也比不上。中国传统的古圣先贤，大多是教给我们道德教条，而不是教给我们怎么去思考问题。或者说，教给我们怎样思考问题的人很少，绝大部分人都是教我们怎么做人做事。而在教给我们如何思考问题，拥有理论思维这一点上，无人比得上恩格斯。所以还要更进一步地解释：如果恩格斯的体系是一个很差的、低级的逻辑矛盾，那么，它为什么能起到这么大的作用？当然，可能我们都比较差，所以和恩格斯的水平比较搭。

龙霞：我觉得这是可以成立的。

徐长福：龙老师比较赞同这种理解，但是我想我的观点不是这样。恩格斯可能不是那个最拔尖的哲学家——在我们读的哲学史书中，不论是中国人写的还是西方人写的，恩格斯无论如何都占不了一章一节（马克思在某些哲学史书中，比如罗素写的哲学史里面，还能占一章）。但是，恩格斯再不济，对于中国那些19世纪、20世纪的同时代的哲学家——包括我们现在追认为哲学家的那些人——来说，也无人能比得上他，这是我的判断。